本研究得到国家社会科学基金项目
（批准号：15BYY147）资助
本书出版得到浙江师范大学出版基金
（Publishing Foundation of Zhejiang Normal University）资助

# "什么"反问习语构式承继网络研究

胡德明 著

吉林大学出版社

·长 春·

图书在版编目（ＣＩＰ）数据

"什么"反问习语构式承继网络研究 / 胡德明著.
长春：吉林大学出版社，2024. 10. -- ISBN 978-7
-5768-4040-7
Ⅰ．H136.4
中国国家版本馆CIP数据核字第2024GQ0969号

书　　名：“什么”反问习语构式承继网络研究
"SHENME" FANWEN XIYU GOUSHI CHENGJI WANGLUO YANJIU

著　　者：胡德明
策划编辑：黄国彬
责任编辑：单海霞
责任校对：于莹
装帧设计：姜文
出版发行：吉林大学出版社
社　　址：长春市人民大街4059号
邮政编码：130021
发行电话：0431—89580036/58
网　　址：http://www.jlup.com.cn
电子邮箱：jldxcbs@sina.com
印　　刷：浙江全能工艺美术印刷有限公司
开　　本：710mm×1000mm　　1/16
印　　张：21.75
字　　数：380千字
版　　次：2024年10月　第1版
印　　次：2024年10月　第1次
书　　号：ISBN 978-7-5768-4040-7
定　　价：98.00元

版权所有　翻印必究

# 序 xù

早在2023年11月份，德明教授将他的近著《"什么"反问习语构式承继网络研究》的电子版发给我，要我为大作写个序。本该早就完成，但一直拖到了2024年的第一天。其中原因自然可以是近期会议多、杂事多，但更主要的是要沉下心来认真拜读德明教授的大作。《"什么"反问习语构式承继网络研究》一书是德明的国家社科项目的结项成果，部分章节此前也在杂志上公开发表过，并受到学界好评。此次集结成书，又做了较多的修改完善。

汉语中存在由疑问代词"什么"构成的反问习语构式，如"什么X""什么X不X（的）""什么XZYZ（的）""X什么X""有什么X（的）""X什么Y""X什么"等。这些习语构式都含有疑问代词"什么"，但它们的其余形式不同，意义有联系也有区别。它们究竟有怎样的联系？其历史渊源如何？是如何形成、发展、演变的？它们有怎样的承继关系？《"什么"反问习语构式承继网络研究》一书旨在回答这些问题。书中运用认知语言学背景下的构式语法理论、构式网络思想和构式化及构式演变的理论方法，建构汉语"什么"反问习语构式承继关系网络，厘清网络中各构式节点之间的关系，从而对各种"什么"反问习语构式及其次范畴的承继联接、生成与演化作出解释，构拟出"什么"反问习语构式家族承继关系网络。总起来看，我认为该书具有如下贡献。

一是阐明现代汉语共时层面"什么"反问习语构式的句法、语义、语用特征和相关构式的层级关系。书中系统梳理了从殷商到现代"什么"反问习语构式起源、发展与演变，阐述了数十个相关构式的构式化与构式变化，概括了多个构式的韵律特征、句法语义语用信息，X的允准条件，理清了发展演变脉络和承继关系，构拟了庞大的"什么"反问习语构式家族承继关系网络（即"'什么'反问习语构式家族承继网络图"），探讨了构式化与构式演变的动因、机制等问题，提出了一系列富有新意的观点。这就运用了构式演化和构式化的理论方法把相关构式的来源、形成、发展等问题梳理清楚，为进一步研究打下基础。

二是在对各类反问构式共时描写方面，书中区分描述性（否定）用法与引述性（否定）用法。描述性用法中，"什么 X""X 什么""X 什么 X""有什么 X（的）"中的 X 只能是句法成分而非话语成分；引述性用法中，X 是话语成分而非句法成分。"什么 X 不 X（的）""什么 XZYZ（的）""有/说/管/分/知道＋什么 X 不 X（的）""有/说/管/分/知道＋什么 XZYZ（的）"都只有引述性用法而没有描述性用法，其中的 X 都是话语成分而非句法成分。两种用法的来源也不同。这一区分具有开创性意义，有利于对构式义的识解。

关于构式中"的"的性质及来源，书中也区分了结构助词"的"和语气词"的"，认为"有什么 X（的）"中"的"两方面都有，从结构助词到语气词是一个演变的过程。这一区分体现出作者敏锐的语感和精细的分析能力。

三是关于构式的产生和发展是全书的研究重点之一。书中认为构式有生有灭。构式的生死都不是突变的，而是渐变的。构式死亡主要表现为并入其他构式中。"归并"或"并入"是本书的研究对 Goldberg 提出的构式之间四种联结方式的补充。构式有变化性的一面也有稳固性的一面。如作者认为"是何言也""是何道理""何 X 之有"虽然早已并入其他构式，但是它们在后世仍然有所使用。图式性构式来源于对实体性微观构式或半图式性构式的并入和抽象概括。如高图式性反问判断构式"S＋Vj＋什么＋O"是对宋代"S＋是＋甚（麼）＋O"、元代"S＋算＋甚麼＋O"和清代"S＋叫＋什么＋O"三种构式并入概括而成。五代时期半图式性反问判断构式"S＋是＋什摩＋O"是南北朝时期反问构式"S＋何物/何等＋NP"在唐代"是"字判断构式成熟的基础上，承继道理实体性构式"（S）是何道理"而来。

四是关于构式化与构式演变的动因和机制，作者结合具体语例给予了详尽的分析和讨论，认为韵律对句法的改变、疑问代词的词汇替换引发重新分析、构件成分语义特征推动构式句法语义的发展、多种因素共同作用以及减缩与扩展、语法系统自身的调整是构式化和构式演化的主要动因。至于构式化与构式演变的机制，作者认为主要有重新分析、类推与转喻。单独看这些结论的表象，我们会觉得与其他论著相似，但书中不是泛泛而论，不是从相关概念出发，而是在具体的语言现象的细致分析中一步一步推导出来的，因而结论更有说服力。

最后，我认为虽然《"什么"反问习语构式承继网络研究》一书看起来仅仅研究了"什么"反问习语构式，但因为"什么"是汉语中最基本的疑问代词，"什么"反问习语构式是汉语口语中使用频率极高的句式，故"什么"反问习语构式的研究是解读其他类型反问构式的钥匙。书中构建了"什么"反问习语构式承继关系网络，这在反问构式乃至汉语语法研究中都是一次有益的尝试，我认为这项研究对构式语法研究来说有一定的范式价值。不仅如此，该书的研究成果也会在汉语句式教学特别是国际中文教育教学和汉语反问构式习得以及自然语言处理方面具有应用价值。

  时间过得真快，记得2005年9月德明从我们共同的母校安徽师范大学来上海师范大学攻读博士学位，因时时相问，不觉时间在流逝。2023年偶然听说并随后德明办理了退休手续，心中至今不忍。退则退矣，不过，我希望德明能退而不休，在休息之余能继续从事所钟爱的语言研究。当然，岁月不饶人，唯有身心健康最为重要，在这一点上我们要共勉的。

2024年1月1日

# 目录

## 绪 论

一、研究对象和意义 …………………………………… 1
二、文献回顾 …………………………………………… 8
三、理论基础 …………………………………………… 15
四、研究思路和方法 …………………………………… 20
五、语料及术语、符号说明 …………………………… 21

## 第一章 "什么"反问偏正构式群

第一节 反问偏正构式"什么X"解析 ………………… 23
 一、反问构式"什么X"的补充解读 ………………… 25
 二、X的描述性与引述性 …………………………… 28
 三、引语的展示对象与"什么X"的类型 …………… 31
 四、"什么X"的来源 ………………………………… 35

第二节 "什么X不X(的)"和"什么XZYZ(的)"共时解析 ……… 36
 一、关于"的" ………………………………………… 36
 二、反问偏正构式"什么X不X(的)" ……………… 38

三、反问偏正构式"什么XZYZ（的）"……………………44
　　四、"什么"反问偏正构式关系拟测…………………………47

第三节 "什么"反问偏正构式群的构式化、构式变化……………49
　　一、什么X ……………………………………………………50
　　二、什么XZYZ（的）…………………………………………61
　　三、什么X不X（的）…………………………………………64

第四节 "什么"反问偏正构式承继关系网络构拟………………70
　　一、构式原型 …………………………………………………70
　　二、构式网络层级 ……………………………………………72
　　三、构式网络承继联接 ………………………………………73

# 第二章 "什么"反问判断构式"S＋Vj＋什么＋O"

第一节 "什么"反问判断构式解析…………………………………79
　　一、构件特征 …………………………………………………79
　　二、构式义 ……………………………………………………94

第二节 "S＋Vj＋什么＋O"的构式化、构式变化与承继关系网络 …97
　　一、早期反问判断宾语前置构式"何X之为"………………97
　　二、反问判断实体性微观构式 ………………………………100
　　三、"S＋Vj＋什么＋O"的构式化与承继关系 ………………112

# 第三章 反问述宾构式"X什么"

第一节 反问述宾构式"X什么"解析………………………………120
　　一、X的构成 …………………………………………………120
　　二、否定语义 …………………………………………………122

三、语用功能 ·················································· 124
　　四、影响构式义的因素 ········································ 127

第二节　反问述宾构式"X什么"的产生与演变 ···················· 133
　　一、反问述宾构式"何宾＋Vt"的特征及其发展 ················ 133
　　二、中古过渡性构式"何所宾＋V" ····························· 149
　　三、反问述宾构式"V（个）什摩"的特征及其发展 ············· 151

第三节　反问构式"X什么"的扩展 ································ 163
　　一、扩展过程 ················································· 163
　　二、扩展的动因和机制 ········································ 170

# 第四章　反问构式"有什么X（的）"

第一节　反问构式"有什么X（的）"共时解析 ···················· 176
　　一、"的"的性质与功能 ········································ 176
　　二、"X"的语类与构语意义 ···································· 179
　　三、四种下位类型的构式义 ···································· 183
　　四、余论 ······················································ 186

第二节　"有什么X（的）"构式化、构式变化及承继关系 ········· 187
　　一、"何X之有"的构式化及其特征 ····························· 188
　　二、"有何X"的构式化及其特征 ······························· 195
　　三、"有什摩X"的构式化及其特征 ····························· 201
　　四、"有甚……处"的构式化 ···································· 204
　　五、价值否定构式"有什么可/好VP（的）"构式化 ············ 209
　　六、元明清"有什么X（的）"的变化及其特点 ················· 210
　　七、"有什么X（的）"构式家族承继关系网络 ················· 219

# 第五章　反问离析构式"X什么Y"

## 第一节　反问离析构式"X什么Y"共时考察 ………… 222
- 一、引言 ………… 222
- 二、"X什么Y"构式解析 ………… 227
- 三、"X什么Y"的构式义与否定对象 ………… 237
- 四、"X什么Y"构式的情感宣泄功能 ………… 243
- 五、"X什么Y"构式压制 ………… 249

## 第二节　"X什么Y"的构式化及"V你的O"的来源 ………… 251
- 一、引言 ………… 251
- 二、先秦"何"做定语的反问构式 ………… 253
- 三、六朝："V何O" ………… 255
- 四、隋唐五代："V什摩O"的构式化 ………… 260
- 五、两宋：由"V甚O"到"X甚Y" ………… 263
- 六、余论 ………… 267

# 第六章　"担子构式""X什么X"

## 第一节　担子构式"X什么X"解析 ………… 270
- 一、引言 ………… 270
- 二、形式特征 ………… 273
- 三、构式义 ………… 275
- 四、"X什么X"和"X什么"比较 ………… 280

## 第二节　担子构式"X什么X"的形成机制 ………… 283
- 一、学界对"X什么X"构式形成机制的探讨 ………… 283
- 二、构式溯源 ………… 286

三、构式化的过程与机制 ········· 290

第三节 "X什么X"构式层级网络构拟 ········· 294

一、"X什么X"构式的图式层级 ········· 294

二、构式原型 ········· 295

# 结　语

一、"什么"反问习语构式家族承继关系网络 ········· 300

二、本书的主要结论 ········· 305

附录一　反问判断构式宾语的性质和语义类型统计表 ········· 312

附录二　反问述宾构式"X什么"X语类统计表 ········· 314

参考文献 ········· 315

后　记 ········· 331

# 绪　论

## 一、研究对象和意义

本书运用认知语言学特别是构式语法理论，考察汉语中由疑问代词"什么"构成的反问格式，包括：

> 什么X；什么XZYZ的（如"什么公里母里的"）；什么X不X；什么X不X的
> S＋Vj＋什么＋O（Vj为判断动词）
> Vt什么；Vi什么；A什么
> 有什么X；有什么可/好/值得V的；有什么（可/好/值得）A（不A）（的）
> X什么Y；X的什么Y；X的是什么Y
> Vt什么Vt；Vi什么Vi；A什么A

有些形式表面上看并不一定表示反问，如"Vt什么""X什么Y"，但是深入观察会发现，表反问和表询问的格式在语调、重音、语气等方面上有细微区别，因此两者并不相同。下面我们以"X什么Y"为例加以说明。

现代汉语中常用格式"X什么Y"，如"看什么书""吃什么饭"，可以表示否定，还可以表示询问和任指，分别标记为"X什么Y"$_1$、"X什么Y"$_2$、"X什么Y"$_3$。例如：

"X什么Y"1：

（1）韩文静：你也疯了，<u>放着好好的日子不过结什么婚啊</u>！（《新闻蜜时代》）
（2）邹月：<u>回什么屋啊</u>，就在这儿说。（同上）

（3）傅老：<u>搞什么名堂？</u>胡闹嘛！（《我爱我家》）

"X 什么 Y"2：

（4）陈：怎么？<u>出什么事儿了？</u>①

（5）石静："<u>你喝什么酒？</u>"我："白酒。"

（6）"<u>占什么便宜了？</u>"石静下车立于水中笑我。

"X 什么 Y"3：

（7）<u>无论你唱什么歌，跳什么舞都可以。</u>（自拟）

（8）<u>不管喝什么酒，只要度数够就行。</u>（自拟）

（9）<u>不管社会刮什么风我都跟着凑热闹。</u>（天涯论坛）

Goldberg（1995：31-33）认为构式具有多义性："构式并非只有一个固定不变的、抽象的意义，而是通常包括许多密切联系的意义，这些意义共同构成一个家族。""构式自然像语素一样具有多个意义。"对此，陆俭明（2010：153-157）提出了不同的看法，认为构式与句式不一样，句式不论是"形式句式"还是"语义句式"，一般都会有歧义，也就是多义的，但是，构式都是单义的。"由于构式本身是从形式和意义两方面来定义的——构式是形式和意义的对应物，所以构式不可能也不允许多义。"那么格式"X 什么 Y"到底是具有多个构式义的同一个构式，还是"X 什么 Y"$_1$/"X 什么 Y"$_2$/"X 什么 Y"$_3$这三种形式根本就不是同一个构式，而是三个不同的构式？

根据吕叔湘（1984：385-414）关于语言单位的同一性问题的讨论，语素的同一性包含语汇上的同一性和语法上的同一性。这两种同一性的分别到了语素组合的阶段会更加明显。如果是同一个语素，从音、义结合的角度考虑，需要符合以下情况之一：语音相同而意义又相同；或者是意义不变而有语音相近的两读或三读（这种情况下可以认为是一个语素的几个变体）。不可视为同一语素的情况是：语音不同，意义也不同；或者是尽管语音相近甚至相同，但是意义毫无关涉；又或者是同一个音节的多个意义之间毫无联系。

我们觉得，构式也是一种语言单位，也具有同一性问题。吕先生关于语素、词等语言单位的同一性的观点，可以借鉴来分析构式的同一性。我们认为"X 什么 Y"$_1$、"X 什么 Y"$_2$、"X 什么 Y"$_3$之间，无论是语音、语义、语用功能还是结构体的容纳性等方面都不同，不具有同一性，应该视为不同的结构体。

以"看什么书"为例，下面三个例句依次分别表示"X 什么 Y"$_1$、"X 什

---

① 例句凡未标注出处的皆来自 CCL 语料库。

么Y"₂、"X什么Y"₃：

(10) 夏东海：你呀，没事儿看看书多好。
    刘梅：<u>我都一把年纪了还看什么书啊</u>，你要嫌弃就别娶我呀。(《家有儿女》)
(11) 她坐在午后的金色斜阳里看书，认出我后，淡淡一笑："你来了。"
    我走下台阶，坐在她旁边的一张椅子上："<u>看什么书？</u>"
(12) 无论你想<u>看什么书</u>，都必须经过我批准，只能看我推荐的书。(自拟)

三者有如下区别。

**1. 重音和语调不同**

虽然从其直接组成成分上看，"看""什么""书"的发音相同，但是从构式整体上看，三者的重音是有差异的。例(10)自然重音落在"X""Y"上，即"看"或"书"上，"什么"不重读，被弱化。整个结构体呈现出降调模式，且语气很重。例(11)自然重音落在"什么"上，"什么"是询问的焦点信息；整个句子的语调可以是降调，也可以是升调或平调，语气较缓和。例(12)"什么"一般带有对比重音，强调任何书，没有例外。整个句子是一种降调模式，口气较强硬。

**2. 语义不同**

从结构体的整体意义看，很显然，这三种结构体都有各自的意义。结构体"X什么Y"₁表示否定义，反映出了言者强烈的消极感情倾向和主观否定态度。例(10)表现了言者刘梅对夏东海提出的看书这一提议的主观否定，带有嗔怪的情绪，不需要对方做出回答。结构体"X什么Y"₂表示询问义，提出言者心中对某事或行为的疑问。例(11)"我"看见"她"在看书，想知道"她"在看什么样的书，是在看哪一本书，是需要对方回答的。结构体"X什么Y"₃表示任指义，不管出现任何一种情况，结果不变。例(12)言者给对方做出了一个限制，即不论想看哪本书或哪类书，都必须经过批准，没有例外。

**3. "什么"的意义和性质不同**

结构体"X什么Y"₁中，"什么"是个疑问代词，但它所代替的事物，在言者看来，在语境中并不存在，如徐盛桓(1999)所说，疑问词所构成的疑问项的信息域为空域。因此，这里的"什么"不表示询问意义，而是表示反问，因为反问而使得整个句子表示否定的语义。"什么"在结构体"X什么Y"₂中与此不同，表示明确的询问意义，问是哪种类型的书，是对某一本书或某一类书的指代,也是疑问代词的基本用法。而"X什么Y"₃中"什么"是疑问代词的任指用法,表示它所指代的范围之内无一例外。

那么"什么"在构式中充当什么成分?"X什么Y"₂、"X什么Y"₃中,从句法形式上看,"什么"是Y的定语。从语义上看,前者"什么"说明"书"的性质和类别;后者"什么"代表任何性质、任何种类。而"X什么Y"₁中的"什么",崔少娟(2012)借鉴赵金铭(1984)的观点,认为并不单独同离合词的后项成分Y发生联系,而是同整个离合词"XY"发生关系。对于"X什么Y"₁中的"什么Y",我们可以仿照朱德熙(1982:146-148)对离合结构"(我来)帮你的忙""开我的玩笑""打他的主意"的分析而将"什么"看成是Y的准定语。从语义上看,"什么"与Y没有直接的语义关系,而是整个结构XY的一个论元。

由此可知,结构体"X什么Y"₁和结构体"X什么Y"₂、"X什么Y"₃之间从音义结合的角度看,应不能视为同一个结构体。具体见表0-1。

表0-1 "X什么Y"₁、"X什么Y"₂、"X什么Y"₃韵律和语义特点比较表

| 结构体 | 自然重音模式 ||| 语调 ||| 语义 ||| 什么 ||
|---|---|---|---|---|---|---|---|---|---|---|---|
| | X | 什么 | Y | 降 | 平 | 升 | 否定 | 疑问 | 任指 | 结构关系 | 语义关系 |
| "X什么Y"₁ | + | | - | + | | | + | | | 准定语 | 构式论元 |
| | - | | + | | | | | | | | |
| "X什么Y"₂ | | + | | + | + | + | | + | | 定语 | 指代事物或性质 |
| "X什么Y"₃ | | +[1] | | + | + | | | | + | 定语 | 任指 |

注:(1)这里是对比重音。

### 4. 自足性不同

孔令达(1994)提出,语言形式存在自足性问题。一个句子是否能够自足,受到句子中新信息的有无和信息量的大小的制约。从这个角度分析,我们认为三个结构式的自足性程度是有区别的,构成了一个连续统:

"X什么Y"₂ > "X什么Y"₁ > "X什么Y"₃

首先来看结构式"X什么Y"₂。从会话语境看,"X什么Y"₂可以独立成句,无须上下文的帮助。如:

(13)白展堂:报仇?<u>她报什么仇?</u>(《武林外传》)

该句子的信息量是完整的。言者白展堂对听者提出了疑问,询问第三方

"她"报仇的内容。听者可以很快很容易地从该句子中提取信息，并作出相应的回答。

而"X什么Y"₁不能作为话段的首发句，它的使用需要有行为条件。①有时，XY其实是对上文的回指。如：

（14）海藻懒洋洋地答："一点反应都没有，就是累，想睡，不想上班了。"
宋思明："<u>现在还上什么班？</u> 你就吃吃睡睡，多休息。"（《蜗居》）

先有海藻说的"不想上班了"，才有宋思明的回应"现在还上什么班？"。如果没有上文海藻的话，宋的话"现在还上什么班？"会让人觉得莫名其妙。另外，"X什么Y"₁询问功能消失，表现出一种劝阻功能。不过，前提可能在语境中，是语境中的事态，不一定表现为语言形式。如：

（15）男兵激动地看着军官的脸，军官瞪着眼冲他吼："<u>瞪什么眼？</u> 给我走，我就不信治不了你这号兵。"

例（15）上文信息不是一种具体的语言形式，而是男兵看着军官表现出的一种激动的情绪，是一种神态。"瞪什么眼"是军官针对男兵的神态作出的回应，表现出了一种对男兵行为的不满和禁止的意思。同样，如果离开了上下文语境，言者的意图光靠"瞪什么眼"很难准确表达。很显然，该结构式的自足性没有结构式"X什么Y"₂高，虽然句子结构本身是完整的，但需要依赖上下文语境。

"X什么Y"₃需要有下文，下文一定是语言形式，且与"都""也"连用；如果没有下文，句子在语法上不合格。可见，其自足性不如结构式"X什么Y"₁。如：

（16）a. 一个美丽的女人在男人面前，<u>无论说什么话，</u>男人通常都会觉得很有趣的。
b.* 一个美丽的女人在男人面前，<u>无论说什么话。</u>

### 5. 结构体的性质和组成成分的语类不同

吕先生提出与语法结构（结构体）的同一性问题有关的因素有三个：一是结构体的类，二是结构体直接成分的类，三是结构体内部即它的直接成分

---

① 胡德明（2009）建构了反问句产生模式，认为反问句的产生需要满足行为条件、关系条件、实质条件和语气条件四个语义语用条件，缺一不可。行为条件指存在一个言论或行为 q，有人认为 q 对，反问句说话人认为 q 不对，欲否定 q。（郭继懋1997）行为条件是使用反问句的前提，引发了反问的产生，也叫"引发"；如果是言论也可以叫"引发语"。

之间的结构关系。上文我们已经论述了"什么"与该结构的关系，下面我们可以从两个方面来讨论：一是结构体的分布，二是直接成分的类。具体情况如表0-2所示。

表0-2　"X什么Y"₁、"X什么Y"₂、"X什么Y"₃"XY"的性质及组成成分语类比较表

| "XY"的性质与"X""什么""Y"的语类 | | 例句 | "X什么Y"₁ | "X什么Y"₂ | "X什么Y"₃ |
|---|---|---|---|---|---|
| | 动宾短语 | 看什么书 | + | + | + |
| | 动-代-名 | | + | + | + |
| | - | 掺什么乱 | + | - | - |
| | 动-代-形 | | + | - | - |
| | 动词 | 废什么话 | + | - | - |
| | 形素-代-名素 | | + | - | - |
| | 名词 | 怪什么兽 | + | - | - |
| | 形素-代-名素 | | + | - | - |
| | 形容词 | 心什么虚 | + | - | - |
| | 名素-代-形素 | | + | - | - |
| | 叹词 | 哎什么呀 | + | - | - |
| | -代- | | + | - | - |

从组合角度看，诸如"废话""怪兽""心虚""哎呀"等词都不能被拆分插入"什么"使用，"X什么Y"₂和"X什么Y"₃都没有这种用法，而实际话语中，"X什么Y"₁都有这些用法。因此，结构体"X什么Y"₁与结构体"X什么Y"₂"X什么Y"₃之间不具有同一性。前者的容纳性远远大于后两者。

综上所述，表否定义结构体"X什么Y"₁与表疑问或任指义结构体"X什么Y"₂"X什么Y"₃之间不具有同一性，应视为独立的一个结构体。本书所考察的对象就是前文列举的类似"X什么Y"₁用"什么"表示反问语气的表达否定义的各类格式。

上面各种格式形式上都没有否定词，但整体上都表示否定义（也有学者将它们归入"什么"的否定用法），其否定语义无法从其组构成分中推导出来，符合Goldberg（1995）对构式的定义。Fillmore et al.（1988）将习语定义为"具有整体意义的复杂表达式"。习语的形式和意义不能完全根据语法规则、语义语用原则和词汇意义推导出来。他们将习语分为编码习语和解码

习语、合语法习语和超语法习语、实体习语和形式习语、语用习语和中性习语。我们认为，这种分类有许多交叉之处。拿反问构式来说，有的偏向于编码习语，有的偏向于解码习语；有的合语法，有的不太合语法；有的具有实体性，有的具有抽象性；有的属于语用现象，有的已经规约化了。同一个反问构式，有一部分可能是编码性质的，一部分可能是解码性质的；有一部分合语法，一部分不太合语法；有一部分抽象，有一部分具体。我们认为他们所说的这些类型其实是习语的性质，涉及构式的组构性、图式性和固化程度。以此看来，上述反问构式都或多或少地具有习语的这些性质，以疑问代词"什么"为标记，我们将它们统称为"'什么'反问习语构式"。我们认为，上述每个大类内部各次类构式之间以家族相似性的方式构成一个原型范畴，大类之间形成一个紧密相关的构式网络。

基于上文的论述，我们将该构式网络中前文所列举的各类具体构式归纳如下：

> 什么X；什么XZYZ的（如"什么公里母里的"）；什么X不X；什么X不X的，这几个构式具体形式有差别，但它们的句法语义语用有较多共性，形式上也都是偏正关系，它们形成一个构式群，我们统一称为"反问偏正构式群'什么X'"。
>
> "S＋Vj＋什么＋O"为反问判断构式。
>
> Vt什么；Vi什么；A什么，"什么"做宾语或准宾语，统一称为反问述宾构式"X什么"。
>
> 有什么X；有什么可/好/值得V的；有什么（可/好/值得）A（不A）（的），它们也形成一个构式群，统称为反问"有"字构式群。
>
> X什么Y；X的什么Y；X的是什么Y，称为反问离析构式"X什么Y"。
>
> Vt什么Vt；Vi什么Vi；A什么A，因为"什么"居中，两边的成分相同，形似一个人挑着担子，统一称为"担子构式'X什么X'"。

本书将对这六种构式或构式群进行细致考察，从共时层面描述其形式和意义，从历时层面追溯其发展演变，厘清其承继关系，最终构拟"什么"反问习语构式家族承继关系网络。

本书的学术价值和应用价值。

第一，与以往侧重对某一个"什么"构式作孤立的详细描写与分析不同，本书以构建"什么"反问习语构式网络为目标,以联系的观点、原型范畴理论审视各个具体构式在网络中的地位,分析它们之间的承继关系、联结类型,避免以往研究中只见树木、不见森林的局限性。

第二,"什么"是汉语中最基本的疑问代词,"什么"反问习语构式是汉语口语中使用频率极高的句式,故"什么"反问构式研究是解读其他类型反问构式的钥匙。同时,本书还有助于推动汉语疑问句、疑问代词研究的深入发展。本书也是对现有构式语法理论解释力的检验,这对构式语法理论的发展,对国外理论与汉语研究的结合也有所裨益。

第三,本书将在汉语句式教学特别是对外汉语教学以及自然语言信息处理方面具有应用价值。

## 二、文献回顾

关于"什么"语源的追溯。

贝罗贝、吴福祥(2000)概括了上古汉语疑问代词的发展与演变,认为上古后期的问事物疑问代词主要有"何""孰""奚""曷""胡""安""何所""何等"八个,用频最高的是"何"。"孰""曷""胡""奚"均只见零星用例,其中又有一些录自先秦的典籍。用法上,这些代词跟上古中期文献所呈现的情形一样:"孰"仍然限于别择问,"曷""胡"仍限于"胡为""曷为"的组合。"曷""胡""奚""孰"至少在东汉时期已经从实际口语里消失,而文献中所见的少数用例,应该是书面上的一种仿古现象。证据是在汉代毛亨、郑玄、赵岐、孔安国、高诱、王逸等训诂家的著作里,这些代词通常要被注释或对译为"何""何者"。"何所""何等"是这个时期新产生的事物疑问代词,不过例子少见。但东汉时期"何所"很可能已是一个口语化程度较高的疑问代词,因为在当时的训诂著作里常常被注家用来对译先秦典籍中的事物疑问代词"何""害""奚"。"何所""何等"本来是名词性的偏正词组,"何所"义为"什么地方","何等"意犹"何般/何种"。作为疑问代词的"何所""何等"应该是由这类偏正词组词汇化而来。但王海棻(2015:39)认为"何所"不是词,是倒置的主谓结构"何+所V?",相当于"所V者,何?"。

太田辰夫(2003〔1958〕:121-122)指出,"甚么"在唐代较早时写作"是物""是勿""是没"。"勿""没"是"物"的同音假借字。"是"的语源不明,但可能是由古代的指示代名词转化为表疑问的词。"是物"等的读音紧缩而成的是"甚"。也有"甚"再加上"物""没"的,在五代时通常写作"摩",到宋代就写作"麽"。"甚麽"又写作"什麽"。"什麽"这种写法不能认为是唐代就有的。在五代时写作"什摩",宋代写作"什麽"。在唐宋时,一直存在把"什"读作 -m 韵尾的方言,就开始用"什"作为代替"甚"的字来使用。再加上"什"的使用频率低于"甚",于是"什"代替"甚",类似于使用频率低的"的"代替使用频率高的"底"和"地"(可能是用频低的代替高的,更能凸显区别)。笔画简单也是一个因素。

王力(1980:288-294)指出指物的疑问代词"何"以用于宾语为常。用为定语兼指人和事物,如"子何术之设?"(您用了什么样的方法?《庄子·人间世》)"曷""奚""胡"的应用范围比"何"窄得多,"奚"用于宾语的比较少见,"曷""胡"用于宾语的更是个别情况(即作介词"为"的宾语)。它们通常只用作状语。从南北朝起,史料中出现了一个疑问代词"底"字,它的意义和"何"字相同。唐代以后"底"字用得更普遍。但是,"何"是怎样发展为"底"的并不清楚。现代汉语里的"什麽"(甚麽)不是从"何"字演变来的,也不是从"底"字演变来的。"什麽"在唐代就产生了。《集韵》说:"不知而问曰'拾没'。"唐代"什麽"也写作"是勿"。但是一般总是写作"什麽""甚麽""甚末",或"甚"("甚"是"甚麽"的合音)。但是,"拾没""是勿"怎么来的,王力没有明确说明。

吕叔湘(1985:127-130)对"什么"演变的梳理:"什麽"始见于唐代文献,来源于"何"。"何"魏晋时期发展为双音词"何物"。"何物"已融为一体,只有"何"字之用。"物"不是"万物"的"物",而应解作"等类、色样","何物"即何等、何样、何种。因为经常在疑问代词前面添加动词"是"而成为"是何物",整体相当于"什麽"。到唐代,"是何物"中间的"何"脱落而成"是物"。"是物"有多种写法,上一字:是、什、拾、甚;下一字:物、勿、没、麽、摩、莫、末、荞、么。敦煌变文写作一个字:没、荞。可以加个前缀"阿"作"阿没、阿荞"。"是物"后面的"什麽""甚麽"都是依音为字。"甚麽"只用一个"甚"字始于唐末,通行于宋元。自从"甚"通行以后,不久就有了"甚底(的)""甚些"。在现代河北、河南、山东的一部分方言里,"什么"省略为"么"(ma),通常写作"吗"或"嘛";尤其是"干吗"这个熟语,已经进入北京话。湖南湖北说"么事",也是"么"的变形。官话区的一大部分方言和吴语区的大多数方言里,和"什么"相当的疑问代词是 ṣa 或 sa,现在一般都写作"啥",这可能是"什么"的合音。

疑问代词"什么"从"是物(勿)"而来学术界一般没有疑问,但是"是物(勿)"从何而来,则有不同看法(蒋绍愚、曹广顺2005:59)。吴福祥(1996:

80-83)指出：吕叔湘认为"是物"为"是何物"的省减，但是文献里找不到"是何物"的用例，而且也不便解释唐五代"没"单独用作疑问词的现象。他认为单独的"物（没）"是疑问代词，可看作是由"何物"减损而得。"是物"是加上前缀"是"造成的双音节形式，如同"没"变为"阿没"。我们将吴文的图择其要如图0-1。

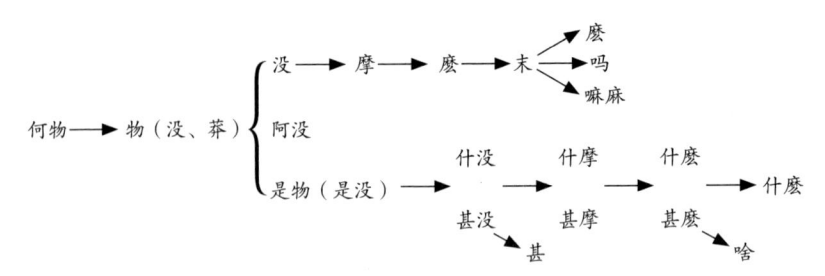

```
                              ┌ 没 → 摩 → 麼 → 末 ┬ 麼
                              │                      ├ 吗
                              │                      └ 嘛麻
何物 → 物（没、莽）┤ 阿没
                              │           什没 → 什摩 → 什麼
                              └ 是物（是没）→                      → 什麽
                                          甚没 → 甚摩 → 甚麼
                                          ↓                  ↓
                                          甚                  啥
```

图0-1　事物疑问代词演变图（引自吴福祥1996）

志村良治（1995：42-43）看法完全不同，认为"是物"与汉魏时期疑问代词"等""底"有关。上古的"何"，汉代双音节化复合成"何等"，如"是何等创也"（这是什么创伤啊？）（《汉书·朱博传》）。中古也这样用，如"所谓日十者何等也"（《论衡·诘术篇》）"汝是何等物"（你是什么东西？）（《搜神记》19）。"等"也单独用作疑问代词，如"用等称才学"（应璩《百一诗》），李善注："乃用何等而称才学。"即凭什么而称有才学。南朝乐府中出现了"底"，如"约誓底言者"（我们以誓言相约，我们的誓言说的是什么？），"持底明侬绪"（拿什么能表明我的思绪？）（《读曲歌》）等。这个"底"可能是南方口语的疑问词 ti 的反映。"底"在唐代主要复合成为"底物""底事"，如"陶冶性灵存底物，新诗改罢自长吟"（拿什么陶冶性情和精神？）（杜甫《解闷》）、"风流真底事"（李商隐《柳》）。"底"和"等"古音相通。"等"，《广韵》海韵，多改反，推定六朝音 tai；"底"，《广韵》荠韵，都礼切，推定六朝音 tei，据说"底"在南方读"丁儿反"（《匡谬正俗》6），因而推想它同"是勿"的"是"古音也相通。"是"上古属支部，音 diəg（董同和推定音），唐代音 ʑie（平山九雄据《韵镜》推定音），变为齿音。但唐代有一些地方还保存上古的舌音。今江苏省松江市"是个"的"是"读若"递"，赵元任《现代吴语的研究》注音为 dhigow 的音与之相当。"是勿"最早出现的例子是"是勿是生灭法"（《神会语录》，石井本）。

蒋绍愚（2017：154-155）认为吕叔湘、吴福祥、志村良治三家的说法都有自己的推断，而且都有其合理性。但比较起来，他还是倾向于志村良治的说法。因为在东汉—唐代,下面这样一种疑问词语的发展方式是常见的,如图0-2所示。

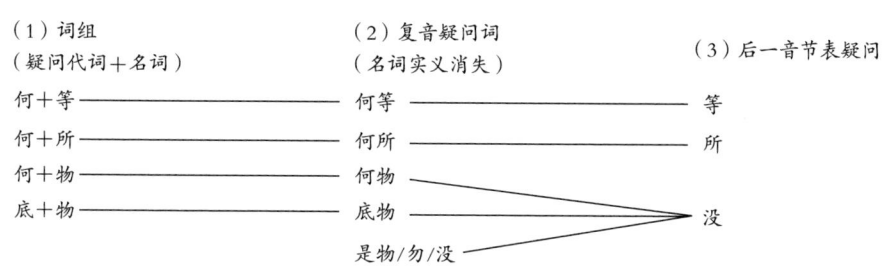

| （1）词组<br>（疑问代词+名词） | （2）复音疑问词<br>（名词实义消失） | （3）后一音节表疑问 |
|---|---|---|
| 何+等 ——————————— | 何等 ——————————— | 等 |
| 何+所 ——————————— | 何所 ——————————— | 所 |
| 何+物 ——————————— | 何物 ╲ |  |
| 底+物 ——————————— | 底物 ——————————— 没 |  |
|  | 是物/勿/没 ╱ |  |

图 0-2　东汉—唐代事物疑问代词发展方式（引自蒋绍愚 2017）

图中有一些缺项："是物/是勿/是没"没有词组的形式。但它们都由双音的疑问词语（词组或词）省缩为单音的疑问词,而且都是省去了前一音节的表疑问的成分,而由后一音节来表示原来整个疑问词语的意义,这种趋向是非常一致的。志村良治认为,"是"是一个由"等"—"底"—"是"这样发展下来的疑问词,"底"和"是"有音变关系,这是可信的。那么,"是物/是勿/是没"和"何物""底物"应属于同一系列,甚至可以把"是物"看作"底物"的音变形式。既然"何物""底物"都可以省缩为"没"（"物"的音变）,那么"是物/是勿/是没"也可以省缩为"没"。这是符合上述疑问词语的发展趋势的。

江蓝生（1995）认为：①"甚麽"的前身是"是物","是物"的"物"跟六朝疑问代词"何物"的"物"有语源关系。②"是物"又作"是勿""是没",最早见于8世纪中叶的敦煌文献。"是物"连读音变为"甚"或"甚物""甚没",见于9世纪的文献。③"什"代替"甚"。④"甚物""甚没""什没"的下字又作"谟、摩、麽"。"什摩"和"什麽"分别见于10世纪中叶和后半叶。这些疑问代词只是字形的不同,意义和用法并无本质区别,为简洁起见,我们记作"甚"系和"什"系疑问代词。将带"何"的疑问代词也相应记作"何"系疑问代词。

综上,上古后期的问事物疑问代词主要有"何""孰""奚""曷""胡""安""何所""何等"八个,用频最高的是"何"。"孰""曷""胡""奚"均只见零星用例,后代不用。汉以后主要有：何、等、何等、何所、何等物、底、底物、何物、何者、如何、若何、没、莽、阿没、阿莽、是没、是物、是勿、拾没、甚物、甚没、什没、什摩、什麽、甚、甚麽、甚底、甚摩、甚的、甚末、甚么、甚么儿、什么、什摩物、甚么物。

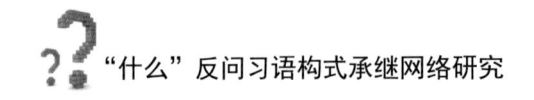

国内汉语学界对本课题的研究。

**1.传统语法学和修辞学对本课题的研究**

上述各类反问构式汉语学界在传统的语法学和修辞学框架内做过不少研究。早先的学者多认为反问与询问在疑问句的形式上并无分别,这可以王力、吕叔湘为代表。王力(1985〔1943〕:170)认为"一切的疑问式都可以当反诘用"。吕叔湘(1982〔1944〕:290)指出"反诘和询问是作用的不同,在句子的基本形式上并无分别"。这一观点影响深远,直到现在仍然有许多学者持有这样的认识。不过他们也敏锐地注意到有些语言形式专门用于反问(吕叔湘1982〔1944〕:292;王力1984:224),这些成分所构成的格式实际上就是反问构式。可惜的是,这样的认识没能提升为语法理论。这一时期,对"什么"反问构式的研究只是画龙点睛似的一笔带过,如王力(1985〔1943〕:226)、黄伯荣(1957:12-25)、林祥楣(1958:46-51)、赵元任(1979:287-289)、于根元(1984)。其中丁声树等(1961:162-164)稍微详细地分析了动词加"什么"格式的意义。

**2.三个平面理论下本课题的研究**

20世纪八九十年代以来,在三个平面理论指导下,汉语学界对"什么"反问句的句法、语义、语用作了深入细致的描写。以邵敬敏、赵秀凤(1989)对"什么"的非疑问用法概括得最为全面、扼要,细分为全指、例指、承指、借指、虚指、否定、反诘和独用八类;区别了否定性"什么"和反诘性"什么"。李宇明(1990)认为有些反问句的句式不能构成询问句,是反问句的特定句式。更多的论文则是对某一句式的句法、语义、语用作细致刻画,分析最多的是"V什么V"格式(史有为1991,晏宗杰2004,魏霞2012,吴怀成2014,等)。

**3.语用学、话语分析等理论下的本课题研究**

张伯江(1996、1997)针对反问形式的否定强度高于陈述形式的否定式,从语用功能上给出了解释,见解独到。郭继懋(1997)运用预设理论和会话含义理论分析反问句的语义语用特点,构建了反问句的三个语义语用条件。李宇明(1997)则从疑问标记功能衰退的角度对反问句进行解释。徐盛桓(1998、1999)把疑问句到反问句的嬗变看作是一个连续统,提出"疑问句语用嬗变理论模型"。冉永平、方晓国(2008)则另辟蹊径,探讨反问使用的人际语用功能。李宇凤(2010)、朱军(2013)从"前提—引发"的角度研究语用回应性对反问否定意义的制约规律及否定语义等级,视角新颖。刘娅琼(2014)运用会话分析理论,详尽考察自然口语中反问句的话语功能,细致深入,令人耳目一新。

**4. 构式语法理论下本课题的研究**

国内汉语学界中,张伯江(1999)较早将构式语法引入,运用该理论探讨汉语的双及物结构、分析汉语的特殊句式"把"字句(张伯江2000)。国内学者对构式语法的研究主要包括三个方面:理论引入和建设、句式研究和词汇语义。句式研究是国内学者研究的重点,集中表现为两类构式研究:一类是汉语中的特殊句式,包括"把"字句、"被"字句、祈使句、存现句等,如张伯江(1999、2000)、沈家煊(1999)等,还有梁晓玲(2005)"读宾"格式、姚水英(2006)重动句等;另一类是有标记的个例研究,如丁加勇、谢樱(2010)"A 得 C",吴为善、夏芳芳(2011)"A 不到哪里去",杨子、王雪明(2013)"好不 AP",尹海良(2014)强势指令义构式"给我 + VP",陈颖(2014)双强调构式"A 就 A 在 P",王晓辉、池昌海(2014)"X 就不用说了"构式,庞加光(2014)"NP 了"构式等等。用构式语法理论观察、分析和研究某一特殊句式或格式可谓是当今汉语学界的热点,因此,到目前为止句式研究的文章层出不穷。这些研究说明,构式语法理论为汉语的研究开辟了新道路,沿着这条路子挖掘下去定会有新的发现,为一些更加具体或特殊的汉语现象做出更好、更完善的解释。

最近几年,有些学者开始运用构式语法理论研究"什么"反问构式。丁萍(2012)和相业伟(2014)从不同角度展开对"V 什么 V"构式的相关研究,探析了可进入该构式的动词的范围、构式意义、表达功能等等。柳春燕、郑宗(2006)解析了习用化的"V 什么 X"及其疑问功能的偏离。毕光伟(2011)研究了表示否定判断义的"S + Vj + 什么 + O"构式,将构式中主语论元"S"和宾语论元"O"的对照关系归为"等同关系"和"类属关系"两种,强调了构件特征及上下文语境对构式义实现的重要作用。吴丹华(2010,2011)对"X 什么 X"的否定性质和结构性质进行了考察,提出了将"X 什么 X"判定为"索引—否定"结构的看法,认为"X 什么 X"是用整个结构式表达否定意义。艾哈迈德(2012)讨论"X 什么 X"的构式义、典型成员与非典型成员,提出了判断构式原型的三个标准:依赖自由度、数量和成熟度(语境依赖度),判定 X 为谓词是该构式的原型。该文还指出,"X 什么 X"构式的构式义涉及知域和言域,言者基于对他人行为、观点的主观性否定,通过移情转化为在言语行为上对对方的行为、观点实施否定性祈使,谓词占优势与其有密切联系，新意迭出。赵冉（2012）以 Goldberg 的认知构式语法为理论基础，将"X 什么 X"构式分为祈使否定和陈述否定两类，分析两者的差异。郑娟曼（2012）则列举了三种典型的引述回应式："什么"类、"X 个 Q"类和"还 X 呢"类，三者相结合探讨了贬抑性构式的贬抑倾向，将其表达功能概括为否定、拒绝、阻止和质疑四个方面。朱军（2014）考察了"X 什么 X"在篇章中的立场表达功能，归纳了"X 什么 X"的六种互动模式，把构式所表达的负面立场根据负面的程度做出比较：提醒＜意外＜反驳＜斥责。夏雪、詹卫东（2015）主要讨论了"X 什么""X 什么 X""X 什么 Y""X 什么[啊]"和"什么 X"五类构式，区分了言语行为否定和命题真值否定，并对影响两类否定的语义要素进行了描述，讨论了要素之间的关系以及表达每一种语义的不同构式之间的异同。袁毓林、刘彬（2016）主要分析了"V（的）什么 O""V 什么（V）"和"A 什么（A）"几类表否定意义的"什么"句式，提出"什么"句否定意义的形成与识解都是基于"疑善信恶"原则，言者在疑善信恶原则的指导下进行否定性猜测，使得整个"什么"句涌现出否定意义，否定某种事物或行为的合理性。

此外，近代汉语"什么"反问格式的研究也取得了可喜成绩。以吕叔湘（1985：142-146）的开创性研究最具代表性。徐复岭（1995）首先从历时角度对"X 什么 X"进行了考察，朱锡明（2005）从句法、语义和语用三个方面对比考察了口语中的"X 什么"与"X 什么 X"句式，指出进入构式的 X 一般为不及物动词，动词的及物用法在该句式中被压制。此外该文以《醒世姻缘传》例证"X 什么 X"句式晚于"X 什么"出现，是为了弥补"X 什么"句式所不能表达的强烈不满和否定意义，两者互补。

总的来说，成果卓著，问题不少：

（1）构式义的概括大多比较笼统且不够准确，对各种反问构式义多一言以蔽之："表达言者的否定态度"。

（2）对构式产生机制探讨得不多，且观点相去甚远。

（3）各类构式研究不平衡："X 什么 X"类研究最多，"什么 X""什么 X 不 X"之类研究得很少，反问判断构式"S＋Vj＋什么＋O"类则难得见到。

（4）侧重描写，解释不够，缺乏理论深度。有些研究虽然挂着"构式语法"的招牌，但其内容与构式语法渺不相关。

（5）较少涉及构式之间的内在联系，更没有把它们放在连续统中、构式网络中加以考察，只见树木，不见森林，难以作出全面、系统的解释。

（6）绝大多数研究都不加区分地使用不同性质的语料。

## 三、理论基础

本书的理论基础主要有认知语言学、构式语法、构式化与构式变化理论。

### （一）认知语言学

认知语言学是语言研究的一种新范式，它发轫于20世纪70年代，成熟于20世纪80年代。有一批语言学者不愿跟从乔姆斯基的生成语法学，仅仅从结构内部去解释语言现象，他们更加关注语言与认知（心智）的关系，并且认为人们的日常经验是语言使用的基础。认知语言学代表人物主要有：莱考夫（G.Lakoff）、兰盖克（R.Langacker）、菲尔莫（C.Fillmore）、约翰逊（M.Johnson）、盖拉茨（D.Geeraerts）和塔尔米（L.Talmy）等。

认知语言学产生的心理学基础是"认知心理学"，哲学基础是"体验哲学"，直接动力来自语用学和生成语义学。F. Ungereer & H.J. Schmid（2001〔1996〕：F36-40）开宗明义：认知语言学是一种解释语言的方法，它以我们对世界的经验为基础，以我们感知世界的方式并将其概念化的方法为基础。它与此前我们也称之为"认知语言学"的对语言的"逻辑观"不同，如语言逻辑观将语言看作是人脑的属性，客观的逻辑规则、语义特征等都储存在大脑中，等等；今天的认知语言学对语言的看法主要有三个方面：经验观、凸显观和注意观，强调主观性。Langacker（2008：55）明确指出，表达式的意义不仅取决于概念内容，概念内容是如何识解的同等重要。每一个象征结构都以特定的方式识解概念内容，这构成了常规语义值的一部分。概念内容可以比作一个场景，识解可以比作看待这一场景的特定方式。在观察某个场景时，我们实际上看到了什么，依赖于我们观察的细致程度、我们选择要看的对象、我们最注意哪些成分、从哪里开始观察。对于这些宏观的识解现象，他选用的名称是：详细程度、聚焦、凸显和视角。Langacker（1987：144-145）还指出，对于一个复杂场景的概念化过程，区别两种认知加工模式很有用：一种是总体扫描，一种是序列扫描。张敏（1998）是国内较早系统介绍认知语言学的产生背景、哲学基础和理论主张，并用认知语言学理论解释汉语名词短语，特别是名词短语中结构助词"的"的隐现问题的专著。张著侧重介绍认知语言学功能主义的语言观、非客观主义的认知观、范畴化问题、概念隐喻、意象图式，特别是句法相似性最为详尽，引起学界广泛关注。崔希亮（2002）概括了认知语言学的理论模型：原型理论、标记论、范畴化理论、意向图式理论、隐喻和转喻、家族相似性理论、相似性动因假说、可触知性等。其中，意象图式理论是认知语言学的重要组成部分，与构式义的产生有一定的关系，这里稍做介绍。综合 Langacker、Lakoff 和 Johnson 等学者的观点，王寅（2006：179-180）将意象图式定义为：是人们通过对具有相似关系的多个个例反复感知体验、不断进行概括而逐步形成的一种抽象的框架结构，是介于感觉与理性之间的一个重要环节；是运用了完形、动觉、意象三种互动方式认识外界事体间关系而获得的一种 CM；是积聚在一起的知识单元，是构成心智的基本元件，是认知能力的一种表现形式；也是形成句法构造、获得意义的主要方式，是一个抽象的语义原则。陆俭明（2009）认为，构式就是人的认知域中的意象图式在语言中的投射，构式义就来源于意象图式。

## （二）构式语法

### 1.构式网络思想

脱胎于框架语义学的构式语法肇始于20世纪80年代 Fillmore 及其同事对习语——标记性构式的研究。Fillmore et al.（1988）等一系列习语构式研究明确提出了构式语法及构式网络思想：构式是习语性的、规约性的、形义一体的句法表征，人类语言能力是由构式决定的；研究语法，就是研究构式及构式网络；从习语性的比较特殊的语言现象入手，揭示语言的普遍规律。与此同时，Lakoff（1987：582）对指示性和存在性 there-构式的研究是构式语法的又一拓荒力作，他有说服力地证明 there-构式实际是一个构式家族，认为语法构式具有真正的认知地位，构式的意义必须参照心智空间、隐喻、转喻、理想化认知模型等认知语义来刻画；构式是呈辐射状结构的原型范畴，构式之间的关系可以看成是由一个中心构式（原型）和若干非中心构式（变体）组成的辐射状的组织结构。Goldberg（1995：67-69；2006）继承了 Fillmore、Kay、Lakoff 等的思想，将构式研究范围由标记性构式扩展到论元结构构式，从特殊推广到一般，对构式语法理论做出了重大贡献。关于构式之间的关系，她指出：语言中的构式是个有组织的、有理据的网络系统，构式与构式之间通过承继关系连接。Goldberg（2013）重申了各类构式形成一个网络、网络中的节点由传承性连接相联系的观点。Langacker（1987、1991、2008）则从"语言的象征性"思想出发，侧重研究构式的生成机制。Taylor（2002：568）分析了与汉语反问构式十分类似的英语中"构式习语"——"不相信反响构式"，如：

（What？!）Him write a novel?!（You must be joking.）

Wulff（2013）基于用法的构式语法观提出了以定量方式测量不同习语构式的语义和句法不规则程度的方法，认为习语构式的组合性主要取决于其组配成分与相关词语构式中的对应成分在语义上的相似度。

上述学者尽管在理论背景、研究取向等方面有所不同，但大多接受以下观点：习语构式与普通构式同等重要，习语构式研究可以揭示一般构式的规律；每种语言的构式都具有分类分层性，形成了有组织的、有理据的网络系统；构式网络内部又可根据抽象程度的不同，从抽象构式图式到具体语式可分析出很多层次，形成一个连续统；低层次构式可以从高层次构式承继各种句法语义语用信息。

**2. 构式承继关系**

承继这一概念原是计算机科学中的术语，指通过假定存在低级层面从高级层面承继信息的抽象层级。信息可以被有效地储存并且很容易被修改。Goldberg（1995）第三章讨论构式之间的关系，第四章专门讨论联结。她借鉴吸收了前人关于构式和计算机科学等领域的研究成果，认为构式与构式之间存在着"承继关系"（inheritance relations），又叫"承继链接"（inheritance links），而承继关系是具体构式的许多特征存在的理据，目的在于发现"跨构式的系统概括"（systematic generalization across constructions），这是构式语法理论的核心所在。Goldberg（1995：73）将承继链接视作语言系统中的客体，认为承继链接也有内部结构，按层级关系相互联系。同时，她吸收消化了构式语法其他流派关于构式之间对于承继链接的描写，特别是 Langacker 对基于范畴化理论的图式构式、原型构式与引申构式之间承继关系的描写，以及 Croft 对于图式构式与其实例之间部分与整体承继关系的描写，从认知语言学的角度出发，将构式视为语言知识在心智中的基本表达方式，提出了构式之间的"层级承继关系"（inheritance hierarchies）。Goldberg 认为承继是语言概括的一种方法，描述了两个构式在某些方面相同，而在其他方面不同这一语言事实。也就是说承继关系描写的是"构式与构式之间的联系"，如图 0-3 所示。

# "什么"反问习语构式承继网络研究

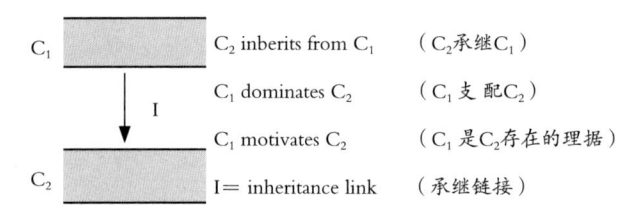

```
C₁  ┌────────┐     C₂ inherits from C₁    （C₂承继C₁）
    └────────┘     C₁ dominates C₂        （C₁支配C₂）
         │ I      C₁ motivates C₂         （C₁是C₂存在的理据）
         ▼
C₂  ┌────────┐    I= inheritance link     （承继链接）
    └────────┘
```

图0-3 构式承继关系图（引自Goldberg1995）

此外构式的承继也是有特征的：①允许多重承继，即允许层级中的某个特定构式从多个统制构式承继信息；②正常样承继，允许下位规则和例外的存在，只要信息与承继层级中较低节点规定的信息不矛盾，则该信息可以从统制节点传递性地承继。她区别了四种联结类型：多义联结、隐喻扩展联结、子部分联结和实例联结。

构式是语言系统中的基本单位，因此基于构式概念表达的语言组织的相关心理认知原则在不同的功能主义框架中都能找到直接的对应原则，主要有四点：(Goldberg1995：67-68)

（1）理据最大化原则（the principle of maximized motivation）。如果构式A与构式B在句法上有联系，那么当构式A和构式B在语义上存在一定联系时，构式A系统是有理据的，这种理据是最大化的。

（2）无同义原则（the principle of no synonymy）。如果两个构式在句法上不同，那么它们在语义或语用上也一定不同。这可以用两个推论进行表述：

推论A：如果两个构式在句法上不同，在语义上相同，那么它们在语用上一定不同。

推论B：如果两个构式在句法上不同，在语用上相同，那么它们在语义上一定不同。

（3）表达力最大化原则（the principle of maximized expressive power）。为达到交际目的，构式的库存数量需要最大化。

（4）经济最大化原则（the principles of maximized economy）。不同构式的数量应尽可能地少。

### 3.构式压制

构式语法认为，构式对词项具有压制作用。所谓构式"压制"（Override），是指如果一个词项与它的句法环境在语义上不能相互兼容，构式则通过压制作用使得该词项在语义上能够与之相匹配。De Swart（1998：360）对压制的定义是：句法上和词形上看不到的，是由解决（语义）冲突引起的，取决于因隐性句法环境而须另做解释（reinterpretation）的机制。换言之，当词汇意义与构式意义冲突时，语言使用者需要根据构式义对词汇义作出不同的解释，以使两者协调。Michaelis 提出的压制原则为：如果一个词汇项在语义上与其参与的构式形态句法环境不兼容，词汇项的意义应该遵守构式的意义（转引自刘琦2016：43）。袁毓林（2004）也指出，动词跟句式角色错配的实质是动词的论元结构跟句式的论元结构不一致，句式的论元结构压倒了动词的论元结构。施春宏（2012）对"构式压制"的内涵作出了更一般的解读：在词项进入构式的过程中，如果词项的功能及意义跟构式的原型功能及意义不相吻合，那么构式就会通过调整词项所能凸显的侧面来使构式和词项两相契合。他强调除了意义的压制外，还突出功能的压制；更重要的是将压制理解为基于凸显机制的识解过程，并以词项自身能够凸显某个侧面为前提。综上，当词汇和构式发生冲突时，"构式压制观"认为构式将迫使词汇意义及其句法功能、论元配置发生变化。

近年来，施春宏（2018）对构式语法理论基础、方法论原则等作出一系列深入思考，将结构主义的方法论原则与构式语法的理论方法结合起来，试图探索一条基于形式和意义互动的句式系统研究路径，提出了"互动构式语法理论"，推动了构式语法理论的发展。

### （三）构式化与构式变化

构式化理论是 Traugott & Trousdal（2013）提出的一种新的语言研究理念，该理念将构式语法理论与历时语言学相结合，进一步丰富了构式语法，使其更具解释效力。具体来说，构式化理论是在构式语法、词汇化、语法化与语言历时演变的基础上形成的。构式化理论认为语言是一个历时动态发展的实体，对语言结构应从历时和共时两个层面进行综合研究，即语言研究不仅要关注构式系统的共时发展，更要关注这一系统的历时演变过程。从历时角度来看，构式演变可以分为两大类型。一类是构式变化（constructional change），指的是影响旧有构式的部分特征（如语义、形态音位、搭配限制等）但又不产生新的构式演变现象，是构式内部维度的变化，没有创造新的节点，是构式化前后的一系列渐变阶段，即形式或意义单方面发生变化。另一类是构式化（consructionalization），即一个全新的形式$_{新}$-意义$_{新}$配对体的产生过程，即构式网络中新节点的产生，具有新的句法或形态，以及新的编码意义。其中构式化又分为语法构式化和词汇构式化。"构式变化"是构式内部的逐渐变化，如语义、形态音位、搭配限制等。构式变化期间可能发生句法与语义的不匹配,这种不匹配可以通过言者与听者之间的相互协调得以解决,并由此产生新的形式—意义配对体。构式变化是量变,构式化是质变,质变是量变的结果。构式化理论弥补了当前构式研究侧重于共时研究而拙于历时研究的缺点,为我们深化构式研究提供了思路,成为本书构拟"什么"反问习语构式网络的重要思想资源之一。

## 四、研究思路和方法

本书的主要目标是运用认知语言学背景下的构式语法理论,特别是构式化与构式变化的理论,建构汉语"什么"反问习语构式网络,厘清网络中各构式节点之间的关系,从而对各种构式的承继联接、生成机制给出解释,推而广之,探讨构式的生成与演变等问题。为实现这一目标,采用了以下研究思路:

(1)各具体构式言简意赅的共时描写。具体描述各次范畴构式组构成分的句法、语义、语用的允准条件,准确归纳构式义;从互动交际的场合、会话参与者的地位等方面找出各个构式具体使用条件。

(2)本书重点从历时上厘清每个"什么"反问习语构式的源头,找到在历史上其构式化完成的时间节点,廓清其构式化前后的变化,理清其产生、发展、演变的脉络;确立与其他相关构式之间的承继关系,厘清构式之间各种连接方式;以联系的观点,以家族相似性的观点,看待各个具体构式,确立构式原型,构建其承继关系网络。

(3)探讨"什么"反问习语构式化与构式变化的条件、动因、机制。课题组将在构式网络的参照系下,在构式化与构式变化、语法化等语言演变理论指导下,参考 Langacker 的有关论述,结合汉语史资料,考察具体的"什么"反问习语构式在历史上是如何产生的,产生的条件有哪些,其机制是什么,构式义如何从其组构成分的意义中派生出来,如何从构式家族的上辈成员承继哪些句法、语义、语用信息。

(4)本书遵循"基于用法的模型",坚持"所见即所得"的原则,主要采用归纳法,强调从实际语料中总结归纳语言规律,重视使用事件的范畴化以及使用频率对语法结构的影响。

(5)以往的"什么"反问习语研究对语料的语体性质差异重视不够,各位学者就自己掌握的材料得出自己的结论,一些问题难以达成一致。本书以话语分析理论为指导,尽量以互动交际中的口语语料为分析对象,力求将语料性质差异对研究结果的影响降到最低。

（6）用汉语事实检验理论。本书一方面运用构式语法的理论方法研究汉语反问构式，另一方面也用汉语反问构式的语言事实来检验构式语法的解释力。

研究的重点是：探询"什么"反问习语构式家族成员之间的联系，找出每个构式范畴的原型，追溯各构式的历史渊源和演变路径，厘清构式之间各种联接方式，建构"什么"反问习语构式网络。

在研究取向上，注重共时与历时的有机结合。对每一个"什么"反问习语构式都既作共时的阐述，又作历时的探源。共时方面重在阐明每个构式的句法、语义、语用信息和使用条件，特别注重对构式义的归纳。历时方面以共时的结论为参照，重在理清其发展演变的脉络，以对其共时特点做出合理的解释。

在具体操作层面，强调形式验证，防止解释的随意性。如我们发现共时平面的反问习语"什么X！"半图式构式包括三个次范畴：a. 描述性反问构式，b. 引述性判断反问构式，c. 引述性祈使反问构式。我们这样分类，主要基于三者在形式上的区别：a 类 X 不具有引述性，一般是名词，"什么X"是语言系统的句法单位。而 b、c 中 X 是引语，不限于名词性成分，"什么X"是话语系统的临时的、动态的语用单位。b 与 c 的区别在于：b 可以变换为判断句，c 不能；c 前面可以添加"说"，b 不能。

## 五、语料及术语、符号说明

现代汉语语料的搜集与整理。本书材料主要使用互动交际中的口语语料。课题组广泛搜集"什么"反问习语的各种用例，建立一个小型的"什么"反问习语语料库。

语料主要来自以下几个方面：

（1）北京电视台科教频道《第三调解室》部分节目转写的文本；

（2）电视剧《我爱我家》第一部 1-20 集转写文本；

（3）北京大学中国语言学研究中心语料库（CCL）、北京语言大学开发的 BCC 语料库和北京口语语料库、中国传媒大学有声媒体文本语料库（MLC）（Media Language Corpus）；

（4）电视剧及电影台词；

（5）小说话剧及相声小品剧本；

（6）前人研究文献。

古代汉语语料主要来自 CCL 语料库、朱氏语料库、CBETA 电子佛典集成（2016版）以及前人研究文献中的例句。在此我们衷心感谢 CCL、BCC、MLC、朱氏语料库等上述各个语料库的开发者、制作者，是他们的辛苦劳动减轻了我们检索语料的繁重任务。为了保证语料的准确、可靠，我们对古汉语例句都与纸质版本或影印的电子版本校对。

正文中的例句，凡是没有标明出处的，均来自 CCL 语料库。古代汉语例句，不论来自哪里，均标明出处。

构式承继关系网络图中的符号说明：

⬜ 方框代表构式。

▅ 粗线方框代表构式原型。

▢ 圆角方框表示构式化正在进行而尚未完成的格式。

不加框表示一般格式或具体语句。

—— 实线表示上位与下位之间的关系。

⇒ 空心箭头表示演变关系，箭头指向的方向是演变的终点。

→ 实线直线箭头表示构式之间的承继关系，旁边的字母"$I_I$"表示承继关系的类型"实例联结"，意思是箭头终点方向的构式是起点方向构式的一个实例；其他的，如"$I_S$"表示"子部分联结"，"$I_P$"表示"多义联结"，"$I_M$"表示"隐喻联结"。

⤳ 实线曲线箭头表示"并入、融入"的关系，用字母"$I_{MR}$"表示，"MR"是英文单词"merge"的缩写，以区别于隐喻联结"$I_M$"。

┈▶ 虚线曲线箭头表示并入的构式不再独立存在而逐渐消失。

# 第一章 "什么"反问偏正构式群

"什么"反问偏正构式群是指事物疑问代词"什么"在形式上作定语修饰后面中心语表达否定义的反问结构,包括:什么X;什么X不X(的);什么XZYZ(的)三个次范畴。其中"什么XZYZ(的)"中"XZ"与"YZ"属于同一语义范畴。形式上,"YZ"可以是仿照"XZ"临时创造虚构的,也可以是真实存在的;意义上,二者可互为绝对反义或为相对反义,如"什么你的我的""什么乾隆爷乾隆奶奶的"等。这些构式习语性较强,特别是后面几种形式很有特点,在"什么"反问习语构式家族中占有重要地位,但学界对此关注不够。本章首先从共时层面对它们的句法、语义、语用特点分别加以解析,然后从历时角度梳理其发展演变脉络,构拟构式承继关系网络。

## 第一节 反问偏正构式"什么X"解析[①]

汉语口语中有一种常见句式:"什么"置于一个词语或小句的前面,构成一个反问小句"什么X",X以名词性词语为常,如"什么自己人!明明是三个逃犯。""什么自来水?!简直是黄泥浆拌水卖!""什么X"可以独立成句,后面多用感叹号。当"什么X"充当小句时,"X"后使用逗号或问号,后续句则多使用感叹号。为了称说方便,统一记作"什么X"。疑问代词"什么"直接修饰名词一般是询问事物的性质或种类,但是上述句子并不是在询问,而是表达否定性语义,整个结构表达的意义不能从其构成成分直接推导出来,可见,它是现代汉语中的一个构式。

---

[①] 本节内容曾以"从引语的性质看反问构式'什么NP'"为题发表于《复旦学报》2018年第5期。收入本书有改动。

# "什么"反问习语构式承继网络研究

学术界对"什么X"这一构式早有关注并做过一些解读，综合起来看，主要有以下三种。

### A式：S不是X

表示否定判断，否定X真值。针对对方持有谈论对象S是X的观点，言者进行反驳并予以纠正。例如：

(1) 人家是女孩子，<u>什么老爷们儿</u>！
(2) 燕红：这不是你常带到我这儿来的那位芭蕾舞团的于小姐么？
志新：<u>什么于小姐？</u>这位是……（《我爱我家》）
(3) <u>什么可怜的女人</u>，人家一点都不可怜！

吕叔湘（1985：149-151）把这类句子看作是省去了主语和动词"是"的判断句。反问句否定句子的真值，如例（1）表示"她不是老爷们儿"。如果X是偏正短语，那么否定的焦点也可以是修饰语，如例（3）的"可怜"。

### B式：S是不合宜的X

不否定X真值，而否定隐含在X中的"合宜""好"等性质，表示不好、不对、不合理。可以称为"合宜性否定"（吕叔湘1985：150）。X通常为下列词语：德行、作风、记性、意思、样子、年月、话、人、东西、玩意儿等。例如：

(4) 你这人怎么这样，人家演出那么辛苦，好容易凉了杯水，你还给喝了，<u>什么人呀</u>！
(5) <u>什么东西！</u>他还想追我家的姑娘，又不吐口涎水把自己照照。

例（4）不能按照A式那样理解为"你不是人"，意思只是说"你是不合时宜的人"。

### C式：S是不合标准的X

姜炜、石毓智（2008）认为"什么"的功用是指出谈论的对象S"达不到某种标准"或者"不符合某种资格"，从而否定某事物存在的合理性，可以称之为"合格性否定"。例如：

(6) <u>什么宾馆！</u>连个像样的卫生间都没有。
(7) <u>什么革命组长</u>，流氓！比国民党伪保长还坏！

与B式一样，C式也不否定真值："宾馆"虽然达不到一定的标准，但还是宾馆。

实际话语中"什么X"是不是仅有这三种解读？各类"什么X"到底有哪些方面的不同？是语义否定、语用否定抑或是元语否定？是否有统一的来源？这些差异是由什么原因引起的？变式"什么X不X"，为什么存在不合语法的"不NP"形式？"什么"究竟是对已实现状况否定的"否定标记"（姜炜、石毓智2008），还是"泛用的回声替代标记"（李宇凤2010）？我们认为，引语的性质对该构式的意义表达具有深刻影响，本章运用语言哲学、叙述学关于引语的研究成果，从对话中的引语性质和类型的角度探讨上述语言现象。

# 一、反问构式"什么X"的补充解读

从实际话语来看，反问构式"什么X"的类型远不止学者们所归纳的几种。我们还发现了以下几种解读。

**D式：否定X所具有的神圣性**

X所表示的事体在人们心目中具有一定的权威性或神圣性。例如：

（8）<u>什么庄子、禅师</u>，不过是另一类人尊的圣贤教人做另一类八股罢了。

（9）李自成忍不住骂了一句："他妈的，<u>什么皇帝、亲王</u>，尽是强盗、吃人魔王！"

有时，X所表示的事体在对方心目中享有强大力量和崇高威望，言者以该构式针锋相对予以否定，表达轻慢、轻蔑：

（10）"苏金荣不过是挂个县长的牌子，刘队长是黄埔军官学校出身，可是真有两下子！""<u>什么吊刘队长</u>，他有什么能耐，我就不服他！你说说，他办过什么好事？……"

（11）段延庆来得晚了，没见到段誉的六脉神剑，听了慕容复这话，不禁心头大震，斜眼相睨段誉，要看他是否真的会此神功，但见他右手手指点点划划，出手大有道理，但内力却半点也无，心道："<u>什么六脉神剑</u>，倒吓了我一跳。原来这小子虚张声势，招摇撞骗……"

**E式：否定X的利好性**

X所表示的事体从表象上听起来具有利好性，其实不然。例如：

（12）<u>什么"分时电价""负荷控制"</u>？还不是为了让老百姓少用点电，多花点钱！

（13）<u>什么优惠政策</u>，无非是用物质利益作诱饵，来挖我墙脚！

这类"什么 X"构式，通常带有后续句，后续句里经常使用"还不是 / 只不过是 / 无非是"等词语。

### F 式：否定 X 的隐含义

Horn（1985：121）、沈家煊（1993）区别两种否定：否定句子真值条件的描述性否定（descriptive negation）和否定话语适宜条件的元语否定（metalinguistic negation，有学者称为语用否定或含意否定）。"什么 X"构式可以表示元语否定，否定句子的适宜条件，也可以称为"适宜条件否定"。否定语句的适宜条件往往就是否定语句的隐含义。例如：

（14）甲：昨晚跟你在一起的那个女人是谁？
　　　乙：<u>什么女人！</u>那是我老婆！
（15）"你有点儿像刘德华。""<u>什么'我像刘德华'</u>，是刘德华像我！"
（16）<u>什么"诗意"</u>，不就是"调情"么？什么情感，不就是自我"陶醉"么？
（17）"他爸妈不管他？""<u>什么爸妈，</u>人孩子是孤儿。"
（18）<u>什么"阿思玛"呀</u>，是"阿诗玛"！

例（14）是我们对沈家煊（1993）用例改造而成的，否定根据量的准则推导出的隐含义。（15）否定"有序准则"得出的隐含义。（16）否定 X 的风格、色彩等隐含义。（17）否定预设意义。（18）否定语音上的适宜条件。

### G 式：关涉性否定

对 X 所标识的事体不予理睬、不管不顾、不关心、不承认。形式上，可以在前面添加"管""顾"等关涉义动词。如（19）意思是说：我不管什么将来，我只顾现在。

（19）有女友劝小李："工作辞了，家也不回，你将来怎么办？"小李道："<u>什么将来？过今儿不想明天！</u>"

### H 式：存在否定

对 X 所表示的事体的存在不予承认。形式上，可以在前面添加动词"有"：

（20）邓小平说："<u>什么二月兵变，</u>根本没有这回事！"
（21）这"打倒一切"的年月，哪个有前途？……<u>什么前途，前途，</u>前面尽是陷阱呢！

例(20)是说：我不承认有什么二月兵变，别跟我说这些。

**I式：言语行为否定**

制止对方的说话行为，由此阻止、劝阻对方的其他言语行为。如：

(22)开始，谭震林要张春桥保陈丕显。张春桥推托说回去和群众商量。谭震林恼怒了，他大声质问："<u>什么群众，</u>老是群众群众，还有党的领导嘛！……"
(23)莉达：(BP机响)对……哎呀，(向燕红)小姐，这儿有电话么？
　　 燕红：没安呢。
　　 志新：唉，这不是有么？
　　 燕红：<u>什么有什么有有什么</u>！你们家有上你们家打去！(《我爱我家》)

**J式：知晓否定**

言者表达对某事不知晓、不懂，如：

(24)有的人随地吐痰，却仍然理直气壮：<u>什么'七不'规范，我不知道。</u>"

沈家煊(1993)将适宜条件否定称作"语用否定"，这是相对于"语义否定"(即真值条件否定)而言的。从上面的例句看，构式"什么X"有的否定话语表达方式的适宜性，有的否定言语行为，有的否定命题真值条件，到底属于语义否定还是语用否定？

我们认为，语义否定与语用否定的区别不在于否定的是真值条件还是非真值条件。语义否定是通过语言内部的否定词而不借助交际参与者和语境等语言外因素实现的无标记否定。"语用否定"是借助交际参与者和语境等语言外因素实现的有标记否定，如"人家是女孩子，什么老爷们儿！"是真值否定，表示"人家不是老爷们儿"，但这个否定义是利用话语和上文等语境因素推导出来的隐含义。其中的"什么"显然也不是否定词，它否定的具体含义随上下文和不同的语境而发生变化，具有明显的语用否定性质。但是，反问"什么X"构式在说话者头脑中已经固化，且约定俗成地表达否定义。按照百科语义观，从语用到语义是一个连续统，中间并没有一条明确的界限。Langacker(2008：38)提出，只有当意义(Meanings)(i)在个体言者头脑中固化而且(ii)在言语社区的成员中约定俗成时，才可视为语言的一部分。"什么X"构式显然已经固化，且约定俗成地表达否定义，符合这两个条件，显然应该属于语言意义。据此，我们可以说该构式约定俗成地表达语

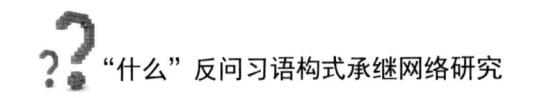

义—语用否定。同理，本书的各个"什么"反问构式所表达的否定也都属于语义—语用否定。

## 二、X 的描述性与引述性

语言哲学家们早就注意到语言可以描述语言外的事物，也可以指称、谈论语言自身，后者即所谓的语言的"元语"用法，也就是语言的自指性或反身性。引语指向的不是语言外的世界，而是语言本身，所以可以归为元语用法（刘丹青2009）。据此，我们把引述他人话语的元语用法称为引述性用法，被引用的语言称为"引语源"（王爱华2007），与此相对的叫作描述性用法。按照这样的划分，上文各类"什么 X"可以分成两个大类：B 式中的 X 没有引语源，不是引语，故为描述性用法；其他类型的 X 都是对引语源某个成分的引用，具有或多或少的引述性，为引述性用法。

### （一）描述性用法

上述"什么 X"的七种用法只有 B 式属于描述性用法。B 式的使用符合反问句的语义语用条件。B 式通常用在这样的语境：言者不同意对方的行为、言论 q，想要加以指斥、反驳（郭继懋1997，胡德明2010：135-136）。言者摆出 q，突出其不合宜之处，然后说出反问句"什么 X"。X 与 q 有内在的联系。根据疑问代词"什么"的意义，"什么"用在名词前问名词所标识的事物的种类或性质，即"哪种或什么样的 X"，所以，其问域是个有关性质"好坏"的不同程度的集合：

$$\left\{\begin{array}{l}最合宜的X，很合宜的X，较合宜的X，一般的X，不\\合宜的X，不太合宜的X，很不合宜的X，最不合宜的X\end{array}\right\}$$

再根据言者在上下文摆出的 q 的不合宜之处，可以得出：S 是不合宜的 X。既然 S 是不合宜的 X，那么，q 是不合理的，你不应该做/说 q。如（4）言者先摆出对方行为的不合宜之处："人家演出那么辛苦，好容易凉了杯水，你还给喝了"，然后说出反问"什么人呀"，自然得出："你是不合宜的人"，所以，你不应该喝我的水。

为什么由"S 是不合宜的 X"能够得出"q 是不合理的"？这是转喻操作的结果。从实际语料看，B 式 X 与 q 有多种关系：X 是 q 行为的主体，如（4）；

X 表示 q 行为主体的品行，如下文（25）；X 系行为 q 的能力，它控制着 q 的发生及其质量，如（26）；X 系行为 q 的结果，如（27）；X 系行为 q 发生的时间，如（28）；X 系对方言说的结果，如（29），等等。

（25）说得对！就是暴发户心态，挣了几个钱，自以为了不起，写自传，自吹自擂一番，登几张名人照片，拉大旗做虎皮，<u>什么德行</u>！
（26）还说我拿了哪。哼，<u>什么记性</u>！
（27）对联，我给送去的纸！没给写来，也不把纸退回，还要借二十块钱，<u>什么事呢</u>！
（28）老大，……下板子去！<u>什么时候了</u>，还不开门！
（29）"章校长出书了？"我很吃惊。"<u>什么话呀</u>！写的编的加起来，章校长都出版了120多万字了。"我不禁怔住了。

用行为的主体及其品行、能力以及行为的结果等转喻行为本身，否定前者从而否定后者，这符合人类认知的一般规律。

### （二）引述性用法

除了 B 式，"什么 X"的其他用法都属于引述性用法。引述性用法与描述性用法有一系列的区别。

#### 1.引述性用法的"什么 X"都是语用单位或话语单位

张谊生（2013）区别了句法单位和语用单位。描述性用法中，"什么"作定语修饰 X，"什么 X"是语言系统的备用的、静态的句法单位，可以用来造句，从而构造更为复杂的语言结构体。而引述性用法中的"什么'X'"是话语系统的临时的、动态的语用单位，不能用来构造更为复杂的语言结构体。试比较（4）"什么人"与（16）中的"什么'诗意'"：

（4'）（什么人）的著作　你喜欢（什么人）的著作　（什么人）的著作最有吸引力
（16'）*（什么"诗意"）的散文　*你喜欢（什么"诗意"）的散文　*（什么"诗意"）的散文最有吸引力

例（14）中"什么女人"似乎也能构造更为复杂的语言单位：

（14'）（什么女人）的著作　你喜欢（什么女人）的著作　（什么女人）的著作最有吸引力

但是，这样用的时候，"女人"已经不是引语了。

**2. 引述性用法中"什么"之后的成分不限于名词性成分**

描述性用法中，X 限于名词性成分；引述性用法中，"什么"后面主要是名词性成分，可以表现为 NP 形式，也可以是"NP 不 NP"或"NPNP′"等形式，还可以是谓词性成分。这些形式是描述性用法所没有的。例如：

（30）什么小两口子不小两口子！小两口子又怎样？

（31）什么娘家人婆家人，全国一盘棋嘛！（《我爱我家》）

（32）当汇报到张玉勤跳河自杀时，谢静宜说："什么自杀，是逼死的嘛！"

（33）燕红：我爸那心脏，心脏病……
　　　和平：没事儿，戒了酒就好了。
　　　燕红：什么好了，我爸心脏病犯啦！

（34）人们议论这种非歌非舞的节目说："唉！有什么办法呢，乘歌星红极一时，舞蹈演员也得混碗饭吃嘛！""什么混饭吃啊！人家这叫独唱的新包装。"

**3. 引述性用法中"什么"之后的谓词性成分受构式的压制，具有指称性**

作为引语的"什么"后面的谓词性成分与一般的谓词性质有所不同，它们受到构式的压制而发生了"去范畴化"，已经名物化了，甚至名词化了。言者把引语源中的词语引述来是作为一个完整的意义单位使用的，具有整体性和指称性。如（34）引语源中的"混碗饭吃"，被引述之后变成了"混饭吃"，删除了量词"碗"，形式更为紧凑、凝练。"混碗饭吃"指有界的具体的动作行为，"混饭吃"则是对某种生存状态的通称。因为具有指称性，所以这类用法的"什么"后面经常有个表示称谓的动词"叫"。例如：

（35）傅老：哎呀……你们是怎么搞的嘛！
　　　志新：什么叫我们怎么搞的？您是怎么搞的嘛！今亏了我在家……（《我爱我家》）

引语源"你们是怎么搞的嘛！"是个典型的主谓句，作为引语，引述者删除了其中的谓语动词"是"和语气词"嘛"，在前面添加了表称谓的动词"叫"，这些都是去范畴化操作。另一方面，动词用在疑问代词"什么"之后，论元配置的要求会受到压制而衰减。一般地，"什么 VP 了"，"什么"自然地被指派为动词的一个论元，如"什么丢了？"。但是（32）一价动词"自杀"的论元配置要求衰减了，"什么"并不是"自杀"的一个论元，而是作定语修饰"自杀"。有鉴于此，我们有时仍然把它们笼统地称为"什么 NP"构式，而对其中引语的词类范畴不做细究。

由于"什么 X"的问域是个集合，所以用于描述性的 X 必须是能够分出"合宜的""不合宜的"等下位类型的名词，分不出下位类型的专有名词显然不能进入描述性的 B 式；"什么 X"构式中如果出现专有名词，只能作引述性用法解读。如果这个专有名词只有外延义而无内涵义，则只能解读为 A 式，如例（2）。如果既有外延义，也有内涵义，究竟解读为哪一类要根据引述者意图突出的对象即引语的展示对象来确定。

## 三、引语的展示对象与"什么 X"的类型

Clark & Gerrig（1990）认为引述是一种展示行为。每种事物都具有多方面的特征，而展示往往只是选择凸显其中的某个或某些方面，有时展示形式（包括语音形式和书写形式），有时展示内容，这就是展示的"选择性原则"。引语究竟展示了什么，具有不确定性（王爱华2007），需要语境予以明确。所以，在"什么 X"前后总有一个"义句"（徐盛桓1994）帮助凸显回声的焦点信息。Sperber & Wilson（1995：228-229）也指出，言语除了语义或概念内容之外还有一系列的属性可能成为回声的目标：如语音、语法或词汇特征这样的语言因素，还有方言成分、语域或风格。

### （一）展示形式

语音、语序等形式特征可能成为展示的对象。例如：

（36）什么"谈"师傅，是"唐"师傅！
（37）什么扫帚星？人家叫邵卓生！
（38）什么"屡战屡败"，我们是"屡败屡战"。

例（36）、（37）展示对方发音特征，（38）展示对方说话的语序。

### （二）展示意义

引语展示的意义主要包括外延义、内涵义、隐含义和意图义。

1.外延义

A 式各例的引语都展示外延义。例（1）言者引述对方话语中的"老爷们儿"一词，表明 S 不属于老爷们儿一类，展示的是其外延义。否定了外延也就否定了真值，否定真值条件自然就不是元语否定或语用否定。这也印证了沈家煊（1993）的论断：元语否定都是引述性否定，但引述性否定并不都是

元语否定。[①]A式仅仅是语义否定吗？也不是。因为光说"什么老爷们儿！"并不一定造成对真值条件的否定，需要有一个上下文来明确其否定语义，离开了义句，表意不明确，不能自足，因此这种否定也具有语用的性质。

2.内涵义

C式、D式里的引语展示了X的内涵义。词的内涵义根据"理想化的认知模型"来定义。根据日常生活经验，理想化的"宾馆"应该有大厅、服务台、卫生间、床、电视、电话、热水、空调等。遇到一个条件、设施不好的宾馆，而对方又一再声称是"宾馆"，那么就可以引述对方话语中"宾馆"加以反驳：

（39）什么宾馆！连电视/电话/热水/空调……都没有。（自拟）

在我们的经验里，典型的宾馆有餐厅，一般没有游泳池，更不会有篮球场、足球场，这就造成下面句子可接受程度不同：

（40）什么宾馆，连餐厅都没有。
　　　?什么宾馆，连游泳池都没有。
　　　??什么宾馆，连篮球场都没有。
　　　???什么宾馆，连足球场都没有。

一个事物往往有多方面的属性，只要在某一个方面不符合理想化的认知模型，言者就可以采用C式否定其合格性，如李彦凤（2007）举的例子：

（41）这是什么书，破破烂烂的！
　　　这是什么书，写得这么差！
　　　这是什么书，连个封皮都没有！
　　　这是什么书呀，全都是错字！

言者为了强调X不合格，常用"破""狗屁""鬼"等贬义词修饰X。例如：

（42）什么破宾馆，连卫生间都没有！（自拟）
（43）金银父子受此大辱，却又讨不回公道，气得七窍生烟："什么狗屁县令！"

这里引语是"宾馆""县令"，而不是"破宾馆""狗屁县令"，"破""狗屁"等贬义词不是引语的组成部分，而是言者的评议。刘睿研（2006）讨论

---

[①] 沈家煊（1993）的"语用否定"等同于"元语否定"，所以下文我们用"元语否定"称说他的"语用否定"。我们觉得"语用否定"所指的外延应该比"元语否定"大：凡是因语用因素造成的否定都可以叫作"语用否定"。

了下列两个句子的区别：

(44) a. 什么破电脑，才用了几天就这么慢！（意为：这是不好的电脑）
　　 b. 什么破电脑！这可是现在最好的配置啊！（意为：这是好电脑）

刘文认为例（44）a"什么"是感叹用法，"强调感叹贬义修饰成分"；b"什么"是起否定作用的反问用法。我们认为，（44）b 引语是"破电脑"，"破"属于引语的一部分，是被引述者而不是引述者对电脑的评价，是展示外延义的 A 式；a 引语是"电脑"，"破"不是引语的一部分，是引述者而不是被引述者对电脑的评论，为 C 式。这个例子很好地显示了 A 与 C 的区别。

3. 隐含义

引语展示的隐含义包括会话含意、预设义和词语的风格色彩义等。F 类展示隐含义，从而造成了对隐含义的否定。例如：

(45) "张灵甫是一位了不起的军人。""什么'军人'，是军神！"
(46) "早点回去吧，晚了你老婆要骂你了。""什么老婆，人家小王还没结婚呢！"
(47) 什么"空谷传声"，分明是无线电话！
(48) 什么"静静的音乐呀"，就是电影里的情歌！

例（45）展示由"适量准则"得出的隐含义。言者认为，用"军人"形容张灵甫信息量不足，给出一个足量信息的词"军神"。（46）对方话语预设小王有老婆，言者引述"老婆"展示其预设义"有老婆"，再用构式加以否定。（47）（48）展示了引语的风格、色彩义。

4. 意图义

E 类引语展示对方话语的意图。例（12）对方认为采用"分时电价""负荷控制"的做法对老百姓具有利好性：用电少花钱。言者引述对方的说法，展示其意图，用"什么"加以否定，指出其实质正好相反，是让老百姓少用电多花钱。

### （三）展示对方行为

有的引语展示的既不是形式，也不是意义，而是对方的行为本身。例如：

(49) "我这里有国家海洋局的公函，可以证明我的身份。"……"什么公函？我们只认证。"
(50) 余：干嘛呢？加班儿啊？不回去，是不是家里又政变了？

牛：咳，老陈不在，我不得多盯着点儿啊。<u>什么政变</u>，你真会扯。

(51) 郭燕：没意思，没意思透了。<u>什么爱情</u>，都是骗人的。十几年的夫妻，全是假的。

(52) <u>什么氨基酸</u>，醋才酸呢！

(53) <u>什么毒、辣、私</u>？提又毒、又辣、又自私的人干吗呀？！

(54) 馆长看过之后大怒，把信扔在地上说："<u>什么武术协会</u>，我不知道。你想退钱，没门儿！"

例（49）属于 G 式，"什么公函？"展示对方出示公函要求进门的行为，言者对此行为不予理睬。(50)(51)属于 H 式，"什么政变"展示老余对牛大姐夫妻吵架的猜测行为，言者不予承认。(52)(53)属于 I 式，(52)后一小句"醋才酸呢！"说明言者对"氨基酸"是什么不一定清楚，引语展示的不是 X 的语义，他的意思是说，我不懂什么氨基酸，也不管什么氨基酸，所以你别跟我说氨基酸这类没用的话。因此，这里展示的是说话行为本身。可以在"什么"前面添加言说动词"说"，可以说成："说什么氨基酸，醋才酸呢！""说什么毒、辣、私？提又毒、又辣、又自私的人干吗呀？""展示形式"和"展示意义"的都不能在"什么"前面添加言说动词"说"。(54)属于 J 式，展示对方以文化馆有违武术协会的规定而要求退钱的请求，言者以不知道加以拒绝。

### （四）"什么 X"的类型

引语展示形式、展示意义可以称为"展示语言因素"，展示说话行为可以称为"展示非语言因素"。两者在表意和语用功能上有区别。

引语展示语言因素，"什么 X"意义浮现为：用 X 来称说正在谈论的 S 是名不副实。其语用功能主要是评论和修正。(36)意思是把"唐"师傅说成"谈"师傅是不恰当的，(39)用"宾馆"这个词来指称我们眼前的这个"住宿的地方"是不恰当的，等等。由于引语具有不确定性，所以，究竟哪里不当，多数情况下是不确定的，这就需要义句加以明确。语料显示，引语展示语言因素时，义句只有两种情况：或者摆出"名不副实"的理由，如(39)(41)(46)，此时，整个句子的语用功能是评议；或者指出正确之处，如(1)(37)(45)，此时，整个句子的语用功能是修正。所以，"本句＋义句"的语用功能是评议和/或修正。引语展示非语言因素，则构式意义浮现为制止对方言说（"别说 X"）或言者表态（"我不管/不承认/不懂 X"等言语行为，因之，我们把这一类称为"引述性祈使反问构式"。

这样,"什么 X"构式可以做如下分类:

什么X { 描述性反问构式:指出对方行为、言论不合理:B(甲)
引述性反问构式 { 引语展示语言内因素;名不副实;评议:ACDEF(乙)
引语展示语言外因素;不管/不承认/别说/不懂X:GHIJ(丙) }

## 四、"什么 X"的来源

"什么 X"构式的甲乙丙三种类型的来源并不一样。甲类是普通反问句,来源于疑问代词"什么"的反问用法,无需多说。下面我们主要分析引述性反问构式乙类(ACDEF)和丙类(GHI)的来源。

关于乙类的来源,吕叔湘(1985:149-150)提出 A 式来源于判断句,认为是判断句省去了主语和系词"是"的结果。我们赞同这一观点。那么,C、D、E、F 式又来自哪里呢?我们发现,它们都能变换为判断句"这是(叫、算)什么 X"或"什么叫 X"。如上述例(6)(9)(12)(14)分别可以变换为:"这是什么宾馆!连个像样的卫生间都没有。""他妈的,这算什么皇帝、亲王,尽是强盗、吃人魔王!""什么叫'分时电价''负荷控制'?还不是为了让老百姓少用点电,多花点钱!""什么叫女人!那是我老婆!"这说明 A、C、D、E、F 式都可以看成是判断句的省略形式,都来自判断句。① 这样,我们把乙类称为"引述性判断反问构式"。

关于丙类的来源,吕叔湘(1985:146-151)提出来源于"说什么……"。我们用变换的方法证明这一观点。丙类可以变换为:"说什么 X 不 X!/说什么 XX'!"例如(19)(20)(52)可以分别变换为:"说什么将来不将来/说什么将来将去?过今儿不想明天!""说什么二月兵变不二月兵变/说什么二月兵变三月兵变,根本没有这回事!""说什么氨基酸不氨基酸/说什么氨基酸氨基甜,醋才酸呢!"而属于乙类的例(2)(6)(8)都不能这样变换说成:"说什么于小姐不于小姐?/说什么于小姐张小姐?这位是……""说什么宾馆不宾馆/说什么宾馆饭馆,连个像样的卫生间都没有。""说什么庄子、禅师不庄子、禅师/说什么庄子老子,不过是另一类人尊的圣贤教人做另一类八股罢了。"可见,丙类的前身是"说什么 X"。

---

① 只有 F 类中否定预设的句子似乎是个例外,不能变换为判断句:(17")* 这是什么爸妈 /* 什么叫爸妈,人孩子是孤儿。这可能与预设的性质有关。

综上所述，就否定语义的性质而言，甲类是描述性反问构式，表达的否定为描述性否定而不是元语否定。通常认为反问句具有语用性质，反问表达的否定也不单纯是语义否定，所以甲类的否定为语义语用否定。甲类里的"什么"为疑问代词的反问用法。

丙类引述性祈使反问构式，是对对方言说行为的否定，不否定真值，所以当为元语否定。

乙类为引述性判断反问构式，其中 A 式否定真值，但也具有语用否定的性质，所以为语义语用否定。其他类型都不否定真值，属于元语否定。由此可见，引述性否定不一定就是元语否定。乙、丙类里面的"什么"都是引述性反问标记。

# 第二节 "什么 X 不 X（的）"和"什么 XZYZ（的）"共时解析

这两种构式在形式和意义方面都有许多相近之处，放在一起阐述。我们于 2019 年 4 月 10 日至 2019 年 4 月 22 日，在 CCL、MLC 和课题组自制语料库中，通过检索关键词"什么"，再对检索结果甄别，得到"什么 X"构式的构例 555 条、"什么 X 不 X（的）"221 条、"什么 XZYZ（的）"37 条。首先需对"什么 X 不 X（的）""什么 XZYZ（的）"中"的"进行定性分析。

## 一、关于"的"

关于"的"的争论事关"的"是否应该看作构式的构成要素。学界关于"的"的性质和功能分析都十分成熟。现代汉语中用在句末的"的"用法有两种：结构助词和句尾语气词。朱培（2015）分析了"什么 X 不 X（的）"中"的"的出现受句法和语音韵律因素的影响；大部分情况下有无"的"是不受影响的。结构助词"的"和语气词"的"在"什么 X 不 X"中使用时前者不可省略，后者可有可无，受言者的说话目的制约。"什么 X 不 X（的）"构式主要为两种用法，一是单独使用，一是作为宾语。现将不同用法中关于"的"的情况统计如下图 1-1 所示。

总体而言，"的"的使用主要集中于"什么X不X"单独使用。"什么X不X（的）"单独使用时，有"的"和无"的"占比差距值最小。现采用两种方式对"的"鉴定：①删除"的"后，句子结构是否完整，是否合语法；句子基本意思是否发生变化。②"的"字后可否能添加中心语。请看例句：

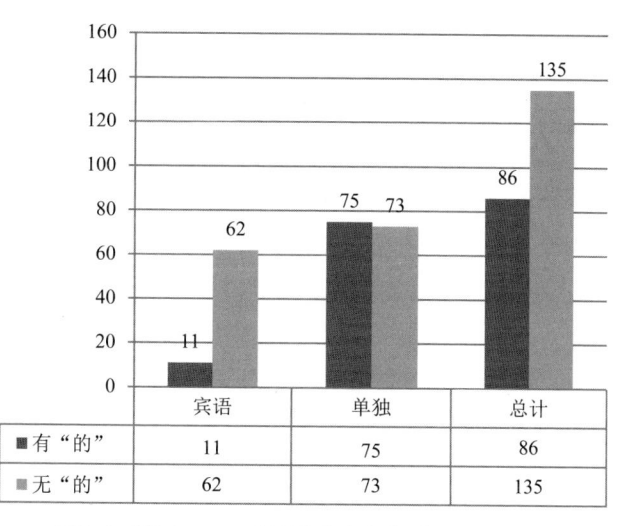

| | 宾语 | 单独 | 总计 |
|---|---|---|---|
| 有"的" | 11 | 75 | 86 |
| 无"的" | 62 | 73 | 135 |

图1-1 "什么X不X（的）"构式中"的"隐现情况统计

（1）狮鼻人向萧峰瞪了一眼，问道："这家伙是谁？"阿紫道："<u>什么家伙不家伙的？</u> 你说话客气些。他是我姊夫，我是他小姨，我们二人是至亲。"

（2）他忽然感慨万千，觉得什么都想通了，<u>什么专员不专员的，</u>谁想当谁当，他当个副专员就很好。

例（1）与例（2）都为构式单独使用的情况，差别在于 X 是否为引用前一说话人的话语成分。例（1）用于问句环境中，（2）为陈述语境中。删除"的"：

（1'）狮鼻人向萧峰瞪了一眼，问道："这家伙是谁？"阿紫道："<u>什么家伙不家伙？</u> 你说话客气些。"

（2'）他忽然感慨万千，觉得什么都想通了，<u>什么专员不专员，</u>谁想当谁当，他当个副专员就很好。

删除"的"，句子结构仍然是完整的，也合语法；基本意思并未发生变化，例（1'）仍表示对前一说话人的说话方式的否定，例（2'）仍是否定"专员"整体的重要性。例（1）增补不出什么中心语，如果要强制增补，只能在前面添加言说动词"说"，整个句子改为："说什么家伙不家伙之类的话"，但是这种增补与原句已有一定差距，且适用性较窄，许多带"说"的句子也不能在后面补出"话"：

（3）小城坐落在龙角上面，很有点诗意。我家老屋可说不上什么诗不诗的，从根儿上说是一座"血碑"。

此句不可更改为"说不上什么诗不诗的话"。例（2）在后面增补"官"，似乎也不妥帖。"的"字的有无并不影响句子结构，只在语气上有所不同，试比较：

（4）妙子的声音微微颤抖着，"你那张脸我看得很清楚，长得挺漂亮！""什么漂亮不漂亮的？我看你才漂亮呢！"

（4'）妙子的声音微微颤抖着，"你那张脸我看得很清楚，长得挺漂亮！""什么漂亮不漂亮？我看你才漂亮呢！"

"的"字有无并不影响语义的表达，两者的差异在于言者的话语情感。我们同意朱文的观点："的"可有可无时并不会影响构式的基本意义，有缓和语气的作用。另外，结合历时语料，"什么X不X"含有"的"的情况出现于清代，有9例，也可见"什么X不X"后加"的"的使用是很晚的，"什么X不X的"是从"什么X不X"发展而来的，是为适应情感表达的需要而产生的。因此，我们认为"什么X不X（的）""什么XZYZ（的）"构式中的"的"是语气词，仍为构式的构成要素。

## 二、反问偏正构式"什么X不X（的）"

"什么X不X（的）"形式可出现在陈述语气的句子里，且句子的谓语部分出现否定词"不""没"，如"不用说什么好看不好看了"。此时的"什么X不X（的）"已不表示否定，不属于反问偏正构式，不在本书讨论范围。表否定义的"什么X不X（的）"的具体使用情况，如表1-1：

表1-1 "什么X不X（的）"构式使用情况统计表

| 句法形式 | | 数量 |
|---|---|---|
| 什么X不X（的）：单独小句 | | 148 |
| V+什么X不X（的） | V$_{有}$+什么X不X（的） | 48 |
| | V$_{关涉}$+什么X不X（的） | 46 |
| | V$_{言说}$+什么X不X（的） | 20 |
| | V$_{知晓}$+什么X不X（的） | 7 |
| 合计 | | 269 |

"什么X不X(的)"这一形式在实际使用中存在两种情况,一是作为独句使用;一是用于动词之后作宾语。语料显示,出现在这一构式前面的动词主要是下面几类:有无类动词"有"、关涉义动词、言说动词和知晓义动词。"V+什么X不X(的)"与"什么X不X(的)"两式中变量X都为引述前一说话人的话语成分。我们初步认为,独立使用的"什么X不X(的)"构式是"V什么X不X(的)"构式缩减动词后的结果,两者在意义方面和用法方面存在相通之处,有渊源关系。[①]如:

(5) 新喜三天没吃鸡,像犯了大烟瘾,让三筐到处找鸡。三筐找了一遍回来说:"没了小公鸡,就剩下思庆家的!"新喜躺在床上说:"管他什么思庆不思庆,去抓过来吃,吃了给他钱不是!"

(6) "好吧,那我就尽可能多回来走走,免得别人说闲话。""什么闲话不闲话!"她恶狠狠地说。"我要的是你。要走就带我一起走!"

例(5)和例(6)都含有对引语X所表示的事体不予理睬之义。构式是形式与意义的结合体,根据无同义原则,句法形式不同,其语义或语用一定不同。因而,将两者分开阐述。

### (一) V+什么X不X(的)

#### 1. V$_{有}$+什么X不X(的)

动词"有"表示存在,构式表示存在否定,属于H式。但与"什么X"构式中的"否定事体的存在"略有差别,此式否定以X为标准的评价维度,由此言者认为不应该作出是X或非X的评价。如:

(7) 傅老:安全地回来了……

和平:啊啊……这话怎么这么别扭啊,我回娘家又不是深入虎穴,有什么安全不安全的!(《我爱我家》)

(8) 她不敢打开,只盯着那封信,恨他,骂他:你倒是手脚利索啊,这么快就把绝交信写好了,好占个主动,说明是你甩了我的?你逗什么能?我根本没答应过你,有什么甩不甩的?都是你这个骗子,自己有未婚妻,还在外面骗别人。

(9) 其实马上枪声一响,眼前这一切都粉碎了,还有什么面子不面子?

"V$_{有}$+什么X不X(的)"计有48例。其中X为形容词21例,动词19例,名词8例。该构式主要用于否定评价维度。

---

[①] 详见本章第三节。

## 2. V_关涉 ＋什么 X 不 X（的）

关涉义动词主要为：管、注意、考虑、顾、关心等。其中"管 / 不管 / 管他＋什么 X 不 X（的）"例数最多，有39例。据《现代汉语词典》(第7版)，动词"管"含有管理、看管、过问、关注之义；动词"考虑""注意"含有关注之义，即把心思放在某一事物或事情上。可见，这类动词与动词"理睬"的词义有相通之处，即强调人对事物的关注。因而，当此类动词用于"V ＋什么 X 不 X（的）"结构时，通过反问，构式都含有言者对 X 所表示的事体不予理睬之意，表示言者无所谓的态度，属于 G 式关涉性否定。如：

（10）他不喜欢宗教，可是青年会宿舍是个买卖，<u>管它什么宗教不宗教呢</u>！

（11）有人对他说："抗洪用了，就没有还的了！"他说："抢险要紧，<u>还考虑什么还不还</u>。保住大堤，保住大家的安全要紧，献出这点木材值得！"

（12）当年上海有一家提倡幽默的杂志。<u>我那时却哪有闲情逸致来关心什么幽默不幽默</u>？

## 3. V_言说 ＋什么 X 不 X（的）

言说动词主要为：说、谈、讲。X 往往是引述前一说话人所说的内容，表达言者对"说 X"这一言语行为的否定：说 X 是不合适的，别说 X！属于 I 式言语行为否定。此类动词的省略往往不影响构式义的表达。如：

（13）刘中正说："老兄培育出来的，还会有错，只怕到小弟那里，就让令侄受委屈了。"……"<u>说什么委屈不委屈</u>。目前国难当头，民众正处于水深火热之中……"

（14）我四十五年苦功毁于一旦，当然可惜，但性命也不在了，<u>还谈什么苦功不苦功</u>？

## 4. V_知晓 ＋什么 X 不 X（的）

知晓义动词主要有：懂得、知道、清楚等，构式义为对方不懂 X：

（15）柔嘉冷笑道："你跟你父亲的头脑都是几千年前的古董，亏你还是个留学生。"鸿渐也冷笑道："<u>你懂什么古董不古董</u>！我告诉你，我父亲的意见在外国时得很呢。"

（16）"我知道。是早上那个人吗？他好喜欢你噢——"……静秋脸一红，问："你个小丫头，<u>知道什么喜欢不喜欢</u>？"

## (二) 什么 X 不 X（的）

"什么 X 不 X（的）"为口语性极强的构式。语料显示，X 都为引述成分。目前所收集的 148 条用例，逐条分析，其否定义可以归纳为 5 种类型，见表 1-2 所示。

表1-2 "什么 X 不 X（的）"构式否定义类型统计表

| | F 适宜条件否定 | G 关涉性否定 | H 存在否定 | I 言语行为否定 | J 知晓否定 | 合计 |
|---|---|---|---|---|---|---|
| 数量 | 36 | 47 | 34 | 30 | 1 | 148 |

### F 式：适宜条件否定

表示"说 X 是不适宜的或不必要的"，具体表现为以言者的视角，认为言语方式、话题、隐含的预设义等是不适宜的、不必要的。如例（1），再如：

（17）"哪有男子汉不会喝酒的，不行。"宝康端起酒杯，"我跟你干一杯，不喝酒算什么男人。"……"人不喝酒你别强迫人家。"杨重冲宝康说，"<u>什么男子汉不男子汉</u>，我就烦这帖胸毛的事……"

例（1）表示言者否定"家伙"这种称呼方式的合适性，违反礼貌性原则；例（17）否定"能喝酒才算男人"的预设义。

### G 式：关涉性否定

关涉性否定指隐含关涉义动词的否定，即"不管""不顾""不考虑""不关心"，对 X 不予理睬、不予承认、不予重视，表达言者不把 X 当回事、对 X 无所谓的态度。如：

（18）曹解释为超用电避峰，执行县调度命令拉闸限电……徐先宏不听解释，蛮横地说："<u>什么调度不调度</u>，你不把烟墩的电送上，就把你带走。"

X 是言者不关心的内容，言者关心的事项往往在后面一个小句。为了突出言者所关心的事体的唯一性，在形式上往往用"只要"引出，如：

（19）因为孩子入托是沾了印度家庭的光，是为了给人家孩子当陪读……有时又一想，<u>什么陪读不陪读</u>，只要能进幼儿园，只要孩子愉快就行了。

还有一个形式特征是：可以在"什么 X 不 X（的）"前面添加"管（他）"类动词，"管（他）什么陪读不陪读，只要能进幼儿园，只要孩子愉快就行

了"。有的句子后面直接就有一个语用标记"管他呢",如:

(20)"你这样漂泊无着怎么行呢。""哎哟,<u>什么漂泊不漂泊的,管它呢</u>。"叶子反驳似的笑了。

### H式:存在否定

主要表示对以X为标准的评价维度的否定,有时也表示X所标识的事物不存在。形式标记是可以在构式前面添加动词"有"。如:

(21)"他不嫌?拿给我也不会要的。"……"他从来就没稀罕过,<u>什么嫌不嫌?</u>"
(22)<u>至于什么特务不特务</u>,只不过是一顶帽子,谁也不相信。

### I式:言语行为否定

直接否定对方的说话行为,并由此否定其他动作行为。下面例(23)意思是"别跟我说钱";(24)"别说钱,也别给钱",但说话人言不由衷;(25)"不必奖励";(26)"别想着癌的事":

(23)你扯哪去了?<u>什么钱不钱的?</u>你把我看成什么人了!?
(24)傅老:不管谁把她说服了,我都给予重赏——奖金100块!(掏钱)
　　和平:爸您看您,<u>什么钱不钱的</u>,您留着花不就得啦,您说您又给我……(欲接钱)(《我爱我家》)
(25)阿朱拍手笑道:"你猜谜儿的本事倒好,阿碧,你说该当奖他些什么才好?"
　　阿碧微笑道:"段公子有什么吩咐,我们自当尽力,<u>什么奖不奖的</u>,我们做丫头的配么?"
(26)你看,都一点多了。该睡了。你别想那么多,<u>什么癌不癌的!</u>纤维肉瘤,那是万分之几的概率,干吗偏要往自己身上想?

I式和G式叫作"引述性祈使反问构式"或"言语行为否定构式",劝阻对方别说、别做某事。但其他各类也都有这一语用功能,区别在于:I式和G式是直接否定对方言行,其他几类都是间接否定对方的言语行为。如:

(27)"我就知道,早晚,老领导不会忘记我!"老钟起来,抹着眼睛说。"老钟,你这是什么样子,给我起来!"金全礼说,"<u>什么忘记不忘记?</u>这和我没关系,要感谢党,回去好好工作!"

例(27),金全礼认为"忘记"一词将他们之间的工作关系变成了私人关系,不利于党组织的纯洁,于是他使用这一构式否定了这种隐含义。这一隐含义的否定也带来了劝阻老钟不要再使用"忘记"这种说话方式的言语行为否定。存在否定也会带来言语行为否定：对方说的 X 不存在，当然也就有劝阻对方不要再说 X 的功能。如（28）就有劝阻对方不要说敌人有阴谋的意思：

（28）周大勇插上说："是呀，敌人知道不消灭我们的军队，我们就要砸碎他的锅。这么，敌人就有个消灭我们的阴谋。"李江国说："<u>什么阴谋不阴谋</u>，他们那一套，我们见过。胡宗南肚子里没货，是个草包！"

**J 式：知晓否定**

表示言者对 X 不懂，只有 1 例：

（29）甲：大领导早说了，用三铁砸一铁。
　　　乙：<u>什么铁不铁的？</u>都把我搞糊涂了。

从上面的分析来看，"V＋什么 X 不 X（的）"构式与"什么 X 不 X（的）"构式有天然的联系：后者是由前者省略了动词形成的。

还有一个问题：这两个构式都有"不 X"这一形式，当 X 由名词充当的时候，就会出现"不 NP"这种不合语法的形式，为什么允许不合语法的形式出现？以"说什么 NP 不 NP（的）"为例，我们觉得都是引语展示言说行为使然。汉语中一个成分的正反并列可以表示一个涵盖以这两个成分分别为始点和终点系列上的所有元素的集合。因为一个事物要么是 NP 要么不是 NP，所以是 NP 与非 NP 就概括了所有的元素，没有第三种可能。如"不论是中国人不是中国人""不管中国人外国人"都说的是所有的人，如图 1-2 所示。

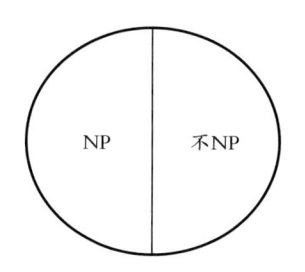

图 1-2 "说什么 NP 不 NP（的）"构式中"NP 不 NP"的关系

"说什么 NP 不 NP"意思可以解读为：说 NP 做什么？说非 NP 做什么？即：说 NP 没用，说非 NP 也没用，而"NP 与非 NP"代表了所有的情况，所以，说任何情况都没用，所以，什么都不要说！——指向说话行为本身。① 这里的"NP 不 NP"我们初步判断是句法类推的结果。语言中存在"VP 不 VP""AP 不 AP"等格式，言者有表达"NP 非 NP"的语用需求，口语基本上不用"非"，所以就从"VP 不 VP""AP 不 AP"类推出"NP 不 NP"。这种类推为什么会发生在这里呢？这与此格式主要是否定言说行为的语用目的有关。此格式的引语主要展示言说行为，对说的内容并不关心，而选择一个不合语法而合语义的搭配"不 NP"，正好反映出言者对"说"的结果不在乎，在乎的只是"说"的行为本身的语用态度。另外，受到构式压制，引语词类去范畴化也为"不 NP"的使用创造了条件。

## 三、反问偏正构式"什么 XZYZ（的）"

课题组搜得"什么 XZYZ（的）"构式语例计 37 条，其中 34 条为句中单独使用，另 3 例都用于含有区分义的动词"分"之后作宾语。如：

（30）婆婆嘀咕开了："我一个乡下老婆子，一个字不识，到你家？……"邓楠一听这话，委屈得要哭："我们都是一家人了，<u>还分什么你家我家？</u>"婆婆听了很感动，这才决定去了。

（31）另一个负责同志找去，问及此事。我回答："这件事不是我办的。"总理一听，严厉地说：<u>革命工作分什么你我，</u>出了问题应当大家承当，大家负责任。（《曹禺全集》）

例（30）可理解为不要区分你家我家，大家都是一家人，强调整体性。例（31）为不应区分你我之别，强调集体意识。"XZ"与"YZ"含有[＋对立性]，"V＋什么 XZYZ（的）"构式否定对立性，主张整体性，意思是"不要区分……"，后续句往往补充强调"XZYZ"是一个整体。记作 K 式。

关于单独使用的"什么 XZYZ（的）"构式，邵敬敏、赵秀凤（1989）、张尹琼（2005）都指出"XZ"与"YZ"为一对反义词或意义相对立的词。"XZ"有实际意义，往往为引述上一说话人的话语成分。作为"XZ"的陪衬，"YZ"是由"XZ"临时推导出来的。卢惠惠（2012）指出"XZYZ"存在两种情况：一为"YZ"根据"XZ"临时创造；一为"XZ""YZ"语义对立，但"YZ"具有真值语义，可独立存在。我们认为"什么 XZYZ（的）"构式允许"YZ"成分的临时创造，需以构式义的成功识解为前提，若识解不成功，言者的创造则是无效的，因此我们认为"什么 XZYZ（的）"中的"XZYZ"并

---

① 参看本章第三节第三部分对"说什么吃与未吃"的分析。

非完全任意的。

学者们对于"什么XZYZ(的)"的语义都倾向于认为:"什么XZYZ(的)"与"什么X不X(的)"一样,"什么"之后的成分都具有全指义,因此,"什么XZYZ(的)"构式也可表示对"X"类情况毫无例外的否定,可表示言者不以为然的态度(张尹琼2005、丁雪欢2007、左娜娜2011、朱培2015)。笔者认为学者们对"什么XZYZ(的)"的语义说明有些笼统,"什么XZYZ(的)"构式的否定语义不可统一解释为表示言者不以为然的态度。若"XZ"与"YZ"的逻辑语义关系不同,预设条件不同,则其蕴含的具体构式否定义也不同。需要对"XZ"与"YZ"的逻辑语义关系做细致考察。

以言者的视角观察,"XZ"与"YZ"之间存在两种逻辑语义关系:相对相反;绝对相反。如图1-3所示。

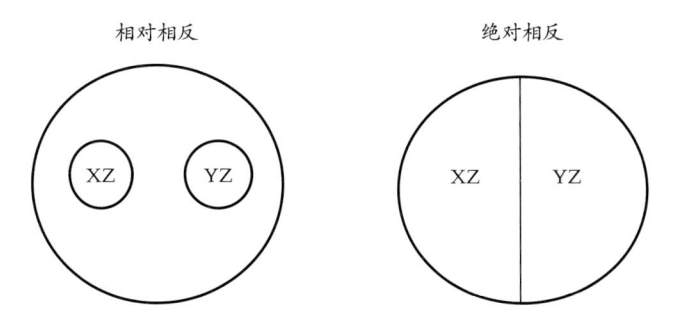

图1-3 "什么XZYZ(的)"构式中"XZ"与"YZ"的逻辑关系

相对相反,"XZ"与"YZ"是同一语义范畴的处于对立关系的两种情况,肯定XZ就否定YZ,但否定XZ并不一定能得到YZ,允许有其他情况存在:¬XZ ≠ YZ。此种逻辑关系下"什么XZYZ(的)"否定的重心在"XZ","YZ"的出现只起陪衬作用。陪衬词语"YZ"允许言者的创造性,因此YZ的具体实例有一定的可选择性。语料显示,此类情况下的"什么XZYZ(的)"可表示关涉性否定(G式)、利好性否定(E)、适宜条件否定(F式)多种意义。如:

(32)志国:表叔可以送,别的咱先送表妹。

和平:去你的呀什么表妹……

傅老:(上)<u>什么表叔表妹呀</u>?没事儿招那么多亲戚干嘛?(《我爱我家》)

(33)给儿子取名字的时候,老战聚在一起,提议了不少,文的雅的都有。梁必达盯着儿子左看右看,说:"<u>什么梁建设梁发展的</u>,你叫他建设他就好好建设啦,你喊他发展他就能发展啦?唯心主义。我看来个实事求是的,这家伙耳朵大，就叫大耳朵得了……"

（34）梁大牙说："也没有犯什么大不了的错误。我到蓝桥埠去，同宋队副和马师爷都交代过，要他们带好部队……"王兰田一声断喝："<u>什么宋队副马师爷的！</u>我们八路军都是同志，就是称呼职务，也应该称呼宋副大队长、马参谋长。你把八路军当什么了，当成绿林好汉了是不是？"

例（32）言者的意思是别管表叔表妹。（33）是否定"建设""发展"等词中的美好的寓意。例（34）言者认为用"宋队副""马师爷"称呼八路军同志是不适宜的。

绝对相反，"XZ"与"YZ"是同一语义范畴的处于矛盾关系的两种情况，否定 XZ 就得到 YZ，肯定 XZ 就否定 YZ，决不允许第三种情况存在：¬XZ=YZ，XZ=¬YZ。语料显示，该类型的"什么XZYZ（的）"构式表示对立性否定（K 式）、适宜条件否定（F）、关涉性否定（G 式）：

（35）"别忙！我的，轮也该轮到了！"栾超家十分不礼貌地把姜青山一摔。"<u>什么你的我的</u>，一块去！"杨子荣不耐烦地说着，同栾超家、姜青山、李勇奇向赛虎跑去。

（36）"总归我们这些大老粗、土包子跟他们搞不来！""<u>什么大老粗大老细？什么土包子洋包子？什么我们他们？</u>搞不来，为什么搞不来？"

（37）小西说完后他郑重思考了足足两分钟，主张这事小西不要再管。"你看啊，这事你要是搅和成了，得罪了朋友；搅和不成，人家成了两口子，你俩人都得罪。综上所述，我认为这事你要干涉的话，利少弊多！""<u>什么搅和成搅和不成的！</u>我告诉你，这事儿要能成我才不搅和呢！"（《新结婚时代》）

例（35）否定对方做出的"我的""你的"个体区分行为，强调大家一块去。（36）言者认为用"大老粗""土包子"来称呼我们不适宜。例（37）对两种矛盾的情况——"搅和成"会"得罪朋友""搅和不成"会"得罪两口子"，都予以否定，不理睬，表达不管不顾、无所谓的态度。G 式与 K 式区别明显：前者对不论是"XZ"还是"YZ"都予以否定，可以叫作"整体性否定"；后者否定对立性，突出整体性，因此叫"对立性否定"。

"什么 XZYZ（的）"构式的意义可以归纳如表1-3所示。

表1-3 "什么 XZYZ（的）"构式独立使用表意情况统计表

| 构式形式 | 构式意义 | | 数量 | 小计 | 总计 |
|---|---|---|---|---|---|
| 什么XZYZ（的） | 相对相反 | D 神圣性否定 | 2 | 16 | 36 |
| | | E 利好性否定 | 2 | | |
| | | F 适宜条件否定 | 2 | | |
| | | G 关涉性否定 | 7 | | |
| | | H 存在否定 | 1 | | |
| | | I 言语行为否定 | 1 | | |
| | | K 对立性否定 | 1 | | |
| | 绝对相反 | F 适宜条件否定 | 6 | 20 | |
| | | G 关涉性否定 | 4 | | |
| | | K 对立性否定 | 10 | | |

# 四、"什么"反问偏正构式关系拟测

根据上文各构式的语义分析，否定义"什么X"类构式基本符合野田宽达（2015）的"什么"否定功能图，可实现"疑问—否定—感叹"功能的关联。由于野田宽达的"什么"否定功能图着重从句法角度进行考察，我们结合研究对象的特殊性，在此基础上对"什么X"类否定构式进行共时拟侧。

首先合并上文中"什么X""什么X不X（的）""什么XZYZ（的）"的相同的否定语义项，然后将其语义节点分布进行排列，如表1-4所示。

表1-4 "什么"反问偏正构式群否定功能分布统计表

| | | 什么X | 什么X不X（的） | 什么XZYZ（的） |
|---|---|---|---|---|
| 描述性否定 | B 合宜性否定 | + | | |
| 引述性否定 | A 命题真值否定 | + | | |
| | C 合格性否定 | + | | |
| 引述性判断否定 | D 神圣性否定 | + | | + |
| | E 利好性否定 | + | | + |
| | F 适宜条件否定 | + | + | + |

(续表)

| | | | 什么X | 什么X不X（的） | 什么XZYZ（的） |
|---|---|---|---|---|---|
| 引述性否定 | 引述性祈使否定 | G 关涉性否定 | + | + | + |
| | | H 存在否定 | + | + | + |
| | | I 言语行为否定 | + | + | + |
| | | J 知晓否定 | + | + | |
| | | K 对立否定 | — | | + |

上表所示，"什么X""什么X不X（的）""什么XZYZ（的）"在否定功能上既存在相同点，也存在不同之处。

### （一）相通之处

一是变量"X"都可为引述成分，三者都具备引述性否定功能；二是三个构式都具有F、G、H、I这四种意义；三是当引语成分展示动作行为时，三个构式都可表达引述性祈使否定，具有劝阻义。

### （二）构式间差异

一是"什么X"构式意义类型最全，要比"什么X不X（的）""什么XZYZ（的）"意义类型多得多。仅有"什么X"构式可表示描述性判断义，如"什么话"否定话语的合宜性，"什么X不X（的）""什么XZYZ（的）"无此类用法。

二是表达G式关涉性否定时，"什么X"表示对X所标识的事体不予理睬、不管不顾，语气强烈；后两构式通过列举对立的两个方面分别加以否定来表示不管不顾的意义，即正面否定反面也否定，无论是正面还是反面都不在乎，因此含有无所谓的轻松态度，可表达言不由衷的自谦。如：

（38）吴杰答："三班的。"（"三班"为司令部的代号）"什么三班的，打！"

（39）柯镇华趁着热闹劲，问戴崴："好，那就说定了，随时欢迎来上班。……只是不知道你期望个什么样的报酬？"戴崴心里暗喜，嘴上谦虚道："好说好说，我只是想做点事情，什么报酬不报酬的，都不是问题。"

三是表达存在否定时，"什么X""什么XZYZ（的）"侧重表达对事体的否定，"什么X不X（的）"主要表达对评价维度的否定：

（40）妈，你不要瞎搞鬼了。什么神！是我自己不去的……弄点饭吃吧，我饿了。

（41）"袁大人居然说从未来过此地？这不是你替弹琴卖唱的紫玉姑娘租下的宅院

吗？你们在此幽会互诉衷肠……""你……你完全是无中生有！<u>什么紫玉红玉</u>，我从不认得什么弹琴卖唱的女人。我家中自有贤妻何来相好女子？"

（42）"那个不行，还在一个老坟上吃会，不合辈数。"……"我是想救她一条性命，<u>什么合辈数不合辈数</u>，又不是明媒正娶。"

四是"什么X"不能表达对立否定，而"什么XZYZ（的）"以表达对立否定为常：

（43）傅老：……我让她有话摆到桌面上说，她说这话不让我听，只能说给妇联同志她们娘家人听……<u>什么娘家人婆家人</u>，全国一盘棋嘛！（《我爱我家》）

通过上述构式义的分析，我们提出假设："什么 X 不 X（的）"和"什么 XZYZ（的）"两构式表达引述性祈使否定是基于"什么 X"构式的构式义进一步细化；同时"什么 X 不 X（的）"和"什么 XZYZ（的）"两构式的引述性判断否定功能用法包含于"什么 X"构式用法之中，因而，初步推定"什么 X 不 X（的）"构式和"什么 XZYZ（的）"构式是在"什么 X"构式基础上发展形成的，故将后者视为前两者的上位构式，如图1-4所示。

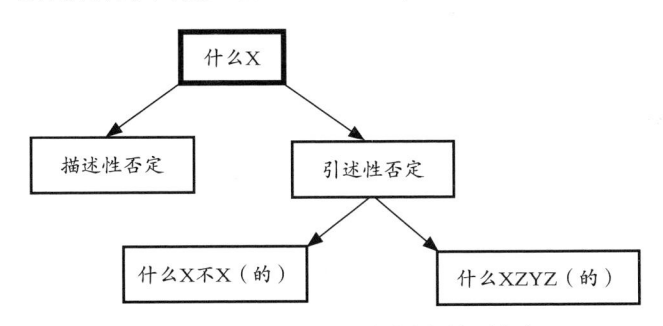

图1-4 "什么"反问偏正构式内部关系拟测

这一假设是否成立，后文将从历时角度加以验证。

## 第三节 "什么"反问偏正构式群的构式化、构式变化

"什么"反问偏正构式是在历史上形成的。它的各种形式的源头是什么，构式化完成于哪个时代，构式化前后的发展演变是怎样的，它从哪些构式承

继句法、语义、语用信息，其承继关系网络是怎样的，这些问题，学界鲜有论及。本节重点探讨该构式构式化的过程和构式化前后的变化，构拟承继关系网络。

课题组在 CCL 语料库古代汉语部分检索"什么"反问偏正构式，包括事物疑问代词各个时代的各种形式，经过甄别，最终得到有效用例300条。其中，"什么 X"256条，"什么 X 不 X（的）"24条，"什么 XZYZ（的）"20条。详见表1-5。

表1-5 "什么"反问偏正构式各代使用数量统计表

| 构式 | 朝代 | 汉 | 六朝 | 隋 | 唐 | 五代 | 宋 | 元 | 明 | 清 | 合计 |
|---|---|---|---|---|---|---|---|---|---|---|---|
| 什么 X | 描述性否定 | 5 | 3 | 4 | 14 | 2 | 24 | 9 | 38 | 77 | 256 |
|  | 引述性否定 | 2 | 2 | 0 | 0 | 1 | 0 | 11 | 24 | 40 |  |
| 什么 X 不 X（的） |  | 0 | 0 | 0 | 0 | 0 | 0 | 0 | 3 | 21 | 24 |
| 什么 XZYZ（的） |  | 0 | 0 | 0 | 0 | 0 | 0 | 1 | 6 | 13 | 20 |

# 一、什么 X

偏正反问构式"什么 X"，包括"什么 X 不 X（的）""什么 XZYZ（的）"，虽然有些具体的构例与判断句密切相关，被解释为表达否定判断，但是它们没有主语和判断动词，形式上只是一个偏正短语，所以本质上不是判断句。第二章第二节梳理了历史上的"什么"反问判断构式，指出最早的"什么"反问判断构式是西周《诗经》中的中性身份实体构式"彼何人哉"。该构式以反问表达对方够不上言者心目中人的标准，它具备"什么 X"构式的意义。它与"什么 X"构式的差别在于主语指示代词"彼/此/是"必须出现，且不能为名词，否则就不是反问。战国末期出现的言语类"什么"实体反问构式"是何言也"，与此类似。春秋《左传》中类似于"齐师何罪？"这样的反问句有22个，虽然没有动词，但是有显性的主语。这些都不属于真正的"什么 X"构式。另外，描述性否定与引述性否定差异很大，需要分开阐述。

（一）引述性否定

"什么 X"构式最早构例见于东汉，仅2例：

（1）夫有行者有知，知君莫如臣，臣贤能知君，能知其君，故能治其民……年五十击壤於路，与竖子未成人者为伍，<u>何等贤者？</u>（《论衡·艺增篇》）

（2）夫肉当内於口，口之所食，宜洁不辱。今言男女裸相逐其间，<u>何等洁者？</u>（《论衡·艺增篇》）

例（1）"贤者"为上文的"有行者"，同指有德行的人。言者认为五十岁还在路上玩击壤的游戏，跟小孩和未成年的人混在一起，算什么贤者呢？例（2）"洁者"为上文所说的"宜洁不辱"的肉，"何等洁者？"字面直译为"什么干净肉？"，意思是这些肉称不上干净。这两例都属于合格性否定。

六朝3例：合格性否定、言语行为否定、关涉性否定各1：

（3）及太祖军攻之急，布于白门楼上谓军士曰："卿曹无相困，我（自首当）【当自首】明公。"陈宫曰："逆贼曹操，<u>何等明公！</u>今日降之，若卵投石，岂可得全也！"（《三国志·魏书·吕布等传》）

（4）夜卒暴风，五楼船倾覆，左右散走舸，乞使袭出。袭怒曰："受将军任，在此备贼，<u>何等委去也，敢复言此者斩！</u>"（《三国志·吴书·程普等传第十》）

（5）尚书郭镇时卧病，闻之，即率直宿羽林出南止车门，逢景从吏士，拔白刃，呼白："无干兵。"镇即下车，持节诏之。景曰："<u>何等诏？</u>"因斫镇，不中。镇引剑击景堕车，左右以戟叉其匈，遂禽之。（《后汉书·宦者列传·孙程传》）

例（3）"何等明公！"意思是曹操算不得明公。（4）面对暴风袭击，楼船倾覆，部下劝说董袭弃船而逃（委去），董袭斥责："什么委去！再这样说我杀了你！"这是Ⅰ式言语行为否定。例（5），阎景拔出剑，大喊道："不要冒犯我手中的兵器。"郭镇立刻下车，拿着符节向阎景宣布诏令，阎景说："什么诏令！"趁机砍向郭镇，没砍中。董志翘、蔡镜浩（1994：180）认为"何等诏"大致等于"什么诏不诏"，表现极度鄙视。我们认为该例表现说话人对"诏之"的行为不予理睬，属于关涉性否定。

东汉2例中的X都是名词，六朝有2例X是动词（"诏之"的"诏"）和动词短语（"委去"）。事物疑问代词所修饰的中心语最优选择是名词，动词短语最不易占据这一位置。从动词短语充当"何等"的中心语来看，六朝时期，这一用法比较成熟，因此，我们认为它已经构式化：

[[何等/何物＋X] ←→ [引述对方的言辞X加以否定]]

但是，让人困惑的是，唐代12例（不含带主语的2例）竟无1例引述性

否定，两宋亦不见其踪迹，仅五代见1例如下：①

（6）师为沙弥时，在宗和尚处，童行房里念经。宗和尚问："谁在这里念经？"对云："专甲独自念，别无人。"宗和尚喝云："<u>什摩念经！</u>恰似唱曲唱歌相似，得与摩不解念经。"（《祖堂集》卷十八）

引述性否定自南朝至元代以前几乎销声匿迹，其原因不得而知。直到元代，"甚麽X"的引述性否定才又出现。元时，出现8例"X"引用熟语俗语的用例，可能是元曲说唱特点使然。其例均表达言者对所引熟语中的道理和观点不认同、不承认，可归入G式。如：

（7）这婆娘寸心毒哏（狠）千般计，不好也，<u>却甚么一夜夫妻百夜恩</u>，唬了我三魂。（《全元曲·鲠直张千替杀妻》）

此外，还有C式合格性否定、A式命题真值否定、F式适宜条件否定各1例：

（8）"嗨！鸦窝里出凤凰。"（大末云）这个是好言语。（三末云）<u>甚么好言语？</u>娘倒是黑老鸦，你到是凤凰！（《全元曲·状元堂陈母教子》）

（9）小梅香，待回言，恐触突了使长。不回言，这无情棒打难当，怎知道祸从天降。他本是守荆钗寒门孟光。（外）潜奔之女，<u>什么孟光！</u>（《全元曲·荆钗记》）

（10）（独角牛云）我和你再打个谭，如今部署扯开藤棒，我一脚踢做你个煎饼。（折折驴云）休题那煎饼，俺孩儿打起来，吓的你软瘫。（部署云）<u>甚么软瘫？</u>（折折驴云）煎饼可不软瘫？（《全元曲·刘千病打独角牛》）

在元代的基础上，明代增加了H式存在否定、I式言语行为否定、D式神圣性否定：

（11）"小乙官人，今日承天寺里做佛会，你去看一看。"许宣转身到里面，对白娘子说了。白娘子道："<u>甚么好看，休去！</u>"（《警世通言》卷二十八）

（12）道人说道："元帅心上明白就是。"元帅道："<u>甚么明白？</u>你不过是个化缘。我昨日已经吩咐旗牌官，凭你化甚么，着军政司化与你去……"（《三宝太监西洋记》九十七回）

（13）"哎！又还胡说哩！我有私，我这个簿可是个容私的？"……"<u>甚么簿无私</u>，你这茧纸儿钉的簿，一肚子都是私丝！"（《三宝太监西洋记》九十回）

（14）杨志道："祖上留下宝刀，要卖三千贯。"牛二喝道："<u>甚么鸟刀</u>，要卖许多

---

① 五代《祖堂集》还有1例，但是不是反问我们不能确定，兹录于下：又一日雪峰告众云："当当密密底。"师便出，对云："<u>什摩当当密密底？</u>"雪峰从卧床腾身起，云："道什摩？"师便抽身退立。

钱!"(《水浒传》十一回)

例(11)"甚么好看"意思是没有好看的东西。例(12)"甚么明白?"意思是你别跟我说什么明白不明白,你不过是化个缘。(13)否定簿子的无私性,(14)否定"宝刀"强大能力,都属于D式否定神圣性。

明代该构式的类频率和例频率都不算太低(具体数据见表1-6),该构式已得到较大发展。

表1-6 明代反问构式"什么X"意义分布统计表

| 意义小类 | 描述性 | 引述性 ||||||||| 合计 |
|---|---|---|---|---|---|---|---|---|---|---|---|
| | B | A | C | D | E | F | G | H | I | J | k | |
| 数量 | 21 | 6 | 0 | 4 | 0 | 2 | 3 | 6 | 1 | 0 | 0 | |
| 合计 | 21 | 23 ||||||||| 44 |

明代A式、H式用例较多;C式是历史上出现最早最完善的,但元代仅有1例,明代1例也没有;加之有七八百年的断层,这些情况让我们推断:元明时期的"什么X"反问构式不是直接承继于六朝的"何等X"构式;也许有承继成分,但主要是独立发展出来的。

清代该构式引述性用例计33条,有的一条有几种意义。我们就按照它表达的实际意义统计(如表1-7)。

表1-7 清代反问构式"什么X"引述性否定意义分布统计表

| 意义小类 | 引述性 |||||||||||
|---|---|---|---|---|---|---|---|---|---|---|---|
| | A | C | D | E | F | G | H | I | J | k | L |
| 数量 | 4 | 7 | 10 | 1 | 7 | 3 | 3 | 4 | 2 | 0 | 1 |
| 合计 | 42 ||||||||||| |

清代E式利好性否定、J式知晓否定首次出现:

(15)杨昆道:"骁将俱系公举,小将并无偏爱。"客卿道:"什么公举,不过系夤缘!"(《海国春秋》十回)

(16)"君家莫非甄老先生么?"那道人从容笑道:"什么真,什么假!要知道真即是假,假即是真。"(《红楼梦》一百三回)

例(15)否定公举表面上所显示的有利价值、公平性,实为拉拢关系而已。例(16)言者认为对方并不知道"真"与"假"。清朝还出现1例否定程度量的程度否定，称为"L式"：

（17）庐陵王笑道："……孤有铁胎弓一张，重有万钧，你二人哪一个开得此弓，即招为驸马，如都不能开，一齐无分。"……"这样的弓，<u>什么重有万钧！</u>如今他也开了，我也开了，且折断了，却怎生分断？"（《薛刚反唐》六十四回）

可见，清代"什么X"构式引述性各种否定义均已出现，用法已日臻完善。

还需要说明一下I式言语行为否定与反问构式"说什么X"有承继关系。晚唐五代"说甚么X"反问有6例：

（18）初曰，争即不得。师曰，道也未曾道，<u>说甚麼争即不得。</u>（《筠州洞山悟本禅师语录》）
（19）适来弄巧成拙。又问。如水无筋骨。能胜万斛舟。此理如何。祖曰。这里无水亦无舟。<u>说甚麼筋骨。</u>（《马祖语录》）
（20）每日踏碓供养师僧。木口和尚到，见行者每日踏碓供养僧，问："行者不易甚难消？"师曰："开心碗子里盛将来，合盘里合取，<u>说什摩难消易消！</u>"木口失对。（《祖堂集》卷五）

反问句"说什么X"，引述对方说过的"X"或正在说"X"来劝阻对方不要说X，即由否定所说内容转喻否定言说行为。由此可见，晚唐五代下面的构式化已经完成：

[[说什摩X] ⟷ [引述对方的言辞X加以否定，劝阻对方别再说X]]

该构式言说动词脱落就发展为I式"什么X"，但其意义始终为否定对方的言说行为，即表达"不要说X"。如：

（21）今日还要说朋友之情！什么交情！谁要你的酒吃？（《唐全传》五十六回）
（22）"这还用说么？我已经用实际行动证明了。""什么实际行动？我就要听你用嘴说，爱还是不爱？"（王朔《过把瘾就死》）

根据上面的论述，引述性反问构式"什么X"的构式化与构式变化可图示于下图1-5。

第一章 "什么"反问偏正构式群

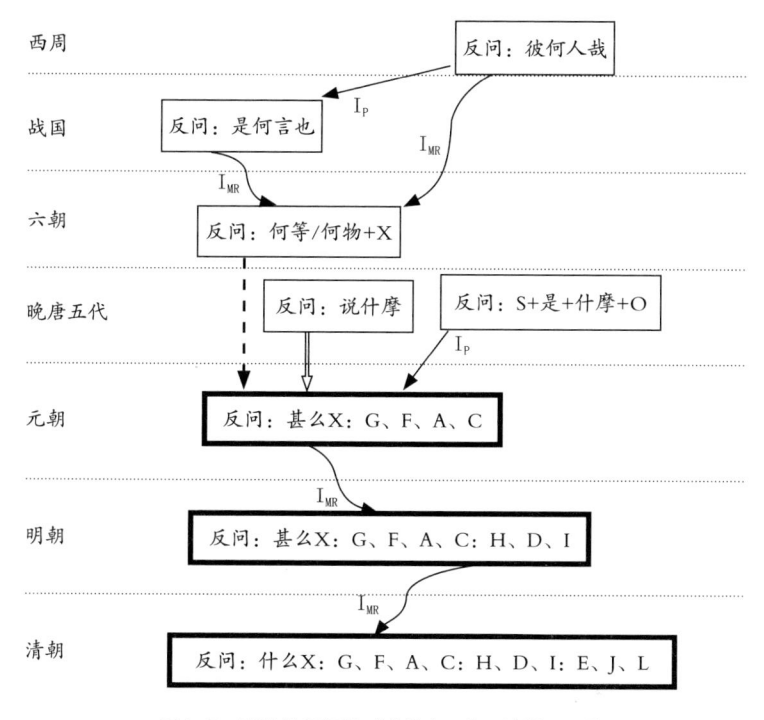

```
西周 ─────────────────── 反问：彼何人哉
                              │ I_P
战国 ──── 反问：是何言也  │
              │ I_MR       │
              │            │
六朝 ─────── 反问：何等/何物+X
              ↓              
晚唐五代 ── 反问：说什摩   反问：S+是+什摩+O
              ╎              │ I_P
              ╎              │
元朝 ──────── 反问：甚么X：G、F、A、C
                         │ I_MR
明朝 ──────── 反问：甚么X：G、F、A、C；H、D、I
                         │ I_MR
清朝 ──────── 反问：什么X：G、F、A、C；H、D、I；E、J、L
```

图1-5　引述性反问构式"什么X"承继关系网络

图中虚线直线箭头表示这种承继关系未必真实存在。

### (二) 描述性否定

东汉时期出现了"什么X"的描述性否定用法，其后续句往往出现情态动词"能""敢"，与上文构成转折关系：

(23) 圣人不能使鸟兽为义理之行，<u>公子何人，</u>能使自责？(《论衡·书虚篇》)

(24) (襄)〔阳〕公志在战，为日暮一麾，安能令日反？使圣人麾日，日终之反。

(襄)〔阳〕<u>公何人，</u>而使日反乎！(《论衡·感虚篇》)

高育花(1998)认为"何人"中的"何"并非都指代人，也可指代情状。上述用例中的"何人"不可用"谁"替代，而是表达说话人对所指人情状的适宜性否定，后续句补充说明了说话人认为不适宜性的具体行为。但因其前出现主语，我们不认为这种用法是真正的"什么"偏正反问构式"什么X"。包括六朝时期的"问是何物尘垢囊！"(《世说新语·轻诋》)因其前有判断动词"是"，我们也不认作该构式的实例。

真正"什么"反问偏正构式"什么X"描述性用法出现于唐代，如：

· 55 ·

# "什么"反问习语构式承继网络研究

(25)逆呵呼皓云:"何物小人,敢抗王师!"(《广异记》卷二百七十九)

(26)寻而贼至,皙谓是官军,问贼令近远。群贼大怒曰:"何物老狗,敢辱我!"争以剑刺之。(《广异记》卷三)

(27)其后于太后前作色而言曰:何物亲侄女,作如此语言!(《北齐书》卷九)

(28)即下马,令牵入屋底,急急锁门。见鲍果从内出来,遥笑曰:"何等儿郎,造次入此?"生调诮未毕,引入中门。(《霍小玉传》)

唐代这一用法计有14例,其格式日益定型:"何物+X<sub>指人</sub>,竟/敢VP"。VP描述X的动作行为,X为VP所陈述的对象。语义上,VP所标识的动作行为超出了言者的预期,在言者看来,是X所不应该施行的行为,因此,VP所标识的动作行为与X所标识的事体之间具有转折关系,VP中常带有情态动词"敢"。由此,整个句子否定X的合宜性。X也多表现为贬义指人名词或詈骂语。我们认为,唐代该结构已经构式化:

[[何物+X指人,(竟/敢)VP] ⟷ [否定、贬低对方人品] [俚俗]]

构式一旦形成即具有相对稳固性,宋元明清均有沿袭使用:

(29)士人惊惧,随出门。至堂东,遥望见一门,绝小,如节使牙门。士人乃叫:"何物怪魅,敢凌人如此。"复被众啮之。(《太平广记》卷四百七十六)

(30)俄有甲士拥之以去,倏忽入一宫,见前将军坐而怒曰:"何物大胆,乃敢惊余,其置之死。"(《北轩笔记》)

(31)一司具申文于县令,用钦降方印于年月上。此令阅之大怒,批云:"何物卑官,辄敢藐视上台?私用方关防,法当重究。"(《万历野获编》卷十三)

(32)忠贤侦知之,大怒曰:"何物小吏,亦敢谤我!"(《明史》卷一百三十三)

明清时代,口语中早已是"甚"系和"什"系疑问代词一统天下的局面,但是,明代"何物+X<sub>指人</sub>,VP"竟多达12例,清代更是高达21例。这说明,构式具有较强的稳固性,其形式的某些方面的变化具有一定的滞后性。

"甚"系和"什"系事物疑问代词均产生于唐代,晚唐产生如下重要反问构式:"V(个)什摩""有什摩X""S+是+什摩+O",宋代产生了"S+是+甚麼+O"构式,①但是整个唐宋时期均不见反问偏正构式"甚么X"或"什摩X"的踪迹。直到元代,出现"甚么X"偏正反问描述性否定用法计3例:

---

① 详细情况分别参见本书第三章、第四章、第二章的有关论述。

(33)张生,我与你兄妹之礼,<u>甚么勾当!</u>(《西厢记杂剧》第四折)
(34)(旦云)学士,着意吟诗;无诗的吃水,墨乌面皮,<u>甚么模样!</u>(《全元曲·温太真玉镜台》)
(35)【倘秀才】你又不是拜扫冬年的节令,又不是庆喜生辰的事情,你没来由置酒张筵波把他众人来请。(柳隆卿云)好杀风景也那!(正末唱)你尊呵尊这厮<u>甚么德行?</u>你重呵重这厮<u>什么才能?</u>(《全元曲·东堂老劝破家子弟》)

尚有2例是不是反问表达否定还不能确定:

(36)买些杂面你便还窑上去。那油盐酱旋买也可足零沽?(扬州奴云)<u>甚么肚肠</u>,又敢吃油盐酱哩?(正末唱)哎!儿也,就着这卖不了残剩的菜蔬,(扬州奴云)吃了就伤本钱,着些凉水儿洒洒,还要卖哩。(《全元曲·东堂老劝破家子弟》)
(37)<u>甚么晦气</u>,做这等勾当!被那巡夜歹弟子孩儿把我拿到巡铺里……(《全元曲·玉清庵错送鸳鸯被》)

由于例频率较低,且意义不稳定,我们认为,元代这些用法尚未构式化。另外,这5例的中心语的语义类型分布较散:描写动作行为的"勾当"、标识外貌形象的"模样"、描述人的品德的"德行"、指具体事物的"肚肠"、抽象的运气"晦气"。但是没有指人名词。其形式也不符合唐代"何物+X$_{指人}$,(竟/敢)VP"的特征:没有与X构成转折关系的后续句VP。加之,整个两宋都未见"甚麽X"描述性否定用例,因此,我们推断:元代的反问句"甚麽X"描述性否定用法与唐代的"何物+X$_{指人}$,(竟/敢)VP"构式没有关系。从意义上看,它们应该是宋代判断反问构式"S+是+甚麽+O"的减缩形式。

明代"甚么X"描述性反问计21例。有承继唐代"何物+X$_{指人}$,(竟/敢)VP"构式的用例,只是将指人名词扩展到指物:

(38)忽见楼前一派火光闪烁,众公差齐拥上楼。吓得那几个小优满楼乱滚,无处藏躲。卢楠大怒,喝道:"<u>甚么人</u>,敢到此放肆!"叫人快拿。(《醒世恒言》卷二十九)
(39)"你是何人,敢来击吾仙洞?"行者骂道:"你个作死的孽畜!<u>什么个去处</u>,敢称仙洞!仙字是你称的?快进去报与你那黑汉……"(《西游记》十七回)
(40)那婆娘当时就裸起双袖,到灶下去烧火,又与他两人量了些米煮夜饭。揩台抹凳,担汤担水,一揽包收,多是他上前替力。两个道:"等媳妇们伏侍,<u>甚么道理要妈妈费气力?</u>"妈妈道:"在家里惯了,是做时便倒安乐……"(《初刻拍案惊奇》卷十六)

例(38)X指人,例(39)X指处所,例(40)指道理,且与VP的停顿取消。明代该构式的形式应该修订为"甚么X(,)(竟/敢)VP"。

描述性用法中,典型用法是B式:否定对方的言辞、行为品德以及否定年成等的合宜性:

(41)太公道:"师父休要走了去,却要救护我们一家儿使得。"智深道:"<u>甚么闲话</u>!俺死也不走。"(《水浒传》四回)

(42)这个团脐,<u>甚么东西</u>!又不风病,非关气迷。翁姑周妇,夫子不妻。泼悍弥甚,凶狠穷……(《醒世姻缘传》七十六回)

(43)<u>甚么年成</u>!今日不知明日的事!你知道后来有你有我?(《醒世姻缘传》三十五回)

也出现了程度否定:

(44)西门庆道:"你看了还与我,他昨日为剪这头发,好不烦难,吃我变了脸恼了,他才容我剪下这一柳子来。我哄他,只说要做网巾顶线儿,迳拿进来与你瞧。可见我不失信。"桂姐道:"<u>甚么稀罕货</u>,慌的恁个腔儿!等你家去,我还与你。(《金瓶梅》十二回)

这部分用例,"甚么X"往往脱离后面的VP而独立存在,如(41);有的后面虽有VP,但VP所描述的事件与X之间没有转折关系,反而有顺承关系,如(42)(43)。因此,我们认为,它们不是对唐代"何物+X_{指人},(竟/敢)VP"构式承继而来,而是在元代反问描述性否定用例基础上发展而来,增添了一个新的构式网络节点:

[[甚么X] ⟷ [以反问否定对方言辞、行为、品德等事物的合宜性]]

清代,随着疑问代词的替换,"甚么X"反问描述性否定构式发展为偏正反问构式"什么X"。意义类型多样化,除B式外,出现了G关涉性否定、I言语行为否定、H存在否定、L程度否定等意义类型(表1-8)。

表1-8 清代反问构式"什么X"描述性否定意义分布统计表

| 意义小类 | 描述性 |||||
| --- | --- | --- | --- | --- | --- |
|  | B | G | H | I | L |
| 数量 | 8 | 1 | 1 | 1 | 9 |
| 合计 | 20 |||||

下面各举一例。

(45) 不多一时，赖头龟出来，满脸赔笑说："原来是朱贤弟。"朱德大骂说："你什么东西！你和我呼兄唤弟。"(《小五义》一一六回)

(46) 还有东府里你珍哥儿的爷爷，那才是火上浇油的性子，说声恼了，什么儿子，竟是审贼！(《红楼梦》四十五回)

(47) 不争气的孽障！骚狗也比你体面些！谁知你三不知的把陪房丫头也摸索上了，叫老婆说嘴霸占了丫头，什么脸出去见人！(《红楼梦》八十回)

(48) 牛皋道："大哥辛辛苦苦，睡罢了，什么大惊小怪，怕做什么？若有差池，俱在牛皋一人身上便了。"(《说岳全传》八回)

(49) 怎么等不及！叫他等一回儿，什么要紧！(《官场现形记》三十七回)

清代"什么"偏正反问构式有如下一些特点：

一是仍然存在明代偏正反问构式"甚么X（,）（竟/敢）VP"，上面的例(45)(46)(47)均有这一特点。再如：

(50) 大叫一声："什么人敢在我庙中撒野！"(《续小五义》四十一回)

(51) 好个混账王八蛋！他借你柜台摆摆篮子，什么大不了的事！你胆敢行凶打人，这还了得！(《官场现形记》五十四回)

有一个明显的倾向是"甚么X（,）（竟/敢）VP"构式与"什么X"构式合流。一方面越来越多的用例"什么X"脱离VP而独立，另一方面，"什么X"与VP之间也不再有主谓关系，如例(51)，再如：

(52) 长老道："往山南去了。"喽啰道："我只问你要人。却来扯长老。"那伙众说道："甚么要紧，费工夫惹和尚。"便扯了他去。(《东度记》六十三回)

(53) 黛玉道："什么难事，也值得去学！不过是起承转合……"(《红楼梦》四十八回)

例(52)事情并不要紧，但是你却竟然费工夫惹和尚。前后仍有转折，但并非主谓关系。

二是清代有程度否定9例：

(54) 何苦来操这心！"得放手时须放手"，什么大不了的事，乐得不施恩呢。(《红楼梦》六十一回)

(55) 贾母笑道："什么要紧的事！小孩子们年轻，馋嘴猫儿似的，那里保得住不这么着。从小儿世人都打这过的。都是我的不是，他多吃了两口酒，又吃起醋来。"(《红楼梦》四十四回)

(56) 咱老子走了无限的关隘，由南到北，从不惧怕与人。天大的事也做过了，什

# "什么"反问习语构式承继网络研究

么希奇的事！损坏你的稻田，也不值几吊大钱，竟敢纠众拦阻。(《狄公案》十二回)

现代已经基本消失，它们都并入了"有什么X(的)"和反问判断构式"S＋是＋什么＋O"两个构式中。在CCL现代汉语语料库中查找"什么大不了的"，分布如表1-9所示。

表1-9　CCL现代汉语"什么大不了的"检索结果

| 格式 | 什么大不了的 | 有什么大不了的 | 没什么大不了的 | 是什么大不了的 | 其他 |
|---|---|---|---|---|---|
| 频数 | 279 | 97 | 105 | 50 | 27 |

上面例子在现代汉语中更常见的表达是："是什么大不了的事""有什么要紧""有什么稀奇"。

三是其他类型到现代汉语也都消失殆尽。G类本来具有引述性质，归入引述用法中；H类归入"有什么X(的)"构式，I类归并到"干嘛VP"格式中。所以，H类的例(47)、I类的(48)在现代汉语中最常见的说法是："有什么脸出去见人""干嘛大惊小怪"。

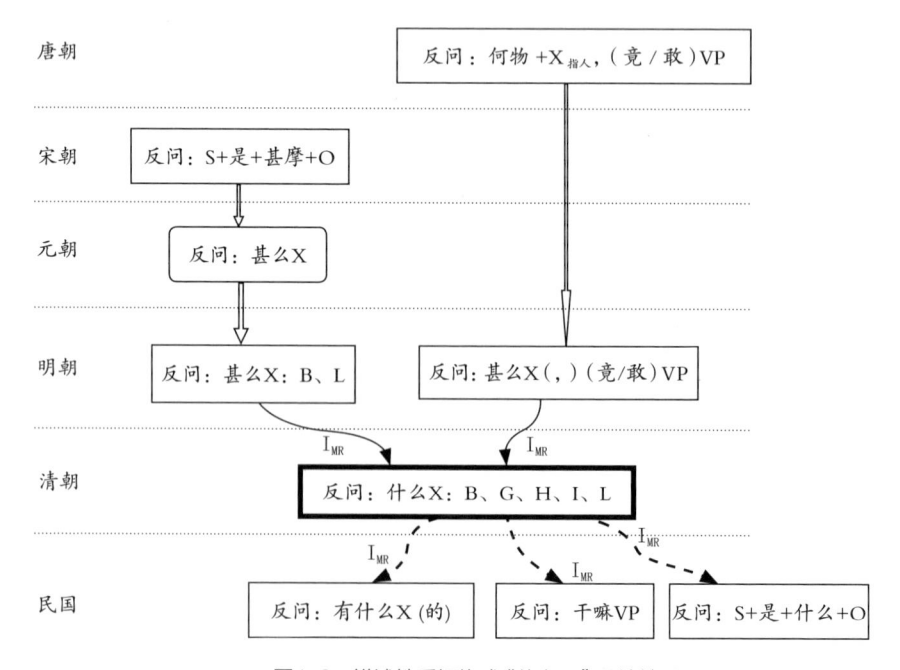

```
唐朝                         反问：何物+X指人,(竟/敢)VP

宋朝    反问：S+是+甚摩+O

元朝    反问：甚么X

明朝    反问：甚么X：B、L        反问：甚么X(,)(竟/敢)VP
                      ↓I_MR              ↓I_MR
清朝         反问：什么X：B、G、H、I、L
              ↓I_MR        ↓I_MR        ↓I_MR
民国   反问：有什么X(的)  反问：干嘛VP  反问：S+是+什么+O
```

图1-6　描述性反问构式"什么X"承继关系

上图1-6中，圆角方框"甚么X"表示在元朝"甚么X"作为反问构式尚未完成构式化。虚线曲线箭头和字母"I$_{MR}$"表示清朝的"什么X"反问构式中的H、I、L三式分别并入民国的三个构式而不再独立存在，逐渐消失。

## 二、什么XZYZ（的）

"什么XZYZ（的）""什么X不X（的）"两式有许多相似之处，历史上前者先于后者出现，我们先阐述前者的构式化。

历史上"什么XZYZ（的）"最早并非单独出现，而是作言说动词"说"的宾语，见于五代：

（1）木口和尚到，见行者每日踏碓供养僧，问："行者不易甚难消？"师曰："开心碗子里盛将来，合盘里合取，说什摩难消易消！"木口失对。（《祖堂集》卷五）

（2）师曰："那边还有这个摩？"洞山曰："有也，过於这个无用处。"师曰："有也未曾与闍梨，说什摩有用无用！"（《祖堂集》卷五）

（3）师云："有摩摩不逢，无达摩不逢。"对曰："不逢说什摩有无！"师云："既不说有无，你何道不逢？"僧无对。（《祖堂集》卷七）

（4）师云："喏镞拟开口，驴年亦不会。"僧无对。又云："索唤则有，交易则无。所以我若说禅宗旨，身边觅一人相伴亦无，说什摩五百七百？……"（《祖堂集》卷十八）

我们认为，五代时期产生的"说什摩XZYZ"是前文所述的晚唐五代的"说什摩X"构式的变体。两者在后世各代都有所用：

（5）佛眼曰："官马厮踏，有甚凭据？"安曰："说甚么官马厮踏，正是龙象蹴踏也。"（南宋释晓莹《罗湖野录》）

（6）到弹个孤鸾寡鹄。（贴）我一对夫妻正好，说甚么孤寡？（《全元曲·蔡伯喈琵琶记》）

（7）（带云）我待和他计较来。（唱）与这厮争甚么闲是闲非。（《全元曲·孟德耀举案齐眉》）

（8）行者道："你既怕虎狼，怎么不念《北斗经》？"三藏正然上马，闻得此言，骂道："这个泼猴！救人一命，胜造七级浮屠。你驮他你驮儿便罢了，且讲什么北斗经南斗经！"（《西游记》三十三回）

（9）秋香姐动不动就是一场果子，小的说甚金姐、银姐！（《野叟曝言》五十九回）

作为单独小句出现的时间是元代，仅1例：

（10）（尉唱）这厮们走将来上首头坐，全无些谦逊，恼得咱便不登登按不住心头念。（李）一杯酒吃了便罢，甚么上首头下首头！（《全元曲·功臣宴敬德不伏老》）

明代用例增多，共6例，否定对方的言语行为或适宜条件，都可以在"甚么"前面插入言说动词"说"而不影响意义表达：

（11）辨悟见一伙多是些乡村父老，便道："此是唐朝白侍郎真笔，列位未必识认，亵亵渎渎，看他则甚？"内中有一个教乡学假斯文的，姓黄号丹山，混名黄撮空，听得辨悟说话，便接口道："师父出言太欺人！（说）甚么白侍郎黑侍郎，便道我们不认得？（《二刻拍案惊奇》卷一）

（12）"……我想着无处回生，特来参谒，万望道祖垂怜，把九转还魂丹借得一千九儿，与我老孙搭救他也。"老君道："这猴子胡说！（说）什么一千丸，二千九！当饭吃哩！"（《西游记》三十九回）

（13）那李成名娘子……问珍姨晌午量米做饭。那珍哥……骂道："放你家那臭私窠子淫妇歪拉骨接万人的大开门驴子狗臭屁！（说）什么'珍姨'、'假姨'！……"（《醒世姻缘传》十一回）

至此，"甚么XZYZ"构式已经完成构式化。最初的意思是言者认为对方言辞不合适，以制止对方的言说行为：

> [[甚么XZYZ] ⟷ [引述对方的言辞XZ并按此臆造一个对立概念YZ以此说明言说XZ是不合理的，旨在制止对方言语行为："别说X"]]

由此，我们认为，I式言语行为否定和F式适宜条件否定构式"甚么XZYZ"都是由"说甚么XZYZ"构式脱落言说动词"说"形成的。

除了言说动词，其他动词也有用于"甚么XZYZ（的）"前面的。用例略多的是，在明代，有"管"和"分"，如：

（14）公主道："郎君，放他从后门里去罢。"妖魔道："奈烦哩，放他去便罢，又管他什么后门前门哩。"（《西游记》二十九回）

（15）王爷道："那管他这些闲话，叫旗牌官押出辕门之外，一个一刀，管他甚么真的假的。"（《三宝太监西洋记》三十八回）

（16）各燥自家脾胃，管甚么姐姐哥哥；且图眼下欢娱，全不想有夫有妇。（《今古奇观》卷二十八）

（17）何况兄弟行中，同气连枝，想到父母身上去，那有不和不睦之理？就是家私田产，总是父母挣来的，分什么尔我？较什么肥瘠？（《喻世明言》卷十）

"管（他）甚么XZYZ（的）"表达对整体情况不理睬、不管不顾之义。随着"管（他）"脱落，到清代，"甚么XZYZ（的）"独立构式便产生整体性否定的用例（G式）：

（18）把自己鼻子堵上，往他们这边一栖身子，右手把刀遮挡大众的兵器，左手一抖五色迷魂帕，什么上风下风，闻着就全得躺下。（《小五义》三十八回）

（19）宋嬷嬷听了，心下便知镯子事发，因笑道："虽如此说，也等花姑娘回来知道了，再打发他。"晴雯道："宝二爷今儿千叮咛万嘱咐的，什么'花姑娘''草姑娘'，我们自然有道理。你只依我的话，快叫他家的……"（《红楼梦》五十二回）

例（18）表示无论是上风还是下风，闻着就全得躺下，即对"XZYZ"代表的整体情况否定，可以还原为"管它什么上风下风"。

除了否定整体性之外，"什么XZYZ（的）"构式还有否定对立性用法（K式），强调整体性。这是因为绝对对立的"XZYZ"在"什么XZYZ（的）"构式中不仅有[＋整体性]也含有[＋对立性]的特性，这是"什么X"与"什么X不X（的）"两构式所不具备的。这同样与其来源有关：

（20）再寻个凤友鸾交，分甚么文强武弱。（《全元曲·李云英风送》）

（21）我和你至交相爱，分甚么彼此？（《儒林外史》十二回）

（22）共是七十一两五钱六分银子。承辉呆了一呆道："那里来这馉饳帐，甚么几钱几分的！"（《二十年目睹之怪现状》一百五回）

（23）梁必达说："什么这派那派？都是革命派。（电影《历时的天空》）

可见，对立性否定源于"分什么X"。"什么XZYZ（的）"构式在古代汉语中若表对立性否定需与区分义动词搭配，发展到现代汉语，在"构式＋义句"的语境下，"什么XZYZ（的）"可独用表对立性否定。

清代有知晓义动词用于"什么XZYZ（的）"前面，表达J式知晓否定：

（24）可怜我张金凤，说婆婆家的时候儿，我知道甚么叫个"庚铜"啊"庚铁"呀！（《儿女英雄传》二十六回）

（25）于冰道："我见台驾气宇异常，必是希夷、曼倩之流，愿拜求金丹大道，指引迷途。"花子道："我晓得什么金丹大道小道？……"（《绿野仙踪》十回）

动词脱落之后，成为表达知晓否定构式"什么XZYZ（的）"。

从上面的介绍可知，所有类型的"什么XZYZ（的）"构式都源于其前动词脱落（如图1-7）。动词虽然脱落，但其语义被构式所吸收，故构式仍能表达具有该动词的那个原式的意义，这是"语境吸收"机制。但是没有动词的"什么XZYZ（的）"构式与其原式究竟有所不同：前者不如后者的语义明确而比后者更有扩张力。

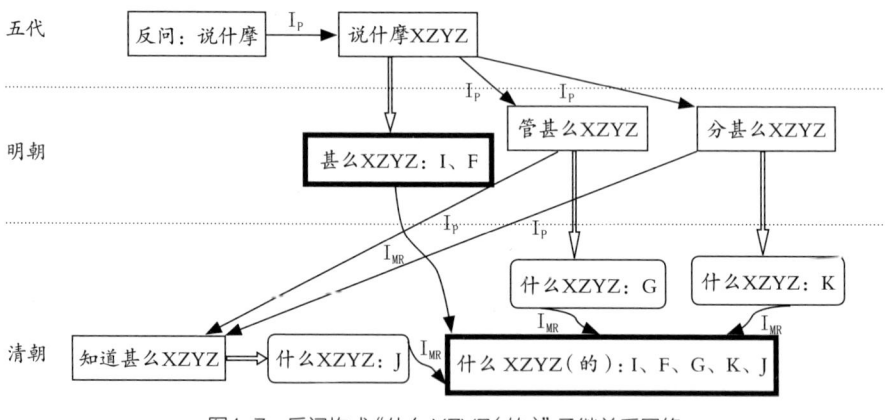

图1-7　反问构式"什么XZYZ（的）"承继关系网络

## 三、什么X不X（的）

在"说甚么X"和"说甚么XZYZ"两构式的基础上，南宋产生了"说甚么X与¬X"格式，它是"什么X不X（的）"构式的前身。例如：

（1）师问僧："不占田地句，作麽生道？"僧云："不会。"师云："不会且作韶州客。"师问僧："吃得几个餬饼？"僧云："忘却。"师云："吃了忘却，未吃忘却？"僧云："忘却，<u>说什麽吃与未吃</u>。"师云："是你忘却甚处得来。"（《古尊宿语录》卷十八）

（2）问："何者是精进？"师云："身心不起，是名第一牢强精进。才起心向外求者，名为歌利王爱游猎去。心不外游。即是忍辱仙人。身心俱无，即是佛道。"问："若无心行此道，得否？"师云："无心即便是行此道，<u>更说什麽得与不得</u>。且如瞥起一念，便是境。若无一念，便是境忘心自灭，无复可追寻。"（《古尊宿语录》卷三）

（3）不见赵州和尚云："十二时中许你一时外学。"僧便问："许一时外学，未审学什麽？"州云："学佛学法。"只如佛法尚为外学，其余十二时中作个什麽始得？大难其人。所以如今与诸人相会，唤作非时言论。既是非时言论，如何得相亲去？达道之人，若能熔瓶盘钗钏作一金，搅酥酪醍醐为一味，说什麽时与不时。尽皆中的。奉劝诸人快好究取。二六时中，去离尘缘，莫起异念。（南宋《古尊宿语录》卷三十一）

（4）一日，有大德问师曰："即心是佛又不得，非心非佛又不得。师意如何？"师曰："大德且信即心是佛便了，更说甚麽得与不得。祇如大德吃饭了，从东廊上西廊下，不可总问人得与不得也。"（《五灯会元》卷三）

元代也发现1例：

（5）莫作亏心事，休寻舍命因，难再得人身。问甚么腥和肉？管什么素与荤？只要你认真，一步步前程息稳。（《全元曲·十二月》）

其中的否定词可以是"不"，也可以是"未"；X 与 ¬X 之间有连词"与"。由于有这个"与"，整个结构比较符合句法规则而具有较高透明度。以例（1）来说，禅师将僧人忘却吃糊饼的事分成"吃了"与"未吃"两种情况发问："吃了忘却，未吃也忘却？"下面僧人的回应"忘却，说什麽吃与未吃"中的"吃与未吃"显然是针对问话中的"吃了"与"未吃"这两种情况的。僧人的意思是：吃了忘却了，未吃也忘却了，都忘了，不知道了。所以，说什么吃了，说什么未吃，意思是说吃了不知道，说未吃也不知道，因此，别说吃没吃。这是对对方言语行为的否定。据此，"说什么吃与未吃"结构应该是联合：[说什么吃][说什么未吃]。意思是别说吃，也别说未吃。并列结构经过相同成分的提取和合并操作，就变成了"说什么吃与未吃"。再删除其中的连词，就变成了"说什么 X 不 X"。这种结构在南宋已经有4例：

（6）师插下拄杖云。道得也被这个碍。道不得也被这个碍。宗拽拄杖便打云。也只是这个。王老师说甚麽碍不碍。（《古尊宿语录》卷十二）

（7）昨日也恁麽。今日也恁麽。且道昨日是今日是。说甚是不是。（《古尊宿语录》卷二十）

（8）"古人道万象之中独露身，是拨万象不拨万象？"师曰："不拨。"眼曰："说甚麽拨不拨？"师懵然不知。（《五灯会元》卷八）

（9）"古人不拨万象。"师曰："万象之中独露身，说甚麽拨不拨？"子方豁然悟解，述偈投诚。（《五灯会元》卷十）

其形式固定，意义也比较稳定：既不要说 X，也不要说 ¬X，以此表达不要对方谈论 X。因此，我们认为，南宋"说甚么 X 不 X"构式已经完成了构式化：

> [[说甚么X不X] ⟷ [引述对方的言辞X，旨在制止对方言语行为："别说X"]]

元代该构式中的动词开始扩展，首先同属于言说动词的"问"被构式允准，然后扩展到动词"有"：

(10) 儿行千里母也行千里。凤凰池不到你娘心先到，龙虎榜文齐只怕你福不齐。<u>问甚么及第不及第？</u>及第呵你休昂昂而已，不及第呵你可休怏怏而归！（《全元曲·晋陶母剪发待宾》）

(11)（正旦云）你待嫁谁？（外旦云）我嫁周舍。（正旦云）你如今嫁人，莫不还早哩？（外旦云）<u>有甚么早不早！</u>（《全元曲·赵盼儿风月救风尘》）

(12) 哥也，你便博一千博，我这胳膊也无些儿困。我将那竹根的绳拂子绊了这地皮尘，（云）哥也，老实的博。（燕大云）我只是博耍子，<u>有甚么老实不老实？</u>（《全元曲·同乐院燕青博鱼》）

这些动词进入构式，促使构式意义发生变化。"问"与"说"同属言说动词，与"别说X"类似，构式的含义是"别问X"。但是，"有"是领有动词或存在动词，不具有动作性，不能用于表达祈使意义。"有"进入构式以后，构式表达对以X为标准的评价维度的否定，如例(11)意思是对于"嫁人"来说，不应该作出是早还是不早的评价。

明代，被构式允准的动词更多，"管"类动词高达14例。具体情况见下表1-10。

表1-10 明代用于反问"什么X不X"前面的动词类型统计表

| 动词 | 说类8 |  | 管类14 |  |  |  | 其他4 |  | 合计 |
|---|---|---|---|---|---|---|---|---|---|
|  | 说 | 提起 | 管（他、你） | 论 | 任 | 顾（得） | 有 | 要（想要得到义） |  |
| 数量 | 7 | 1 | 10 | 1 | 1 | 2 | 2 | 2 | 26 |

"管"类例子如下：

(13) 崔生道："……万一后边有些风吹草动，被人发觉……"女子道："如此良宵……且顾眼前好事，<u>管甚么发觉不发觉！</u>……"（《二刻拍案惊奇》卷二十三）

(14)"南船上鸦悄不鸣，草偃不动，没有一些准备。只是海面上有几十个天鹅，游来游去，就象个晓得进退的意思一般。"三太子道："只要南船上不曾准

备,就是我们功劳该成,管他甚么鹅不鹅!"(《三宝太监西洋记》六十六回)

(15)判官道:"我这鬼国是西天尽头处,却也是难得到的。"唐状元还不曾开口,张狼牙就抢着说道:"胡说!我管你甚么尽头不尽头,我管你甚么鬼国不鬼国,你快去拜上你的黑面老儿,早早修下封降书,备办些宝贝……(《三宝太监西洋记》九十一回)

显然,"管"类动词与"甚么X不X"的组合形式和意义都很稳定,已经构式化:

[[管(他/你)甚么X不X] ⟷ [引述对方的言辞X,旨在劝阻对方不必考虑、顾及X所标识的事体:"别管X,X不重要!"]]

"有"类元代已发现2例,明代又有2例:

(16)铁生道:"我已尽知,不必瞒了。"狄氏紫涨了面皮,强口道:"是你相好往来的死了,不觉感叹堕泪,有甚么知不知?瞒不瞒?"(《初刻拍案惊奇》卷三十二)

(17)"适来不知进退,冒犯了将军虎威,望乞恕罪!"唐状元道:"杀便杀,砍便砍,有个甚么冒犯不冒犯!"(《三宝太监西洋记》四十七回)

加之,受到"有什摩X"构式的影响,我们认为,明代"有甚么X不X"已经构式化:

[[有甚么X不X] ⟷ [引述对方的言辞X,旨在否认X这一说法的存在]]

"甚么X不X"独用首现于明代,计6见:

(18)凤生惊喜道:"龙香姐来了。那封书儿,曾达上姐姐否?"龙香拿个班道:"甚么书不书,要我替你淘气!"凤生道:"好姐姐,如何累你受气?"(《二刻拍案惊奇》卷九)

(19)西门庆道:"且教他孝顺众尊亲两套词儿着。你这狗才,就这等摇席破座的。"郑爱香儿道:"应花子,你们背后放花儿——等不到晚了!"伯爵亲自走下席来骂道:"怪小淫妇儿,什么晚不晚?"(《金瓶梅》三十二回)

(20)周经历说:"你是奶奶心爱的人,怎敢怠慢?"萧韶说道:"一家被害了,没奈何偷生,甚么心爱不心爱?"(《初刻拍案惊奇》卷三十一)

· 67 ·

"什么"反问习语构式承继网络研究

(21) 张委又道:"你这园可卖么?"秋公见口声来得不好,老大惊讶,答道:"这园是老汉的性命,如何舍得卖?"张委道:"<u>什么性命不性命!</u>卖与我罢了。"(《醒世恒言》卷四)

(22) 又问道:"官人果要补何官?"滕生……双手抱住道:"小子自池上见了夫人,朝思暮想,看看待死,只要夫人救小子一命。夫人若肯周全,连身躯性命也是夫人的了,<u>甚么得官不得官放在心上?</u>"(《初刻拍案惊奇》卷六)

(23) 魏妈妈道:"你家郁官儿得了我八十两银子,把你卖与我家了。"莫大姐道:"那有此话!我身子是自家的,谁卖得我!"魏妈妈道:"<u>甚么自家不自家?</u>银子已拿得去了,我那管你!"(《二刻拍案惊奇》卷三十八)

这6例可以分为两类,前4例属于 I 式言语行为否定和 F 式适宜条件否定。如(18)言者的意思是不让对方说关于书的事情。(20)否定对方话语的适宜性:用"心爱"来形容"我"与"奶奶"的关系是不适宜的。可以在前面添加言说动词"说",如(18)说成"说甚么书不书"也与原意吻合。后两例为 G 式关涉性否定,(22)意思是"我根本就不关心得官一事",句中有表明关心的词语"放在心上";(23)言者意思是"我不管你身体是不是你自家的",句中有动词"管"表明了这一意义。这两类意义显然都与此前业已存在的两类构式"说甚么 X 不 X""管甚么 X 不 X"的意义高度相关。(23)可以变换为"我那管你甚么自家不自家?银子已拿得去了",更可看出二者的联系。由此,我们认为,随着"说甚么 X 不 X"和"管甚么 X 不 X"构式中的言说动词和关涉动词的脱落,明代"甚么 X 不 X"构式化已经完成:

[[甚么 X 不 X] ⟷ [引述对方的言辞 X,旨在制止对方言语行为:"别说 X"或表达言者对 X 事体的不关心]]

清代该构式形式有发展,句尾出现了语气词"的":

(24) 展爷道:"岂有此理?"二爷道:"<u>什么理不理的</u>……"(《七侠五义》三十一回)

(25) "既这样,就遵伯父的话罢。等我过去再谢伯父、伯母。"安太太道:"<u>甚么谢不谢的</u>,要是果然这样定规了,好趁早儿收拾起来。"(《儿女英雄传》二十四回)

意义方面,在明代的基础上清代 F 适宜条件否定得到进一步发展而更具有典型性,主要是说对方言辞不适宜。此类与 I 式意义最为相近,所以,由 I 式首先得到发展也很自然:

（26）颜生道："……我那拙笔焉能奉命？惟恐有污尊摇。"冯君衡道："说了不闹文么，甚么'尊摇'不'尊摇'的呢？"（《七侠五义》三十五回）

（27）酒保陪笑道："请教先生：酒要一壶乎，两壶乎？菜要一碟乎，两碟乎？"林之洋把手朝桌上一拍道："甚么'乎'不'乎'的！你只管取来就是了！……"（《镜花缘》二十三回）

出现了 H 式存在否定：

（28）茂公叫声："元帅，此乃空城之计，引我兵进了城……"程咬金说："徐二哥，又在此说混话，什么空城计不空城计，这班番狗……那里有什么计？……"（《说唐全传》四回）

（29）"……只怕你没这么大胆子罢咧。"何三道："什么敢不敢！你打谅我怕那个干老么，我是瞧着干妈的情儿上头才认他作……"（《红楼梦》一百十一回）

还出现了 A 式真值否定、C 式合格性否定、J 式知晓否定的用例：

（30）你想要是洪素卿果然把小屏当做恩客……把小屏抬得高高的，叫他跳不下来，自然不因不由的就要入他的陷阱。这是个一定的道理，那里什么恩客不恩客。（《九尾龟》一百四十回）

（31）兴儿方才又回道："奶奶恕奴才，奴才才敢回。"凤姐啐道："放你妈的屁，这还什么恕不恕了。你好生给我往下说，好多着呢。"（《红楼梦》六十七回）

（32）"你不要对着我花言巧语，你只和我实说，你和他究竟上过手没有？"康中丞也故意装糊涂道："你问的那一个？什么上手不上手？"大姨太太冷笑一声……道："你还要和我装糊涂！难道今天我看得这样的明明白白，你还要假装干净么？"（《九尾龟》一百二十四回）

可见，清代该构式与现代汉语该构式已经没有什么实质区别了。具体情况见表1-11。

表1-11　清代反问构式"什么X不X（的）"否定意义分布统计表

| 意义类型 | A | C | F | G | H | I | J | 合计 |
|---|---|---|---|---|---|---|---|---|
| 数量 | 2 | 1 | 6 | 7 | 6 | 4 | 1 | 27 |

在"说甚么X"和"说甚么XZYZ"两构式的基础上，南宋产生了"说甚么X与￢X"格式，稍后连词"与"脱落，完成"说甚么X不X"构式化，表达对言说行为的否定。元明时期该构式中的动词开始扩展到领有动词"有"和关涉性动词"管"，明代"有甚么X不X"和"管（他/你）甚么X不X"

的构式化得以完成。明代随着两构式中的言说动词和关涉动词的脱落，便形成了反问偏正构式"甚么X不X"。清代该构式形式有发展，句尾出现了语气词"的"。意义方面，在明代的基础上清代发展出了F式适宜条件否定；在"有甚么X不X"的基础上，发展出H式存在否定；还出现了A式真值否定、C式合格性否定、J式知晓否定，该构式得到完善。从整个发展过程来看，随着连词"与"和动词的脱落，伴随着构式化过程，结构由松散到紧密，意义由单一到多元（图1-8）。

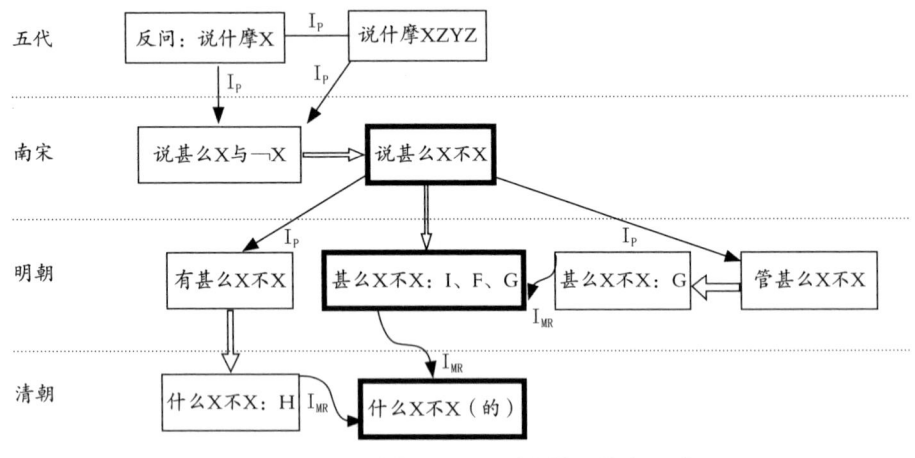

```
五代        反问：说什摩X ──Iₚ── 说什摩XZYZ
                 │Iₚ          │Iₚ
南宋        说甚么X与¬X ─── 说甚么X不X
                             │Iₚ                      │Iₚ
明朝    有甚么X不X   甚么X不X：I、F、G   甚么X不X：G   管甚么X不X
                             │I_MR
清朝        什么X不X：H ─I_MR─ 什么X不X（的）
```

图1-8 反问构式"什么X不X（的）"承继关系网络

## 第四节 "什么"反问偏正构式承继关系网络构拟

上文我们从共时和历时角度分别考察了"什么"反问偏正构式及其发展演变情况。"什么X""什么X不X（的）""什么XZYZ（的）"三种构式不仅在形式上相近，在功能上也存在诸多相通之处，因而认为三者存在承继关系。

### 一、构式原型

关于确立构式原型的标准。认知心理学对"原型"的理解主要有两种：一是范畴内的典型代表；二是范畴核心概念的概括性图式表征。早期倾向于前者，后期倾向于后者，两种观点都有大量实验研究支撑，都有道理，都能解释大部分概念表征。艾哈迈德（2012）确定构式原型的标准是自由度（填充项同语类成员互换的自由程度）和语境依赖性。自由度本质上反映的是类频率。语境依赖性越低构式成熟度越高，而构式成熟度越高，构式的原型程度越强。语境依赖性其实就是构式的稳固性。胡亚（2018）提出判定构式原型的六个标准：历时条件变化等历史证据、频率、句法功能、跨语言材料、认知显著性（或语义功能）、稳固性程度。她据此将"连"字句的原型确立为集合成员类，因为集合类虽然不是最早产生的，但是它出现时限制条件丢失最多，准入条件增加最多，变化程度最大，之后时期在此基础上变化较小，其他类型如事件和量级类在此基础上引申。大多数学者都认为原型是范畴内历史上最早出现的成员。Langacker（1987：373、382）也认为范畴的延伸起点往往成为原型，这与胡亚的看法有点不同。胡亚认为例频率高的是原型。第三条"句法功能"，胡亚的解释有点不知所云。根据她的解释，我们的理解是指"语义功能"，即原型的语义更为基本，居于中心地位，是边缘成员延伸的基础。我们将它修改为"语义功能"。根据认知语言学和构式语法的"百科语义观"，语义与语用是一个连续统，难以截然分开，据此，我们修订为"语义—语用功能"。"跨语言材料"这一条我们不采纳，因为构式语法的一个重要理念是具体构式具有语言特殊性，是对 Chomsky 语言普遍性的反动。"认知显著度"与语义功能基本重合。这样，我们判断构式原型的标准是：历时条件变化等历史证据、频率、语义—语用功能、稳固性。

1. 历时时间先后

三构式中"什么 X"构式出现时间最早，汉代就已出现"何等 X"反问用例，六朝已经完成构式化。但是，我们的考察显示，"何等 X"构式与后世"甚么 X"构式关系并不直接。我们更倾向于认为，作为现代汉语偏正反问构式源头的是元朝出现的"甚么 X"构式。而"什么 X 不 X（的）""什么 XZYZ（的）"两构式都形成于明代。

2. 使用频率

Bybee（2010：79-80）指出，例频率越高的成员，不仅越易成为范畴吸引新成员的基础，而且也越容易成为构式的中心。综合古代汉语语料和现代汉语语料，"什么 X"构式在各个朝代的使用频率，特别是在现代汉语中的使用频率属于三个构式中最高的。以 F 式适宜性否定为例，"什么 X"为 187 例，"什么 X 不 X（的）"为 73 例，"什么 XZYZ（的）"仅为 15 例。

### 3. 语义—语用功能

我们的考察表明，虽然"什么X"构式并不是"什么X不X(的)""什么XZYZ(的)"两构式产生的基础，后两者有独立的来源；但是，它们在语义—语用功能上有紧密联系，"什么X"构式义比后两者更具包容性，更具扩张力，前者的语义几乎覆盖后两者。前者有引述性否定和描述性否定，后两者没有描述性否定用法。前者的引述性判断否定包含6个小类，在实际使用中可根据使用环境的不同，凸显"X"相应的物性角色从而表达说话人不同的否定意图，而后两者没有如许类型和变化。

### 4. 固化程度

从形义对应关系来说，"什么X不X(的)""什么XZYZ(的)"两构式形式固定，意义单一，固化程度高于形式多样、意义复杂的"什么X"构式。从形式和意义的抽象程度来说，这两构式也更为特殊，其中甚至含有不合语法的成分，如"什么钱不钱的""什么公里母里"的，因而固化程度也更高。三构式都为半图式性构式，半图式性构式的抽象是基于构例的使用和扩展。"什么X"构式所具有的描述性否定功能的构例已演化为实体性构式，如"什么话""什么人""什么道理""什么东西"。从这方面来说，"什么X"固化程度又高于"什么X不X(的)""什么XZYZ(的)"构式。

综上所述，我们认为"什么X"构式为构式原型。

## 二、构式网络层级

Traugott(2007)提出了一个具体的四分构式性层级，包括宏观构式(macro-construction)、中观构式(meso-construction)、微观构式(micro-construction)、构例(construct)；Traugott & Trousdale(2013：16)提出一套"最小"的图式性层级，包括图式(schema)、次图式(subschema)和微观构式。彭睿(2019：3)指出构式性层级适用于一切图式性构式。我们将"什么"偏正反问构式分为四个层级：宏观层级、中观层级Ⅰ、中观层级Ⅱ、微观层级，如图1-9所示。

我们认为偏正反问构式不是单一语义可以概括的，宏观层级定义为否定反问习语构式，是描写性否定和引述性否定的集合。参照Peng(2013)构式层级区分，我们将中观层级分为中观层级Ⅰ与中观层级Ⅱ，中观层级Ⅰ是中观层级Ⅱ的上一级，中观层级Ⅱ是中观层级Ⅰ的进一步分层。首先，中观层级Ⅰ分为描述性否定和引述性否定，分类的标准为变量"X"是否为引语。其次，中观层级Ⅱ将引述性否定分为引述性判断否定和引述性祈使否定，分类标准为引语"X"展示的对象：当引语"X"展示语言内因素即形式或意义时，构式归入引述性判断否定；当引语"X"展示非语言因素如言说行为时，构式归入引述性祈使否定。中观层级Ⅰ"描述性否定"无中观层级Ⅱ的分层。微观层级为中观层级的具体构式类，微观层级中包含了一系列构式的构式变化，反映出图式的构式化正是源自一系列微小的变化步骤。因而图1.9中微观层级"空心箭头"代表了构式历时变化的发展方向，箭头的起点为构式的发展来源。

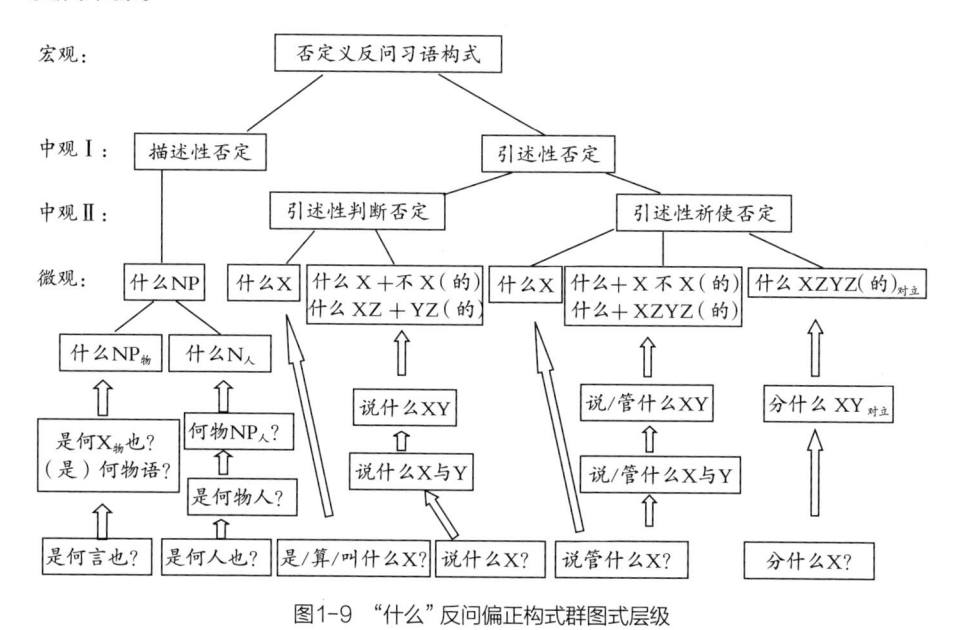

图1-9 "什么"反问偏正构式群图式层级

由图1-9，我们可以观测到现代汉语中否定构式"什么X""什么X不X（的）""什么XZYZ（的）"是历时演变的不同阶段在共时平面沉积的结果。以"什么X"构式为例，"什么X"构式为描述性否定"什么NP"和引述性否定"什么X"构式整合的结果。

## 三、构式网络承继联接

构式的承继联接关系表现为两个方面：一、构式间的承继联接；二、各构式内部的联接。

# "什么"反问习语构式承继网络研究

## (一) 构式间的承继联接

Goldberg（1995：79）认为构式组成的网络是由承继关系联接的，通过承继可以描述两个构式在某些方面相同而在其他方面不同的语言事实。她还提出承继的普遍特征为允许多重承继、正常样式承继及真正复制。其中正常样式承继解释为允许次规则和例外存在，不采用完全样式承继。

本章第二节基于共时数据，考察三构式"什么X""什么X不X（的）""什么XZYZ（的）"之间的关系，提出假设："什么X不X（的）""什么XZYZ（的）"两构式是在"什么X"构式基础上产生的，前两者承继后者的句法语义语用特点。还有其他观点，如张爱民、张秀松（2004：103）认为"什么X不X（的）"是原式，"什么X"等其他形式是由原式转换来的。

我们对三构式历时演变考察表明，这种承继关系并不存在，假设没有证实。三构式都有其独立的来源。反问构式"什么X"的描述性与引述性用法来源就不相同。描述性反问构式"什么X"有两个来源：一个是宋代判断反问构式"S＋是＋甚麽＋O"，该构式经过减缩形成元代的反问句"甚麽X"；一个是唐代的"何物＋X指人（竟/敢）VP"构式，明代将指人名词扩展到指物且将VP前面的停顿取消。明代该构式发展为"甚么X（，）（竟/敢）VP"。清代，两股来源的构式合流：一方面越来越多的用例"什么X"脱离VP而独立，另一方面，"什么X"与VP之间也不再有主谓关系，逐渐融合。另外，也经历了分流与调整，像"什么大不了的事"分流到反问判断构式，"什么稀奇"分流到"有什么X（的）"构式，从而形成了描述性反问构式"什么X"现代汉语中的面貌。引述性反问构式"什么X"除了一小部分来自五代时期的反问判断构式"S＋是＋什摩＋O"外，主体部分来自五代的述宾构式"说什摩X"。"说什摩X"脱落动词"说"就变成了元代的"甚麽X"。元代8例"X"都是引用熟语俗语，因为是引用听说双方熟知的熟语俗语，所以，"说"成为冗余信息，这样就自然容易略去。这符合江蓝生（2016）所概括的语义羡余是语法化的充分条件的观点。如"却（说）甚么一夜夫妻百夜恩，唬了我三魂。"（《全元曲》）其他的如C式合格性否定、A式命题真值否定、F式适宜条件否定都仅有零星用例。

"什么XZYZ（的）"构式来源于五代"说什摩XZYZ"构式，该构式省略言说动词"说"就形成了明代偏正反问构式"甚么XZYZ"。其证据就是明代"甚么XZYZ"构式的最早语例都是I式和F式，I式直接否定言语行为，F式否定言辞的适宜条件。"说什摩XZYZ"构式在明代又扩展出"管甚么XZYZ"和"分甚么XZYZ"两构式，清代扩展出"知道什么XZYZ"构式，这些构式省略前面的动词就形成了清代"什么XYZ（的）"构式G、K、J三式。

"什么X不X（的）"构式来源于南宋"说甚么X与￢X"。"说甚么X与￢X"在南宋凝缩为"说甚么X不X"构式，该构式省略言说动词"说"就形成了明代的反问构式"甚么X不X"I和F两式。"说甚么X不X"构式在明代又经历词汇替换类推出"管甚么X不X""有甚么X不X"两式，它们省略前面的动词"管"和"有"就变成了清代"甚么X不X（的）"构式的G式和H式。

上面关于引述性偏正反问构式家族承继关系网络的描述可以概括为下图1-10。

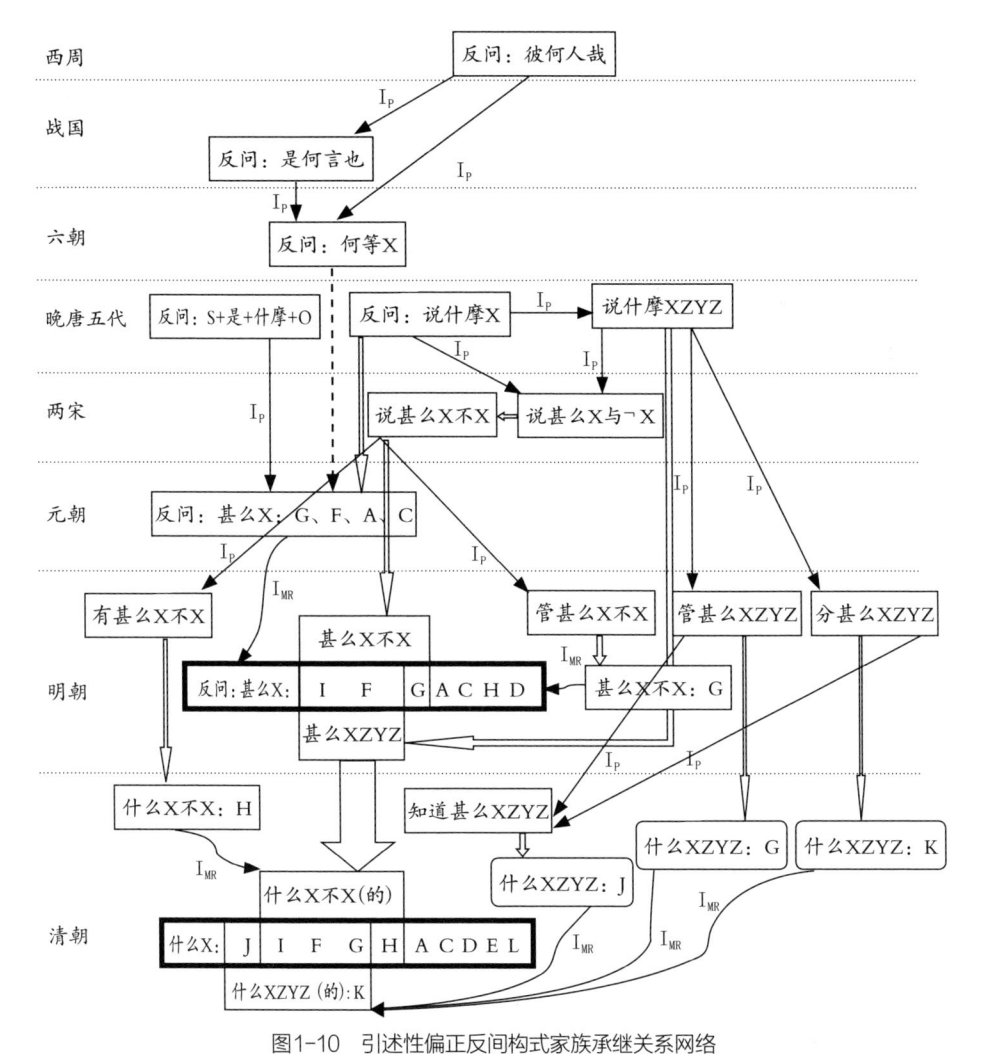

图1-10 引述性偏正反问构式家族承继关系网络

## (二) 构式内部的多义联接

顾鸣镝(2012)认为同一构式内部不是同质的，内部可能存在渐变性的差异。皇甫素飞(2015)将内部承继分为两种情况：一构多义和构式变体。本章所探究的三个构式内部承继主要为一构多义，反映在联接方式上应为多义联接。Goldgerg(1995:75)多义联接描述构式的某个特定意义和由该意义扩展出来的任何意义之间的语义关系的性质。构式内部的承继联接是以核心语义为基础的多义扩展。我们以"什么X"构式内部的多义联接为例，见下图1-11：

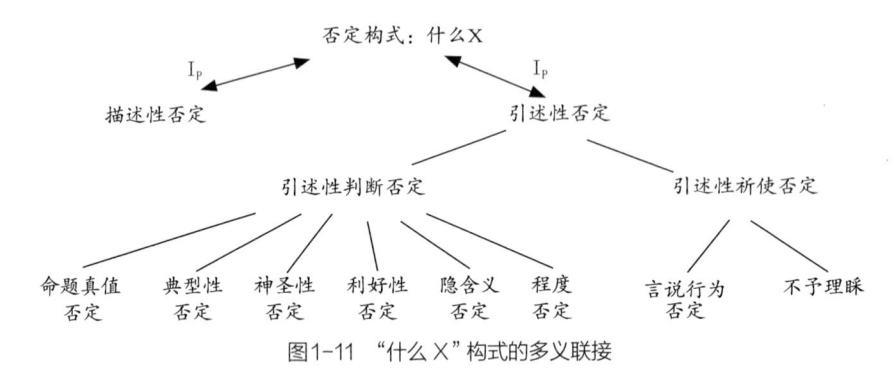

图1-11 "什么X"构式的多义联接

上图双箭头表示形式意义对，直线表示整体与部分间的关系。"什么X"构式为多义构式，其核心意义为否定义，以变量"X"是否为引语源，扩展为描述性否定和引述性否定。引述性否定根据引语"X"所展示的对象扩展为引述性判断否定和引述性祈使否定。"什么X"构式在引述性祈使否定中表现为言行否定；而引述性判断否定因语境的不同及言者的交际目的，表现为不同的具体否定义。依据同样的方法，可得"什么X不X(的)"与"什么XZYZ(的)"构式的多义联接。如下图1-12：

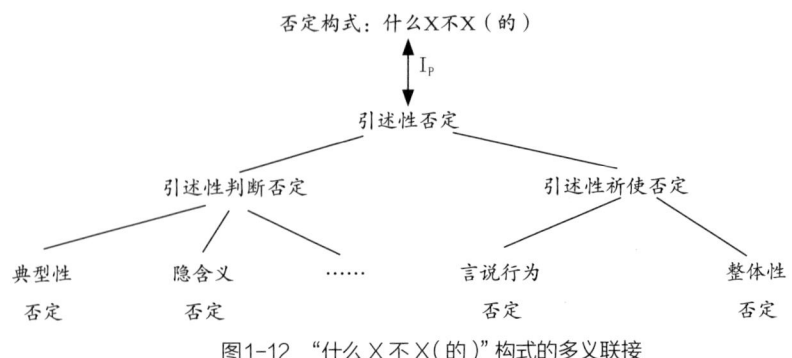

图1-12 "什么X不X(的)"构式的多义联接

图1-13 "什么XZYZ(的)"构式的多义联接

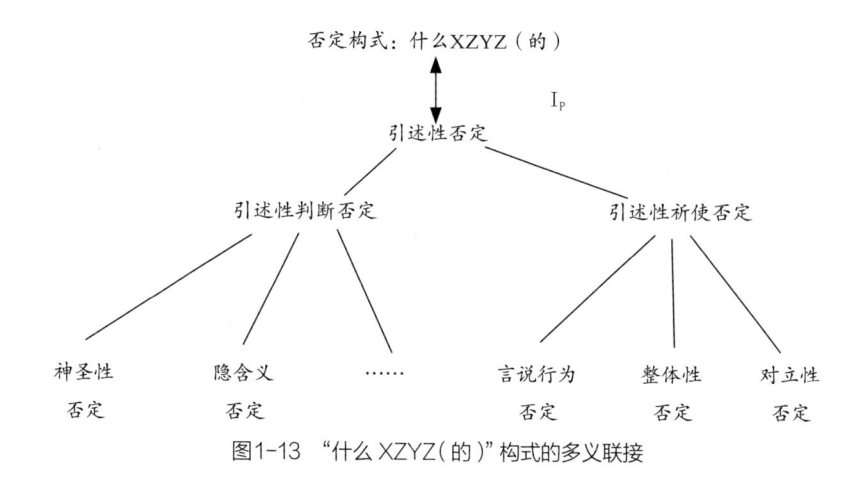

图1-12与图1-13中都含有"……"表示"什么X不X(的)""什么XZYZ(的)"构式在引述性判断否定中可能还具有其他类型的否定含义。

# 第二章 "什么"反问判断构式"S + Vj + 什么 + O"

汉语中有一种常见的"S + Vj + 什么 + O"结构的口语句式，如：

(1) 如果男的连饭都不能请女人吃的话，这算什么男人。
(2) 不因地制宜叫什么联系实际？
(3) 考勤是一种职业状态的需要，客户觉得九点钟该上班了，打电话三次没人接，他就会觉得："这是什么公司！真不专业。"

与对宾语的属性、种类提问的常规特指疑问句不同，这类句子不表示询问，而是表达否定性语义。如(1)中"这算什么男人？"是言者对连饭都不请女人吃的男人的合标准性的否定，言外之意是这样的男人不是有格调的男人，没有男人应该具有的绅士风度，否定其内涵义。整个结构的意义和功能无法从其表层结构中推导出来，体现了构式在语义和语用功能上的不可预测性，根据 Goldberg(1995：4)对构式的定义，我们有理由认为表示否定判断的"S + Vj + 什么 + O"是一个构式，称为"'什么'反问判断构式"，有时简称为"反问判断构式"或"否定判断构式"。如无特殊说明，本书所说的"反问判断构式"或"否定判断构式"都指的是"'什么'反问判断构式"。其中 S 表示主语论元，Vj 代表判断动词，O 为宾语中心语。

目前学界对这一构式的专题研究，仅毕光伟(2011)一项。该文探讨了该构式的构式属性及其构式义，认为该构式的三种表现形式"(S) + Vj + 什么 + O""S + Vj(算) + 什么""什么 + O"是一个构式，具有相同的构式义；分析了构式中的各个论元及论元之间的关系，并探讨了影响构式义的内部构件特征和外部语境因素。但是，毕文对构式中的主语和宾语在句法语义特征方面的特殊表现没有进行充分的考察，对构式允准的判断动词的类别与特性没有进行深入分析，构式义的概括也不够全面，缺乏对构式使用场合的语用分析。目前的研究停留在共时描写上，尚未涉及承继关系和构式演变。

# 第一节 "什么"反问判断构式解析

## 一、构件特征

我们依据认知语言学"所见即所得"的理念，从实际语料中归纳构式中的 S、Vj、O 各自的特征。

### （一）S 的特征

我们在 CCL 语料库、BCC 语料库、课题组自建语料库中检索符合判断反问构式"S＋Vj＋什么＋O"的语例，逐条甄别，得出有效用例共计 1804 条。其中，由于 CCL 语料库中"是什么"的现代汉语原始语料样本过大，共计 33352 条，我们从中挑选出前一万条进行逐条筛选。我们从语料中归纳出该构式中主语的各种类型，详见下表 2-1。

表 2-1 "S＋Vj＋什么＋O"构式中 S 的类型

| S 的种类 | 例词 | 数量 | 占比 |
| --- | --- | --- | --- |
| 指示代词/指代短语 | 这 627[1]、那 99、的字短语＋指示代词 23、这＋NP | 762 | 42.2% |
| 人称代词 | 你 112、我、我们、咱们等 | 237 | 13.1% |
| 人称代词＋指示代词 | 你这 3、你们这、我这、我们这、您这 | 62 | 3.4% |
| 名词短语 | 企业、新闻机构、校医 | 313 | 17.4% |
| 动词短语 | 修修补补、计较这些东西 | 147 | 8.2% |
| 形容词 | 苦、寂寞、穷 | 9 | 0.5% |
| 小句/短语 | 我们困守在这里，叫什么万全！<br>背后嘀嘀咕咕算什么本事！ | 146 | 8.1% |
| 缺省主语 | 关键时刻冲不上去，还算什么党员、老兵？ | 128 | 7.1% |
| 合计 | | 1804 | 100% |

注：(1) 数字表示该成分在 1804 例中的出现频次。

**1. 指示代词和由指示代词构成的短语**

这一类多达 762 条，占总数 1804 的 42.2%。其中，近指代词"这"627 条，占比 34.8%，为远指代词"那"的 6.3 倍。如：

(1)你们中国政府居然宣战杀大使，攻打外国使馆，这叫什么皇室？
(2)爬山，那叫什么组织生活？我们读的是批宋江的文章啊……
(3)蒋爷暗道："这小子是什么东西！怎么这等的酸！"
(4)你自己认认你写的这叫什么字？你写的这是汉文还是阿拉伯文？

近指代词"这"一般用来指代前文中对话双方所在谈论的对象。如例(1)中主语"这"指代前文中具有"宣战杀大使，攻打外国使者"等不当行为的"中国政府"。而具有这种行为的皇室不是言者理想化模型中的皇室，引发联军说出判断反问构式"这叫什么皇室？"，认为这不能称之为皇室，表达对皇室行为的不满。因为这一构式多用于面对面互动交际，所以多用近指代词"这"增加现场感。我们同意方梅（2002）的观点，"这"和"那"相比，"这"具有较强的言谈连贯功能，比"那"更容易表现"相关性"。而且，"这"的定指化功能较强。"这"的言谈连贯功能，以及"这"在保持话题连续性的作用上都比"那"强。另外，我们发现"的字短语+指示代词"在该构式中作主语的情况，只出现在判断动词由"是"和"叫"充当的句子中。方梅（2002）指出，"指示词+名词"组合中，所指对象存在于言谈现场、或者存在于谈话所述事件的情景当中时，指示词的作用是引入一个新的谈论对象。如（3）的指示词"这"位于名词前不是用作指别，而是用来引入谈论对象"小子"。

2.人称代词

该构式中的人称代词包括第一人称代词"我、我们、咱们"，第二人称代词"你、您、你们"及第三人称代词"他、她、它、她们"。例如：

(5)你畏刀避剑怕死贪生，你算什么英雄？
(6)此祸由我一人所起，现在大少寨主被擒，万寿灯也被镖行之人盗走，眼见萧金台大势将去，我秦义龙若此时一走，我叫什么朋友？

另外还有几例人称代词"你"与对方的名字连用充当主语的情况。例如：

(7)看到她那不可一世的样子，许光达气就不打一处来：在老帅们面前，你江青算什么东西，跑到中央工作会议上教训人？
(8)她把筷子往桌上一拍，你也不拿个镜子照照，你颂莲在陈家算什么东西？

吕叔湘（1999：417）提到，"你"用在对方的名字或表示对方身份的名词前或后时带有感情色彩。上面两例中，在"江青"和"颂莲"前面加上第二人称代词"你"使得言者对所提到的人物轻蔑、不满的主观感情表达得更加强烈。

**3. 人称代词＋指示代词**

这一类包括"你这""你们这""我这""我们这""您这"等。其中"你"修饰"这"作主语的数量最多，共有44例。如：

（9）刘洞答应："是这么回事，弟子看这人衣衫褴褛，十分穷困……"还没等刘洞说完话，雷老师就接上茬儿道："你这叫什么话，以貌取人，失之子羽。"

（10）他方才说了两句，尚未说完，李松剔起眼睛，向张印、申徒建厉声大喝道："卖国求荣的奸贼，快少开口。"张印被他一骂，只气得三光透顶，暴跳如雷，亦破口骂道："你这狗头是什么东西，擅敢泼口伤人。朝廷大事，自有公论，何用你这膳夫干预？羞也不羞？"

例（9）"你这叫什么话"层次构造是怎样的？"你"是主语，还是"这"是主语，还是"你这"是主语？我们赞同"你这"是主语。那么，"你这"是什么语法关系？是偏正还是同位还是什么其他的关系？如果是偏正关系，那么为什么"你"与"这"之间不能插入偏正关系的标记"的"？如果是同位关系，为什么删除"这"变成"你是什么话？"，要么句子不能成立，要么句意发生很大变化？这里的"这"究竟是什么性质、什么功能？方梅（2016）论述了"这"的修饰语关联标记用法，认为"他这心里头""你这亲爹"中的"这"和修饰语"的"的不同："这"连接的名词短语要求所指对象具有"当下性"，或存在于上文语境，或存在于言谈现场；而用"的"没有这个限制。也就是说，与真正的修饰语"的"不同，指示词的这种用法保留了其基本的空间指示意义，不能用于非现场性对象。同样的，"你这叫什么话"中的"这"所指的是存在于言谈现场中言者的言语行为，具有空间指示的功能，而且不能被相应的双音节形式替代："你这个叫什么话"。语料中呈现的只有"你这叫什么话"而没有"你那叫什么话"，也是因为"那"指称的是非现场性对象。Lyons（1975）认为英语指示词语义功能的本质是指引或劝诱听者将注意力转向某个特定的空间，以在其中某个位置找出指示对象。木村英树（2018：32-64）探讨了指示词的指示和定位功能：指示词的本质是确定客体的空间位置。由空间指示发展出话语指示，指示词"这"可以指示刚刚说过的话，这是隐喻。木村英树（2018：46-47）将指示词"那"的功能看作与方位词等同，将"他那一本书"看作与"桌子上面一本书"同构。"那"与方位词一样都潜在地具有前接、后系功能。"他那"可以理解为是由"那"发挥前接功能与前面的"他"结合的产物，是一个相当于指示词的短语。这一结构同时作为一个整体修饰后面的"一本书"时,我们便得到一个"他那一本书"这样的表层结构形式。原本自身不具备定语功能的"他"在"那"的整合下变得可以参与定语修饰。"那"的这种磁力线般的前接功能很强大,自然不需要"的"的出场。我们同意木村英树的基本观点,即指示词"这、那"其语义是空间定位,具有方位词功能,可以与其前面的人称代词组合,作为一个整体充当主语。但是我们不同意他将"他那一本书"看作与"桌子上面一本书"同构,因为前者是偏正结构,后者是主谓结构。我们也不认同"他那"为修饰关系的偏正结构,我们同意"他那"为方位结构的指示词短语,"那"附加于"他",犹如方位词附加于其前的成分不需要"的"一样,如"黑板上"不说"黑板的上"。因此,我们认为"这"的句法功能犹如方位词附加在"你"后面。因此,"这"不能删除,"你这"中间也不能有"的"就获得了解释。但是,与"他那一本书"不同的是,"你这叫什么话"中的"你这"看作指示词短语仍有不妥,因为作为指示词短语,"这"附着在"你"后面,就如同"黑板上"的"上"附着在"黑板"一样。附着成分一般都是轻读的,不带重音,但是"这"并不轻读。附着成分一般意义都虚化、抽象,但是"这"指刚才对方所说的话,意思比较实在。我们认为"你这"中的"这"为直指用法,指代话语,把所指话语和所处的认知场景联系起来,增加现场感,是直指入场元素。这一观点可用 Langacker 的认知入场(cognitive grounding)理论解释。Langacker(2008:259)指出,使用在认知语言学中术语"入场"指言语事件、其参与者(言者和听者)、他们之间的互动以及当前的环境(主要是说话的时间和地点)。认知入场是让作为符号系统的自然语言和现实的认知场景相联系的过程。达成认知入场必须依赖语法上的入场元素,标示型概念和认知场景中某实体的关系,把听者的注意力指引到言者所意指(intended referent)的实例(token/instance)上。(完权2012)在"你这叫什么话"中,言者使用直指策略,用身势语的言语对应物指示词"这"来引导入场,把"这"直指的上文提到的言语行为在认知场景中实例化。从而把听者的注意力指引到当下语境中的目标体"话"上。如:

(11)段莉娜指着康伟业的心说:"康伟业啊康伟业,如果你将来真的做发了,千万不要忘了家庭和老婆啊!千万不要乱搞女人啊。如果你搞了,我就与你同归于尽。"康伟业说:"<u>你这是什么话?</u>简直是侮辱人!当我是小流氓?十年的夫妻你还不了解我?"

"你这是什么话?"中的"这"直指入场,把听者的注意力指引到当前话语空间中要带入认知场景的目标体,即听者前面所说的"话"上。

### 4.名词短语

名词短语作主语是常规现象,用例较多,有313条,占比17.4%。如:

（12）如果我们把精力花在这些事情上,<u>企业还叫什么企业</u>。

（13）在一个美国人看来,<u>一个不能独立于政府的新闻机构还能算什么新闻机构</u>?这简直是一种耻辱的象征。

构式主语还由动词短语、形容词短语、小句充任,也可以缺省,但占比都不高,如:

（14）志新:明天总经理让我在北京请一个客户吃饭。
傅老:哦,<u>吃饭算什么任务啊</u>?
志新:什么任务?非常艰巨的任务,他让我必须要在一顿饭中花三千块钱!(《我爱我家》)

（15）<u>苦算什么</u>,浪花已将它卷走;<u>寂寞算什么</u>,它已随风逝去。

（16）老胡妻子:嗳,我是不是起晚了?嗨,我说就跟这边儿忍一宿算了非押我回去……
老胡:<u>一个女人夜里不回家在这儿忍一宿像什么话嘛</u>,……(《我爱我家》)

（17）包爷道:"老太师,为何将这位王爷拿着?"庞太师道:"<u>是什么王爷</u>,乃是一名逃兵狄青,冒穿王爷服式,假冒王爷。如今将他拿下定罪。"

另有两例"这+VP"充当主语的情况值得注意:

（18）一个女人家屈枉她别的还好受,<u>这养汉是什么事</u>,怎不叫人着急!

（19）昨日陈哥进了学,他出了人情,还自家又另贺。<u>这失节了是什么道理</u>?

有时"这""那""这些""那些"并不用来表示指示,而是作为引出一个名称的冠词。上述两例中的"这+VP"用作通指,充当主语的动词发生了名物化,整个动词短语指某一类现象,而不指示语境中或言谈现场中的具体个体。方梅(2002)认为指示词有弱化谓词标记这一功能,认为"指示词+动词"构成的弱化谓词短语用在句首作话题,指称上文中叙述的某种行为或某个事件。这个短语中的"这"不能换成"这个"。从意义上看,主语位置上的动词已经由"行为范畴"转入到了"事物范畴";从形式上看,主语位置上的动词受指示代词"这"的修饰,被赋予了名词的语法特点。

### (二) Vj 的构件特征与相应的下位构式

毕光伟(2011)指出"S+Vj+什么+O"构式中的Vj主要是"算、是、叫"三个判断动词。我们发现能够进入这一构式的还有判断词"像"[1]，还有"称得上""算得上""算得了""算是"等。其中"算得上、算得了、算是"我们看作是"算"的变体，"称得上"看作"叫"的变体。语料显示"算"是这个构式中的优势判断动词，使用频率远高于"是"和"叫"，而"是"和"叫"则较为接近。具体统计数据如下表2-2：

**表2-2 反问判断构式中 V$_j$ 的类型及数量**

| 形式 | 数量 | 占比 |
| --- | --- | --- |
| "S+算+什么+O" | 1124 | 62.3% |
| "S+是+什么+O" | 311 | 17.1% |
| "S+叫+什么+O" | 309 | 17.1% |
| "S+像+什么+O" | 48 | 2.7% |
| "S+称得上+什么+O" | 12 | 0.67% |

毕光伟（2011）的统计也是"算"的允准度最高（如表2-3）：

**表2-3 反问判断构式中动词的数量及频率（引自毕光伟（2011））**

| 判断动词 | 数量 | 出现百分比 |
| --- | --- | --- |
| 算 | 740 | 52.59% |
| 是 | 351 | 24.95% |
| 叫 | 316 | 22.46% |

为什么该构式的判断动词对"算"的允准度最高呢？张全真（2005）把"算"称为"评议动词"，"算"从"计算"义发展出表示对事物性质范围及事情发展态势的推测判断，表达言者对某事或某人的看法。从"推算"和"判定"义发展过来的这一特征，使得"算"在表示判断的时候相比于"是"带有不确定、委婉的语气。李韵、杨文全（2007）认为言者在用"算"进行判断的时候，存在一种"事物在客观上不具有某种属性"的预设，这一预设使"算"在表示判断时趋于委婉。可见，正是"算"的这种语义上的判断不确定性和语用上的弱化委婉语气，顺应了言者在表示否定判断时的主观性。

除"算、是、叫"外，"像"的例子如下：

（20）我平时要求别人不受礼，关键时候，自己却做不到，<u>那像什么话？</u>（BCC）

---

[1] 宋玉柱（1984）指出了作为动词的"象（像）"的准判断词性。

（21）丈夫出门在外，<u>一大早让一个毛头小伙子送回家像什么样子呢</u>？（BCC）

"像什么"后面的 O 通常是"样子、话"，构成实体性构式"像什么话""像什么样子"，意为"不像话""不像样子"，表达言者对对话中 S 所指称的行为条件 q 的主观否定态度。当行为 q 不符合言者心中、或者社会约定俗成的行为规范时，言者使用该构式对这一行为表示不赞同。如（20）中 S 指称的行为条件 q 是"平时要求别人不受礼，关键时候，自己却做不到"，这一行为在言者心中是不应该的、不正确的，因此言者发出"那像什么话"来否定这一行为的合理性。

判断动词不同，构式义会有细微差别。我们认为，"S＋Vj＋什么＋O"是处于高层的图式性较强的反问判断构式，是对"S＋算＋什么＋O""S＋是＋什么＋O""S＋叫＋什么＋O""什么＋O"等较为具体的构式抽象概括而得到的。这样，"S＋Vj＋什么＋O"图式构式有四个下位构式，分别是："S＋是＋什么＋O""S＋算＋什么＋O""S＋叫＋什么＋O""什么＋O"。这些下位构式也具有图式性。其中"什么＋O"上一章专题讨论，此处从略。

1. S＋算＋什么＋O

通过观察语料可知，该构式承继了归类图式"S 算 O"：将 S 归入 O 中，O 为一个集合。据《现代汉语词典》（第七版611页），"集合"数学上指若干具有共同属性的事物的总体。构成集合的对象称为元素，即 A∈O。该下位构式的意义是 S 不能算作集合 O 的成员。如：

（22）A：听说小明最近又发表一篇论文，真是学霸啊。
　　　B：<u>他算什么学霸</u>？你不知道吗？那是别人帮他写的。（自拟）
（23）一位当年的红卫兵，对着"四大天王"的名字，轻蔑地撇撇嘴说："<u>这算是什么偶像</u>？！"
（24）如果我不派我的儿子去，而别人又人人都像我一样，自己有儿子也不派他去上战场，先派别人的儿子去上前线打仗，<u>这还算是什么领导人呢</u>？

例（22）（23）意思是他不能归入"学霸""偶像"这个集合中。但是，（24）意思并不是"我"不能归入"领导人"中，当然还是领导人，只是不能归入合格的领导人。

2. S＋是＋什么＋O

汉语中最古老、最典型的判断动词是"是"，"是"判断句主要表示等同或类属关系。反问判断构式"S＋是＋什么＋O"表示否定判断，大致相当于"S 不是什么 O"，如：

（25）傅老：还批评他们呢，<u>你以为你是什么好人呐？</u>
小桂：……俺还真以为自己是好人呢……（《我爱我家》）

### 3. S＋叫＋什么＋O

汉语里动词"叫"有一个义项"称为"，这是一种重要的功能即命名功能。我们认为"S＋叫＋什么＋O"构式承继了命名图式"S 称为 O"。该反问判断构式的意义大致相当于"S 不能被叫作 O""S 称不上是 O"，把 S 的价值和影响极小化。如：

（26）志国：爸，进了！
老傅：进了，很正常嘛，足球比赛，要是老踢不进球去，<u>那叫什么足球比赛呀，</u>那不就成了——长跑了嘛。现在，到底谁输谁赢啊？（《我爱我家》）
（27）"看你倒是条血性汉子，如果燕某没有走眼的话，你就是豫南神拳门的'百步神拳'马骏空，是也不是？"马大哥惨然苦笑道："马某已全盘尽输，<u>还称得上什么'百步神拳'？</u>真是笑话……"（BCC）

## （三）O 的特征

充当 O 的成分有 NP、VP、AP，有时也会出现空位。其中 NP 共有 791 条，VP 有 38 条，AP 有 24 条，合计 853 条。我们参考采用较为严格的逻辑划分，将现代汉语的名词首先分为指人名词和事物名词两大类。指人名词是对人所属身份的称谓，根据感情色彩分为三种：中性、敬称（褒义）、恶称（贬义）。中性称谓又进一步分为关系、官职、职业、性别、其他等称谓类型。事物名词分为具体名词和抽象名词两类。具体事物又分为日常事物、机构名称、人类活动。王珏（2001：140-152）把抽象名词分为知识领域、度量、消息、策略方法、疾病、程度、情感态度等 7 类。反问判断构式中没有发现度量和疾病类抽象名词。程度类抽象名词可以与"有无"类和"逆顺"类动词结合并充当受事宾语，能够进入"程度副词＋有＋程度义名词"格式，如：才能、学问、本事、交情、样子等。据此分类标准，我们对 853 条构例宾语的性质和语义类型做了详细的统计，制作成"反问判断构式宾语的性质和语义类型统计表"，见附录一。

充当该构式宾语的 NP 很有特点，主要是抽象名词和身份类称谓名词，专有名词、处所名词、时间名词几乎都很少出现。下面重点阐述出现频率比较高的几类词进入构式后对构式意义的影响。

### 1. 身份类称谓名词

语料显示，进入宾语中心语位置的称谓名词均表示人物所属身份。主要包括表示人物关系、官职、职业、性别、褒义身份的敬称名词、表贬义身份的恶称名词以及其他称谓名词。

一是关系称谓。

（28）"好吧，"丹那迪恩说，"要说起来，还真有。几年前你巡访了地球上的各个部落；人们提议你再对十六个宇宙的各种主要文明做一次考察。许多政府和国家想给你授予勋章。"乔尼发火了，"我告诉你们的，要休一年假！你难道不知道我还是丈夫和父亲？要是我儿子长大后像个未开化的野人，<u>我还算什么父亲？</u>"（《地球杀场》）

为更深入地分析哪些语义类型容易被构式允准，我们结合生成词库论中物性结构的描写框架，采用袁毓林（2013）定义的十种物性角色（形式、构成、功用、施成、单位、评价、材料、行为、处置、定位），对 O 做具体分析。"父亲"的物性角色为：

形式 FOR：亲属关系称谓；

构成 CON：人、男人、被称呼人是称呼人的直系长辈；

行为 ACT：照顾孩子、养育孩子、教育孩子、陪伴孩子等。

由此可见，在理想化认知模型下，父亲的行为角色包括照顾、养育、陪伴小孩。所以当乔尼以为丹那迪恩要求他继续考察各地文明时，他意识到这样将无法承担起照顾、养育和陪伴孩子的责任，不符合理想化认知模型下的"父亲"行为角色，"我还算什么父亲？"不否定真值，否定的是其作为父亲的合标准性。本书第一章将反问构式"什么 X"的意义解读为：A 式：真值否定；B 式：合宜性否定；C 式：合格性否定……L 式：程度否定等多种意义。以此观照，此例应该属于 C 式。

二是职业称谓。

（29）山西省永济县文学乡东久学村 9 岁男孩杨泽患了血小板减少症，父亲和爷爷听当地电台报道了高大夫长于用中医治疗此病的消息后，来找高大夫救治。在场的熟人担心会有风险，暗地里劝高大夫不要收治，高大夫却说："<u>见死不救还算什么医生！</u>"

"医生"的物性角色包括：

形式 FOR：人、身份、职业；

功用 TEL：治疗疾病；

行为 ACT：治病、照顾病人、救死扶伤等。

"见死不救"不符合人们对医生的理想化认知，不符合其"救死扶伤"的行为角色，此例同样不否定真值，而否定其合标准性，也属于 C 式。

三是敬称名词。

（30）"这把牌本来要赢的，真倒霉！"在远远的地方，他俩听到六弦琴愤怒地蓬地一声中断了，一个稚嫩的声音说："欺负盲人，<u>算什么英雄？</u>"

"英雄"的行为角色有"行侠仗义、保家卫国、舍己为人"等，评价角色包括"好、英勇、善良、杰出、伟大"。而"欺负盲人"这一行为显然不符合"英雄"的行为角色。言者使用该构式，表达对"欺负盲人"这一行为的负面评价，并否定行为主体 S 与宾语中心语"英雄"之间的等同或类属关系，为真值否定，属于 A 式。

四是恶称名词。

（31）他爸在外面喜欢上的人，活活地就让你给撵出去，<u>你算是什么东西？</u>你一不是娶来的，二不是买来的，你怎么就敢私做主张，把个要进门的人挤出了家门？

（32）米开朗琪罗先从鼻子里哼出几声，然后故意挑高调门说："<u>十四行诗算什么玩意儿</u>，您没发表过只不过是因为您懒得发表罢了！谁不知道您是个全面的天才……"

这类恶称名词通常表示言者对主语 S 的鄙夷、轻蔑和不满等主观否定态度。其中"东西""玩意儿"具有很高的例频率，是从古代一直沿用至今的实体构式，具有较强的俗语性。属于 B 式：S 是不合宜的 O。

综上，哪些身份名词可以被这个构式允准？哪些身份名词不大能被这个构式允准？可接受度有什么区别？统计发现，从出现频率看，"东西、玩意儿"这类使得构式具有相当俗语性的恶称名词出现频率最高，表示对人的轻蔑。除此之外的恶称名词较少出现，且多是由在名词前加上贬义修饰语构成。像"你算什么第三者/赌徒/造反派"一般情况下不说，只有在前文有引语源时，对方认为主语所指人物的语义量级达不到"第三者/赌徒/造反派"时才会使用该构式。出现频率排在第二位的是敬称名词，职业称谓和官职称谓次之。由此可见，该构式对具有褒义色彩的身份类名词允准度也较高，这类名词的身份显著度较强，可以代表一类人或者一类身份，并且在大众的认知中形成了理想化模型。中性色彩的身份类名词可接受度不高。例如,"你算什么模范?"要比"你算什么路人?"可接受度高得多。"你算什么农民工?"一般场合不能说,只有在下面语境下才会说:大家知道农民工政府给一大笔补助,许多人都争抢当农民工。有人说某人是农民工,就意味着他可以拿到补助。另一个人不认可,可能会说"他算什么农民工?"。这是引述性用法。这里可以看出使用该构式的限制条件:"农民工"必须是代表了某种好处的身份,大家都想得到。还有一种情况也会使用这个句子:社会上一般认为,农民工属于社会底层,一般都在工地上干脏活、累活。有一个人他虽然是农民工身份,但他在办公室工作,他也自称自己是农民工,这时有人就会说"你算什么农民工?"在这里,并不是农民工身份具有某种好处,而只是根据理想化认知模型给人的身份归类。因此,我们认为,该构式对形象显著度较高的、在大众认知中拥有理想化模型的身份类名词允准度较高,对形象显著度低、难以代表一类人、社会大众对之没有固定统一的认识的名词允准度较低,这类名词需要在有双方共知背景信息的语境中才可以使用。例如:

(33)甲:我也是咱们的组员,为什么小组聚会不叫我?

乙:小组作业从来不做,大家共同的任务也不分担,<u>你算什么组员?</u>(自拟)

上例中的"组员"形象显著度较低,一般不说。能够出现在上述语境中,是因为言者对本小组的成员有一定的规定、要求,当组员不符合这些规范时,才可使用该构式。这依旧是基于理想化认知模型对其身份合标准性的否定,属于 C 式。

**2. 抽象名词**

考察发现,当宾语中心语由抽象名词充任时主要表达以下几种否定:

B 式:否定 S 行为的合宜性。

此类构式不否定 O 的真值,否定的是隐含在 O 中的合宜性。表示对方的言行是不对的、不好的、不合理的。如:

(34)甲:把督办叫过来,督办往那儿一站,说:"娘,您老有啥话要说呀?"老太太说:"叫他们给我唱这个《罗成戏貂蝉》,唱得了唱不了也得唱,要是不唱把他们都枪毙喽!"

乙:嗐!<u>这叫什么行为?</u>

甲:人家势力大呀,督办的老太太谁惹得了哇。

(35)当差的走出去把门开了,早听得陈海秋的声音一路大叫进来道:"秋谷兄,怎么你到了上海不来看看我们朋友，却先去逛起园来，<u>这是什么道理？</u>"

(36) 唐太宗即位以后，把魏征提拔为谏议大夫（官名），还选用了一批建成、元吉手下的人做官。原来秦王府的官员都不服气，背后嘀咕说："我们跟着皇上多少年。现在皇上封官拜爵，反而让东宫、齐王府的人先沾了光，<u>这算什么规矩？</u>"

(37) 假如为了贪图物质享受，我早就去做姨太太少奶奶，也就不这样颠沛流离了。可是，<u>那叫什么生活！</u>没有灵魂的行尸走肉！

例(34)的 S 指称的行为是"要是不唱把他们都枪毙喽"，例(35)指称的行为是"你到了上海不来看朋友，却先去逛起园来"。在言者看来，这些行为都是不合理的。所谓"不合理"主要是不符合社会行为规范。因此，这类构式义可以概括为：某人的言论或动作行为不符合社会行为规范，言者使用该构式对对方的行为归类，或者拿相应的道理或规矩衡量对方的言行，表示对行为 q 的反对。例(37)中"贪图物质享受，做姨太太少奶奶"依然是一种生活，只是在言者看来，那种生活是不好、不合宜的。该式的 O 主要是标示人的行为、语言、生活、情感、态度、品行、作风、思想、道德、行为规范方面的名词：态度、作风、品行、样子、思想、规矩、服务、主意、日子、世道、王法、逻辑、意思、觉悟、办法、风气等。

此类中"这是/叫/成什么话"高达80例：

(38) 这也是歌词吗？"爸爸每天都上班吗/管得不严就不要去了/干了一辈子革命工作/也该歇歇啦"——<u>这是什么话！</u>

(39) 强盗要见你，得从万华跑到大安区你家厕所来才成，<u>这叫什么话！</u>

(40) 更多的中成药则由日本和韩国把持和控制着，<u>这成什么话呢？</u>

自古以来就存在下面这个实体构式：

[[这是什么话？] ←→ [否定对方话语的合理性]]

"事（儿）"充当构式中的 O 的频次高达69，也存在一个"这是/叫/成什么事"的实体构式，否定对方所做事情的合理性。这两个实体构式都有发展：在"这"前面添加"的"字结构，标明说这句话或做这件事的主体和动作。如：

(41) 媳妇，<u>你说的这是什么话？</u>咱家员外遭了此事，已是不幸……

(42) 呸！你真不要脸，<u>你办的这叫什么事！</u>

（43）老板拿出朱笛昨天交的企划案，"啪"的一声摔在桌子上："<u>你写的这是什么玩意儿？！</u>连客户的基本情况都没有搞清楚！还有这个地方、这个地方！这么写合适吗？啊？"

例（41）中"你说的"与"这"同指，都指"你说的话"，是复指短语作主语。我们可以从中抽象出一个半实体构式："人称代词＋V＋的＋这＋是/叫＋什么＋O"，其中人称代词多为"你"，可以"你"为代表；O是V的受事或结果。语义上，表达言者认为V的受事或结果O是不合宜的、不好、不对的。语用上，表达言者对V和N的斥责和不满。

[[你V的这是/叫什么O？]]⟷[否定对方言行的合理性]]

这一构式还有一个变体："V的"可以置于"这"之后，意思没什么变化：

（44）奶奶尤其震动，勃然变色。"<u>你这说的是什么话？</u>……"
（45）就为个毛孩子一句话。他懂什么呀！<u>你这发的是什么无名火？</u>
（46）说你不买豆腐也就罢了，买回来怎么还让它在塑料袋里变馊？<u>你这存的是什么心？</u>

上述构式中的Vj都可能省略，形成构式变体，如："你这话什么意思？""你这说的什么话？""你这画的什么画儿？"说是变体，是因为Vj可以还原上去，意思也没有什么变化。但是像下面这些句子不宜看作是上面构式的变体，因为不能在"什么"前面添加Vj：

（47）刘启田，<u>你这是搞的(*是/叫)什么名堂？</u>
（48）"老天爷呀！"女太太惊叫。"<u>我这是干的(*是/叫)什么事呀！</u>……"
（49）<u>你这是替我看的(*是/叫)什么房子！</u>

我们认为"V的什么O"是由反问构式"V什么O"演变来的反问述宾构式，与反问判断构式有联系但不能归入判断构式。

C式：否定S作为O的合格性。

言者认为S是不合格的O，不符合某种标准或资格。O多由知识领域类、策略方法类以及其他类抽象名词充当。如下例毛泽东有自己一套关于社会主义的观念，认为一个集体农庄的庄员手里有二百万就不能算是社会主义：

（50）众所周知，毛泽东有自己一套关于社会主义的观念。例如，当他得知有一位养蜂人费拉波特出于爱国主义热情，在卫国战争时期曾拿出200万卢布为前线制造战斗机时，他大为震动。"<u>这是什么社会主义</u>"，毛议论说，"一个集

· 91 ·

体农庄的庄员手里竟然有二百万？！"

（51）他离开重庆就又去了桂林，他主动邀亚若去隐山拜佛，他恳请亚若耐心小心地等待，<u>可是这算什么办法呢？</u>权宜之计都谈不上，他该怎么办？

（52）"……大家说，这苦该不该受呀？""该——""再苦也该！"<u>这算什么苦！</u>"

L式：否定S的程度或语义量级。

言者主观上认为S不足以称为O，否定的是S的足量性。这类构式里的O主要由程度类抽象名词充当：能耐、本领、本事、难事、大不了的事、搁不下的紧事、稀罕事、进步、打击、损失、考验、机会、任务等。如：

（53）人家是老板，人家生意忙，叫他做什么？掌珠的事我们商量就行了。<u>现在离婚算什么大事？</u>报纸上说现在北京人在街上见面了不再问吃了没有，而是问离了没有。

（54）陈奂生想，他和吴楚之间，其实也谈不上交情，不过认识罢了……细算起来，等于两顿米饭钱。<u>那还算什么交情呢！</u>说来说去，是吴书记做了官不曾忘记老百姓。

例（54）中陈奂生与吴楚之间的交情仅限于吴楚来他家吃过一顿饭，并给了孩子们一斤糖。陈奂生主观上认为，这点来往不足以称之为"交情"，谈不上"交情"。

**3.具体名词**

具体名词，无论是表示日常事物、机构名称还是人类活动，进入构式后整个构式都是C式否定S作为O的合格性：

（55）吃饭的时候，小女儿不肯下筷子，嘟囔着说："<u>爸爸做的这是什么饭，叫人吃草啊！</u>"客人笑着，反客为主地替她夹了些凉拌蒲公英，说："你尝尝吧，味道好极了。"

（56）不能手术，<u>算什么医院？</u>救不了人，<u>算什么医生？</u>

（57）天天屎尿布，<u>这是什么日子！</u>一天到晚不着家，<u>这是什么男人！这是什么家</u>，这根本就不是家！

（58）"这也是工作嘛……""<u>这算什么工作！</u>"

例（55），"饭"的构成角色包括：主食、蔬菜、汤等，功用角色：饱腹、提供营养等，施成角色：炒、煮、烧等。在"小女儿"看来"蒲公英"是草，不符合"饭"的构成角色。但是"凉拌蒲公英"已然符合"饭"的功用角色和施成角色，因此该构式并不否定真值。（56）"医院"的构成角色是：医生、护士、医疗设备、手术室、病房等，功用角色是：提供医疗服务，收容和治疗病人等。"不能手术"的医院，主要不符合功用角色。虽然没有达到一定的标准，但符合医院的构成角色，因此该构式不否定真值，而否定其合标准性。

**4. 谓词性结构**

谓词性成分充当 O，构式为 L 式：否定 S 的程度和语义量级：

（59）公开招聘农民工进企业开新车。这下子可捅了马蜂窝，工人骂老许是胳膊肘朝外拐，劳动部门查他违反了用工制度。老许却说："死水投石才起浪，<u>敲敲打打、修修补补还叫什么改革？</u>"

（60）圆圆：嗳，爷爷，当年哪钱人吃饭这么气派呐。
傅老：啊，问你奶奶，我们劳动人民家里谁见过这个（三仆人排队上菜）？
老胡妻子：<u>这算什么气派呀，</u>别说人家真有钱的，就是我们这中等人家呀，传膳的时候好几十人呢，隔着三道门一声接一声，那半个北京城都听的见。（《我爱我家》）

例（59）言者认为，敲敲打打、修修补补在革新的程度和力度上都不足以称为"改革"。（60）"老胡妻子"认为"三仆人排队上菜"还不够气派，称不上是"气派"。也有少量 C 义，如下面（61），言者认为这样做不符合"革命"的标准：

（61）把社会主义革命胜利的希望寄托在革命对象资产阶级身上，<u>这算什么革命！</u>

（62）搞命令还有什么群众路线？<u>不因地制宜叫什么联系实际？</u>

**5. 缺省宾语中心语 O**

该构式宾语中心语可以缺省，表现为"S＋算什么"：

（63）志国：爸，其实志新他们误会了。局里请您重新出山也不是安排您做什么具体工作，也就是撑撑舵，领领路，指指航程，要不他们心里没底儿。
傅老：还是志国眼光敏锐……不过我心里也没底儿啊。和平的意见呢？
和平：这……依我说，<u>总经理算什么，</u>您应该再兼个董事长才对。（《我爱我家》）

常玉钟（1993：191-192）收录"算什么"，解释为：认为某件事或某个问题不重要、无所谓，请对方不必看重；对某人某事表示轻蔑、贬低。可用于自谦。我们认为这是一个实体构式，言者主观贬低 S 的价值和量级，是由 L 义引申过来的：

[[S＋算什么]⟷[言者主观贬低S的价值、量级]]

其中的"算"还有变体"算得了""算得""算得上"：

（64）我为群众办点事，避免了一场恶性事故的发生，<u>自己受点罪、吃点苦算得了什么？</u>

（65）你的肉体么？<u>肉体对我算得什么？</u>腐烂在太阳光下，把野草喂得更肥的肉体……

（66）<u>这点快乐在新区算得上什么？</u>

从O的语义类型及其出现频率来看，可以将"S＋Vj＋什么＋O"分为"言语类实体性微观构式""身份类实体性微观构式""道理类实体性微观构式""事体类实体性微观构式"等多种微观构式。其中言语类构式包括"这叫什么话""你这是什么话""这像什么话"等实体构例，否定对方言论的正确性。身份类构式包括"你是什么共产党员""你算什么英雄"等实体构例，允准表人物身份的称谓名词，否定合标准性或者否定真值。道理类构式包括"这是什么道理""这是什么规矩"等实体构例，主要允准与行为规范相关的词语，否定现实行为或状况符合社会行为规范。事体类实体性微观构式包括"这是什么饭""这叫什么大餐"等实体构例，主要允准具体名词。

## 二、构式义

除了宾语O语义类型外，O是描述性的还是引述性的也对构式义有影响。

### 1.引述性判断反问构式

考察发现，引述条件下，"S＋Vj＋什么＋O"的构式主要表达A、C、F、L四种意义。其中A、C、L分别各举1例如下：

（1）志国：儿子女儿我都喜欢。这不国家号召只生一个孩子吗。
　　和平：那是对你们！对我们少数民族政策放宽！
　　志国：甭张嘴闭嘴少数民族的啊，<u>你算什么少数民族啊？</u>……（《我爱我家》）

（2）过去延年待她那么好，人死了，连孝也不戴，<u>那还算什么夫妻</u>，像话吗？

（3）玉芬走了进来，燕西果然让她坐着，还亲自敬茶。玉芬笑道："你突然规矩起来了，很好，你总算达到了目的，要出洋是到底出洋了。"燕西冷笑一声道："有钱，谁也可以出洋，<u>算什么稀奇？</u>又算得了什么目的？（张恨水《金粉世

家》）

F式：否定O的隐含义。词语在语境中会有隐含义。例如：

（4）"镇上一个女人都没啦？""谁说没有。"老太太似乎是不满地看了翻译官一眼，"我又不是男的。""你他娘的算什么女人。"翻译官骂了一声，转向指挥官说了一通。指挥官双眉紧皱，老太太皱巴巴的脸使他难以看上第二眼。

（5）一气之下，将笔高高地朝他们举起来，作灭顶状。一群孩子"哄"地一声散开了，蚂蚱似的，边跑边喊："下乡的，吃饭的！下乡吃饭的！"心里觉得一阵冤屈。别人是下乡吃饭的，可我又算什么吃饭的，连秘书都勉强召见。食堂那位管理员也极明白势利，待我临走，结算饭钱时，他着实狠狠地敲了我一竹杠。

（6）"你想想，她现在出名喽。""这算什么出名嘛？我宁愿因为得了诺贝尔奖而出名。""有人知道凶手为什么找上她吗？"

例（4）的"女人"显然不是指任何一位具备女性特征的人。结合语境，日军指挥官要找的"女人"其实是供他们发泄兽欲的年轻貌美女子，所以，老太婆不算"女人"。（5）在"下乡吃饭的"特殊年代，"吃饭的"隐含义是干部。（6）"出名"的色彩义是积极的、褒义的，"她"是因凶手找上她才"出名"，而不是因为什么好事而出名。因此，言者发出"这算什么出名"，表示"那不算出名"，否定的是隐含在"出名"中的积极色彩义。

**2.描述性判断反问构式**

描述条件下，"S＋Vj＋什么＋O"的构式主要表达A、B、C、L四种意义，各举1例如下：

（7）怕苦怕难，算什么男子汉？

（8）志新：索赔呀，噢，他们撞完您就白撞了，回头落一后遗症我们找谁去？
傅老：唉，对，叫他们索赔，撞了我连声对不起他们都不说，这是什么社会风气嘛。（《我爱我家》）

（9）如果拖拖拉拉，甚至还想向人民讨价还价，那等于使受害者加倍受害，使作恶者逍遥法外，那还算什么人民警察！

（10）我们这穷小子，哪配说给人帮忙，这好比水里飘着一根浮草，顺便让落下河的小虫儿，搭了这根草过河，算得了什么力量。

我们基于Traugott的四分构式层级系统（宏观构式、中观构式、微观构式、构例），将图式性较高的"S＋Vj＋什么＋O"看作宏观构式；根据有无引语源，分为中观构式：引述性否定和描述性否定。则上述A、B、C、D、

F、L 各类为微观构式。各类用频见下表2-4。

表2-4 "S＋Vj＋什么＋O"下位构式类型及数量统计表

| 中观构式 | 微观构式 | 数量 | | 占比 |
|---|---|---|---|---|
| 引述性否定 | L式：S不足以称之为O，否定S的语义量级 | 47 | 144 | 17% |
| | A式：S不是/不属于O | 45 | | |
| | C式：S是不合格的O | 30 | | |
| | F式：否定O的隐含义 | 22 | | |
| 描述性否定 | B式：S是不合宜的O | 387 | 709 | 83% |
| | C式：S是不合格的O | 210 | | |
| | A式：S不是/不属于O | 73 | | |
| | L式：S不足以称之为O，否定S的语义量级 | 39 | | |

我们把"S＋Vj＋什么＋O"的中观构式分为描述性判断反问构式和引述性判断反问构式。据此，我们根据"S＋Vj＋什么＋O"有无引语源以及微观构式的不同语义类型将"S＋Vj＋什么＋O"的构式层级构拟如下图2-1：

```
              S+Vj+什么+O ·················· 宏观
              /           \
       引述性否定         描述性否定 ········ 中观
          |                  |
       语义量级否定        合宜性否定 ········ 微观
       真值否定            合格性否定
       合格性否定          真值否定
       适宜条件否定        语义量级否定
```

图2-1 "S+Vj+什么+O"构式网络层级图

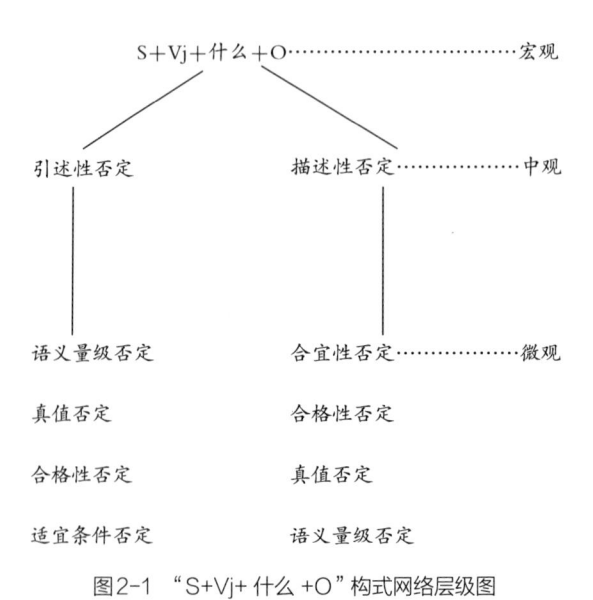

在上面分析的基础上，我们对"S＋Vj＋什么＋O"的构式义作如下概括：

> [[S＋Vj＋什么＋O] ⟷ [S所代表的言行或现象够不上O基于理想化认知模型的标准]]

这一构式义为"S＋Vj＋什么＋O"的所有构例共享("S＋算什么"除外)。

## 第二节 "S＋Vj＋什么＋O"的构式化、构式变化与承继关系网络

### 一、早期反问判断宾语前置构式"何X之为"

学界对判断动词和判断句已经做了大量的研究。关于古代汉语判断句的定义、类型及其产生时间,王力(1985〔1943〕:151)、吕叔湘(1982〔1944〕:54)、唐钰明(1993)、董德志(1994)、萧红(1999)、宋金兰(1999)、钱宗武、刘彦杰(1999)、洪波(2000)、肖瑜(2003)、朱明来(2005)等学界前贤均有探讨。综合各位前贤的研究,古汉语判断句分为无系词判断句和有系词判断句。其中无系词判断句主要包括:"也"字煞尾句、"主语+(者)+名词性谓语""主语+副词+谓语"等类型。有系词判断句包括:"是"字判断句、"为"字判断句、"主语+惟(唯、维)+名词性谓语""主语+乃+名词性谓语","主语+曰+名词性谓语"等。

学界公认的古汉语中的判断动词包括:是、乃、系。其中"是"学界普遍认为产生于两汉交界或战国末期,"乃"变为纯粹的系词是在唐以后。王力(1937)提出元代的诏令公文开始用"系"代替"是",唐钰明(2009)认为"系"演变为判断动词不晚于北宋初年。而下面这些词有人认为是判断动词,有人认为不是:①为:王力(1937)指出"为"字始终没有做过极纯粹的系词。郭锡良(1999:300)也指出,在大多数情况下,先秦时代的"为"字显然不是判断词,极少数句子中,"为"才和现代汉语的判断词"是"相当。不同的是,洪城(1957)认为先秦有不少名词句用"为"联系主语和表语,"为"和"是"一样是系词。杨树达(1984)、董希谦(1985)、杨伯峻、何乐士(2001:710)、吕叔湘(1984:62)、朱冠明(2008)也同意"为"的系词性。②惟(唯、维):王力(1937)、向熹(1986)、洪波(2000)把它归为表示判断语气的副词,段德森(1986)认为"维"是用在判断句的名谓前起判断解释

作用的助词,而杨树达(1984)、杨伯峻、何乐士(2001:709)、肖瑜(2003)则认为"惟"属于系词。③即:王力(1937)认为其系词性甚微,副词性甚重。杨树达(1984)、肖瑜(2003)等认为"即"也表述判断,属于连系词。④曰:管燮初(1953:36)认为,刻辞句子中的系词只见到一个"曰"字,即"东方曰析,风曰协"。

我们将以上学界公认的系词和系词身份尚存争议的词笼统称作"判断词"。我们确定判断词的标准是:句法结构上连系主语和宾语,语义上给事物命名、定性或者判定事物的异同。根据这个标准,判断词包括:是、为、即、乃、曰、系、惟(维、唯)。

我们将古代汉语事物疑问代词与本文的判断词搭配,在 CCL 古代汉语语料库中检索,对检索结果再进行一一甄别。春秋时期的"何 X 之为"是我们检索到的符合判断反问构式的早期形式。先秦时期的两种判断句式,一是无系词"也"字煞尾判断句,一是春秋时期出现的"为"字判断句。如:

(1)孝弟也者,<u>其为仁之本与?</u>(《论语·学而》)
(2)四体不勤,五谷不分。<u>孰为夫子?</u>(《论语·微子》)

殷国光(1985),杨伯峻、何乐士(2001:807)指出,西周时期汉语存在宾语前置的"宾助动"格式,在《诗经》和《尚书》中有明显反映。其中"O 是 V"和"O 之 V"春秋初年以后先后发生了构式化。① 当前置宾语出现疑问代词时,结构助词用"之",不用"是"(殷国光 1985),这样,就产生了"何 X 之 V"格式。李美妍(2010)提到,"何 X 之 VP"格式中动词以"有"最为常见,其次是"为"。"何 X 之为"《左传》7 例,《国语》4 例。如:

(3)今二子者,君生则纵其惑,死又益其侈,是弃君于恶也,<u>何臣之为?</u>(《左传·成公二年》)
(4)梁其跰曰:"货以藩身,子何爱焉?"叔孙曰:"诸侯之会,卫社稷也。我以货免,鲁必受师。是祸之也,<u>何卫之为?</u>……"(《左传·昭公元年》)

都是引述性用法。梁其跰说"货以藩身"(用财物贿赂可以保卫我们自己。"藩",保卫),叔孙说贿赂只会祸害鲁国,算得上什么"保卫"?动词"卫"是引述对方的言辞"藩"。其格式凝固,均以反问表否定,应为形-义配对的构式(表2-5)。

---

① 详情见第四章第二节。

表2-5 "何 X 之为"构式特征集

| 句法形式 | a. 主语：通常不出现<br>b. 判断动词：为<br>c. 宾语中心：名词、动词、形容词<br>d. 格式固定："何"做定语，结构助词只用"之"，动词只用"为" |
|---|---|
| 语义 | 以反问表示对对方判断的否定：言者不认同对方对某个事体属于某个类别（某个事物、行为、属性）的判断 |
| 语用 | 用于对话语境中，引语源是对方言论中的某个言辞，代表对方的判断。言者针对引语源提出反问，表示对这一判断的反驳；属于引述性否定 |

随着前置宾语向动词后移动，"何 X 之为"构式自战国始即衰落。CCL语料库中只检索到战国时期1例：

（5）子路曰："如此者，可谓穷矣！"孔子曰："是何言也！君子通于道之谓通，穷于道之谓穷。今丘抱仁义之道以遭乱世之患，其何穷之为？……"（《庄子·内篇》）

战国至隋朝"何 X 之为"一共仅有4例，其中有1例还是对《庄子》那1例的引用。战国末期出现"S 为何 N"格式：

（6）孔子问于守庙者曰："此为何器？"守庙者曰："此盖为宥坐之器。"（《荀子·宥坐》）

（7）右司马御座而与王隐曰："有鸟止南方之阜，三年不翅，不飞不鸣，嘿然无声，此为何名？"王曰："三年不翅，将以长羽翼；不飞不鸣，将以观民则。虽无飞，飞必冲天；虽无鸣，鸣必惊人。子释之，不谷知之矣。"（《韩非子·喻老》）

"S 为何 N"表询问，并非反问判断构式。不过"S 为何 N"的出现为后世反问判断句的发展提供了形式条件。但是由于"为"字除了担任判断动词外，还充当多种动词的角色，所以"为"字判断句在春秋战国时不作为主流判断句，使用频率不高。这也合理地解释了为何 CCL 语料库中战国时期只有3条"S 为何 N"用例。

综上，出现于春秋时期的"何 X 之为"是早期判断反问构式，但在战国时期就已衰落。战国末期出现的宾语后置的"S 为何 N"格式虽为后世的判断反问构式提供了形式条件，但它本身并不表示反问；并且，"为"本身也不是真正的判断动词。

## 二、反问判断实体性微观构式

在图式性反问判断构式"S＋Vj＋什么＋O"构式化之前,汉语中先后出现了数个反问判断实体性微观构式:言语类微观构式、身份类微观构式、道理类微观构式、事体类微观构式,下文分别简称为言语构式、身份构式、道理构式、事体构式。

### (一)言语构式:"是何言也"

学界普遍认为,判断动词"是"产生于公元前一世纪前后两汉交界之际,中古时期,系词句在口语里完全代替上古的判断句。(王力1980:353-354)五世纪以后的汉语判断句一定要求一个判断词连接主语宾语。(石毓智、李讷2001:13)也有不少学者认为系词"是"的产生时间早于两汉,开始于战国末期。(刘干先1992、唐钰明1993、林序达1979、陈宝勤1999、冯胜利、汪维辉2003、何亚南2004;等等)杨伯峻、何乐士(2001:714)认为"是"在战国后期已形成系词,而作为它用作系词的萌芽期,大约自周末春秋初期就已经开始了。唐钰明(1992)也认为西汉乃至战国已出现"是"字判断句,东汉的"是"字判断句已走向成熟。汪维辉(1998)推断,汉语系词"是"的普遍化使用不会晚于汉末。朱声琦(1986)论证早在《诗经》《左传》时代就产生了真正的判断词"是"。我们姑且采信郭锡良(1990:239)的保守说法:系词"是"在西汉时期(或战国末期)就已产生,六朝时期"是"字判断句在口语中取代了不用系词的旧形式。其产生的动因:一方面,由于"为"作为判断动词难以与作为表示"算作""作为"义的普通动词"为"区分开来,发展受到限制,古代判断句客观上存在着对专职判断词的要求,催生了判断词"是"的产生;另一方面,随着复指代词"是"的指示作用减轻,以及专职指示代词"此"对指代词"是"的取代,指代词"是"于战国末期虚化并演变为判断词,专职判断词"是"取代了自身具有缺陷的判断词"为"。王力(1980:354)分析其产生条件:先秦时代,主语后面往往用代词"是"复指,然后加上判断语。"是"经常处于主谓之间,这样就逐渐产生出系词的性质。战国末期出现的"NP＋是＋NP"判断句也就取代了春秋时期的"NP＋为＋NP"判断句和"也"字判断句,开始成为优势判断句。不过此时,判断词"是"与疑问代词"何"连用,多表询问:

(1)郑县人有得车轭者,而不知其名,问人曰:"此何种也?"对曰:"此车轭也。"

俄，又复得一，问人曰："此是何种也？"对曰："此车轭也。"（《韩非子·外储说左上》）

虽然判断动词"是"在战国末期已经产生，但是用到判断反问构式中却是很晚的事。战国末期，出现了一种常见的反问格式："是何言也"（反问：这是什么话？！），其中的"是"并不是判断动词，而仍然是指示代词。我们认为，"是何言也"在战国末期已经完成了构式化，是一个实体构式，称之为"言语类实体性构式"。其形义配对：

[[是何言也] ⟷ [否定对方话语的正确性]]

1. "是何言也"的构式化

下文从四个方面来论证"是何言也"在战国末期已经完成了构式化。

第一，组合性低。"是何言也"的整体语义难以从其组成成分中推导出来。例如：

（2）子贡问于孔子曰："君子之所以贵玉而贱珉者，何也？为夫玉之少而珉之多邪？"孔子曰："恶！赐，是何言也！夫君子岂多而贱之，少而贵之哉！夫玉者，君子比德焉……"（《荀子·法行》）

（3）燕人畔，王曰："吾甚惭于孟子。"陈贾曰："王无患焉，王自以为与周公孰仁且智？"王曰："恶！是何言也！"曰："周公使管叔监殷，管叔以殷畔。知而使之，是不仁也；不知而使之，是不智也。仁智，周公未之尽也，而况于王乎？贾请见而解之。"（《孟子·公孙丑下》）

例（2）孔子所说的"是何言也！"字面意思是问子贡说的是什么话，但是真正的含意是否定子贡话语的正确性，指责对方说的话不对。语料分析发现，战国时期这一格式所有语例都不是如字面所表示的询问对方所说话语内容，而是通过反问，表示对方言辞不正确、不合时宜，否定对方话语的正确性、合理性。这就出现了句法和语义之间的错配，导致形式或意义的某些方面不能从其构成成分或其他先前已有的构式中得到完全预测，符合Goldberg（1995：4）对构式的狭义定义。不可预测性是判定构式的充分条件。

第二，形式凝固。结构中的"是"为指示代词，同时代的同功能的指示代词有"此""斯""兹"等，但它们都不可以替换此处的"是"。疑问代词"何"也不可为同时代的其他疑问代词"曷""奚""胡"等所替换。"言"也不能被同义词"话""语"代替。结构中的语气词主要是"也"和"欤"，基本不能为其他语气词所替换。"也"比"欤"更常见,我们以"也"为代表。主语"是"与判断谓语之间不能插入其他成分。

第三,意义固定。战国末期"是何言也"10条用例都是以反问表达否定,语用意义都是否定对方话语内容的正确性或说话方式适宜性。

第四,例频率高。在CCL古代汉语语料库中检索"是何言"共得284条,逐条分析后得有效例句44条,而战国时期"是何言"的有效用例已有10条。晚唐五代以后"何"已经完全退出了口语交际,因此,查得的五代以后"何"的用例,多为引用古人或仿古使用。足以证明,"是何言也"在战国时期使用频率非常高。高例频率固化了实例本身。其运作机制是,实体构例在重复使用下成为常规组合符号,这个新的常规化符号单位为当时社会群体的语言使用者所共享,人们越多次感知这个新的符号单位,记忆就变得越深刻,也就越倾向于把它作为语块来提取和加工,一个新的微观构式(新的类型节点)就被创造出来。杨黎黎、汪国胜(2018)提出,频率的显著差别直接影响我们对一个结构是否可纳入构式及该构式是不是"典型构式"的判断。Goldberg(2006:64)指出,不可预测性是构式的充分条件,但并不是必要条件;来自心理语言学证据显示,有些格式,即使它们是另一些构式的完全规则的实例,因而是可预测的,只要它们具有足够高的使用频率,那么它们也是被作为构式储存的。

Schmid & Günther(2016)将语言现象中的频率跟认知系统中的显著和固化联系起来,提出词汇或表达式具有认知上的显著分为四种情况:①语境自由的固化引起的显著:符合长期记忆中知识储备的预期。多表现为成语、歇后语、谚语等,这些高频构式已经完全固化,它们的构式义能够脱离语境推导出来,作为一种知识储备储存在人们的长期记忆中,比如"置之不理""成家立业"等。②依赖于语境的固化引起的显著:根据当前的语境对将要出现的文本信息进行的一种预期,其后常有共现的分句或短语。比如高频共现的词汇搭配,可以根据线性出现的搭配前项而自然推知后项,例如"王婆卖瓜——自卖自夸"。③反预期引起的显著:在当前的语境中,不符合对即将出现的文本信息的预期。例如"放着好好的学不上,非要去打工"。这类构式较第一种来说比较依赖于前后语境。④创新引起的显著:不符合长期记忆中存储的知识的预期。"是何言也"表达的是言者主观上对对方所说的话的不认同,后文中通常带有言者对引发"是何言也"的解释句,从而跟对方的论断形成对比。"是何言也"与前后持不同观点的两种对比句高频共现,形成高频共现语境,而这种高频共现语境影响着"是何言也"构式义的推断,应为反预期引起的显著。

是否一定要满足上述四个条件才算完成构式化？构式化的标准是什么？如何鉴别一个结构式构式化已经完成？构式化指一个语言片段从非构式演变为构式的过程。综合学界的有关论述，我们判定构式化完成的标准有两条：一是频率，看是否达到了一定的例频率或类频率；二是形-义关系的不可推导性，这就是Goldberg（1995）给构式下的狭义的定义。这两条不是合取关系，是析取关系，只要符合其中一条，我们就断定某结构已经构式化。从这些方面来看，"是何言也"战国末期已经完成构式化当是无疑的。

我们把"是何言也"的构式特征集描述如下表2-6所示：

表2-6 "是何言也"构式特征集

| 句法形式 | a. 主语出现，且都是"是"<br>b. 判断动词：无<br>c. 宾语中心：名词，"言"<br>d. 语气词：也、欤 |
|---|---|
| 语义特征 | 宾语中心是对方所说的话，属于"言语"范畴。字面意义是问对方所说的内容，真实含义是否定对方言论的正确性或说话方式的适宜性。 |
| 语用特征 | 指示代词"是"具有现场性。用于对话语境中，针对对方的言辞。对方言辞与言者预期相反，引发言者使用该构式，予以辩驳。行为条件q是对方话语。没有引语源，属于描述性否定。 |

## 2. "是何言也"的构式演变

言语类实体性构式"是何言也"产生以后发生了词语替换、书写形式的改变，但其意义并没有什么改变，所以，这些改变叫作构式变化。

从战国一直到隋唐，"是何言也"形式都没有发生变化，说明其形式和意义都具有很强的稳固性。晚唐五代时期，"什摩"代替"何"，"语话"代替"言"，出现了"是什摩语话"的形式。"是"也不再是指示代词，而是真正的判断动词，主语承前省略；也有用动词"道"的。如：

（4）师问："马师说何法示人？"对曰："即心即佛。"师曰："<u>是什摩语话</u>！"又问："更有什摩言说？"（《祖堂集》卷三）

宋代该构式的典型形式为"这是甚说话""此是甚说话""这是甚么说话"。首次出现了主语"这"，疑问代词"甚/么"代替晚唐五代的"什摩"，"说话"代替"语话"。如：

（5）问："格物工夫未到得贯通，亦未害否？"曰："<u>这是甚说话</u>！而今学者所以

学，便须是到圣贤地位，不到不肯休，方是。"（《朱子语类》卷十五）

（6）张魏公欲讨刘豫，赵丞相云："留他在上，可以扞蔽北房。若除了，便与北房为邻，恐难抵挡。"此是甚说话！岂有不能讨叛臣而可以服夷狄乎？（《朱子语类》卷一百三十一）

（7）今朝又得与诸人相见说梦。噫！是甚么说话。（《五灯会元》卷十二）

不过，《朱子语类》中也出现了"是何物语""是何等语""是何等言谈""是何等议论"等形式。"是"是判断动词，其中的疑问代词"何物""何等"并非宋时口语，① 而是对汉魏六朝语言的模仿使用。宾语中心可以是"语""言谈""议论"，出现细致的区分。如：

（8）仍是浅陋，内有"山是天上物落在地上"之说，此是何等语！他只见南康有落星寺，便为此说。若时复落一两个，世间人都被压作粉碎！（《朱子语类》卷六十七）

（9）闽宰方叔珪永嘉人。以书来，称本朝人物甚盛，而功业不及于汉唐，只缘是要去小人。先生曰："是何等议论！小人如何不去得？……"（《朱子语类》卷一百二十九）

元明时期，"话"替代了"言语/说话"，典型形式是"是甚么说话/言语/话"。另外一个较大的变化是主语由具体的名词短语充当。如：

（10）（外旦云）李彦和，你张着口号甚的？有便置，没便弃。（李彦和云）这是甚么说话！……（《杂剧·风雨像生货郎旦》）

（11）（媒婆云）姐姐，你当初只该拣取一个财主，好吃好穿，一生受用。似秋老娘家这等穷苦艰难，你嫁他怎的？（正旦云）婆婆，这是甚的言语也！（《全元杂剧·鲁大夫秋胡戏妻》）

（12）你说的是甚么说话？我一些不懂。（《喻世明言》卷四十）

（13）防御听罢大惊道："郎君说的是甚么话？"（《初刻拍案惊奇》卷二十三）

（14）宋江道："贤弟是甚么话！此是国家法度，如何敢擅动！"（《水浒传》三十六回）

清朝，"什"系的"什么"开始大量出现，"甚"系的"甚么"也继续使用。判断动词由"是"扩展到"叫"，例频率激增；出现状语"都"；前面会同时出现称呼语和主语，典型格式"S 这叫/是什么话"。如：

（15）大姐姐，你听她说的这是甚么话？（《侠女奇缘》二十六回）

（16）爹，你老人家这是甚么话呢？（《侠女奇缘》三十五回）

---

① 注意：《朱子语类》中"何等"还可以作感叹用。

（17）瞿买办道："你这说的都是甚么话？票子传着，倒要去；帖子请着，倒不去！这下是不识怡举了！"（《儒林外史》一回）

（18）这都是什么话！他可真是个浑人。（《小五义》六十七回）

（19）妈妈！你听哥哥说的是什么话！（《红楼梦》三十四回）

（20）贾明道："这三个姑娘叫什么玩意儿？"水手说道："这叫什么话？有于家二位姑娘，亲姐俩；有袁家姑娘。"（《三侠剑》五回）

（21）这算甚么话！要人走，钱不还人家，这个理信倒少有。（《官场现形记》六回）

这些跟现代汉语的用法已经没有什么区别。

## （二）身份构式

我们在CCL古代汉语中（含大藏经）检索得到先秦至五代事物疑问代词问人身份的反问判断句46例，其中NP为中性身份名词29条，褒义身份名词8条，贬义身份名词9条。这样，身份构式可以分为三类：中性身份微观构式、褒义身份构式、贬义身份构式。

### 1.中性身份构式："彼何人哉！"

在问人身份的反问判断句中，最早出现的是NP为中性身份名词"人"：

（22）彼黍离离，彼稷之苗。行迈靡靡，中心摇摇。知我者，谓我心忧；不知我者，谓我何求。悠悠苍天，此何人哉！（《诗经·王风·黍离》）

（23）彼何人斯？其心孔艰。胡逝我梁，不入我门？（《诗经·小雅·何人斯》）

《诗经》中"此何人哉"3例，出自同一篇，反复吟唱：地里黍禾长成排，稷苗长得绿如绣。前行步子多迟缓，心中忧郁神恍惚……苍天高高在上，这是什么人啊，造成这景象？造成这一景象的人与诗人心中所期待的人有差别，这个人他做得不好，导致了这一不好的局面。反问句从而否定了这个人的行为。"彼何人斯"4例，出自两篇，《何人斯》中出现3次。女主人公反复诉说变心的丈夫：他的心肠太阴险，他为什么偷偷去我的鱼梁，却不愿意迈进我家的门槛？那到底是一个什么样人啊？他已经变了，不再是自己朝思暮想的永结同心白头到老的丈夫了。主语限于"彼"或"此"，谓语是"何人哉"，用于此格式的语气词除了"哉"之外，还有"斯""也"等。只表反问，不表询问、虚指。宾语中心"人"非引述成分，为描述性用法。因此我们觉得西周该格式的形义匹配基本固定，已经是一个构式：

[[彼何人哉] ⟷ [以反问表达对方够不上自己心目中的人]]

# "什么"反问习语构式承继网络研究

后世在形式上有所发展，名词后面可以有"者"，语气词可以是"邪"；两汉以后疑问代词可以是"何等""何物""何若"等：

（24）彼何人者邪？修行无有，而外其形骸，临尸而歌，颜色不变，无以命之。<u>彼何人者邪</u>？（《庄子·内篇·大宗师》）

（25）舍其梁肉，邻有糠糟，而欲窃之。<u>此为何若人</u>？（《墨子·公输》）

（26）<u>此何等民者</u>，犹能知之。实有知之者，云无，竟增。（《论衡·艺增篇》）

（27）而呼其奴客曰："<u>此何等人</u>？促呵使去。"王怒其无礼，还具上言。（《三国志（裴松之注）》卷九）

此时主语必须是"彼/此/是"等指示代词，不能为名词，否则就不是反问，如：

（28）人或问于孔子曰："<u>颜回何如人也</u>？"曰："仁人也，丘弗如也。""<u>子贡何如人也</u>？"曰："辩人也，丘弗如也。""<u>子路何如人也</u>？"曰："勇人也，丘弗如也。"《淮南子·人间训》

六朝以后，构式中逐渐出现判断动词"是""为"，元朝判断动词"算"也偶见于构式；① 主语可以省略，也不限于指示代词：

（29）景遣军人直殿省内，高祖问制局监周石珍曰："<u>是何物人</u>？"（《梁书》卷五十）

（30）优钵罗色比丘尼作是念："<u>为何等人</u>？欲恐怖我。为是人？为非人？为奸狡人？"（《大藏经》第2卷）

（31）只是自家过计了。设使后来如何，自家也未到得如此，天下事惟其直而已。试问乡邻，<u>自家平日是甚么样人</u>！官司推究亦自可见。（《朱子语类》卷十七）

（32）"叫一个泥水匠和两个坌工来，整治这炕壁。你有泥镘、泥托么？""<u>没家事时算甚么泥水匠</u>？都有里。"（《朴通事》）

（33）只见番阵上又跑出一个番将来，人强马壮，手架铁鞭，叫声道："何人敢来抢阵？敢抢我姜三公子么？"南将道："<u>你是甚么姜三公子</u>，你且来认一认我许以诚来。"（《三宝太监西洋记》二十二回）

（34）王进看了半晌，不觉失口道："这棒也使得好了，只是有破绽，赢不得真好汉。"那后生听得大怒，喝道："<u>你是甚么人</u>？敢来笑话我的本事！俺经了七八个有名的师父，我不信倒不如你！你敢和我扠一扠么？"（《水浒传》二回）

---

① 在五代《祖堂集》就见到"算"用于该构式，但仅此一例："年几？"云："八十五。""虽则与摩，算什摩年几？"云："若不遇和尚，虚过一生；见师后，如刀划空。"师曰："若实如此，随处任真。"

这些都是形式上的变化，意义并无实质改变，都是构式变化，而不是构式化。以(32)为例，意思是"没家伙什的话算不上泥水匠"，但实际上他的身份还是泥水匠，否定的是他作为泥水匠的合标准性，不否定真值。例(33)为引述性否定，引语源为"姜三公子"，表面意思是问"你是甚么姜三公子"，实则并不表询问，而是表达对对方的鄙夷、轻蔑，不否定真值。有时也否定真值，如：

(35)井中无水，用手一摸，果然一个人蹲倒在里面。推一推看，已是不动的了。抱将来放在兜中，吊将上去。众人一看，<u>那里是甚么新娘子？</u>却是一个大胡须的男子，鲜血模糊，头多打开的了。(《二刻拍案惊奇》卷二十五)

**2.褒义身份构式："何等贤者！"**

西汉时，最早出现了具有褒义色彩的身份类反问句"是何师与"，如：

(36)或问："小每知之，可谓师乎？"曰："是何师与！是何师与！天下小事为不少矣，每知之，是谓师乎？师之贵也，知大知也。小知之师，亦贱矣。"(《法言•问明》)

字面是问"这是什么老师"，实际是反对对方的言论"小每知之，可谓师乎"。这是引述性否定，引语源为"师"。其中"师"是带有神圣性的褒义类身份名词。言者认为"师之贵也，知大知也。小知之师，亦贱矣"，而对方观点"小每知之，可谓师乎！"明显与言者的观点不同。言者针对对方的观点，使用反问表达对这个观点的不认同和驳斥。

随着汉语词汇双音化在春秋战国时期的产生与缓慢发展，两汉以后，上古单音事物疑问代词"何""奚""胡"等在口语中逐渐为双音词所替换。其中在反问判断构式中较为常见的有"何等""何物"等。[①]柳士镇(1992：178-190)指出，"何等""何物"是疑问代词"什么"的早期形式，用在名词前时充当定语往往表露出一种不满和鄙视的情感，带有鄙夷或者训斥的意味。如：

(37)年五十击壤于路，与竖子未成人者为伍，<u>何等贤者？</u>(《论衡》卷八)
(38)及太祖军攻之急，布于白门楼上谓军士曰："卿曹无相困，我当自首明公。"陈宫曰："逆贼曹操，何等明公！今日降之，若卵投石，岂可得全也！"(《三国志•魏志•吕布传》)

---

[①] 在CCL两汉到五代的语料中查得：何所402例，何等181例，何物115例。"何所"用频最高。但是"何所"来自跨层结构"[何[所[V]]]"的词汇化。"所"原是一个结构助词，用在动词前面，词汇化以后的"何所"主要用在动词前面，基本上不用于判断句中作宾语中的定语。详见第六章第二节。

语义上表示对方"不是贤者""不是明公";语用上,表达对对方行为的斥责和不满,表露对对方的鄙夷;句法上,主语和判断词一般都不出现,宾语中心为名词,表现为"何等NP",如(38)。该例为引述性否定,引语源为"明公"。字面意思是"逆贼曹操是什么明公?",实际意义是针对引语源"明公",反驳对方把曹操称为明公这一言论,认为曹操不是明公,表露出对曹操的不满、鄙视。我们认为,东汉时褒义身份构式完成了构式化:

[[(S)+何等+NP身份褒义] ←→ [否定(S)与NP间的等同或类属性]]

其演变路径如下:"是何师与"产生于西汉,"是"为指示代词——"(S)+何等+NP身份褒义"发展于东汉,"何等"替代"何",语气词消失——"S+是+甚么+NP身份褒义",流行于明朝,构式中出现了主语和判断词"是","甚么"取代"何等"。NP扩展为:英雄、好人、大的们——"S+是/叫/算+什么+NP身份褒义",流行于清朝,判断动词种类增加了"叫""算";"什么"代替"甚么";NP进一步扩展:英雄、好汉、封疆大吏、朋友、大人、师傅,等等,其中"英雄"多达8例。上述变化不涉及意义的改变,只是形式上的变化,因此只是构式变化。

3.贬义身份构式:"汝何物小人!"

六朝时期,进入该构式的NP可以为具有贬义色彩的身份类词语。如:

(39)王中郎与林公绝不相得。王谓林公诡辩,林公道王云:"着腻颜帢,渝布单衣,挟《左传》,逐郑康成车后。问是何物尘垢囊!"(《世说新语·轻诋》)

(40)时左卫率长史夏侯福为太子所昵,尝于阁内与太子戏。福大笑,声闻于外。行本时在阁下闻之,待其出,行本数之曰:"殿下宽容,赐汝颜色。汝何物小人,敢为亵慢!"因付执法者治之。(《隋书》卷六十二)

例(39)支道林批评王坦之说:"戴着油腻的古帽,穿着布制单衣,夹着《左传》,跟在郑康成的车子后面跑。试问这是什么尘垢口袋(比喻没有学识才能的人)!""问是何物尘垢囊!"不表询问,表示林公对王中郎的鄙夷。(40)是行本对夏侯福的训斥,带有对他的轻视、鄙夷。我们认为,六朝已经出现了贬义身份微观构式:

[[(S)+何物+NP身份贬义] ←→ [否定对方身份和人品中"好"的属性]]

"何等"也经常出现于该构式中。唐宋以后,判断动词多为"是":

(41)时央掘魔罗谓帝释言。汝是何等蚊蚋小虫。(《大藏经》第2卷)
(42)其僧拟议。师托开云,无位真人是什么干屎橛。(《镇州临济慧照禅师语录》)
(43)我和你并不认得,你是个什么东西,却来问我要人,真是诧异!(《九尾龟》七十七回)

我们将该构式的特征集描述如下表2-7:

表2-7 身份类微观构式"(S)+何物+NP$_{身份贬义}$"特征集

| 句法形式 | a. 主语有时出现,有时不出现<br>b. 判断动词:无<br>c. 宾语中心:名词,表示贬义类身份 |
|---|---|
| 语义特征 | 宾语中心是指代对方的贬义身份类名词,否定对方的人品、学识、价值等 |
| 语用特征 | 表示言者对对方的人品、言行、身份的鄙夷。均为描述性否定 |

演变路径:六朝产生:"(S)+何物+NP$_{身份贬义}$"——唐朝判断词"是"进入构式:"(S)+是+何等+NP$_{身份贬义}$"——五代,主语一般都出现,"什摩"取代了"何等、何物":"S+是+什摩+NP$_{身份贬义}$"——明朝,"甚么"替代了"什摩":"S+是+甚么+NP$_{身份贬义}$"——明朝:"S+是+什么+NP$_{身份贬义}$","什么"代替"甚么",NP表现为"东西、阿物儿","你是个什么东西"用得十分广泛,成为一个独立的实体性构式。以上演变只涉及形式变化,不涉及构式义的改变,因此只是构式变化。

### (三)道理构式:"(S)是何道理?"

这类微观构式产生于唐代,表现为"(S)是何道理"。我们在CCL古代汉语语料库中共检索到40条有效用例。如:

(44)绯紫之服,班命所崇,以赏有功,不得逾滥。如闻诸军赏借,人数甚多,曾无甄别,是何道理?自今已后,除灼然有战功,馀不得辄赏。(《全唐文》第一部卷三十一)
(45)昨者试令询问,遂有如此稽违,动即经年,是何道理?(《唐会要》五十八)
(46)……咸使闾巷间不知旨意,是何道理?(《册府元龟》卷六十三)

例(44)字面意义是问"这是什么道理",语用上则是言者针对行为条件q"闻诸军赏借,人数甚多,曾无甄别"表达否定态度,"绯紫之服,班命所崇,以赏有功,不得逾滥"是言者认为合理的行为规范,而行为条件q明显不符合这一行为规范。因此,言者使用该构式表达对行为条件q的否定态度。

> [[(S)是何道理] ⟷ [表达对方行为条件 q 不符合言者心中的行为规范]]

宋代以后，该构式形式上发生了一些变化：

（47）胡乱有一人入潭州城里说，人便靡然从之，<u>此是何道理！</u>（宋《朱子语类》卷五）

（48）到那艰险时节却要去，<u>是甚道理！</u>（《朱子语类》卷二十九）

（49）一妻而为两国夫人，<u>是甚义理！</u>（《朱子语类》卷一二八）

（50）首揆张居正虽然极力推辞，却在服阕的这一天领取赏赐，<u>这是什么道理呢？</u>（《万历野获编》补遗卷二）

（51）如今痛定思痛，伤心还来不及，我在这里垂泪，你偏如此欢笑，<u>这是什么规矩！</u>（《八仙得道》二十三回）

我们将该构式的构式特征集描述如下表2-8：

表2-8　道理微观构式"(S)是何道理？"特征集

| 句法形式 | a. 主语："这"，或者隐含在上文交际双方所共知的背景中<br>b. 判断动词：是<br>c. 宾语中心：道理、理、义理、规矩 |
|---|---|
| 语义特征 | 通过反问对方行为背后的义理，表示对方的行为不符合言者心中的社会行为规范 |
| 语用特征 | 表示言者对对方行为的反驳、斥责；属于描述性否定 |

该构式的演变。唐朝产生"是何道理"——北宋："S是何/甚/甚么道理/理/义理"。"甚""甚么"取代"何"，宾语中心除"道理"外还有"理、义理"；使用频率增高——明朝："S是什么道理"，开始出现"什么"——清朝："S是什么办事的道理"，"道理"前出现修饰语。以上演变不涉及意义的变化，为构式变化。

### （四）事体构式："此何 NP！"

宾语中心为事体的反问判断句早在春秋战国时代就可见到：

（52）大宰嚭召季康子，康子使子贡辞。大宰嚭曰："国君道长，而大夫不出门，<u>此何礼也？</u>"对曰："岂以为礼？畏大国也……"（《左传·哀公七年》）

（53）南伯子綦游乎商之丘，见大木焉，有异：结驷千乘，隐，将芘其所藾。子綦曰："<u>此何木也哉！</u>此必有异材夫！"（《庄子·内篇·人间世》）

例（52）太宰嚚认为国君走了那么远的路程，而大夫不出门，这违背了礼仪；（53）南伯子綦认为这棵树十分奇特，跟一般的树完全不一样，句中都有否定义。但是，这两例偏要解读为询问，似乎也并无不可。其实，此格式也可用于询问：

（54）田子方见老马于道，喟然有志焉。以问其御曰："<u>此何马也？</u>"其御曰："此故公家畜也。老罢而不为用，出而鬻之。"……齐庄公出猎，有一虫举足将搏其轮，问其御曰："<u>此何虫也？</u>"对曰："此所谓螳螂者也。其为虫也，知进而不知却，不量力而轻敌"。（《淮南子·人间训》）

但是，在东汉的文献中我们找到4条用例，都仅用于反问，不能解读为询问：

（55）建始以来，日食地震，以率言之，三倍春秋，水灾亡与比数。阴盛阳微，金铁为飞，<u>此何景也</u>！（《全汉文》卷五十）
（56）当内崩伤，外自矜饬，此为矫情，伪之至也。俚语："妇死腹悲，唯身知之。"又言"妻非礼所与"，<u>此何礼也</u>，岂不悖哉！（《风俗通义》卷三）
（57）叔高大怒，曰："老树汁出，<u>此何等血。</u>"（《风俗通义》卷九）

因此，我们认为东汉时它已经发生了构式化：

[[此何NP！] ⟷ [表达当前的事体不符合言者心中的该事体的标准]]

此后，形式发生了变化：

（58）又问："识字不？"对曰："识。"师向地上划作"一"字，问："此是何字？"对曰："此是'一'字。"师曰："'土'上着'一'字，是'王'字，<u>是什摩'一'字</u>！"（《祖堂集》卷三）

言者字面意思是问对方"这是什么'一'字"，隐含义则是对引语源"'一'字"的否定，为引述性否定。实际含义是"这是'王'字，不是'一'字"，否定真值。

（59）大臣奏对："苦楚之事，但于街两边立柱，将耶输母子各缚在柱上，遣武士于母身上割一啖与子口中，于子身上割一啖与母口中，此是苦楚。"其王大怪："<u>此是甚苦？</u>"大臣见大王别要苦楚，遂奏云："将耶输母子卧在床上，向下着火，应是博（缚）煞。"（《敦煌变文集新书》卷三）

引语源是"苦"，指代上文的"苦楚之事"。表面意思是问对方"这是什么苦楚？"，实际上表示不同意对方言论中的认识和看法，表达对对方言论的驳斥。

明朝这一构式已发展成熟，表现为：1. 使用频率高，2. 进入宾语中心的词语得到扩展，宾语中心语的事体性增强。如：

（60）行者又笑道："我把你这馕糟的！老孙保师父，不知受了多少苦难，你到攒下私房！"八戒道："嘴脸！<u>这是甚么私房！</u>都是牙齿上刮下来的，我不舍得买了嘴吃，留了买匹布儿做件衣服，你却吓了我的。还分些儿与我。"（《西游记》七十六回）

（61）……十分穷的，没有长衣服，就把腰裙接起两条披在身上。行者看见道："和尚，<u>你穿的是什么衣服？</u>"（《西游记》三十六回）

我们将该构式的构式特征集描述如下表2-9：

**表2-9　事体类微观构式"此何NP！"特征集**

| 句法形式 | a. 主语：此、这、"的"字短语，或者隐含在上文交际双方所共知的背景中<br>b. 判断动词：是<br>c. 宾语中心：事体类名词 |
|---|---|
| 语义特征 | 表示不认同主语（S）和宾语中心语（NP）之间的等同或类属性关系 |
| 语用特征 | 既有引述性否定也有描述性否定。当构式为引述性否定时，针对引述源，反驳对方认为 S 是 NP 的言论；当构式为描述性否定时，表示言者认为 S 不能称之为 NP |

## 三、"S + Vj + 什么 + O"的构式化与承继关系

上文分别阐述了各个反问判断微观构式的构式化及其特征。我们认为，高图式性构式"S + Vj + 什么 + O"正是来源于对这些实体性微观构式的抽象概括。反问判断构式中，最早的实体性微观构式是西周时期的中性身份构式"彼何人哉"，战国末期产生了言语实体性微观构式"是何言也"，在高频使用中发生了词语替换，到东汉出现了稍具概括性的褒义身份类构式"（S）+何等+NP$_{身份褒}$"和事体构式"此何NP"；六朝时期又产生贬义身份构式"（S）+何物+NP$_{身份贬}$"，其中的 NP 都具有一定的概括性。这些构式具有高度的整合性，南北朝时期它们共同抽象出图式性更强的构式"S+何物+NP"。以上这些构式中都尚未出现判断词。继上古"何 X 之为"之后，两汉出现了判断词"为"构成的反问判断句2例，六朝1见：

（1）墨子见楚王曰："今有人于此，舍其文轩，邻有弊舆而欲窃之；舍其锦绣，邻有短褐而欲窃之；舍其梁肉，邻有糟糠而欲窃之。此为何若人也？"王曰："必为有窃疾矣。"（《墨子》卷十三）

（2）皆从恶弊人出，父母愁毒，宗家患毒，为行如此，亦何所望，而欲得久视息哉？主作祸罚，而望求生，此为何人。（《太平经》卷一百十四）

（3）时，优钵罗色比丘尼作是念："为何等人？欲恐怖我。为是人？为非人？为奸狡人？"如是思惟，即得觉知……（刘宋·求那跋陀罗译《大藏经（第2卷）·杂阿含经卷四十五》）

六朝出现由判断动词"是"参与构成的反问判断句8例：

（4）庾玉台，希之弟也。希诛，将戮玉台。玉台子妇，宣武弟桓豁女也，徒跣求进。阍禁不内。女厉声曰："是何小人！我伯父门，不听我前！"（《世说新语·贤媛》）

（5）王中郎与林公绝不相得。王谓林公诡辩，林公道王云："着腻颜帢，翕布单衣，挟《左传》，逐郑康成车后。问是何物尘垢囊！"（《世说新语·轻诋》）

（6）时，婆罗门三反掉头瘖痖。以杖筑地。即没不现。时，诸比丘即生恐怖，身毛皆竖："此是何等婆罗门像。来此作变？"（刘宋·求那跋陀罗译《大藏经（第2卷）·杂阿含经卷三十九》（50卷））

（7）尔时帝释白央掘魔罗言。唯愿大士。受此天衣以为法服。时央掘魔罗谓帝释言。汝是何等蚊蚋小虫。我岂当受不信之施。汝是何等贪欲之驴。（刘宋·求那跋陀罗译《大藏经（第2卷）·央掘魔罗卷一》（4卷））

（8）出城游观；八万四千宝马，唯乘一马，名婆罗诃，毛尾绀色；八万四千龙象，唯乘一象，名布萨陀，出城游观。"比丘，此是何等业报，得如是威德自在耶？"（刘宋·求那跋陀罗译《大藏经（第2卷）·杂阿含经卷十》）

我们对汉魏六朝反问判断句有无判断词作了统计（表2-10）。

**表2-10　汉魏六朝反问判断句判断词使用情况统计表**

| 判断词情况 | 两汉 例句 | 数量 | 六朝 例句 | 数量 | 合计 |
|---|---|---|---|---|---|
| "为" | 此为何人 | 2 | 为何等人 | 1 | 3 |
| "是" | — | 0 | 汝是何等蚊蚋小虫 | 8 | 8 |
| 无判断词 | 此何景也 | 22 | 此何等人 | 22 | 44 |
| 合计 |  | 24 |  | 31 | 55 |

两汉反问判断句计24例，使用判断词的仅2例，约占8%；六朝反问判断句31例，使用判断词的9例，占29%。可见，反问判断句由不使用判断词到使用判断词的发展趋势十分明显。范妍南（2003）统计魏晋六朝包括《列异传》《志怪》《搜神记》《世说新语》等14部小说中的判断句，判断句总量是1544句，其中无系词判断句是1107句，占总量的72%，使用系词的占28%。这说明六朝时期反问判断句中判断词的使用率与整个六朝时期判断句判断词使用率是相当的。解植永（2011：125）统计数据让我们看到了中古前期到后期判断句中判断动词"是"的使用频率的逐渐上升，由东汉《论衡》中的1.2%上升到北魏《贤愚经》73.8%，如表2-11。

表2-11 解植永（2011：125）中古六部专书判断句中"是"字句比例统计

|  | 中古前期 ||| 中古后期 |||
|---|---|---|---|---|---|---|
|  | 论衡 | 太平经 | 《修行本起经》《中本起经》 | 世说新语 | 周氏冥通记 | 贤愚经 |
| 判断句总数 | 2020 | 1551 | 164 | 365 | 248 | 520 |
| "是"字句 | 25 | 59 | 49 | 149 | 127 | 384 |
| 所占百分比 | 1.2 | 3.8 | 29.9 | 40.8 | 51.2 | 73.8 |

尽管上升很快，但是在反问判断句中"是"字句的比例并不高。在六朝31例反问判断句中，使用"是"作为判断动词的仅8例，占26%，远低于解著统计的中古后期"是"字句在整个判断句中的使用率。这是因为彼时的反问判断句主要是因袭历史上的实体性反问构式"是何言也""彼何人哉"等等，这些都是无判断词的句式，而使用判断动词"是"是一种语言创新。这说明六朝时期反问判断句的主流并非"是"字判断句，而仍是无判断词的句式，如"是何言也""彼何人哉""此何等人""此何景也""此何礼也""何等明公""何等洁者"。这与俞理明（2014）观点吻合："是"在这一时期在判断句中可有可无的现象，既是新旧句式交替并存的表现，也反映了它尚未取得典型判断成分的资格。另外，有几例反问句似乎也可以理解为感叹句，如例（8）。鉴于这些情况，我们认为，在前述各个构式发展的基础上，六朝时期，由判断词"是"构成的反问判断构式"S＋是＋何等＋O"开始形成，但尚未完成构式化。

在唐代判断动词"是"成熟的基础上，出现了道理实体性构式"（S）是何道理"。五代时期"什摩"对"何等""何物""若何"等"何"系事物疑问代词取得优势，其判断词的使用也出现了重大变化，详情见下表2-12。

表2-12 隋唐五代"什么"反问判断句判断词使用统计表

| | 无判断词 | 有判断词 | | |
|---|---|---|---|---|
| | | 为 | 成 | 是 |
| 例句 | 此何物小人 | — | 官府成何物官府 | 和尚是什摩心行 |
| 频数 | 28 | 0 | 2 | 37 |
| 合计 | 28 | 39 | | |

隋唐五代时间没有汉魏六朝时间长，但是反问判断句的总数要比汉魏六朝多（67：55）。反问判断句中有判断词的比例从两汉到五代在逐步提高：两汉8%，六朝29%，隋唐五代58%（39/(28＋39)）。反问判断句中"是"的使用比六朝又要高29个百分点（55%～26%）。有一个情况特别值得注意，隋唐反问判断句计41例，其中无判断词28例，有判断词13例；五代反问判断句计26例，全部都有判断词，无判断词的用例0。隋唐28例无判断词的基本上都是传承构式的用例："是何言也"12例，"何物＋X"构例9条。这些句子到五代基本上都说成"是什摩语话""是什摩X"。这样，五代时期，使用判断动词"是"构成反问判断句成为标准格式。其宾语中心的语义类型日益多样化：有指人名词，有指物名词；有贬义、有中性；有具体事物，有抽象事物。如：

（9）师到达磨塔头。塔主云，长老，先礼佛，先礼祖。师云，佛祖俱不礼。塔主云，佛祖与长老是什麽冤家。师便拂袖而出。（《镇州临济慧照禅师语录》）
（10）无位真人是什麽乾屎橛。（《镇州临济慧照禅师语录》）
（11）千圣是什摩碗鸣声！（《祖堂集》卷四）
（12）师问："马师说何法示人？"对曰："即心即佛。"师曰："是什摩语话！"（《祖堂集》卷三）

《祖堂集》有反问句"是什摩心行？"11例，"心行"是抽象名词心思、想法。如：

（13）师云："设使有，上座还肯摩？"招庆云："是什摩心行，推人向泥里著！"（《祖堂集》卷十一）

五代时期，半图式性反问判断句形式和意义都比较稳定，"S＋是＋什摩＋O"构式化得以完成：

# "什么"反问习语构式承继网络研究

> [[S＋是＋什摩＋O] ⟷ [对S作出贬斥的否定判断，强烈否定S的适宜性]]

宋代，疑问代词"甚（麽）"替换了"什摩"，构式形成"S＋是＋甚（麽）＋O"的形式，一直沿用到明代。元朝判断动词"算"替换了其中的"是"新增"S＋算＋甚麽＋O"形式，清朝判断动词"叫"替换了其中的"是"新增"S＋叫＋什么＋O"形式。以上三种构式又共同抽象出一个更加概括性的构式"S＋Vj＋什么＋O"，至此，高图式性反问判断构式的构式化得以完成。为便于阅读，我们把反问判断构式各个时期的语义类型和表现形式列成表格，如表2-13。

表2-13 反问判断构式不同时期形式与语义类别一览表

| 时期 | 朝代 | 语义类别 | 新增的形式 |
|---|---|---|---|
| 上古 | 西周 | **中性身份**[1] | 彼何人哉 |
| | 春秋 | **否定对方的判断** | 何X之为 |
| | 战国 | **言语类** | 是何言也 |
| | 东汉 | 中性身份；言语类；**褒义身份；事体类** | （S）＋何等＋NP 身份褒义<br>此何NP |
| 中古 | 六朝 | 中性身份；言语类；褒义身份；事体类；**贬义身份** | （S）＋何物＋NP 身份褒义<br>（S）＋何物＋NP |
| | 唐 | 事物；**道理类** | （S）是何道理 |
| | 五代 | 事物 | S＋是＋什摩＋O |
| 近代 | 宋元明 | 事物 | S＋是＋甚麽＋O |
| | 元 | 事物 | S＋算＋甚麽＋O |
| | 清 | 事物 | S＋叫＋什么＋O |
| | | 事物 | S＋Vj＋什么＋O |

注：(1)黑体加粗的字体表示那个时代新出现的构式类型。

根据上面的论述，我们构拟出"S＋Vj＋什么＋O"构式家族承继关系网络，如图2-2。

第二章 "什么"反问判断构式"S + Vj + 什么 + O"

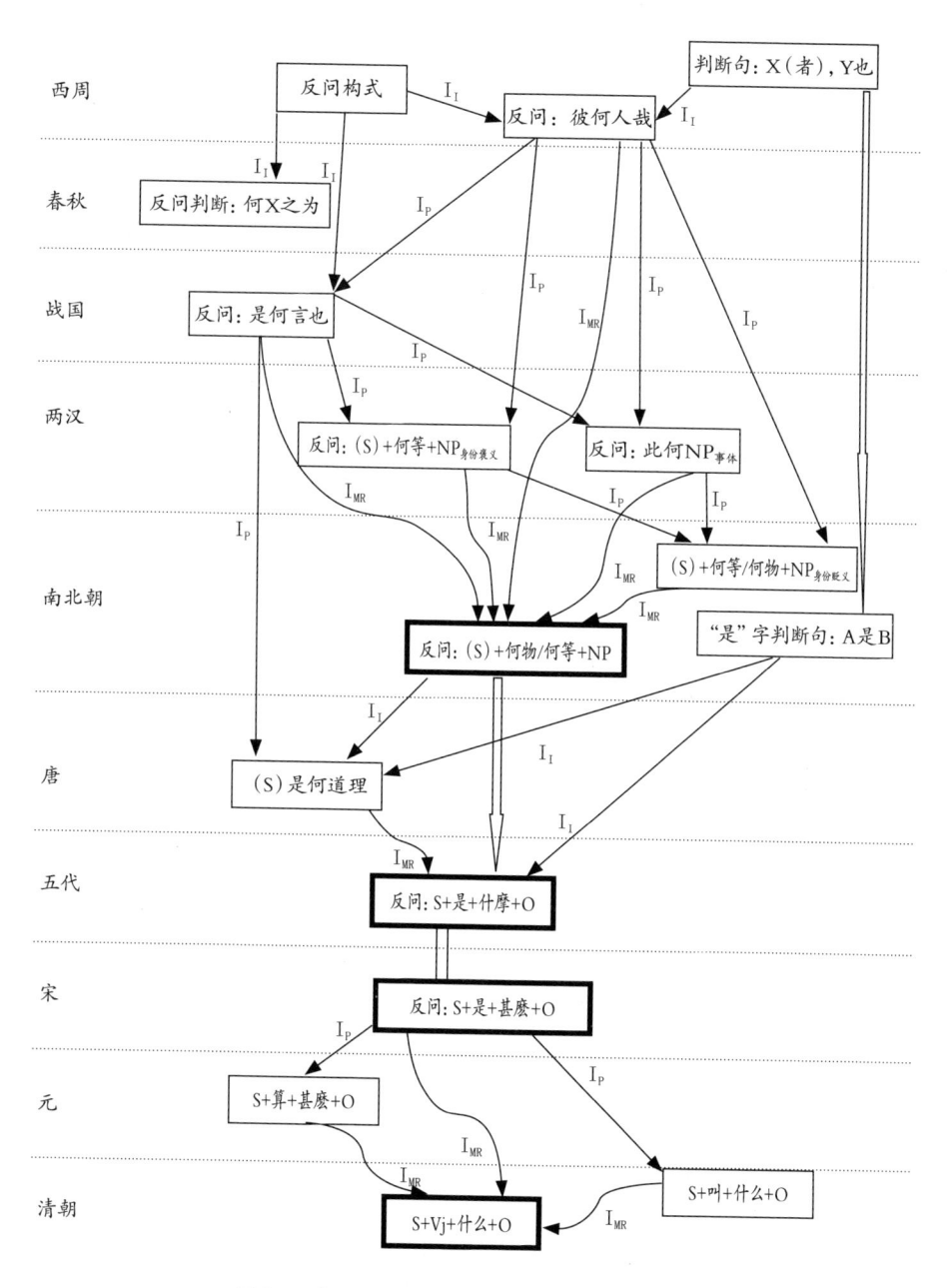

图2-2 "S+Vj+什么+O"构式家族承继关系网络

这里有一个问题需要说明。系词"是"在西汉时期（或战国末期）就已产生，六朝时期"是"字判断句在口语中取代了不用系词的旧形式，为什么要到唐代才出现"是"字判断反问实体性道理构式"（S）是何道理"？为什么

· 117 ·

要到五代才出现"是"字判断反问半图式性构式"S+是+什摩+O"？我们认为有两个原因：一是"是"字判断反问构式是对"是"字判断句的承继，而判断句从无系词为主到有系词为主的转变到唐代才完成。杨伯峻、何乐士（2001：724）指出，虽然"是"字判断句在六朝时期已经成熟，但是有些判断句不用系词，或使用其他系词。判断句由无系词为主发展到有系词为主，由多个系词发展到以系词"是"为主，是判断句在发展过程中两个最主要的特点。至于无系词判断句和有系词判断句的比例，在《世说新语》的肯定判断句中，"是"字判断句约占50%。前文所引解植永（2011：125）的统计《世说新语》"是"字句占判断句的40.8%。"是"作为主要系词这一变化完成在前，然后大约到唐，逐步完成了判断句以有系词为主的转变。二是构式的稳固性。我们的假设是半图式性"是"字判断反问构式是由半图式性无系词判断反问构式演变而来，而后者又是由实体性构式和低图式性构式演变而来。这些构式一方面参与演变，一方面也具有巨大的稳固性。以"是何言也"为例，汉以后双音节疑问代词崛起，"何等""何所""何物""何者""如何"等在六朝时期口语中广泛运用，一直到隋唐，"阿没""是没""是物""是勿""甚没""什没""甚麽"都有使用，但是"是何言也"的形式都没有发生变化。五代时期，"什摩"代替"何"，"语话"代替"言"，才出现了"是什摩语话"的形式。宋《朱子语类》中有"此是甚说话""是何物语"等形式，但是一直到清代，"是何言也"都有使用。如：

(14) 提拄杖卓一下乃顾视曰。拄杖子拄杖子。你无住持干怀。又无病痛苦恼。如此黑瘦何也。拈拄杖呵呵大笑云。<u>是何言也</u>。(《古尊宿语录》卷二十九)

(15) 王勃大惊，又拜道："勃乃三尺童稚，一介寒儒，肉眼凡夫，冒渎尊神，请勿见罪！"老叟道："<u>是何言也</u>！……"(《醒世恒言》卷四十)

(16) 七窍曰："尔既平日心有无穷，毒龙洞中，如何将吾妇人百般挫辱？"赤鲤惊曰："<u>是何言也</u>？"(《绣云阁》——九回)

这些参与演变的构式的稳固性延后了"是"字判断反问构式的出现时间。

# 第三章　反问述宾构式"X什么"

反问构式"X什么"指由动词、形容词等其他各种语言成分后接疑问代词"什么"构成的表达反问语气和否定语义的格式，如："看什么！有什么好看的。""你跑什么，我有话跟你说呢。""好什么！一点也不好！"。实际语料中，X的构成相当复杂，可以为动词及动词性词组、形容词、熟语、名词、叹词、连词、代词、语气词、副词和语素等。X的具体分类如下表3-1：

表3-1　反问述宾构式"X什么"X的类别

| | 类别 | 实例 |
|---|---|---|
| 1 | V+什么 | 问什么、知道什么、心虚什么 |
| 2 | A+什么 | 美什么、浪漫什么、正规什么 |
| 3 | VP+什么 | 指责他们什么、怕你们什么 |
| 4 | 熟语+什么 | 大惊小怪什么、自作多情什么 |
| 5 | N+什么 | 心情什么 |
| 6 | 叹词+什么 | 哼什么、嗯什么、啊什么 |
| 7 | 其他（连词/代词/语气词/副词/语素等）+什么 | NG什么、反正什么、我什么、吗什么、否则什么、不过什么、连什么 |

吕叔湘（1985：144-145）最早注意到"X什么"构式。学界一般承继吕叔湘的观点，将反问构式"X什么"看作一个表示否定的反问句式，没有什么特别之处，因而也没有给予足够的关注，多是在对其相关结构诸如"V什么V""V什么O""X什么X"的研究中顺带提到，缺乏深入系统的专题研究。（如朱军、盛新华2002，朱军2014，晏宗杰2004，高宁2009，丁萍2012，相业伟2014，柳春燕、郑宗2006，朱锡明2005，吴丹华2010、2011，管志斌2011，艾哈迈德2012，郑娟曼2012，崔少娟2012，吴怀成2014，王

晓 2009，胡德明、徐思思 2015，等等）夏雪、詹卫东（2015）讨论"X 什么""X 什么 X""X 什么 Y""X 什么 [啊]"和"什么 X"五类构式，区分言语行为否定和命题真值否定，并对影响两类否定的语义要素进行描述，对"X 什么"给予较多的关注。袁毓林、刘彬（2016）分析"V（的）什么 O""V 什么（V）"和"A 什么（A）"几类表否定意义的"什么"句式，重点讨论否定意义的形成机制，提出"什么"句否定意义的形成与识解都是基于"疑善信恶"原则，言者在疑善信恶原则的指导下进行否定性猜测，使得整个"什么"句涌现出否定意义。这些成果对我们进一步阐发该构式的特点很有启发。该构式现存的问题主要是：X 可以由哪些成分充当？有无音节的限制？该构式有哪些意义解读？有哪些语用功能？哪些因素影响其意义解读？在历史上是如何产生、发展、演变的？与哪些构式有承继关系？

## 第一节  反问述宾构式"X 什么"解析

通过对 CCL 语料库现代汉语部分和我们课题组小型语料库文本语料搜集，得到反问构式"X 什么"有效语料 830 条。统计分析发现，"X 什么"中 X 在音节组构、构成成分性质等方面都具有显著特点。

### 一、X 的构成

#### （一）音节组构

我们统计了全部 830 个例句的 X 的音节数目，制成下表 3-2。

表 3-2  反问述宾构式"X 什么"X 的音节构成统计

|  | 单音节 | 双音节 | 三音节及以上 | 总体 |
| --- | --- | --- | --- | --- |
| 例句个数 | 462 | 327 | 41 | 830 |
| 占比 | 55.66% | 39.40% | 4.94% | 100% |

从上表可以看到，X 的音节分布相对集中，单音节和双音节的 X 占到了总数的 95.06%。三音节及以上的 X 仅占总数的 4.94%。

我们认为 X 的音节构成分布与汉语的韵律特点有重要关联。由于要跟"什么"这样的双音节搭配组合，构式整体对 X 的音节限制较高，三音节及以上音节数量的词语很难进入构式。郭绍虞(1938)提出汉语的词语具有"弹性",是汉语修辞的重要手段。同一个义位在音节长度上可以有单音节和双音节两种选择,这个观点后来在学术界为不少人所接受。假如说这个观点能成立,那么词和词之间的句法组合在音节选择上应该是自由的,有四种可能的形式:"1+1""2+2""1+2""2+1"。但事实上人们发现情况并不这么简单。比如动词和名词的动宾结构组合式中,"1+1"和"2+2"在句法上都比较自由,但在三音节段的组合不自由,优势选择是"1+2"。吴为善(2016:16)在论述音组模式和句法结构关系的时候,也指出"动词+名词"的动宾关系结构组合之下,存在"1+1""1+2"和"2+2"三种音组模式。反问构式"X什么"中,体词性宾语"什么"的双音节性质已经确定,那么,X的单音节和双音节选择自然就具备了最大的可能性。

另外,X的音节特点也与X的语类构成有关。由表3.3可知,X主要由动词和形容词充当,这两类合计761例,占总数830例的91.69%。这两类词都是以单音节和双音节为绝对优势,三音节或三音节以上的比重极小,这也是X以单音节、双音节为主的原因。

### (二) X 的语类性质

我们对语料中X的语类进行统计。统计时,相同的X不重复计数,如"慌什么"共计4例,只作"慌"1例。830例X共计527个。根据其构成成分的性质可分为7类。详细情况见附录二"反问述宾构式'X什么'X的语类统计表"。为了更加直观地观察到"X"的成分分布情况,我们制作了表3-3:

表3-3 反问述宾构式"X什么"X构成成分的语类统计表

|   | 动词 | 形容词 | 动词词组 | 熟语 | 叹词 | 名词 | 其他 | 合计 |
| --- | --- | --- | --- | --- | --- | --- | --- | --- |
| 频数 | 668 | 93 | 36 | 10 | 8 | 6 | 9 | 830 |
| % | 80.48% | 11.20% | 4.34% | 1.20% | 0.96% | 0.72% | 1.08% | 100% |

以上数据可知,构成X的有动词、动词性词组、形容词、熟语、名词、叹词和其他共计7类,其中动词所占比例最重,占到总数80.48%,其次是形容词和动词词组,分别占11.20%和4.34%。这三类合计797例,占总数的96.02%。由成语和一些方言俗语构成的熟语和感叹词也具有一定比重,分别是1.20%和0.96%。名词构成的X共6例,占0.72%。最后,有一个特殊小类出现频率极低,但是构成丰富,由副词、连词、语气词、代词、语素和缩略词组成,共计9个,因为数据很少,我们暂且将其归为一类处理,百分比

为1.08%。

另外，有15例在 X 的后面附加"个""些"和"的"的例子。具体如表3-4：

表3-4　反问述宾构式"X 什么"X 后附成分

| | |
|---|---|
| 个 | 看个什么、喊个什么、谢个什么、缝个什么、图个什么、睡个什么、唠叨个什么 |
| | 高级个什么、高兴个什么、倔强个什么 |
| 些 | 念叨些什么、抱怨些什么、胡诌了些什么 |
| 的 | 愁的什么、警备的什么 |

从表中可以看出，"个""些"与"的"主要用于动词和"什么"之间，"个"也用于连接形容词和"什么"。我们认为这种现象与实体化程度较高的"X 个什么劲（儿）"（如"你一直哭个什么劲儿"）情况类似，与习语的构成方式有关，用来表达言者对于该类行为的不赞同态度，往往带有不耐烦的情绪，一般用于口语环境中。以"哭个什么"为例，后附"个"与"哭什么"相比，二者同样是表示否定，但是构式"X 什么"加上"个"的否定强度明显降低，主要表示对该行为的不耐烦，口语性也更强。

## 二、否定语义

反问构式"X 什么"可以表示下面几种意义：

1. 动作否定

条件是"X"由动词充当，表现为对方正在施行或将要施行的动作行为，如"挤什么！"意思相当于"别挤！"，"看什么！"相当于"别看！"。

2. 对一种评价的否定

条件是"X"多由形容词充当，如"好什么！"表示不好。有些动词性结构，当它们表示评价的时候也可以有这种用法，如下例中的"让人笑话"也可以看作是对"倒洗脚水"行为的一种评价，而"笑话什么"是对这种评价的否定：

（1）贾志国：这要传出去，回头让人笑话！
　　和平：笑话什么呀？我告诉你，这也就是在现在，要搁过去，就你这职务，就你这学历，想给我们家当女婿？想给我倒洗脚水？你也配！（《我爱我家》）

## 3. 言语行为否定

条件是"X"由动词充当，表现为对方的请求、建议等言语行为：

（2）甲：休息一会吧！

乙：<u>休息什么！</u>都几点了，我们干不完了。

## 4. 言说行为否定

条件是"X"可以是任意的声音成分，表现为对方刚刚发出的声音：

（3）政委带着痛惜的语调说，接着又提高声音，"但是……"

"<u>但是什么？</u>我不听！"江水山第一次在领导面前激烈地咆哮起来，"政委，叫我回家不如枪毙了我好！"

## 5. 话语方式适宜性否定

条件是"X"为对方话语中提出的行为动作。例如：

（4）甲：我想买你的书。

乙：<u>买什么！</u>都是同学，送你了。

## 6. 对指责的否认

条件是"X"由动词充当，对方指责言者曾经做过"X"所表示的动作行为，言者否认这一指责。如下例中"三妹"对"挑房子"这一指责进行否认：

（5）主持人：这么你们这感情就有点隔阂了。

小弟：所以，底下这个，我底下这个三妹给挑。

三妹：哎说清楚了，我什么时候挑？杨斌生你自己要对着良心说话。我挑有什么意义呀我？<u>我挑什么呀？</u>

侄女：编吧编吧。您让他、让他表演，编吧。

三妹：自己要说话有根据。（《第三调解室》转写语料）

例中小弟指责自己的三妹在兄妹几人分割房产的过程中恶意挑拨，制造混乱，也离间了兄妹几人之间的感情。面对这样的指责，三妹立即予以否认，不承认自己存在挑拨的行为，认为自己挑拨不会获得利益，没有意义，呈现自己不存在挑拨离间的事实。

## 7. 动作对象、内容的否定

条件是"X"是及物动词 Vt。如：

（6）西北没有了文物，<u>人家还来看什么？</u>你还有什么旅游资源可言？

### 8.动作的原因、目的、条件等的否定

"X"涉及动作的背景题元，根据言者的需要，得以凸显，"X"可以是及物动词，也可以是不及物动词。如：

（7）父亲工作忙……他老同学来要去民族园，我提出跟他们一起去。父亲说，<u>我们同学聚会你去什么？</u>门票还是他们自己买的。

（8）我吓得哇地一声哭了起来。她对我的哭声深表不满，她说："<u>哭什么，哭什么。</u>"

## 三、语用功能

反问句的语用功能是指言者使用反问句的目的和用途。反问句的语用功能是分层次的，可以分为主要功能（主功能）和附加性衍生功能。（胡德明2010：273）语料显示，反问构式"X什么"主功能主要有三种。

### （一）制止和劝阻

制止和劝阻是言者不让听者做某事。制止和劝阻的区别在于前者更具强制性，后者一般为商议劝说性质，比前者更为委婉，一般来说受话人的可接受度较高。

"X什么"构式可以用来表达制止功能。言者以"X什么"这样的语言编码形式，对受话人正在进行的或将要进行的行为动作提出否定，表达制止。

（1）有一次，一位男乘客不时地瞄我的两只手，我低头一看，指甲缝间黑黑的……都说我们是首都的一面窗口，我们也愿意光彩一些，可是环境不允许呀！我顿时脸上发热，但还是恨恨地冲了一句：<u>看什么！</u>有什么好看的？我知道我是毫无道理，可他确实不了解我们。我们要用停车那几分钟时间擦车，哪有空去洗手？

（2）焦大星：（哀诉地）不，妈！再等一等，您让我想一想。
　　焦母：<u>想什么？</u>这个祸害不是早走了早好。

上述例子的 X 所表示的动作分别是正在发生和尚未发生。乘客不时的偷瞄行为可以看作是间断性持续行为，一直进行。焦大星向母亲提出的"再等一等，您让我想一想"，"想"的行为尚未发生，而且是母亲不愿意看到的，所以母亲立即抛出话轮衔接，阻止儿子的这一行为。可见，制止义的表达多

出现在正在发生的或者未发生的行为事件上。

劝阻是言者通过劝说不让某人做某件事情。

(3) 我既当骆驼又当狮子。在战争年代我的脊椎受过伤，一累就容易犯，痛起来几天几夜睡不着，儿女们劝我说，都这么大年纪了，<u>还折腾什么呀</u>，不要命了……

(4) 她还想到了自杀。她几天癖在小屋里不想见人不想听劝慰甚至不吃饭来折磨自己。一位大姐推了她一把："<u>傻什么</u>，你还是吴琼，什么也没失去啊！"

商劝类的上下文常有劝说类语句，前例如"儿女劝我"，后一例如"不想听劝慰"等。例（3）和例（4）较前一类语气明显委婉很多，当然这也与会话方的话语情境、社会地位和关系亲疏有关。

## （二）辩驳

"辩驳"即争辩和反驳，就是"提出理由和根据来否定对方的意见：他的话句句在理，我无法辩驳。"[①] 言者往往提出具体理由，论证听者行为或事实依据的不合理不成立，进而否定对方的行为或观点。

(5) 贵福先是装出一副和事佬的样子，喋喋不休开导一番，要她供出同志，洗心革面，重新做人。他见秋瑾不屑于理睬的神气，不禁来了火，惊堂木一拍，指着满地刑具："你不要敬酒不吃吃罚酒，免得皮肉受苦！"秋瑾冷笑一声："<u>要我招什么呢？</u>你是大通校董，谁是革命党，还不最清楚？你曾赠我'竞雄世界，雄冠地球'的联语，要问革命党人是谁，你便是！"此言一出，贵福张口结舌，用袖擦着脸上的冷汗，慌忙宣布退堂。

贵福先生威逼利诱，要秋瑾招认革命同志，秋瑾遭到威胁但不为所动，反过来发起辩驳"要我招什么呢"，不表示疑问，用来表示"没有理由或依据要求我招供"，下文紧接着陈述原因"你是大通校董，谁是革命党，还不最清楚？……"，即"你是大通校董，革命党是谁你最清楚"，反驳对方让自己招供的行为，也同时讽刺逼供者。

否定性评价是一种比较典型的辩驳。否定性评价的发生，一般是上个言者首先对某事或者某物属性状态进行陈述或发表评价，言者认为这一评价不符合自己的主观标准或预期，以此提出不赞成或反对意见，表达主观否定态度。否定性评价的表达一般借助形容词、部分心理动词或者熟语，一般是引述继发性的。

---

① 释义根据《现代汉语词典》（第七版83页）。

(6)伯爵：对对对，还没有点菜呢。这里的餐点是全威尼斯最讲究的了。

贵妇乙：<u>讲究什么啊</u>，太不先进了吧，上面都没有画图案，我看不懂。

"讲究什么"由形容词"讲究"和"什么"组成，是贵妇乙对伯爵发起的评价的否定性评价。伯爵率先对餐厅的餐点做出高度评价，认为这里的餐点是"全威尼斯最讲究的"，建议贵妇先行点菜。但是贵妇乙拿着菜单一脸嫌弃，认为菜单很不先进和讲究，自己看不懂，"讲究什么啊"即"一点也不讲究"，做出否定性评价。其他可以进入"X什么"形容词还可以是：好、傻、恶、白、牛、凶、热、冷、晚、乐、美、火、狂、强、穷、对、正确、牛逼、牛气、庄重、客气、神气、稀奇、得意、骄傲、讨厌、高兴和幸福等。否定性评价也可以借助心理动词如"懂""知道""了解""明白"等等来表达"不X"，如：

(7)贾志国：和平买奖券已经令人齿冷，而你却为这个不中而痛不欲生，真真羞煞天下读书郎啊！

和平：<u>知道什么呀你？</u>（《我爱我家》）

面对丈夫贾志国对自己买奖券行为的负面定性，和平很生气，认为丈夫对自己的奖券收益等一无所知，属于他自己的主观评论，以"知道什么呀"传达"你什么都不知道"，表达否定性评价。

## （三）怨责

当某个行为业已完成，该行为又令言者不满，且该行为是可控的，此时，反问构式"X什么"表达怨责功能。怨责类包含斥责、责怪、批评、怨恨、埋怨/抱怨等几种不同程度的语用功能。如：

(8)一种从没有注意过的教师的尊严蓦地膨涨了，我厉声叫班长过来，开始他还笑着，可走到我跟前，发现我脸色不对，便很是不安了。"<u>你带头闹什么？</u>我有什么好笑的！……"

(9)一次聚餐酒足饭饱后，我打开了小罐让她们试尝一点。罐内黄澄澄的山菜泛出诱人的香气，贪嘴的姑娘们都伸出了筷子，开始还慢慢拈，接着就争抢起来，一刻功夫就见了罐底。一位性急的伙伴说："<u>抢什么呀</u>，我还没尝出味来呢，只觉得香香的……"

(10)孩子读小学了，放学后或星期天，我总让孩子抽点时间到街上捡苹果核，回来喂家里养的几只小鹅。当然，我对孩子并没有溺爱放纵。他母亲说："让孩子干这活儿，<u>外人看了像什么？</u>"我说："不要紧，让小孩子吃点苦有好处。"

例(8)"你带头闹"的行为到说话时刻已经完成，而"闹"的行为有损言者老师的尊严，令其极度不满，"闹"的动作又具有[自主性]，因此，"你带头闹什么？"具有批评、斥责的功能，同时带有愤怒的感情。(9)的功能是责怪和抱怨。例(10)主要表达了指责、批评、责怪。

除了上面列举的三种主功能以外，该构式还有附加性衍生功能，包括谦虚、辞让、无奈的感叹、嘲讽、鄙夷、惊讶等。这些功能之所以是"附加性""衍生"功能，一方面是因为它们都特别依赖特定的语境，具有强语境依赖性；另一方面它们都表现为附着在主功能之外的情感色彩。

(11)人们感谢老田，可老田却说："<u>感谢什么</u>，我们工会是职工之家，工会干部是职工之友，理所当然地要为职工讲话，维护职工的利益，不然要我们这些人有什么用？"(主功能制止＋附加功能谦虚)

(12)有次吴建新打电话找不着他，专程跑车队找他，他也不在，说是出车了。吴建新就生气了，晚上他开着车来找我们出去吃饭，吴建新便指着他骂："<u>你牛逼什么呀你！</u>你丫不就是个开车的祥子么？你还少在我这儿抖骚，我砸了你那车你信不信？"(主功能辩驳＋附加功能鄙夷)

(13)主持人：你们那个夫妇俩今天到我们这儿来，你们的诉求是什么呢？
妈妈：我的诉求……都没有诉求了。<u>求什么呀</u>(《第三调解室》转写语料)

例(13)背景是儿子大学毕业后一直待在家中游手好闲，后来打起了爸妈房产的主意，要求强行分家。面对主持人的问询，妈妈表现出明显的无奈和失望，"求什么呀"表达自己已经没有什么诉求可言，实现了无奈的感叹功能，主功能辩驳，附加功能感叹。

在构式否定语义和语用功能分析的基础上，我们将反问构式"X什么"的构式义概括为：对受话人正在进行的或将要进行的动作行为的制止与劝阻，对业已完成的动作行为的怨责，或对某个言论、观点或意见的辩驳。

## 四、影响构式义的因素

哪些因素对"X什么"的构式义有制约作用呢？

### (一) X 是描述性的还是引述性的

反问构式"X什么"，X也可以分为两类：描述性的与引述性的。描述性用法表现为，X在上文或对方话语中没有出现，X是对现场情景的描述，此时，构式义表现为制止。如：

# "什么"反问习语构式承继网络研究

(1) 话音未落,一堆人挤在门前,白吓了一跳。

白展堂:怎么着?想砸场子啊?

众人:我们是来买鸡的,在哪儿交钱?<u>挤什么呀?</u>明明是我先来的,放手,你给我放手……(《武林外传》)

(2) 又一次,一个同学在补鞋摊上掉了10元钱,凤生叫住那同学,那同学连声感谢。凤生说:"<u>谢什么?</u>以后小心点就是。"

引述性用法,该构式一般表示辩驳,如:

(3) (客厅,家人站成一排,面向二老)

傅老:这位文怡同志,是我的老同学,她有些话要跟你们讲,希望你们听了以后,不要吃惊(坐)。

志新:(众人高兴)<u>吃惊什么呀</u>,高兴还来不及……(《我爱我家》)

但有时也表示制止,如:

(4) "别讲了,让俺再想想——""<u>还想什么!</u>铁岭城怎么守?要钱没有钱,要粮没有粮,要人没有人……"

究竟表示辩驳还是制止,与其他因素有关。

## (二) X 的性质

我们发现"X 什么"的构式义与 X 的性质及其语义特征密切相关。

作为动词的 X 的及物性与该构式的构式义没有什么关系。因为及物动词和不及物动词充当 X 都可以表达制止和辩驳。动词是否具有 [自主性] 对构式义有很大影响。制止义中表示被制止的动作行为必须由自主动词表达,道理很简单,因为只有受话人自己能够终止的动作行为才能被制止。比如"你跑什么!",跑与不跑都是人们自己能够控制的动作,这样制止才可能有效发生。"病"是非自主动词,就不能用于该构式表达制止:"*你病什么?"。非自主动词进入该构式只能表达辩驳。如:

(5) 小凡:我记得有一位大人物曾经说过,我们现在都还年轻,应该把主要精力放在工作和学习上嘛,过早就考虑这些问题是没有什么好处的

孟朝阳:这是谁说的?!我当面我就敢骂他!<u>他懂什么呀他</u>……不对,我怎么听着这话有点耳熟呀这话,是不是我今天下午在你们家说过来着?(《我爱我家》)

形容词一般都具有 [-自主性],所以,形容词进入该构式多数都表达辩驳。如:

（6）说他们是有钱吧，实在也少得可怜，万元户也没什么了不起，一万块还买不上一架三角钢琴呢！最可笑的是动不动就喝咖啡，算是时髦、高级，<u>高级个什么呀</u>，你没看见那咖啡馆里都是什么人嘛，不是个体户便是打短工的，乌烟瘴气……

（7）贾老师又问："她很漂亮？"
　　江涛说："<u>漂亮什么</u>，活泼点儿就是了。"

但是，当具有[自主性]语义特征的形容词进入该构式时，构式义就解读为制止。如形容词"急"，一个人急还是不急是可以控制的；"紧张"，一个人是不是紧张也可以控制，构式分别表达不要急、不要紧张的制止功能：

（8）于谦急了："你不能鸡蛋里头挑骨头，一两段有问题我认了，全不行你不成心找茬嘛！"师傅愣住："<u>你急什么呀</u>，这拍得挺好，我没说什么呀！"

（9）新画的画又烧掉了！远远看到水云间依然屹立，他就松了一口大气说："又没失火，<u>你紧张什么？</u>"

叹词、连词等话语成分充当X时，语用功能表现为制止，但具体的意义有点复杂。如：

（10）他打门口这么一吆喝，大奶奶一听，这卖菜的还真来啦！赶紧买点儿吧。大奶奶出去叫："卖菜的！""嗬！""哟，怪吓人的，<u>你'嗬'什么？</u>过来！""你买吗？""我叫你过来？""你看你，你买吗？你说呀！"这就要打起来。

（11）"你做什么？为什么偷看人洗澡？"他气冲冲地用西班牙语责问我。"洗澡？"我被弄得莫名其妙。"不知羞耻的女人，快走，嘘……嘘……"那个人打着手势好似赶鸡一样赶我走。"<u>嘘什么嘛</u>，等一下。"我也大声回嚷他。

（12）浴池门口挂着絮了棉花的门帘，看上去又潮湿又油腻……萍子把钞票递进一孔小窗洞，里面一个粗大的女声问："大池还是盆堂？"
　　萍子说："嗯？"
　　两个人谁也看不见谁，女声说："<u>嗯什么？</u>没洗过澡啊？"

（13）廖承志边往陈毅杯里添水，边劝道："老总，喝点水，你讲的话，我看没有错，不过……"<u>"不过什么？"</u>陈毅怒不可遏，"只要我说的没有错，我就坚持！我就是不低头、不检讨！"

（14）出了大门，丁兰兰一扬手，招呼道："李主任，等谁呢？""我……""<u>我什么呀</u>，是等林雁冬吧？别等了！她叫你把材料交给我。"

这里需要借鉴Austin的言语行为理论来解释。Austin（1975〔1962〕：94-108）把言语行为分为三类：言内行为（the locutionary act）、言外行为

( the illocutionary act )、言后行为( the perlocutionary act )。言内行为又区分为以下三种行为：发声行为( phonetic act )、发语行为( phatic act )和表意行为( rhetic act )。发声行为仅仅是发出某些声音的行为，如某只猴子发出与"go"没有差别的声音，即这声音不一定属于语言系统。发语行为指发出某些词的声音，即发出某种类型的音，这些音属于特定语言，跟某一特定语言的词汇、语法相符。表意行为是运用上述词汇表达或多或少确定的含义和所指( a certain more-or-less definite sense and reference )的行为。由此观之，例( 10 )叹词"嗬"作为引述性成分，它只是表示了一个发声行为，这个音不一定是语言系统的语音，只是随便的一个声音，词本身的意义已经被隐去不显。构式表示不让对方再发出"嗬"的声音。例( 11 )( 12 )"嘘"和"嗯"既是发声行为、发语行为也是表意行为。( 11 )的"嘘"除了代表"嘘"的声音，"嘘"本身还"表示制止、驱逐等"意义(《现代汉语词典》第七版1479页)。"嘘什么嘛"意思是你发出"嘘"这个音干什么，你不该发出"嘘"这个音；更重要的，还表示你别驱赶我走。( 12 )"嗯什么"既表示不要继续发出"嗯"的声音，更表示你不必感到奇怪，因为"嗯"的一个义项就是"表示出乎意外或不以为然"(《汉语大词典》3870页)。例( 13 )转折连词"不过"既是发语行为又是表意行为，同时还涉及概念转喻过程，"不过"通过它自身的意义转喻"不过"后面的转折性的话语。因此，"不过什么"既制止对方发出"不过"的发音行为，同时，更重要的是表示制止对方说出不过后面的转折性的话语内容。例( 14 )与此类似。

### (三) 时态

时态基本分成已完成和未完成两种，未完成又分为正在发生和未发生，所以，时态有尚未发生、正在发生和已经完成三种。当 X 所表示的动作行为已经完成时，该构式倾向于表示怨责；当 X 所表示的动作行为尚未完成时，该构式倾向于表示制止。如：

（15）丁小苹：是《丹娘》，好极了！我们大伙都哭了！
　　丁翼平：哭了？这孩子，看电影，哭什么？真是替古人担忧！
（16）（傅老和平小桂抬着志国上，和平小桂圆圆一痛嚎叫）
　　圆圆：哎呀！我的亲爹呀！（扑到志国身上）
　　和平：哎呀，你哭什么呀？你爸没事儿，就是吓昏过去了……（《我爱我家》）

例（15）中"哭"的动作经过女儿丁小苹的叙述可见已经发生。此时丁翼平面对孩子们看电影看哭了的既定事实，用"哭什么"表达对女儿的嗔怪，全句没有祈使意味。(16)"哭"的动作是现场正在进行的动作，"你哭什么呀"表示制止。

### (四)"引发—回应"毗邻对

反问不能作为首发语出现。反问的使用需要一系列语义语用条件。胡德明(2009)将这些条件归纳为四项：行为条件、关系条件、实质条件、语气条件。行为条件是引发言者使用反问句的言论或行为，反问是对这一引发的回应。反问构式"X什么"作为否定性应答语句，上文必定存在引起话语否定的"刺激"，这就形成"引发—回应"毗邻话对。引发的不同功能也会对作为回应的该构式的语义和语用功能产生影响。参照刘虹(2004：110-113)的归类标准，根据实际语料中引发语和应答语在互动交际中不同的表达功能，将毗邻对归纳为六种类型。

#### 1. 指责—辩驳

互动交际中，一方指责另一方，另一方不甘沉默，以反问构式"X什么"加以反驳，构成"指责—辩驳"毗邻对，这是日常互动交际中的常见情景。如：

(17)"无耻！我问你，你是这伢子的公还是爸？""什——么？我无耻？你这个不知趣的老东西！<u>我无耻什么？</u>我反党了吗？我是叛徒吗？嗯？"

#### 2. 陈述—制止劝阻

行为条件可以用陈述句呈现。下例中引发和平使用反问的行为条件是保姆小张的暗恋对象小刘的油条摊子旁边新添了一个卖馄饨的姑娘，小张有危机感，所以哭了。这些都是由陈述句表达的。和平的反问"那怕什么的呀"，是劝阻小张别哭，别怕，别担心。

(18)和平：小刘欺负你啦，啊？

小张：(哭)

贾志新：你们家不同意这事吧？

小张：不是，都不是。

和平：嗯？

小张：是他的油条摊子上——

和平：嗯？

小张：新添了一个卖馄饨滴。(哭)

和平：呦，那可坏了。那怕什么的呀？甭说他卖馄饨，他卖饺子咱也不怕他呀。合着大姐给你钱啊，去买馄饨出去快！（《我爱我家》）

陈述否定可以否定评论性语句，甚至可以对自己之前的评价予以否定，更新说辞。保姆小张哭泣和讲述让和平面色紧张担忧，表态"那可坏了"，对发生的事件进行评价，但是为了给保姆小张宽心，又以"那怕什么的呀"否定之前的评价，改换立场，构成"评价—辩驳"毗邻对。

### 3. 提供—拒绝

互动交际中，一方给另一方提供具体物品，另一方不同意接收，可以使用该构式表达拒绝。如：

（19）老郑：拿着拿着！

于大妈：拿着拿着，快拿着啊！

老傅：我们家明明没有老鼠嘛，我要这药干什么呢？你这不是开玩笑嘛！（笑）（《我爱我家》）

一方提供给另一方的事物也可以是一个建议，回应语以反问构式"X什么"加以拒绝：

（20）贾志新：呃，姥姥，您也不用忙着那么着急就走哈，要不然就再待两天？

和平妈妈：我还待什么呀？我还怎么待呀？（假哭）（《我爱我家》）

### 4. 请求/要求/命令—制止劝阻

互动交际中，一方提出请求、要求或命令，另一方不同意，可以使用该构式对请求、要求、命令的动作加以制止劝阻，如：

（21）圆圆：妈，快跑，警察来了！

和平：啊？

老傅：跑什么啊，人民的警察嘛！（《我爱我家》）

圆圆放学回家，慌慌张张地奔跑进屋，看见要进家门的警察叔叔，提出"妈，快跑"的要求。和平不明就里，老傅否认了圆圆要求的合理性，觉得警察是人民的警察，"跑什么啊"，表达了自己认为孙女"不应该跑"和"别跑"的立场。

### 5. 问询—辩驳

互动交际中，一方提出问题，问题中隐含一个观点，另一方不同意这一观点，可以使用该构式表示否定，实现辩驳功能。下例和平的话中隐含"一个姓透着近乎"的观点，对此，傅老不同意，以构式加以辩驳：

（22）和平：哎，这不说血浓于水么，这不是一个姓透着近乎么！
　　　傅老：<u>近乎什么</u>？不科学么，亲不亲阶级分，怎么能靠姓氏划分呐？（《我爱我家》）
（23）记：那他们不能跟家里人团聚，这年过起来肯定会挺难过的吧？
　　　李：<u>难过什么</u>？这年不就是一天嘛！在哪儿过都一样……

## 第二节　反问述宾构式"X什么"的产生与演变

　　Glodberg（1995：67-69）认为构式存在是有一定理据性的，表现在构式组成一个由承继关系联系的网络，可以用承继网络来表述跨构式的概括，构式就是网络上的一个个节点，子节点只从母节点承继与自己不矛盾的信息，从而形成新的节点，新的节点即是一个形式$_{新}$—意义$_{新}$配对。Traugott & Trousdale（2013：231）认为新节点的产生是构式化的结果，其实现方式有两种：新词汇微观构式的创造可能是瞬时完成的，例如，语言使用者从别的语言借用词汇构式，或者通过像词汇构式的转用这样的构词过程，从一个范畴转为另一个范畴，结果，一个新的构式被创造出来。另一种可能是，新微观构式或图式的创造是网络中一系列构式变化的结果。这种新节点的渐变的创造过程可能导致网络节点连接的重新配置。这就是我们所描绘的渐变构式化。反问构式"X什么"明显属于后者。本节在构式网络思想的指导下，对反问构式"X什么"的原型、扩展、承继关系进行考察，厘清构式网络中不同构式节点之间的承继与扩展关系。

### 一、反问述宾构式"何$_{宾}$＋Vt"的特征及其发展

　　上古前期（殷商西周）事物疑问代词有"何""曷""胡""害"四个，其中"何"是用得最为频繁、普遍的指物疑问代词（贝罗贝、吴福祥2000）。"何"最早见于《尚书》《诗经》（杨伯峻、何乐士2001：164），用于宾语为常（王力1980：288）。《尚书》指物疑问代词"何"做动词宾语凡7见，均前置于动词，均表询问，无反问用例：

# "什么"反问习语构式承继网络研究

(1) 禹曰：……<u>予何言</u>？(《尚书·皋陶谟》)（询问）

(2) 四方司政典狱，非尔惟作天牧？<u>今尔何监</u>？非时伯夷播刑之迪？<u>其今尔何惩</u>？惟时苗民匪察于狱之丽。(《尚书·吕刑》)

(3) 在今尔安百姓，<u>何择</u>，非人？<u>何敬</u>，非刑？<u>何度</u>，非及？(《尚书·吕刑》))

(4) <u>今往何监</u>，非德？(《尚书·吕刑》)

对于后面两例，清代俞樾在《群经评议·尚书评议》(《续修四库全书》本，上海古籍出版社，2002：100）中指出，"何……，非……？"是相同的句法结构。最后一例，意思是：从今往后，监视什么呢？难道不是德行吗？即除了德行，没有什么可监视的，这就具有了反问的意味。有人认为下面的三个"何"在反问句中作宾语（李美妍2010）：

(5) <u>何忧乎驩兜？何迁乎有苗？何畏乎巧言令色孔壬</u>？(《尚书·皋陶谟》)

我们认为，这里的"何"看作状语似乎更合适，因为动词后面都有宾语。《诗经》中疑问代词"何"作动词宾语，既有询问，也有反问。"何"作宾语的反问用法始于《诗经》：

(6) 其<u>蔌维何</u>？维笋及蒲。<u>其赠维何</u>？乘马路车(《诗经·荡之什·韩奕》)（询问）

(7) 王事靡盬，不能蓺稷黍。<u>父母何怙</u>？……<u>父母何食</u>？……<u>父母何尝</u>？(《诗经·唐风·鸨羽》)[盬（gǔ），停息。周王的役事没有完，不能种稷黍。父母有什么可依恃。……父母靠什么吃？……父母拿什么来品尝？（周振甫译注2005：116-117)]

后一例有三个反问句。"何"在反问句中做及物动词"怙（依靠、依赖）""食（吃）""尝（品尝）"的宾语。因为按照上古汉语的语法规则，疑问代词作宾语放在动词之前。三个动词有两个是日常生活身体动作动词，一个是日常社会行为动词。"何"表示动作"吃"的受事或"依靠"的对象。反问之后，句子否定动作受事或对象的存在；通过对动作受事、对象的否定，传达出"王事靡盬"不合理的语用含义，从而批评了"王事靡盬"的现象。其逻辑关系清晰：因为王事靡盬，所以不能蓺稷黍；因为不能蓺稷黍，所以父母没有吃的、无所依靠。倒过来说就是：父母没有吃的、无所依靠是因为不能蓺稷黍；不能蓺稷黍是因为王事靡盬，因此，王事靡盬是造成这一切后果的根源。揆诸反问产生机制，这三个反问句行为条件都是"王事靡盬"。"王事靡盬"不是对方的言语、观点，而是存在的现实现象或现实状态，是对现实现象的描述，因此，这三个反问都是描述性用法。

据贝罗贝、吴福祥(2000),上古中期(春秋战国)事物疑问代词有"何""胡""曷""奚""孰""焉""安""恶"8个。除"何"外,其他几个事物疑问代词使用频率都很低,多有限制。"奚"用为宾语的比较少见,"胡""曷"用为宾语的更是个别情况,仅限于"胡为""曷为"组合,它们通常只作状语。(王力1980:289)"孰"询问事物总是带有别择的功能。"何"在这个时期的事物疑问代词系统中仍是最主要的形式,使用频率最高。

贝罗贝、吴福祥(2000)指出上古后期(两汉)的问事物疑问代词主要有"何""孰""奚""曷""胡""安""何所""何等"8个,用频最高的还是"何"。"曷""胡""奚""孰"至少在东汉时期已经从实际口语里消失,而文献中所见的少数用例,应该是书面上的一种仿古现象。"何所""何等"是这个时期新产生的事物疑问代词,不过例子少见。

综上可知,上古汉语作动词宾语的事物疑问代词使用频率最高的是"何"。下面我们重点考察"何"在先秦的使用情况。

何乐士(2004:265-267)将《左传》中的"何"分为三类:作宾语、谓语、主语的事物疑问代词,作定语的形容词,作状语的副词。每一类又分为单独使用和由它参与组成的词组和固定格式。据他统计,《左传》疑问代词"何"单独使用共126例,表反问115例,占91%,表询问仅11例。其中作动词宾语118例,占94%。[①]我们课题组对《左传》"何"的用法做了统计,结果见下表3-5。

表3-5 《左传》疑问代词"何"用法统计表

| | 反问 | | | | | | 非反问 | 合计 | 总计 |
|---|---|---|---|---|---|---|---|---|---|
| | 状语 | 宾语 | 定语 | 谓语 | 主语 | 合计 | | | |
| 单用 | 66 | 136 | 92 | 6 | 1 | 301 | 55 | 356 | 727 |
| 复用 | | 224 | | | | 224 | 147 | 371 | |

我们的统计结果与何乐士的数据有较大出入,原因可能是对单用复用理解不一致。但各类用法的比例没有太大不同。《左传》疑问代词"何"单用反问用法301例,占单用总数356例的85%,仅比何乐士91%少6个百分点;复用反问224例,占复用总数371例的60%。单用作宾语反问用法是作宾语询问(21例)的6.5倍。可见,《左传》事物疑问代词"何"反问远远多于询问;作动词宾语,反问用法远远多于询问用法。我们课题组还统计了《孟子》

---

① 原书为93%。我们根据作宾语118例占总数126重新计算,四舍五入应为94%。

《庄子》《韩非子》《世说新语》中疑问词"何"的使用情况，见下表3-6。

表3-6 《孟子》《庄子》《韩非子》疑问词"何"用法统计表

| | 单用 | | | | | | 复用 | 合计 |
|---|---|---|---|---|---|---|---|---|
| | 询问 | 非疑问 | 反问 | | | | | |
| | | | 状语 | 宾语 | 定语 | 谓语 | | |
| 《孟子》 | 56 | 0 | 19 | 9 | 8 | 1 | 100 | 192 |
| | | | 37 | | | | | |
| 《庄子》 | 43 | 2 | 12 | 9 | 10 | 1 | 164 | 241 |
| | | | 32 | | | | | |
| 《韩非子》 | 81 | 0 | 8 | 6 | 2 | 1 | 124 | 222 |
| | | | 17 | | | | | |
| 合计 | 180 | 2 | 39 | 24 | 20 | 3 | 388 | 655 |

我们的统计数据为：这三部著作中，"何"单用的反问用法数量均不及询问用法（37∶56；32∶43；17∶81），但反问用法计有86例，说明反问用法也很普遍。而在反问用法中，"何"作宾语的用例24，仅次于作状语，位居第二。由此，我们认为，先秦存在一个由事物疑问代词"何"充当宾语构成的反问述宾构式：

[[何$_{事物疑问代词宾语}$＋V$_{及物}$] ⟷ [反问＋否定]]

为方便起见，我们将该构式简称为反问构式"何$_{宾}$＋Vt？"。下面讨论该构式的特征。

作宾语的事物疑问代词"何"前置于动词。《左传》只有1例作宾语的疑问代词放在动词后，为询问，兹录于下：

（8）将战，吴子呼叔孙，曰："而事何也？"对曰："从司马。"（《左传·哀公十一年》）（"事何"即"干什么"）

我们发现尚有2例"何"置于谓语动词后，两例都是"其谓我何？"。
构式中的动词都是及物动词，没有发现不及物动词。
下面我们先考察《左传》、然后再考察《孟子》《庄子》《韩非子》该构式中动词的语义类型。

张猛（2003：24）根据语义、语法功能和组合关系将《左传》谓语动词分成8个小类。如表3-7所示。

表3-7 《左传》谓语动词概况表（引自张猛2003）

| 小类 | 动词项数 | 语段数 | 单词使用频率 |
| --- | --- | --- | --- |
| 行为动词 | 1071 | 12404 | 11.58 |
| 状态动词 | 735 | 4894 | 6.66 |
| 关系动词 | 184 | 5147 | 27.97 |
| 趋止动词 | 166 | 3790 | 22.83 |
| 能愿动词 | 5 | 381 | 76.20 |
| 存在动词 | 16 | 2490 | 155.63 |
| 感知动词 | 75 | 4239 | 56.52 |
| 比类动词 | 14 | 382 | 27.29 |
| 合计 | 2266 | 33727 | 14.88 |

我们对张猛的动词分类系统作了稍微调整："趋止动词"主要表示行止动作，我们将它归入"行为动词"；将言说动词从感知动词里面独立出来，将其余的感知动词改称"心理动词"；增加"得失义动词"和"泛义动词"小类，将表示存在义或领有义的"有"归入"得失义动词"；将比类动词归入关系动词中。《左传》使用的动词总数2266，人们想当然地认为这些动词大部分都可以用于反问，其实不然。《左传》中用在反问构式"何$_宾$＋Vt？"中动词很有限，总数只有34个；类型也不多，主要有行为动词（10个）、言说动词（3个）、心理动词（12个）、得失义动词（7个）、泛义动词（2个）几类，缺少状态动词、关系动词、能愿动词等类型，表现出强烈的倾向性。

一是行为动词：求、及、待、请、恃、卜、诛、建、守、禳（祭祀消灾）。其中"求"11见，"及"6见，"待"5见，均表"追求"，即主体想要得到某物，表示某个动作行为的目的。如：

（9）唯子，<u>则又何求？</u>（《左传·成公二年》）

（10）若奉晋之众，用诸侯之师，因郯、莒、杞、鄫之怒，以讨鲁罪，间其二忧，<u>何求而弗克？</u>（《左传·昭公十三年》）

（11）若属有谗人交斗其间，鬼神而助之，以兴其凶怒，<u>悔之何及？</u>（《左传·昭公十六年》）

（12）晋人无信，半涉而薄我，<u>悔败何及？</u>不如纾之。（《左传·僖公三十三年》）

（13）善人，天地之纪也，而骤绝之，<u>不亡何待？</u>（《左传·成公十五年》）

二是言说行为：问、告、谓。如：

（14）下人而已，<u>又何问焉？</u>（《左传·襄公二十四年》）
（15）无神，<u>何告？</u>若有，不可诬也。有罪，若何告无？（《左传·襄公十四年》）
（16）王御士将御之，王曰："<u>先后其谓我何？</u>宁使诸侯图之。"（《左传·僖公二十四年》）

《左传》中"何谓"计11见，仅此1例反问，其余均询问。

三是心理动词。包括表示心理活动的动词，如：患、畏、病、怨、惧、爱、疑、忌，和感知、认知类动词，如：知、闻、观、觌（dí，见）。《左传》"何患"凡14见，均表反问。其中"何患之有？"2例，"何患于慧？"1例，其余11例"何"均作"患"的宾语，如：

（17）君苟有信，诸侯不贰，<u>何患焉？</u>（《左传·昭公十三年》）
（18）不害。令尹将行大事，而先除二子也。祸不及郑，<u>何患焉？</u>（《左传·昭公元年》）
（19）有楚国而治其民，以敬事神，可以得祥，且有聚矣，<u>何患？</u>（《左传·哀公十六年》）
（20）不儳不著，完其守备，以待不虞，<u>又何畏矣？</u>（《左传·昭公二十三年》）
（21）阳虎欲逐之，告公山不狃。不狃曰："彼为君也，<u>子何怨焉？</u>"（《左传·定公五年》）
（22）鲁无忧，而孟孙益邑，<u>子何病焉？</u>（《左传·昭公七年》）（您又担心什么呢？）

"何知"计10见，均表反问：

（23）君子有远虑，<u>小人何知？</u>（《左传·哀公十一年》）
（24）非是，君不举矣。君举必书。书而不法，<u>后嗣何观？</u>（《左传·庄公二十三年》）
（25）我斗，龙不我觌也。龙斗，<u>我独何觌焉？</u>（《左传·昭公十九年》）
（26）齐、鲁之故，<u>吾子何不闻焉？</u>（《左传·定公十年》）

四是得失义动词。表示有无、得失、损益类意义。包括：有、害、益、得、获、损、补。"何有"著名的例子是《论语》"何有于我哉？"，"何"做"有"的前置宾语，表反问。但对它的意义有不同的解释。杨伯峻（2015：77）解为"有什么呢？"，意即没什么，即"默而识之""学而不厌""诲人不倦"这三项我有什么呢？意译为这些事我做到了哪些呢？做到的不多，是孔子谦虚之词。钱穆（2012：152）解作"有什么困难呢"，意即这三项我做起来没什么困难，乃孔子"承当之词"。我们认为，"何有"字面意义只能解释为"有什么呢"，表示没有什么。首选字面意义，其他意义如"有什么关系""有什么困难""有什么好处""有什么妨碍"（王海棻2015：388）都是在特定的语境下由字面意义结合会话场景和言者意图，运用会话原则和规则推导出来的会话含义。《左传》未见"何无"，"何有"共14见，除作状语的1例（"其何有余一人？"）均表反问。

（27）蒲人、狄人、余何有焉？（《左传·僖公二十四年》）
（28）且今之勍者，皆吾敌也。虽及胡耇，获则取之，何有于二毛？（《左传·僖公二十二年》）
（29）吉若获戾，子将行之，何有于诸游？（《左传·昭公元年》）
（30）人实有国，我何爱焉。入而能民，土于何有？（《左传·僖公九年》）

杨逢彬（2011）指出，"何有＋于＋NP（VP）"结构的意义是"NP（VP）算个什么"，"何有于二毛？"意即二毛（双鬓斑白的老人）算个什么？"何有于诸游？"游氏诸人算个什么？"NP（VP）＋于＋何有"结构是其变式。当要强调NP（VP）时，Np（Vp）需要前置，而这时又不能将整个"于"字介宾结构前置，因为这样就与"于＋NP（VP）＋何有"结构没有了区别；而介词又必须紧挨着它的宾语。好在介词宾语可以前置本来就是上古汉语的特点，如"楚国方城以为城，汉水以为池"，于是就有了"土于何有""君于何有"这样的句子。

"何害？"凡12见，均表反问，意即"损失了什么？"：

（31）苟或知之，虽忧何害？（《左传·昭公元年》）

"何益？"9例，均反问，意为：增加什么？什么也不能增加，即有什么好处？

（32）先君之败德，乃可数乎？史苏是占，勿从何益？（《左传·僖公十五年》）
（33）邪而诅之，将何益矣！（《左传·隐公十一年》）
（34）季梁在，何益？（《左传·桓公六年》）
（35）寡君以为苟有盟焉，弗可改也已。若犹可改，日盟何益？（《左传·哀公十二年》）
（36）天下之恶一也，恶于宋而保于我，保之何补？（《左传·庄公十二年》）
（37）彼栾氏之勇也，余何获焉！（《左传·襄公二十一年》）

五是泛义动词。只有"为""事(做)"2个。用例35。其中"为"多达34例：

(38) 公嗾夫獒焉，明搏而杀之。盾曰："弃人用犬，<u>虽猛何为</u>！"(《左传·宣公二年》)

(39) 鬼神非其族类，不歆其祀。<u>杞、鄫何事？</u>(《左传·僖公三十一年》)

再看看《孟子》《庄子》《韩非子》反问构式"何$_宾$＋Vt？"中动词的类型。《孟子》计7个：言说动词2个：言、难(责难、责备)；心理动词1个：畏；得失动词2个：有(3例)、加；泛义动词2个：用、为。《庄子》8个：言说动词1个：言；心理动词4个：恶、患、知(2例)、闻；行为动词2个：卜、求；趋向动词1个：适。《韩非子》4个：言说动词2个：谓、贺(2例)；心理动词1个：患(2例)；得失动词1个：得。综合考虑上述四部著作见于该构式的动词词项数目和用例数量，则该构式中动词类型出现频率按高低排列大致为：

**泛义动词 ＞ 得失动词 ＞ 心理动词 ＞ 言说动词 ＞ 行为动词**

泛义动词词项少，主要是"为"，出现次数多，频率高。出现频率较高的构例为："何为"35、"何有"17、"何患"14、"何害"12、"何知"12、"何求"12、"何益"9、"何及"6、"何待"5。

宾语"何"的语义类型。孟琮等(1999：8-11)将名词宾语分为14类：受事、结果、对象、工具、方式、处所、时间、目的、原因、致使、施事、同源、等同、杂类。目的和原因宾语的形式特点是宾语可以分别用"为""因为"而提到动词前面。杨伯峻、何乐士(2001：521-553)将动宾语义关系列了5大类20小类：受事宾语、关系宾语、施事宾语、主题宾语、其他宾语。其中关系宾语可以表示动作行为的目的、原因、工具、处所、有关的对象等。先秦这几部著作中，该构式中"何"的语义类型很有限，主要是下面几种：

一是指代事物，表示动作的受事

(40) 师无成命，<u>多备何为？</u>(《左传·宣公十二年》)

(41) 夏百官象之，<u>其又何诛焉？</u>(《左传·桓公二年》)

(42) 君若犹辱镇抚宋国，而以偪阳光启寡君，群臣安矣，<u>其何贶如之</u>！(《左传·襄公十年》)(赏赐什么比得上这样的赐予呢？贶，kuàng，动词，赐、赏赐)

(43)如使人之所欲莫甚于生,则凡可以得生者,<u>何不用也?</u>使人之所恶莫甚于死者,则凡可以辟患者,<u>何不为也?</u>(《孟子·告子上》)

二是表示动作行为的结果

(44)且其繇曰:"利建侯。"嗣吉,<u>何建?</u>建非嗣也。二卦皆云,子其建之!(《左传·昭公七年》)

"建"意为"建立、设置、树立","建侯"建立侯爵爵位,即立嫡子为侯爵,继承君位。"建"之前,嫡子没有爵位,"建"之后他才拥有君位,他拥有君位是"建"的结果。宾语表示言说等动作行为的结果。如:

(45)其作始有伦,而今乎妇女,<u>何言哉!</u>(《庄子·外篇·天运》)

三是宾语表示存在的事体。动词"有、无、多、少、在、容"的宾语,杨伯峻、何乐士(2001:544-545)称之为"存在宾语"。如:

(46)故居者有积仓,行者有裹囊也,然后可以爰方启行。王如好货,与百姓同之,<u>于王何有?</u>(《孟子·梁惠王下》)(那对于实行王政来统一天下有什么困难呢?)

孟琮等(1999:442)将"有"的宾语也归入受事,如"有钱""有人""有盼头"。这样,"何有"中的"何"也表示受事。孟琮等(1999:184)认为"加"(使数量比原来多或程度比原来高;增加,如:再加一个人;加油;加水)的宾语也表示受事。这样,该构式中的动词"益、获、得、损、害"的宾语也都可以看作是受事宾语。

四是宾语表示动作行为涉及的对象。李临定(1990:113)将表示喜爱、怨恨的心理活动动词所带的宾语看作是对象宾语。孟琮等(1999:268;86)也认为"怕虫子""怕老师""担心家里的老人""担心妈妈的病"中的名词性宾语都是对象宾语。因此,反问动宾构例"何恶""何畏""何怨""何爱""何知"中"何"根据上下文,如果理解为体词性成分,则都可以看作是心理动词的对象宾语。如:

(47)子祀曰:"女恶之乎?"曰:"亡,<u>予何恶!</u>……"(《庄子·内篇·大宗师》)

根据子祀的问话"你讨厌这副样子吗",子舆答语中的"何"指"这副样子",为体词性成分,故"何"为对象宾语。

五是宾语表示认知、感受等活动的内容。心理动词中的表示认知、感受类动词所带的谓词性宾语或小句宾语,都可以看作是内容宾语。如:

（48）蹇叔哭之曰："孟子！吾见师之出而不见其入也！"公使谓之曰："尔何知！中寿，尔墓之木拱矣。"（《左传·僖公三十二年》）

（49）桓公谓管仲曰："官少而索者众，寡人忧之。"管仲曰："君无听左右之请，因能而受禄，禄功而与官，则莫敢索官。君何患焉？"（《韩非子·外储说左下》）

例（49）桓公担心的是"官少而索者众"，构例中的"何"应该看作是内容宾语。下面的例（50）公孙黑犯下三宗罪，但他死前还请求让其子印担任褚师的官职，所以，"请"的宾语是个小句。"而又何请焉？"而又请求什么？"何"指代请求的内容，为内容宾语。

（50）请以印为褚师。子产曰："印也若才，君将任之；不才，将朝夕从女。女罪之不恤，而又何请焉？不速死，司寇将至。"（《左传·昭公二年》）

六是目的宾语。宾语表示动作行为的目的，如：

（51）莫敖曰："卜之？"对曰："卜以决疑。不疑，何卜？"（《左传·桓公十一年》）

上古时期，"卜"是一种迷信活动，用火灼龟甲，根据裂纹来预测吉凶。后泛称用各种形式（如用铜钱、牙牌等）预测吉凶（《汉语大词典》983页）。可见，卜是一种为了预测吉凶而进行的迷信活动。目的这一语义成分是卜这一活动的必有成分，离开了目的，卜变得毫无意义，也就不复存在。由于当时科学技术十分落后，人们相信超自然的力量主宰一切，而威胁人类生存的战争、瘟疫、疾病、猛兽、自然灾害又十分频繁，因此，占卜活动极为普遍。久而久之，目的成分词汇化为动词"卜"的一个宾语论元，这样，"卜"变成一个及物动词，带目的宾语，如"卜右，庆郑吉"（《左传·僖公十五年》），"右"为"卜"的宾语，表示目的，意为占卜一下以决定车右的人选，庆郑得吉卦。同理，上例中的"卜之"是为此占卜的意思，"之"是"卜"的目的宾语。可见，"卜"是一个目的论元内置于词义的特殊动词。类似的有"求""待"：

（52）重施而报，君将何求？（《左传·僖公十三年》）

（53）实落、材亡，不败何待？（《左传·僖公十五年》）

求，追求、要求，其宾语是主体所追求的目的物。

在这四部典籍中，反问述宾构式中"何"所充当的语义角色主要为：受事、结果、存在物、对象、内容、目的，没有发现工具、方式、处所、时间、原因、致使、施事、同源、等同等语义类型。我们的发现是：

在上古反问述宾构式中，"何"充当的语义角色是特定动词所惯常关涉的语义成分，是动词词义本身规定的必有论元，为基干动核结构的论元。

例如，动词"为"所惯常关涉的语义成分是受事，存在动词"有"惯常关涉的语义成分是存在物，动词"卜"所惯常关涉的语义成分是目的，认知动词"知"所惯常关涉的语义成分是内容。"内容"作为一种语义格，不见于各家对动宾语义关系作出的归纳中（丁声树1961，李临定1990，鲁川1994，孟琮等1999，杨伯峻、何乐士2001，陈昌来2002、2003）。傅雨贤（1988：179-181）分出18个格，其中有"内容"一格。但他将内容格定义为：动作行为活动的内容，如下面几个句子中的宾语："他们正在雕刻《沁园春》""老师傅铸造着解放军铜像""我写的是《新人新事》"。在我们看来，这些宾语都不是动作行为活动的"内容"，而是动作行为产生的结果。我们贯彻构式语法整体性思想，基于使用的模型，就特定动词与其高频同现的宾语之间分析其语义关系。语义成分因动词而异，动词不同，它所惯常关涉的语义成分不同。

动词与其题元配置构成论元结构构式。张建理（2012）认为，论元结构构式本质上可分为动词本原构式与超动词构式两类。动词与其常规具体题元组合的构式称为"动词本原题元结构构式"（verb's basic argument structure construction），简称为"动本构式"，可定义为：动词与其高频共现并在心智中最易联想到的名词形成的复合象征单位，它具有特殊的事件图式，有完形效应，并可以对含有新的参与组分的构式句进行范畴化。但凡动词都不是自立的，都涉及其常规的本原题元结构构式。由此，我们认为，上古时期的反问述宾构式是动本构式。

日常生活中每天都在发生诸如张三吃米饭、李四喝水、王五洗衣服、赵六敲门之类的事件；类似事件反复发生，人们经过观察和体验，对客观事件及事物之间客观存在的关系在头脑中形成意象；在认知域内进一步抽象由意象形成意象图式（概念框架）；该意象图式投射到人类语言，形成该意象图式的语义框架；该语义框架投射到一个具体语言，形成反映该语义框架的构式；物色具体词项填入该构式，形成该构式的具体的句子（陆俭明2009）Langacker（2008：355-357）。指出，尽管小句结构多样复杂，但完全可以看作是植根于人类基本经验之中。对它们最好的描述和理解需要参照某些代表了人类基本经验的原型概念。概念原型对小句成分起着原型的作用，也是决定小句结构安排的主要因素。其中一个重要的原型是"子弹球模型"

（billiard-ball model）：物体经过空间移动，通过强有力的物理接触互相影响。他还提出典型事件模型（canonical event model）描述人们的概念框架，他曾用该模型概念化语言中的 SVO 及物构式。此典型事件模型如图3-1所示。

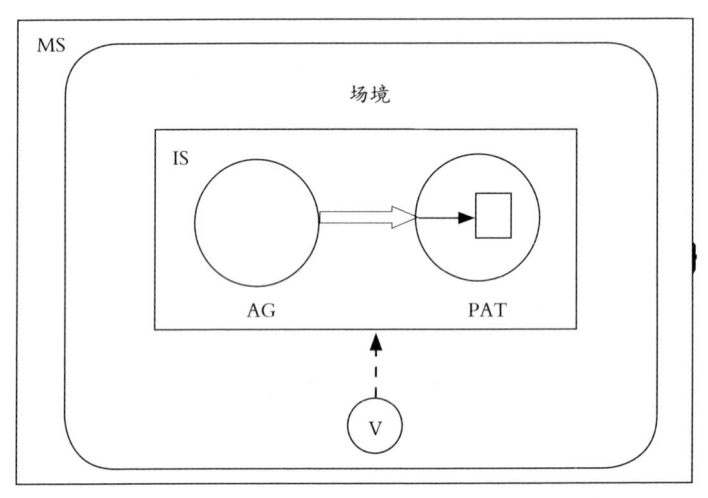

图3-1　典型事件模型（引自 Langacker2008：357）

其中 V 表示观察评述者，AG 为施事，PAT 为受事，IS（immediate scope）为直接辖域，MS（maximal scope）为最大辖域，单线箭头表示感知行为，双线箭头表示能量传递。此模型表征的是一个有界的施力事件，施事通过强有力的物理接触把能量传递给受事从而使后者经历一定的变化。从概念结构投射到语言层面后，施事成为主语，受事成为宾语，而能量传递过程由动词实现。刘琦（2014：54-55）认为这种典型事件模型投射到语言中形成典型的主动宾结构，此主动宾结构正是单宾动本构式。例如，"吃"动本构式的形义组配为"主语/食者+谓语/吃+宾语/食物"，构式义为"食者致使食物从体外位移至其口内经吸嚼并咽下"（张建理2012）。再如"打"动本构式的形义组配为"主语/击打者+谓语/打+宾语/被击打物"，构式义为"击打者用力撞击被击打物并使之发生变化"。显然，"食者"和"击打者"为施事，而"食物"和"被击打物"由于不具备行为性、意愿性而范畴化为受事。典型动本构式表述发生在空间域的行为事件，事件的两参与者是典型的施事和受事，且结果是施事对受事造成的影响。

接着来看该构式的语用特点。

反问构式"何$_宾$+Vt？"根据行为条件 q 的性质，也可以分为描述性与引述性两类。

## （一）描述性否定

### 1.意愿否定

对方将要施行某个行为动作，言者反对，此为行为条件 q。关系条件：要否定 q，可以通过否定行为 q 的前提 p（prerequisite）来实现，那么就必先找到 q 的前提 p。言者推断出 q 的前提 p，建构 p 与 q 之间的反蕴涵逻辑关系："只有 p 才 q"，p 反蕴涵 q；p 假则 q 不合理。实质条件：言者运用反问韵律形式和限定话语朝言者所期待的方向理解的语句形式对 p 提问，说出反问句。语气条件：在言者看来，语境不支持 p，p 假，所以 q 不合理，从而表达对对方行为的劝阻。（胡德明 2009）如：

（54）夏，大旱。公欲焚巫、尪。臧文仲曰："……巫、尪何为？……"公从之。（《左传·僖公二十一年》）

夏季大旱，僖公要烧死巫人和尪人（仰面朝天的怪人），臧文仲反对，这是 q。要否定 q 可以通过否定 q 的前提 p 来实现。他推断出前提 p 为：巫人和尪人做了某些事情导致了大旱。建构 p 与 q 之间的反蕴涵逻辑关系：只有巫人和尪人做了某些事情导致了大旱（p），你才可以烧死他们（q），p 反蕴涵 q；p 假则 q 不合理。实质条件：臧文仲运用反问形式对 p 提问"巫人和尪人做什么（导致了大旱）？"在言者看来，巫人和尪人没做什么，所以，烧死他们是不合理的，所以您不能烧死他们。"公从之"说明实现了劝阻的语力。

### 2.神情状态否定

下例 q 为"军吏患之"，这是军官们表现出来的一种害怕、担心的神情状态。言者通过对"患"的内容的否定，从而否定了神情状态的合理性：

（55）甲午晦，楚晨压晋军而陈。军吏患之。范匄趋进，曰："塞井夷灶，陈于军中，而疏行首。晋、楚唯天所授，何患焉？"（《左传·成公十六年》）

### 3.观点否定

对方话语表达了某个观点，言者不同意，此为 q，用反问语气对 q 的前提 p 提问，以否定 p，进而实现否定 q 的目的。如：

（56）秋，季文子将聘于晋，使求遭丧之礼以行。其人曰："将焉用之？"文子曰："备豫不虞，古之善教也。求而无之，实难。过求，何害？"（《左传·文公六年》）

季文子准备到晋国聘问，让人代他请求如果遇到丧事那么应该以怎样的礼仪对待，然后才动身，随行的人认为无此必要（"将焉用之？"），这是 q，季文子不同意这一观点。他推断出 q 的前提 p 为：预备好意外的事，有某种害处。他用反问语气对 p 提问："有什么害处？"结果是没有什么害处，否定了 p，进而否定了对方的观点 q。

(57) 骋告公曰："太子将为乱，既与楚客盟矣。"公曰："为我子，<u>又何求？</u>"（《左传·襄公二十六年》）

伊戾驰马回来报告宋平公，说太子将要作乱，这是对方的观点 q。宋平公不信，要反驳。宋平公推断出作乱的前提是要达到某个目的，于是对 p 提问："太子已经是我的继承人了，还谋求什么？"认为他没有目的，否定了 p，从而也否定了 q：太子不会作乱。此例也可以将 q 看作是伊戾对宋平公的提醒：太子要作乱。言者通过否定作乱这一行为的目的，从而否定该行为的可能性，进而表达言者对提醒言语行为的拒绝。

4. 言语行为否定

当 q 表现为对方的请求、劝阻等言语行为时，该构式表达对这一言语行为的间接否定。如：

(58) 大夫请以入。公曰："获晋侯以厚归也；既而丧归，焉用之？<u>大夫其何有焉？</u>……"（《左传·僖公十五年》）

大夫请求把晋惠公带回国都，此为 q。秦穆公推断出 q 的前提 p：把晋惠公带回国都有价值。他用反问形式对 p 提问：带回晋惠公，大夫又能得到什么呢？语气条件：大夫并不能得到什么好处，否定了带回晋惠公的价值，从而间接否定了对方的请求。

(59) 军吏患之。范匄趋进，曰："塞井夷灶，陈于军中，而疏行首。晋、楚唯天所授，何患焉？"文子执戈逐之，曰："国之存亡，天也，<u>童子何知焉！</u>"（《左传·成公十六年》）

此例的 q 为范匄劝阻大家不必担心敌人来犯。文子通过否定对方的认知（童子何知焉！）来达到劝阻对方行为的目的。

(二) 引述性否定

引述性否定比较少见。下例是孟子对公孙丑观点的否定。孟子与副使王驩成天在一起，且一道在齐藤之间来回一趟，却不曾与王驩谈过公事，公孙丑对此很奇怪，认为孟子应该跟他谈公事。孟子引述公孙丑话语中的关键词

"言",通过对言说结果的否定:他既然一个人独断独行了,我还说什么呢?我没什么可说的,从而否定对方的观点。

(60)孟子为卿于齐,出吊于滕,王使盖大夫王驩为辅行。王驩朝暮见,反齐、滕之路,未尝与之言行事也。公孙丑曰:"齐卿之位,不为小矣;齐、滕之路,不为近矣。反之而未尝与言行事,何也?"曰:"夫既或治之,<u>予何言哉?</u>"(《孟子·公孙丑下》)

先秦反问构式"何$_宾$+Vt?"主要用于描述性否定,以间接否定对方的观点为常。

综上所述,先秦反问述宾构式"何$_宾$+Vt?"具有如下特征:

a. 作宾语的事物疑问代词"何"前置于动词;
b. 构式中的动词都是及物动词;
c. 该构式允准的动词按频率高低主要是:泛义动词、得失动词、心理动词、言说动词、行为动词,主要表达行为的目的(何为)、价值(何有、何益、何害)、某个行为引起的心理感受等;
d. "何"充当的语义角色是特定动词所惯常关涉的、词义本身规定的必有论元(下文简称为"惯常论元");
e. 通过否定惯常论元,否定对方行为的目的、价值、心理感受,从而间接否定对方关于该行为的观点;
f. 该构式为动本构式;
g. 主要用于描述性否定。

据此,可以将该构式重新表述为:

[[何$_{事物疑问代词宾语}$+V$_{及物}$] ⟷ [通过否定动词惯常论元,从而否定对方观点、意愿、神态]]

还产生了一些与该构式相关的构式。

## 1. "不(弗)V1何V2"

V2通常是泛义动词"为"和等待义动词"待",字面意思是"不V1还做什么""不V1还等待什么",其含义是:什么也做不了,只能V1;什么也等不到,只有V1;构式义:通过否定V2,强调V1是唯一的结果。如:

(61)且先君之嗣卿也,受命以求师,将社稷是卫,而惰,弃君命也,<u>不亡,何为?</u>(《左传·成公十三年》)

（62）善人，天地之纪也，而骤绝之，<u>不亡，何待？</u>"（《左传·成公十五年》）

（63）国蹙、王伤，<u>不败何待？</u>（《左传·成公十六年》）

（64）若困民之主，匮神乏祀，百姓绝望，社稷无主，将安用之？<u>弗去何为？</u>
（《左传·襄公十四年》）

位于否定小句之后是反问句最偏爱的语境之一，现代汉语也如此，如"没有这些古迹，游客来了看什么？""你不这样，你能怎么样？""你不花钱，还想享受，怎么可能？"等等。

### 2."V1之何V2"

"V1之"是主语，"何V2"是谓语，对"V1之"的结果加以陈述，极言施行"V1之"的结果具有或不具有某种价值或程度之深，以劝说或劝阻某人做某事。

（65）若德之秽，<u>禳之何损？</u>（《晏子春秋·景公使祝史禳彗星晏子谏第六》）

（66）吾令实过，<u>悔之何及！</u>（《左传·襄公十四年》）

### 3."VP何为"

字面意思是：VP做什么？VP干什么？VP有什么用？语用含义是：VP没用、没有价值，所以，不用VP、无需VP。如：

（67）郤献子曰："二憾往矣，弗备，必败。"蛊子曰："郑人劝战，弗敢从也；楚人求成，弗能好也。师无成命，<u>多备何为？</u>"（《左传·宣公十二年》）

（68）德则不竞，<u>寻盟何为？</u>（《左传·成公九年》）

（69）吴之入楚也，胡子尽俘楚邑之近胡者。楚既定，胡子豹又不事楚，曰："存亡有命，<u>事楚何为？</u>多取费焉。"二月，楚灭胡。（《左传·定公十五年》）

### 4."虽V1何V2"

让步转折复句，退一步承认某种极端情形，即使极端情形，也没有某种价值或没有某种害处，从而论证某种观点的合理性。

（70）龙奇无常，金玦不复，<u>虽复何为</u>，君有心矣。（《左传·闵公二年》）

（71）狄有五罪，俊才虽多，<u>何补焉？</u>（《左传·宣公十五年》）

（72）苟或知之，<u>虽忧何害？</u>（《左传·昭公元年》）

## 二、中古过渡性构式"何所_宾 + V"

中古时期，该构式的发展变化我们主要考察了《世说新语》。《世说新语》反问述宾构式与上古汉语相比同中有异。下面具体说明。

事物疑问代词双音化明显。此时，除了"何"之外，还出现了"何物""何所""何等""何者""云何"等形式。这些形式主要是询问，反问只见到"何所""何物"用例。用于反问述宾构式的除"何"之外，只有"何所"。"何物"不用于反问述宾构式。

特征 a、c 与上古一致。

特征 b 有所发展，上古该构式允准的仅限于及物动词，中古开始有不及物动词出现于该构式，如戒备义的"严"，甚至出现了形容词，如"难"。但《世说新语》只见这两例。

特征 d 也有所发展。中古时期，"何 / 何所"充当的语义角色主要是但不限于特定动词的惯常论元，开始出现非动词所惯常关涉的、非动词词义本身规定的论元。如：

（1）诸葛宏在西朝，少有清誉，为王夷甫所重。时论亦以拟王。后为继母族党所谗，诬之为狂逆。将远徙，友人王夷甫之徒，诣槛车与别。宏问："朝廷何以徙我？"王曰："言卿狂逆。"宏曰："逆则应杀，狂何所徙。"(《世说新语·黜免》)

（2）有往来者云："庾公有东下意。"或谓王公："可潜稍严，以备不虞。"王公曰："我与元规虽俱王臣，本怀布衣之好。若其欲来，吾角巾径还乌衣，何所稍严。"(《世说新语·雅量》)

（3）王右军少时涩讷。在大将军许，王、庾二公后来，右军便起欲去，大将军留之，曰："尔家司空、元规，复可所难？"①（《世说新语·轻诋》)

上面3例中的"何所"是不是疑问代词？何乐士等（1985），柳士镇（1992），董志翘、蔡镜浩（1994），冯春田（2000）等均未收录。社科院语言所《古代汉语虚词词典》（1999）中"何所"有两个解释：一是由疑问代词"何"与名词"所"组成的偏正词组，问处所，相当于"什么地方""哪里"，可作主谓宾状（208-209页）；一是用在"何+所+动词"句式中，"所+动词"这一名词性短语为主语，"何"为前置谓语（195页）。王海棻（2015）的解释与此同。两种用法都是词组而不是词。贝罗贝、吴福祥（2000）认为东

---

① "可所"即"何所"，"可""何"相通。（杨伯峻、何乐士2001：165）

# "什么"反问习语构式承继网络研究

汉时期"何所"很可能已是一个口语化程度较高的事物疑问代词。观察发现,《世说新语》中的"何所"大多很难解释为"何+所+动词"句式或"什么地方",如"狂何所徙"不能理解为"狂放,所徙者何?",解释为"狂放,流放到哪里?"就变成了询问而不是反问,与这句话在语境中的意义不吻合。我们认为上面3个"何所"都是口语化程度较高的事物疑问代词,相当于"什么",而不是词组,也不是问处所的疑问代词。

例(1)"徙",《汉语大词典》(4391页)第一个义项"迁移;移居",接处所论元,如:"王商,字子威,涿郡蠡吾人也,徙杜陵。"(《汉书·王商传》)第五个义项"贬谪;流放",接处所论元,如"有薛约者尝学于城,狂躁以言事得罪,将徙连州。"(唐韩愈《顺宗实录四》)也可接处置对象,一般是指人的名词性成分,如:"徙天下富豪于咸阳十二万户。"(《史记》)例(1)前一"徙":"朝廷何以徙我?"后接的就是处置对象"我"。这样看来,动词"徙"惯常联系的必有论元是处所和作为人的处置对象。"狂何所徙?"中"何所"形式上为动词"徙"的宾语,占据了"徙"的论元位置;但实际上并非指处所,也不指称作为人的处置对象,而是指代事物,相当于"什么",意义更为虚灵,各人理解也不尽一致。张万起等译为:"叛逆就应该杀,狂妄为什么流放!"(《世说新语译注》,中华书局,1998:873)朱碧莲等译为:"叛逆就应当杀头,狂放为什么要流放!"(《世说新语》,中华书局,2011:868)百度搜索的译文:"叛逆就应当斩首,狂放有什么可流放的呢!"可能还要贴切一点,当然也可以译为:"叛逆就应当斩首,狂放流放什么!""何所"徙居论元位置而不指代动词惯常联系的必有论元。朱德熙(1982:221)将表反问的"看什么?""还睡什么?都九点了。""好什么?一点也不好。"中的"什么"称作"虚指宾语",我们把这里的虚指宾语"何所"称为"虚拟论元"。"何所"是"徙"的虚拟受事论元(如:"流放什么!""有什么可流放的!")或虚拟原因论元(如"为什么流放!")。同理,例(2)(3)中的"何所"也都是虚指宾语、虚拟受事论元,其所在的句子可以分别解读为:"如果他想来,我就换民服直接回乌衣巷去(当老百姓),有什么可戒备的!""是你家的司空和元规两人,又为难什么呢!"

特征e,中古时期,该构式大部分通过否定动词惯常关涉的、动词词义所规定的必有论元,否定对方行为的目的、价值、心理感受,从而间接否定对方关于该行为的观点;开始出现少数构式通过否定动词、形容词的虚拟论元:虚拟受事、虚拟目的、虚拟原因、虚拟范围等,否定对方行为、性质状态,进而间接否定对方关于该行为、性质的观点。

f. 该构式大部分为动本构式,开始出现"虚拟论元构式"。

g. 主要用于描述性否定,引述性否定在缓慢发展。

特别值得一提的是,上述这些微小的发展都出现在中古产生的双音节事物疑问代词"何所"所在的句子中。

另外还有一些细节方面的发展。"何为"上古时期都是述宾短语,《世说新语》"何为"11见,都用于谓词性成分前面,都是介宾短语,问原因,相当于"为什么""为何"。多询问少反问,如"幸尚宽,何为不可?"。"何有"3例,"何"均作状语,没有做宾语的,"有"后面另有宾语,意为:"哪有……?"如"何有名士终日妄语?"。"有何……?"8例,5例反问,如:"有何不可?"

综上所述,上古的反问"何$_{宾}$＋Vt?"构式发展到中古演变为"何所$_{宾}$＋V"构式:

[[何所$_{事物疑问代词}$＋V] ⟷ [通过否定动词惯常论元间或否定虚拟论元从而否定对方观点、意愿、神态]]

主要发展表现在:动词基本上都是及物动词,"何所"指代动词惯常必有论元;开始出现少量的不及物动词甚至形容词[①];开始出现"虚拟论元"构式。但是,"何所"前置于动词,承继了上古疑问句的典型形式特征,因此,该构式总体上表现出过渡的特性。

## 三、反问述宾构式"V(个)什摩"的特征及其发展

前文已经述及,事物疑问代词中古产生了双音节词"何等""何所""何物""底物""是物"等形式。"是物"又作"是勿""是没",最早见于8世纪中叶的敦煌文献。"是物"连读音变为"甚"或"甚物""甚没",见于9世纪的文献。"甚物""甚没""什没"的下字又作"谟、摩、麽"。"什摩"和"什麽"分别见于10世纪中叶和后半叶。此后还有:甚的、甚底、甚麽、甚摩、甚、什么、甚么、甚末、甚么儿、什摩物、甚么物等形式。我们的统计显示,晚唐五代事物疑问代词主要是"什"系:什摩、什麽。北宋只有"甚"(shén)系:甚、甚么、甚麽、甚末、甚底、甚的。晚唐使用很普遍的"什摩"在北宋销声匿迹。南宋主要也是"甚"系,不过"什"系也回来了,主要形式是

---

① 因此,标记为"V"而不是"Vt",这里的"V"可以理解为谓词。

"什麽"而不是晚唐的"什摩",但使用频率都远不及"甚"系。元代"甚"系一统天下。明代"什"系又开始回归,以简约的风格"什么"占有一席之地,冲击"甚"系,表现出良好的发展前景。两者的用频因作品的成书时代而不同:《水浒传》元末明初,"甚"系仍占绝对优势:26(什么):788(甚);《西游记》《金瓶梅》明代中叶,"什么"有较大上升:524:612;110:607。到清代,发生大逆转,"什么"已经取得绝对优势。《九尾龟》《儿女英雄传》《红楼梦》三部作品中,"什么"3929条,"甚么"812条,"甚麽""甚摩""甚末"都为0条。事物疑问代词的各个时期的不同形式,在语义或语用方面可能存在一些微小的差别,但不会影响我们的结论,所以,本书一般情况下(特殊情况除外)忽略它们之间的差别,在某个时期,选一个该时期最为常用的形式作为代表,把其他形式看作是变体。

课题组在CCL语料库东汉到五代的文献检索事物疑问代词,结果见下表3-8所示。

表3-8　CCL语料库东汉至五代事物疑问代词反问非反问用法统计表

|   | 反问 | 非反问 | 合计 | 备注 |
|---|---|---|---|---|
| 何等 | 15 | 146 | 181 |  |
| 何物 | 7 | 106 | 113 |  |
| 何者 | 0 | 266 | 266 |  |
| 何所 | 138 | 280 | 418 |  |
| 是物 |  |  | 15 | 非疑问词[1] |
| 是没 | 0 | 3(询问) | 5 | 有2例非疑问词[2] |
| 是勿 |  |  | 2 | 非疑问词[3] |
| 什没 | 1 | 0 | 1 |  |
| 没 | 1 | 0 | 1 |  |
| 阿没 | 1 | 0 | 1 |  |
| 阿荞 | 3 | 0 | 3 |  |
| 底物 |  |  | 7 | 非疑问词[4] |
| 甚物 | 0 | 1(询问) | 1 |  |
| 甚么 | 0 | 1(询问) | 1 |  |
| 甚的 | 0 | 0 | 0 |  |
| 甚底 |  |  |  |  |
| 甚么 | 0 | 0 | 0 |  |

第三章 反问述宾构式"X什么"

（续表）

| | 反问 | 非反问 | 合计 | 备注 |
|---|---|---|---|---|
| 甚末 | 0 | 0 | 0 | |
| 甚摩 | 3 | 5 | 8 | |
| 什么 | 26 | 87 | 113 | |
| 什摩 | 207 | 837 | 1044[5] | |

注：(1)"是物"除去3例重复，得15例，都不是疑问代词。"是"，指示代词"这"，或判断动词；"物"，物体、事物。如"归者得至，化者得变，是物各反其真也"，意为：回归自然的回到了自然，变化的也发生了变化，这是万事万物都回到了它的本真。"若身死神灭，是物之真性……"意为：如果身体死了精神消失，是事物的本性……
(2)"是没"非疑问词2例分别为："安坐只宜寂默默，修禅须是没人来""如何是藏身处没迹？……如何是没迹处藏身？"前者应为：修禅｜须是｜没人来，后者应为：什么是｜没迹处｜藏身。
(3)这2例分别是："活拨拨地，只是勿根株"应解为：那东西活泼泼地，只是无根无本无住处；"还是勿交涉"意为：还是不交涉。
(4)"底物"7见，均非疑问词，应解为"……之物"，如"缚人底物"即捆人的东西；"汝诸方行脚来觅取难得底物来不？"意为：你多方行走来寻找难得之物来的吗？
(5)全部用例仅见于《祖堂集》。另，张美兰（2003：404）统计《祖堂集》"什摩"用例为1042例。

反问用例最多的是"什摩"，可以之为代表。我们认为，上古反问构式"何宾＋Vt"在书面语和口语的仿古用法中直到近代都一直在使用，只是逐渐式微；中古时期口语中出现了一个过渡性构式"何所宾＋V"，到晚唐五代已经出现了一个新的反问述宾构式：

[[V（个）什摩] ⟷ [反问＋否定]]

因为"什摩"在东汉至晚唐五代仅见于《祖堂集》，下面主要以《祖堂集》为例，描述其特征。

《祖堂集》207个"什摩"反问用例中，为"V（个）什摩"构语的98例。98例中，作宾语的事物疑问代词"什摩"均置于动词后面。构式中充当V的词计24个：作（51）[1]、道（9）、觅（5）、唤（5）、是（4）、有（3）、吃（2）、传（2）、变（2）、听、借、问、怕、除、离（缺少）、重（重视）、扬、为、嫌、欠少（缺少）、问难、成持、浴、急。单音词21个，双音词只有3个。除了最后一个"急"为形容词外，其余23个都是动词，且都是及物动词。下面的"离"和"重"也是及物动词：

---

[1] 括号中的数字表示该词在该构式中出现的频次。

## "什么"反问习语构式承继网络研究

（1）天皇和尚嗣石头，在荆南。师讳道悟，未睹行状，不决终始之要。师初问石头："离却智慧，何法示人？"石头曰："老僧无奴婢，<u>离什摩</u>？"（《祖堂集》卷四）

（2）问："正与摩时如何？"师曰："是阇梨窠窟。"僧曰："不与摩时如何？"师曰："不顾占。"僧云："不顾占，莫是和尚重处不？"师曰："不顾占，<u>重什摩</u>？"（《祖堂集》卷六）

与"离却智慧"相对照，"离什摩"的"离"也是及物动词。据詹绪左、周正（2017）考证，"不顾占"犹"曾不顾瞻""未尝少加顾"，意思是说连看都不看一眼。"不顾占，莫是和尚重处不？"其意是说：看都不看一眼，莫不是和尚您看重的吧？洞山和尚回答道："不顾占，重什摩？"其意也显然是说：看都不看，何来看重？这里的"重"并非形容词，而是及物动词"看重"。我们发现《祖堂集》中确实出现了形容词充当该构式的 V 的语例：

（3）师与麻浴游山，到涧边语话次，麻浴问："如何是大涅盘？"师回头云："急。"浴曰："<u>急个什摩</u>？"师云："涧水。"（《祖堂集》卷四）

该构式允准的动词语义类型按频率高低主要是：泛义动词、言说动词、行为动词、得失动词、心理动词。与先秦反问构式"何$_宾$＋Vt？"比较，相同点是：①动词的类型还是这几类；②泛义动词频率最高。不同点是：①泛义动词的用例频数更加突出，一枝独秀，占了总数的一大半（52%）；②言说动词、行为动词的频数超过了得失动词和心理动词。构式主要反问行为的目的（作什摩？）、言说的结果（道什摩？）、具体行为所涉及的事物（吃个什摩？）等。

构式中"什摩"充当的语义角色：

一是惯常必有论元，这种情况占绝对优势，如：

（4）大颠问："古人道：'道有道，无二谤'。请师除。"师曰："正无一物，<u>除个什摩</u>？"（《祖堂集》卷四）

（5）有时上堂云："<u>汝诸人来者里觅什摩</u>？莫要相钝致摩？"便起去。（《祖堂集》卷七）

这样用的都是及物动词，"什摩"表示该动词所惯常联系的必有论元："除"的是某个事物，"觅"的是某个东西。构式经过反问表示该事体并不存在，从而表明对方的动作行为或请求等言语行为不合理。可以是引述性反问，如（4）；也可以是描述性反问，如（5）。为称说方便，我们把它简称为"惯常论元构式"，可以表示为：

第三章 反问述宾构式"X什么"

A. 惯常论元构式：

[[Vt(个)什摩]⟷[否定惯常必有论元所标示的事体的存在，从而表明对方动作行为或言语行为不合理]]

这其中有个构例"作什摩？"很特别。吕叔湘(1985:144-148)认为"什么"可以用来询问原因、目的，并提出"做什么"类比"为什么"类早，"做什么"放在动词后比放在动词前要早。张鹏丽(2014:24)认为疑问词语"作摩""作么""作什摩""作什么""作甚么"在唐宋禅宗语录中主要用于反诘句中。"作什摩？"《祖堂集》中大量存在，其中表示反问的达51例，其中50例"作什摩？"在已知的动作行为后问该行为的目的或原因：

(6)僧问："如何是学人自己本分事？"师云："抛却真金，拾得瓦砾作什摩？"（《祖堂集》卷九）

(7)"如何是'古佛不从修证得'？"庆云："从来是你，更修作什摩？"（《祖堂集》卷九）

(8)师问岔供奉："佛是什摩义？"对曰："佛是觉义。"师曰："佛还曾迷也无？"对曰："不曾迷。"师曰："既不曾迷，用觉作什摩？"无对。（《祖堂集》卷三）

由此，可以认为晚唐五代时期，存在下面的构式：
Aa. 目的构式：

[[VP+作什摩]⟷[否定动作行为目的/原因以否定动作行为本身]]

"作什摩？"是对做某事的原因或者目的反问，以表示做某事的原因或目的不存在，从而间接否定行为事件本身。除此之外，虚拟论元有所发展。

二是虚拟受事论元，表达性质。主要表现在"道什摩？""问什摩？"上面：

(9)又一日雪峰告众云："当当密密底。"师便出，对云："什摩当当密密底？"雪峰从卧床腾身起，云："道什摩？"师便抽身退立。(《祖堂集》卷三)

(10)僧问："承古人有言……"师便卧倒，良久起来。师云："问什摩？问什摩？"学人再申问，师云："虚生浪死汉。"(《祖堂集》卷七)

问者听到了刚才对方的话语，才反问"道什摩？"，因此，"道什摩？"

· 155 ·

不是问对方刚才说的是什么，"什摩"是虚拟受事论元，其实不表示言说的结果。问者是问"你说的什么话？"，是说他说的话不适宜。因此，"什摩"是问对方所说的话的性质，是什么样的话。全句是对对方所说的话语的性质加以反问否定，以表达对方话语性质不对，以制止对方继续说这样的话，且有呵斥的语气。《祖堂集》表反问的"道什摩？"12例，"问什摩？"7例，据此，可以认为晚唐五代存在下面这个构式：

B. 性质虚拟论元构式：

[[Vt$_{言说}$＋什摩] ⟷ [通过对对方所说的话语的性质加以反问否定，以制止对方的说话行为]]

该构式也不是凭空产生的，我们认为它是对上古和中古"是何言也？"实体构式的承继和发展。不过，"道什摩？"中的"什摩"并不都是性质虚拟论元，有时是惯常必有论元：

(11) 问："如何是毗卢师？"云："汝道什摩？"学人拟申问，师喝出，云："钝汉！"（《祖堂集》卷七）

不是说你问的话不对，而是说你根本就不该问，再申问，师傅呵斥"蠢货！"。因为不存在需要问的东西，没有什么可以说的。禅宗注重顿悟，"即心是佛"，见性成佛，强调不立文字，直指人心，教外别传，不需要用语言表达。现代汉语中的"说什么？"也有这种用法：

(12) 志新：嘿嘿嘿嘿什么？用完了？那是您，我那还一大衣柜呢（看手纸），都是这个，唉没错，金刚砂牌的手纸，都是我嫂子在我那儿囤积的。唉我说嫂子，就说这手纸便宜也不能这么抢购啊……
和平：说什么呢说什么呢？便宜？这，这比别的手纸还贵呢这个！（《我爱我家》）

(13) 老胡：说说吧，老傅。
傅老：说什么？我有什么跟你说的……（《我爱我家》）

三是虚拟受事论元，表达原因或目的。《祖堂集》出现了形容词带宾语"什摩"表反问的用例：

(14) 师与麻浴游山，到涧边语话次，麻浴问："如何是大涅盘？"师回头云："急。"浴曰："急个什摩？"师云："涧水。"（《祖堂集》卷四）

唐代《镇州临济慧照禅师语录》也有1例：

（15）师普请锄地次，见黄檗来，拄锹而立。黄檗云，这汉困那。师云，锹也未举，困个什么。黄檗便打。师接住棒，一送送倒。

因为形容词没有受事宾语，所以"急"和"困"的宾语显然是虚拟受事论元，表达原因，大致相当于"急，干什么？""急，为什么？"。这两例都是引述性用法，对方话语中出现了描写当下神情状态的形容词，言者引述该形容词，反问否定了形容词所表达的性状存在的原因，从而表达了言者不认同的态度。

及物动词也有这种用法：

（16）师云："将何吃茶饭？"自后洞山代云："他不饥，吃什摩？"（《祖堂集》卷十四）

这里的"什摩"并不是"吃"的真正的受事论元，通过与下例的对比可以看出来：

（17）师曰："栽则不障，你莫教根生。"园头曰："既不教根生，大众吃个什摩？"师曰："你还有口摩？"（《祖堂集》卷四）

可以用变换的手段加以验证，如：

a. 既不教根生，大众吃个什摩？→既不教根生，大众吃石头还是吃泥土？
b. 他不饥，吃什摩？→*他不饥，吃米饭还是吃面条？

两例都是反问，a"什摩"可以被石头或泥土替换，说明它是真正的受事论元；b"什摩"不可被米饭或面条替换，说明它是虚拟受事论元。这里的"什摩"是表达目的的，相当于"他不饥，吃作什摩？"。吃是为了充饥，他不饥，就没有了吃的目的。通过否定动作行为的目的来劝阻动作行为的施行。再如：

（18）云岩请师浴，师曰："我不浴。"进曰："为什摩不浴？"师曰："无垢。"进曰："无垢却须浴。"师曰："这苍生，无垢浴什摩？"（《祖堂集》卷四）
（19）师问岩头："还会摩？"对曰："不会。"云："成持取不会好。"进曰："不会，成持个什摩？"师云："你似铁橛。"（《祖堂集》卷五）

"浴"是浴身、沐浴之意，基本上用作不及物动词。因此，此例"什摩"是"浴"的虚拟受事宾语，不是在问浴的受事是什么，而是问"浴作什摩？"。"成持"：帮助、扶持、引导（袁宾1990：33；许少峰2008：236），虽然是及物动词，但其受事宾语都是指人成分，如"成持老人""成持他"。因此，句中事物疑问代词"什摩"并不是该动词的真正的受事，也是虚拟受事论元，表达对原因/目的的发问。且都是引述性用法。

由此，我们认为晚唐五代已经出现了一个否定原因/目的的虚拟受事论元构式：

C.目的虚拟论元构式：

[［V/Adj＋什摩］⟷［对引述而来的对方话语中的谓词所表达的行为状态的原因/目的反问否定，以表达对对方观点的不认同］]

四是虚拟受事论元，表达条件，如：

（20）侍者又问："当风扬壳时如何？"师云："者里无风，<u>扬什摩？</u>"（《祖堂集》卷七）

（21）因小师行脚归，师问："汝乱走，还变也未？"对云："不是神，不是鬼，<u>变什摩？</u>"（《祖堂集》卷十一）

例（20）"什摩"不是指扬的谷物的壳之类的受事，也不是在问"扬作什摩？"。从"者里（即这里）无风"来看，言者要表达的是这里不具备扬谷物的条件，所以，相当于"如何扬？""怎么扬？"，通过反问表达无法扬，否定扬壳的条件从而否定对方扬壳的提议。（21）是说，不是神，不是鬼，没有变的条件。也都是引述性否定。据此，我们认为晚唐五代已经出现了一个否定动作行为条件的虚拟受事论元构式：

D.条件虚拟论元构式：

[［V＋什摩］⟷［对引述而来的对方话语中的谓词所表达的行为状态的条件反问否定，以表达对对方观点的不认同］]

要之，对应于"什摩"在构式中充当的语义角色，"V（个）什摩？"构式有四个下位构式，其形式和意义都各有特点：A.惯常论元构式。V由及物动词充当，"什摩"是动词惯常联系的必有论元，构式表示对该论元的否定。它下面又有一个目的子构式"VP＋作什摩？"，表示对VP所标示的动作行为的目的的否定。B.性质虚拟论元构式。V由言说类及物动词充当，"什摩"为虚拟受事论元，表示言说结果的性质，构式对该性质质疑，表达言说的内容不合宜。C.目的虚拟论元构式。V可以是及物动词、不及物动词、形容词，"什摩"为虚拟受事论元，表示该动作行为性状的原因或目的，整个格式表达该原因或目的不存在。D.条件虚拟论元构式。V由动词充当，"什摩"为虚拟受事论元，表示该动作行为的条件，整个格式表示该条件不存在。上下文中往往有帮助表达该条件不存在的语句。"V（个）什摩？"构式在《祖堂集》全部98条构语中，A类和B类计93例，占绝对多数；C类4条，D类只有2条。因此，目的虚拟论元构式和条件虚拟论元格式还处在萌芽阶段。

这四种构式自晚唐五代诞生起，延续千年，一直沿用到现代汉语。千年中经历过一些重要的发展。宋元时期的发展表现在两个方面。

一是V扩展到短语。

南宋时期出现了短语充当构式中的V。下两例"兴起得""就正"都是在引述的基础上临时创造的短语：

（22）只是这一心，更无他说。"兴于诗"，兴此心也；"立于礼"，立此心也；"成于乐"，成此心也。今公读诗，是兴起得个甚么？（《朱子语类》卷三十五）

（23）"就有道而正焉"。若先无本领，就正个甚。（《朱子语类》卷二十二）

但这样用的短语不多，很受限制，一直未曾普遍使用。

二是产生了一个新的虚拟论元构式：受事虚拟论元构式。

反问述宾构式的宾语"甚么"作为虚拟论元可以表示性质、目的、条件。宋元时期，出现了表达受事虚拟论元的类型，如：

（24）遇即礼拜，问曰。审如庵主语，客来将何祇待。泉曰，云门胡饼，赵州茶。遇曰，谢供养。泉曰，我火种也未有。早言谢，谢什么。（《禅林僧宝传》卷二十八）

"什么"从形式上看是一个受事论元，但动词"谢"只接对象论元，如谢张三，不接受事论元；所以，"什么"是一个虚拟论元。该论元是不是表示原因呢？不是，因为它不能变换为："？？我火种也未有。早言谢，谢作什么？"一般来说，人们谢某人都是某人做了某件对言者有益的事情，这件事就是谢的受事。如果这件事还没做，那就没有谢的必要。此句"我火种也未有"意即我没有生火做饭来接待你，你说谢说早了，谢什么呢？意即你要谢的那件事不存在，所以不用谢。

（25）今陆氏只管说"一贯"。夫"一贯"云者，是举万殊而一贯之，小大、精粗、隐显、本末，皆在其中。若都废置不讲，却一贯个甚么？（《朱子语类》卷一二四）

# "什么"反问习语构式承继网络研究

一贯：谓用一种道理贯穿于万事万物（《汉语大词典》79页），是不及物动词或形容词，不能带受事论元。也不能看作是表达原因的虚拟论元，因为不能解释为：若都废置不讲，却一贯作甚么？不必一贯。其实，"一贯"在这里被构式压制为一个及物动词，相应地，"甚底"被压制为其受事论元，即受事虚拟论元，意为：把一种道理一以贯之地用到甚么事物中？反问表达这样的事物不存在，所以，对方的做法是不合理的。例子在《朱子语类》中较多，许多还在前面带有一个否定小句，表现为"若无……，VP（个）甚么？"，如：

（26）若不是真实知得，<u>进个甚么？</u>（《朱子语类》卷六十九）
（27）若"行、忠、信"，乃是在人自用力始得。虽然，若不理会得这个道理，<u>不知是行个甚么，忠信个甚么？</u>（《朱子语类》卷三十四）

据此，可以认为宋时产生了下面这个构式：
E. 受事虚拟论元构式：

> [[VP/AP（个）甚么？] ⟷ [将谓词性成分虚拟为及物动词，"甚么"虚拟为其受事论元，反问否定该论元的存在，以否定对方的行为或所持的观点]]

两种目的构式的并存与此消彼长。目的构式 Aa "VP＋作什摩"与 C 目的虚拟论元构式，都是通过反问否定行为或性状的原因或目的以否定行为或状态本身，两者功能相似，在汉语中长期并存，是何道理？因为两者的区别也很明显：前者对原因／目的的表达是由"作什么？"直接明确表达的，后者是由虚拟受事论元"什么"隐晦表达的，有被解读为其他语义角色的可能性；前者构式中的 VP 可以比较复杂，后者"什么"粘附的成分其复杂性受到限制，如"你是朝鲜人，学他官话做甚么"（《老乞大新释》）就不宜使用目的虚拟论元构式说成"学他官话甚么"；前者是迂说法（periphrastic），后者整合程度更高、更具有语法性。两者在近千年的演化过程中经历了此消彼长的变化。Aa 中的"作什摩"后世有多种写法：作甚麽、作甚、做甚、则甚、做甚么、做什么、干什么等，这些只是构式变化。Aa 在宋元明一直都高频使用，比比皆是，属于强势构式，如：

（28）每闲行道间，左右者或辟人，先生即厉声止之曰："你管他作甚！"（《朱子语类》卷一百七）

（29）若如此，则圣人作易，<u>须得用那偏底在头上则甚</u>？（《朱子语类》卷六十七）
（30）而今没来由偷别人的媳妇怎麽？却吃这一顿打。也是你布施人家斋饭钱，无处发落，到处里养老婆，<u>这一等和尚不打他要做甚麽</u>！（《朴事》）
（31）怎么你师弟放去，把我孩儿又留，<u>反来我门首做甚</u>？（《西游记》三十一回）

而 C 虽萌芽于五代，但发展缓慢，用例不多：

（32）你且休上马，<u>忙甚麼</u>？且着乾饭、肉汤，慢慢的将息却不好？（《朴通事》）

课题组在 CCL 语料库中检索了晚唐五代至民国时期这两种目的构式的语例，制成表3-9。

表3-9　CCL 语料库五代至民国两类目的构式语例统计表

|  | 两类语例总数 | Aa 频数 | Aa 占比 | C 频数 | C 占比 |
| --- | --- | --- | --- | --- | --- |
| 五代（《祖堂集》） | 55 | 51 | 92% | 4 | 8% |
| 宋 | 90 | 76 | 84% | 14 | 16% |
| 元 | 145 | 122 | 83% | 23 | 17% |
| 明 | 229 | 183 | 76% | 46 | 24% |
| 清 | 398 | 278 | 70% | 120 | 30% |
| 民国 | 356 | 103 | 29% | 253 | 71% |

数据显示，Aa 语例占比越来越低，C 语例占比越来越高。从清代到民国出现了大逆转，后者比例超过前者。从 CCL 语料库中检索个别构例的现代汉语和古代汉语语例也能看出这一趋势。"怕做什么"，[①]古代汉语中62条，现代汉语中仅有1例："担心受怕干吗？""怕什么"现代汉语中却多达873条，而古代汉语418条。下面这些近代汉语中的 Aa 目的构式，在现代汉语中一般都得采用 C 目的虚拟论元构式来表达：

（33）师窥一老宿房，老宿云："只这个是，<u>窥作什摩</u>？"（《祖堂集》卷五）
（34）师于言下有省。却归侍者寮。哀哀大哭。同事问曰："汝忆父母耶？"师曰："无。"曰："被人骂耶？"师曰："无。"曰："<u>哭作甚么</u>？"（《古尊宿语录》卷一）
（35）他是我的哥哥，我是他的兄弟，我自过去，<u>怕作甚么</u>！（《全元曲·冻苏秦衣锦还乡》）

---

[①] "做"包括变体"作""干"，"什么"包括变体"甚""甚的""甚麼""甚么""什摩""什么"等。

这些句子现代汉语更常见的说法是“偷看什么！”“哭什么！”“怕什么！”，除非是为了特别强调。由此，我们得出一个发现：

近代汉语的目的构式“VP＋作甚麼”日益融合到目的虚拟论元构式“V/Adj＋什麼”中，到现代汉语，目的虚拟论元构式已经吞并了大部分目的构式。

Aa目的构式清末出现了与“VP＋做甚么”同义的“VP＋干什么”。吕叔湘（1985：140）指出，“现代有用‘干’字来替代做字的趋势，‘干’跟‘做’本是同义字。……在动词之后的‘干什么’跟‘做什么’的意思相同”。“干什么”还可以置于VP前。如：

（36）一拍桌案，说道：“要跟姓侯的有过节，言语一声，偷我干什么？”老美话言未了，就看着八仙桌往上直起。（《三侠剑》二回）

（37）张七爷一仰身叫道：“表弟，你拿女贼要紧，你打我干什么？”（《三侠剑》二回）

（38）走到一棵树底下，贺虎一拦：“哥哥，坐下。”陈龙一愣：“你干什么让我坐下，不是拿贼吗？”“是呀，到时候再拿呀！”（《雍正剑侠图》六十三回）

（39）你要我替代他还债，说一下就行，干什么这么侮辱我们。（《古今情海》卷一）

发展到现代汉语，这ABCDE五种构式的比例如何，课题组在我们的语料库检索，结果制成表3-10。

**表3-10 《雷雨》《编辑部故事》《我爱我家》中ABCDE五种构式统计表**

| | A | B | C | D | E | 合计 |
|---|---|---|---|---|---|---|
| 频数 | 90 | 24 | 33 | 8 | 40 | 195 |
| 占比 | 46% | 12% | 17% | 4% | 21% | 100% |

从晚唐五代直到现代汉语，惯常论元构式的使用频率虽然呈下降趋势，但一直都是最高的，占绝对优势地位，甚至在现代汉语中也依然如此。

惯常论元构式对日常生活中发生的典型事件的概念化进行编码，具有最高的认知显著度。拿“吃”来说，“吃”是动态性很强的动作动词，有及物性，可接的论元有受事（吃饭）、工具（吃大碗）、处所（吃食堂）、依靠（吃父母）、来源（吃劳保）、方式（吃大锅饭），等等。但是日常生活中与“吃”联系最多的还是“米饭、馒头、苹果”之类受事成分。根据我们的认知体验，一般情况下“吃”表示“施事（食者）把受事（食物）放到嘴里经过咀嚼咽下去（包括吸喝）”，在此事件中受事（食物）是被凸显的，而事件所涉及方式、条件、目的、原因、材料等不被凸显，隐藏于背景中。在母语者大脑中，

"吃"与食物类受事论元两类神经元之间的连接反复发生,频次最高,因而得到强化,从而获得了最高的认知显著度。如下图所示,在动宾结构的句子中,宾语(受事)是凸显的对象,原因、目的、条件等则隐藏在背景知识中。如图3-2所示。

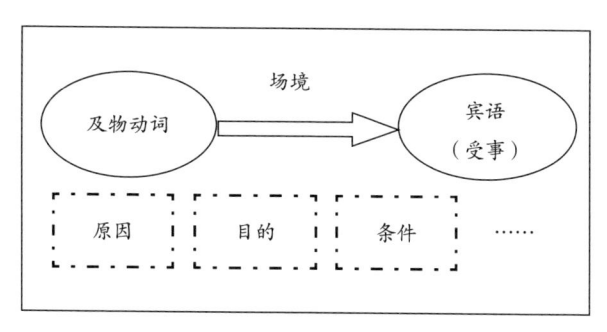

图3-2 及物动词典型事件模型

从历时上看,惯常论元构式也具有最大的稳固性。动词与其惯常论元的连接经久不衰,历经千年而不变。几千年前的古人谈论"食",首先想到的是食的东西;今天的人们说到"吃"仍然是吃的食物。

综上所述,反问述宾构式"X什么"的原型为惯常论元构式"Vt什么"。

## 第三节 反问构式"X什么"的扩展

从"什么"在该构式中充当的语义角色来看,构式中的"什么"经历了由惯常论元到非惯常论元的扩展。反问述宾构式"X什么"如何从原型——惯常论元构式"Vt什么"扩展到今天的面貌的呢?其背后动因和机制是什么呢?人们想当然地认为该构式中的动词首先从及物动词扩展至不及物动词,然后再扩展到形容词等其他词类。但是,语料显示,该构式中的动词首先从及物动词扩展至形容词,然后再扩展到不及物动词等其他语类。

### 一、扩展过程

1.形容词参与构式

形容词参与该构式始见于唐代。上文举出唐《镇州临济慧照禅师语录》

中"困个什么"1例。上文所举《祖堂集》中的"急个什摩"也见于唐代《马祖语录》：

(1) 麻谷宝彻禅师，一日随祖行次。问："如何是大涅槃？"祖云："急。"彻云："急个什么？"祖云："看水！"（《马祖语录·江西马祖道一禅师语录》）

此例也见于南宋《五灯会元》，文字大同小异。其他形容词，如：

(2) 文殊却知落处，拊掌大笑欢喜。且道欢喜个甚么？春风昨夜入门来，便见千花生碓觜。（《五灯会元》卷二十）

(3) 师曰："居士只见锥头利，不见凿头方。"士曰："恁么说话，某甲即得；外人闻之，要且不好。"师曰："不好个甚么？"士曰："阿师只见锥头尖，不见凿头利。"（《五灯会元》卷五）

(4) 云："和尚试道看。"师云："适来礼拜底。"僧云："错。"师云："错个什么？"僧云："再犯不容。"（《古尊宿语录》卷七）

上面4例加"困个什么"都是引述性用法，未见描述性用法。最早被动宾构式"V（个）什么"允准的形容词有两类：一是描述心理状态的形容词，如"困""急""欢喜"，具有[＋可控]的语义特征。它们进入构式以后，整个句子作C目的虚拟论元构式解读，如"急个什么"可解读为"急做什么？""为何急？"，反问否定了急的原因和目的，实现劝阻对方不要急的语用功能。另一类是表示评价的形容词，如"好""错"，不具备[可控]的语义特征。此类形容词进入构式，句子不能解读为C，如不能说"不好做什么？""错做什么？"。"什么"似乎是指某个地方、某个方面。（3）可以解读为"不好在什么地方？"，反问之后意思是"没有什么地方不好"，即"没有什么不好"；（4）可以解读为"错在什么方面？"，反问之后意思是"没有什么地方错"，即"不错"。前一类与不及物动词类似，后一类距离动词原型更远，语法化程度也更高。

评价义形容词涉及对事件/事物的性质/状态的描述/评价，也可以看作是主体作用于客体的动态过程，如图3-3所示。在一般形容词谓语句中形容词凸显（实线），而说话人的评价行为被弱化（虚线）。以（4）为例，僧用形容词"错"来评价事件，形容词"错"被凸显，而描述/评价行为被弱化。

评价形容词受到构式压制而进入反问构式"V什么"，如图3-4所示，形容词被弱化（虚线），而评价行为被凸显（实线）。言者通过构式表达对对方评价行为的否定，即"不能说A"。有两层意思：首先，命题真值为假，客体本身的性质与评价形容词所作的评价不一致。"错个什么"约等于"没错""不错"。其次，评价方式不合适，表示对方做出这种"错"的评价本身是不合适的。

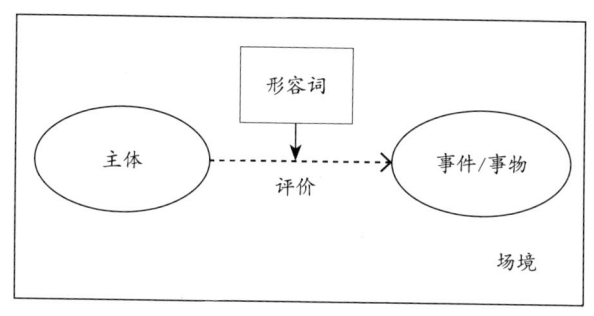

图3-3 评价义形容词事件框架

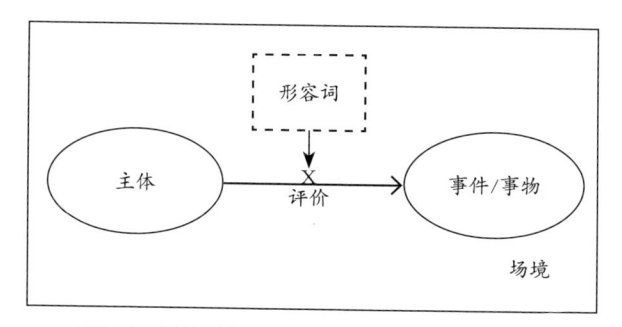

图3-4 评价形容词参与构式"V什么"的事件框架

整合阶段，形容词特性被压制，构式促使其以描述/评价的结果转喻描述/评价动作行为。在整合过程中，形容词从结果凸显到动作行为凸显，通过否定结果来否定动作行为，达到元语否定的目的。这就是为什么"A什么"都是引述性用法的原因。

形容词与反问构式"X什么"融合，一方面是构式压制形容词的结果，另一方面形容词也反作用于构式，使"什么"的指代性更加虚化。作为构式中形容词宾语的"什么"这时候已经变成了反问构式的一个组成部分，而不再具有单独意义和功能。反问构式与形容词的影响是相互的，促进了构式的演化。

2.不及物动词参与构式

反问构式"X什么"的源头是上古反问构式"何$_宾$＋Vt"。其中的动词都是及物动词，没有不及物动词。中古时期的"何所$_宾$＋V"构式中首次出现不及物动词，这是第一次扩展。如《世说新语》"何所稍严"中表戒备义的

## "什么"反问习语构式承继网络研究

"严"。课题组在 CCL 语料库东汉至五代的文献中检索"何所"共得402例，反问用法138例，其中"何所"表示处所14例。其余124例中，不及物动词5例，分别是：何所亏损、何所异哉、何所应化、何所赋（作赋）、何所稍严。还有1例，将"传重"① 一词拆开，分别冠以"何所"：

(5) 听当依就，莫不厌也。礼记明文，先师之议，可信者也。不信圣贤而欲意断，直而勿有，正防此辈。周三年者，传重焉故也。而不识见，<u>何所传乎！何所重乎！</u>（《通典》卷九十八）

不过，这毕竟是"何所"位于动词前的格式。事物疑问代词位于动词之后，由不及物动词充当述语的动宾反问构式，在 CCL 东汉至晚唐五代的语料中，没有发现一例。在唐宋时期的《五灯会元》《古尊宿语录》中也没有发现不及物动词充当该构式述语动词的用例。在这两种佛语录中，查得"笑个甚么？"计11例，大多与"且道"连用：

(6) 笑哈哈，<u>且道笑个甚么？</u>笑觉苑脚跟不点地。（《五灯会元》卷十八）
(7) 者个说话。唤作矮子看戏。随人上下。三十年后一场好笑。<u>且道笑个什么。</u>笑白云万里。（《古尊宿语录》卷二十一）

不过，都是询问，不是反问，准确地说是设问，自问自答。最早的此类用例出现于南宋《朱子语类》。进入构式的及物动词显著增加，不及物动词和形容词增加了几个：愁、祷、笑、慌、仰、行；个别不及物动词如"笑"，形成的构语"笑个甚么？"在南宋多达11例，已经固化。例如：

(8) 又问："人而今去烧香拜天之类，恐也不是。"曰："天只在我，<u>更祷个甚么？</u>② 一身之中，凡所思虑运动，无非是天……"（《朱子语类》卷九〇）
(9) 譬如四时，若不是有春生之气，<u>夏来长个甚么？</u>（《朱子语类》卷五十三）
(10) 痛理会一番，如血战相似，然后涵养将去。因自云："某如今虽便静坐，道理自见得。未能识得，<u>涵养个甚！</u>"（《朱子语类》卷九）
(11) "忠信"是知得到那真实极至处，"修辞立诚"是做到真实极至处。若不是真实知得，<u>进个甚么？</u>前头黑淬淬地，如何地进得去？（《朱子语类》卷六十九）
(12) 洛瓶和尚参，师问："甚处来？"瓶曰："南溪。"师曰："还将南溪消息来么？"曰："消即消已，息即未息。"师曰："最苦是未息。"瓶曰："<u>且道未息</u>

---

① 古谓以丧祭及宗庙之重责传之于孙。古代宗法严嫡庶之别，若嫡子残疾死亡，或子庶而孙嫡，即以孙继祖。由祖言之，谓之传重，由孙言之，谓之承重。（《汉语大词典》1620 页）。
② 祷，《汉语大词典》10568 页：向神祝告祈求福寿。《论语·述而》："子疾病，子路请祷。"《韩非子·外储说右下》："秦昭王有病，百姓里买牛而家为王祷。"由此，应为不及物动词。

166

个甚么？"师曰："一回见面，千载忘名。"瓶拂袖便出。(《五灯会元》卷五)

不及物动词虽然不带有直接的受事题元，但其背景题元和及物动词是相同的，都涉及"原因""目的""条件""范围"等背景信息。这些背景信息可以通过转喻动作事件得到凸显。熊学亮(2009)把动词语义分为"语义结构"和其他语义内容，前者如浮出水面的冰山，后者则一般被淹没在水下，处于静态。但当动词与构式互动时，动词潜在水下的相关内容部分可能会"见机行事"临时"浮出水面"参与句法语义界面互动。在我们看来，淹没在水下的部分就是背景题元。当不及物动词参与"V(个)什么"构式时，它们也可能被激发而参与互动。场境中的原因、目的、条件、范围、施事、虚拟受事都可能受到情景的激发而得到凸显。以(6)为例，"笑"不及物动词，其后没有受事宾语，"甚么"不能解读为受事，那就只能在场境中的其他处于背景的语义角色中选择一个与当下情景和不及物动词"笑"的语义最为和谐的角色。日常生活中人们发笑总是有原因的，不会无缘无故地笑。故此，"原因"角色在这个场境中就优先被激活而得到凸显。反问否定了发笑的原因，也就可以否定"笑"动作本身，从而可以实现传达出"别笑！"的劝阻功能。例(8)，日常生活中，人们祷告总是有个对象，或向神祷告，或向天祷告。所以祷告的对象就优先被激活而得到凸显。"祷个甚么"，经过反问，祷的对象不存在，也就传达出否定的祈使义"别祷了！"。(9)不及物动词"长"带施事宾语，所以，这里施事被激活得到凸显。(10)"涵养"本来是名词，这里作不及物动词，指修炼内心、提高道德修养，又经构式压制为及物动词，强制性地让它带上宾语。宾语"甚"是个虚拟受事，得到凸显，属于 E 受事虚拟论元构式。后面两例与此同。如图3-5所示。

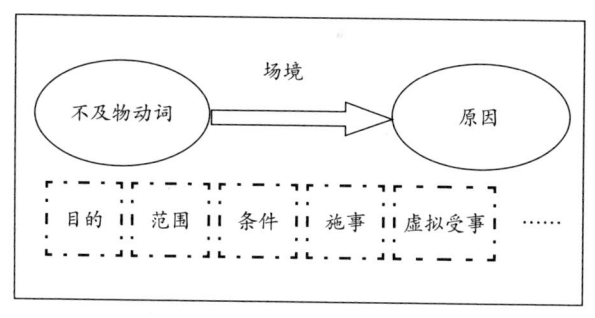

图3-5 不及物动词进入"V(个)什么"构式事件框架

"Vt什么"构式对不及物动词进行压制，同时也涉及不及物动词对构式的充实和扩展，影响是双向互动的。不及物动词无受事宾语，这时构式的压制作用发挥效力，将受事题元压制使其背景化，降低甚至消除凸显性，同时激活与之匹配的背景信息"原因""条件""目的""范围""虚拟受事"等，压制性地使之出现在宾语题元位置，从而形成"Vi 什么"的反问构式。与"Vt 什么"相比，"Vi 什么"组构性较低，而且多出现于反问句中而在疑问句中少见；"什么"作为代词的指代作用更加虚化，这些都加强和提高了"V 什么"构式的能产性和图式性，降低了其组构性。

### 3. 名词、代词参与构式

名词和代词参与该构式出现在现代汉语中，如：

(13) 黄江北说："过一两天，咱们再找个时间，我现在没有心情……"田曼芳说："我又不找您谈情说爱，<u>心情什么！</u>您有心情帮着田家的人搞走郑彦章，有那心情帮他们劫了夏志远手里的东西，就没那份心情来见一见我这样的平民小女？"

(14) 塔拉巴特尔喊。"站住！"
"我？"我想解释。
"<u>我什么？</u>"塔拉巴特尔军见地发火了，"告诉你！我今天打的就是单巴的胡说八道！没人盘算你的马！我不要，大伙儿都不要！你他妈的这份乱跑！……"

(15) 我面有难色。"师傅，这……"我顿时傻了眼，价目表上怎么变成了大碗面10.0元呢？
"<u>这什么！</u>快交钱，又不是我们请你来的，少一分也不行。"

名词、代词参与构式，都是引述性用法。反问构式"V 什么"否定对方动作行为的适切性，反问构式"A 什么"否定对方运用形容词描述/评价事体或行为的适切性，由此，我们认为反问构式"X 什么"表达的否定是一种动态的否定。名词、代词进入该构式，是转喻机制运作的结果。上面的例子显示，名词和代词是交际对方话语中的比较凸显的信息，是对方言说行为的结果。这些名词、代词转喻对方的言说行为及言说行为所表达的信息。言者直接使用这个言辞进入"X 什么"构式，通过否定言说结果的适切性来否定言说结果所代表的言说事件以及这一事件所传达的信息。具体整合过程如图3-6所示：

当名词或代词进入反问构式"X 什么"时，X 所涉及的动词及陈述过程弱化（虚线），而名词/代词通过作为言说动作结果转喻言说动作而得到凸显（实线）。例(13)"没有心情"是黄江北说的结果，而在田曼芳的识解中认为结果转喻动作，通过否定结果即可否定动作，"心情什么？"说心情干什

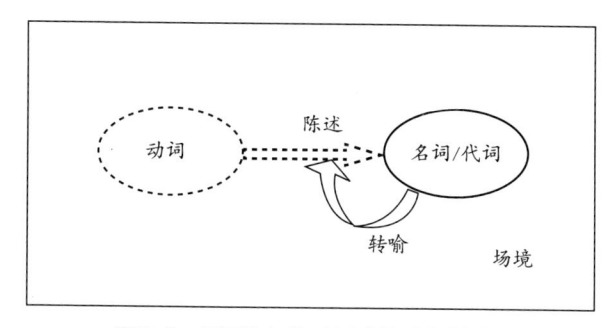

图3-6 体词进入"V什么"构式事件框架

么？不该说心情。（14）"我什么？"说"我"干什么？不该说"我"。（15）"这什么！"不该说"这"不该犹豫，赶紧付钱！动作结果转喻动作过程发生后，动作结果受语言明示是凸显的，动作过程暗含在背景信息中的。虽然在该构式中动作义减弱，结果义凸显，但其否定所作用的最终对象仍然是动作。通过否定言说结果来否定言说动作并不是唯一途径，语料中我们也发现大量直接否定言语动作的例句：

（16）我弟弟痛苦地说："大夫救救我吧！疼死我了！"……一大夫对我弟弟大声吼道："<u>嚷什么！</u>烧伤病人都这样，你忍着点吧！"

（17）"二块三！"商场小姐近乎咆哮了，脸拉得老长。"哟，<u>你吆喝什么呀？</u>"妇人惊诧地望着商场小姐那脸色说。

（18）"我要真是个共产党员那倒幸福了！可惜我还够不上它！"道静的声音虽然很低，然而一字一句却异常铿锵有力。"<u>你还狡辩什么！</u>抓了你来是有证据的。……"

在上面三个例子中，交际对方都有言说动作，言说动作也都有言说结果，都说出了完整的话语，而言者在否定其言说行为的时候没有采用转喻的方式，而是直接使用"X什么"构式，否定嚷、吆喝、狡辩等动作，其否定效果与名词、代词充当X时是相同的。

名词、代词和构式融为一个整体并呈现具体语义，即"不应该说X"，与形容词参与构式相比，其转喻方式更加曲折、抽象。形容词一般直接和评价结果相联系，而名词、代词不是作为言说动作的必然结果，只有借助上文交际对方提及的名词、代词才能被认定为言说结果，从而进入"X什么"构式表示否定。名词、代词参与构式一方面扩展了构式范围，另一方面也使"什么"的指代意义更加虚化，进一步降低了"V什么"构式的组构性，增加了其类频率，从而增强了图式性。

### 4. 叹词、拟声词参与构式

叹词进入"X什么"构式否定感叹者的思想或心态。拟声词进入构式，否定模拟声音：

(19) 姨太太自动的出去了。科长仿佛没有听见监督说了些什么，而"嗯"了一声。"嗯什么？"监督见姨太太出去，又强硬起来："我说你没有脑子！"

(20) 她平时不言不语，这会儿突然勇敢起来，在主编独自喃喃的时候，竟然撅起嘴"哼"了一声。柳萌砰地放下杯子，"你哼什么？""我哼不公！"

(21) 林子里静静的，黄狗傍着帐篷很生气地叫了，倘是相熟，便有姑娘很清脆地吆喝，"你瞎汪汪什么？！"那狗就很知趣地摇起尾巴，跑过来一跳一跳地要咬你的衣襟。

叹词、拟声词都是独立性较强的词，是不带宾语的。构式强制性赋予其及物动词的特点，让它们带上宾语"什么"。我们在本章第一节谈到叹词既是发声行为、发语行为也是表意行为。(19) 言者不同意对方的意见，引述对方发出的叹词"嗯"，转喻对方的发声行为、发语行为、表意行为。让它进入反问构式"V什么"，表达对发声行为的否定："别发出'嗯'的声音！"，由此实现否定其代表的意义的语用功能。拟声词也是用结果转指发出这种声音的行为。但是，拟声词只有发声行为、发语行为，没有表意行为。(21)"汪汪"是模拟狗叫的声音，但是"汪汪"的声音已经经过汉语语音系统的改造，并不完全等于狗叫声，所以，也是发语行为。进入构式以后，否定了其发声行为：别再汪汪地叫了！

进入构式的叹词、拟声词通过发声行为的结果转喻发声行为本身，但相较于动作本身有一定的偏离。通过否定动作结果转喻否定动作行为本身只是语言中一部分现象，还有直接否定动作行为本身的用例，最早可追溯到《红楼梦》：

(22) 袭人道："那是我两姨妹子。"宝玉听了，赞叹了两声。袭人道："叹什么？我知道你心里的缘故，想是说他那里配红的。"(《红楼梦》十九回)

## 二、扩展的动因和机制

Traugott & Trousdale (2013) 指出语言主要有两种类型的变化"构式化"与"构式变化"。构式变化是量变，构式化是质变，质变是量变的结果。那么构式一开始发生变化的动因和机制是什么呢？我们认为构式变化的动因是语境影响,机制是转喻。语境属于语用,是表层的;转喻属于认知,是深层的。

### 1.语境

Langacker(1991:294-295)指出,对一个情形的识解决定了一个特定的语言结构是否适用于对其进行编码。原型扩展的出现,是因为我们在解读新的或不熟悉的事物时倾向于参照先前已有的事物;其次是来自表达的压力,即怎样使一个规约单位的有限集能够适应需要表达的无尽的、时刻变化的环境。我们认为,不是因为不及物动词、形容词进入构式而推动构式扩展,而是语境限制了对动词与宾语的语义关系朝非惯常论元解读造成新意解读,然后才允准不及物动词、形容词等其他词类。如前面提到的例子:

(1)师云:"将何吃茶饭?"自后洞山代云:"他不饥,吃什摩?"(《祖堂集》卷十四)

"吃"是及物动词,它后面的宾语通常都被解读为受事。按照日常生活经验,人们吃饭一般都是因为饥饿;如果一个人肚子不饿,那么通常就无需吃饭。上一小句说"他不饥",意味着他没有吃饭的动机。根据"语义和谐律","吃什摩?"就不能再理解为询问吃什么食物;这样理解也有违对问题"将何吃茶饭?"回答的关联性准则。因此,这种情景中,"吃什摩?"就不能按照动词与宾语之间的惯常论元解读。而根据言者意图表达"无需吃"的含义,那么"什摩"最好解读为表示目的或原因,这就产生了新意解读。既然及物动词后面的宾语"什摩"可以不表示受事,那么不带受事宾语的形容词、不及物动词自然也能这样使用。这样类推之下,构式就允准形容词、不及物动词等其他词类。再如:

(2)侍者又问:"当风扬壳时如何?"师云:"者里无风,扬什摩?"(《祖堂集》卷七)

作为对侍者问话的回答,言者不能提供一个询问句,否则违背了合作原则的关联准则。"扬什摩?"不能是询问扬谷子还是扬麦子的询问句。日常生活经验告诉我们,扬壳是需要风的。而前一小句"者(这)里无风"已经表明不具备扬壳的条件。"扬"虽然是及物动词,但是根据语义和谐律,其宾语"什摩"不能解读为受事。在这个情景中,"什摩"不能解读为"扬"的惯常论元。而根据情景和言者的意图,"什摩"的最优解读是"条件"或"方式"。这就产生了新意解读。当这种解读反复发生后,形容词、不及物动词等其他词类也会用到构式中。

2. 转喻

江蓝生(2016)指出，一种语言的句型再丰富，跟人类所要表达的客观事物和主观思想感情相比总是有限的，为了利用有限的句型表达无限丰富的语义要求，就需要突破常规句式规范的束缚，在隐喻和转喻思维的作用下，用一些超常的组合来提高结构式的表达功用和效率，即从典型组合扩大到非典型组合。非形态语言的汉语在通过变换同一表层结构式中的语义关系而达到表达尽可能多的语义功能方面显得尤其能为。前文指出，表评价的形容词、叹词、拟声词、名词、代词等成分被构式允准都是转喻操作的结果，这里不再赘述。

上面的论述可以归结为下面的承继网络作为本章小结。

图3-7表示反问构式"X什么"是由产生于晚唐五代的"V(个)什摩"演化而来，而后者是由六朝时期反问述宾构式"何所$_宾$＋V"演变来的，"何所$_宾$＋V"承继春秋时期的反问构式"何$_宾$＋Vt"而来。这些演变关系前文已经做了详细阐述。下面补充一下前文没有说到的承继关系。

春秋时期的反问构式"何$_宾$＋Vt"承继了抽象的反问构式的特征。反问构式特征包括：形式上表现为"疑问结构＋反问语调"的韵律模式，句法上疑问代词前置，意义上表示否定，功能上表示劝阻、辩驳、怨责等。而它反过来丰富了反问构式的类型。反问构式与询问构式之间的关系与此类似。形成于晚唐五代的反问构式"V(个)什摩"除了与六朝时期的"何所$_宾$＋V"具有演变关系，还承继了上古汉语动本构式的特征：句法结构为主动宾；V为及物动词，"什么"作宾语；语义上，"什么"指代受事，并且是动词所联系的惯常论元。此外，还承继了"超动构式"的特征。刘琦(2014:46)认为动词本原构式可以独立存在，也可以应邀参与其他构式。由于交际内容复杂性和形式简约性的相互作用，较简单的构式可作为组分参与较复杂的构式。动本构式以组分身份参与其他类构式，并互动整合为更复杂的构式。此类更复杂的构式，张建理(2012)称为"超动词题元结构构式"，简称"超动构式"。

一是承继目的构式。先秦到现代一直都存在目的宾语和原因宾语。杨伯峻、何乐士(2001:523)在"关系宾语"下面分出目的、原因、工具、处所、有关的对象等类型。宾语表示动作行为的目的或为之而发的对象，叫作目的宾语：[下两例连同后面的解释引自杨伯峻、何乐士(2001)]

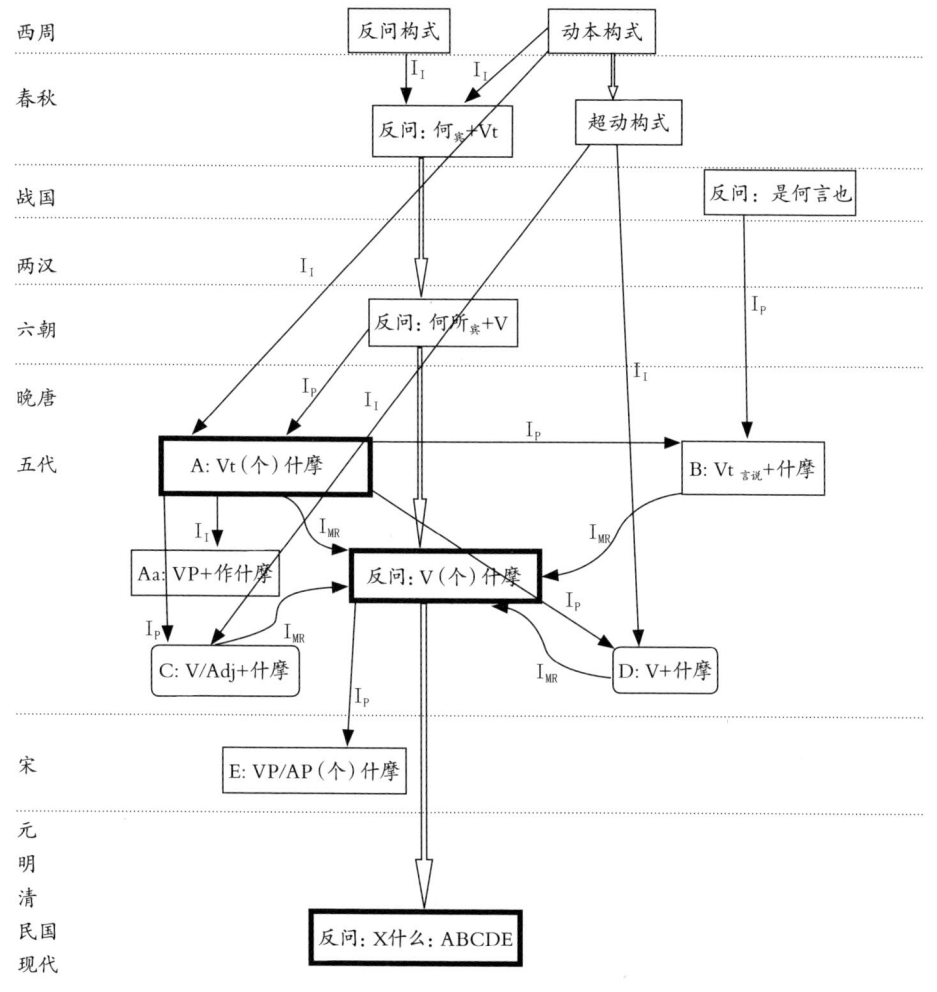

图3-7 "X什么"反问构式家族承继关系网络

（1）伯夷死名于首阳之下，盗跖死利于东陵之上。(《庄子·骈拇》)（死名：为名死。死利：为利死）

（2）文嬴请三帅曰……(《左传·僖公三十三年》)（请三帅：为三帅请）

孙良明(1994：71-72)列举了先秦典籍到两汉注家语言中名词、动词组合关系的变化，动宾关系中有宾语表示目的：（下五例引自孙良明(1994)）

（3）昔尔出居，谁从作尔室。[郑笺：往始离居之时，谁随为女作室。](《诗经·小雅·雨无正》)

（4）恐一日之亡国而忧大王。[……而为大王忧也。](《战国策·西周》)

173

（5）<u>凤凰之翔至德也</u>，[雄曰凤，雌曰凰。为至德之君而来翔也。]雷霆不作，风雨不兴。(《淮南子·览冥训》)

有宾语表示原因：

（6）<u>赏死事</u>，恤孤寡。[死事，谓以国事死者。](《礼记·月令》)
（7）靖国君辞，不得已而受，七日<u>谢病</u>强辞。[以病谢相位。](《战国策·齐一》)

  但是，据我们调查，先秦一直到五代，作动词宾语的事物疑问代词"何"都没有问目的、问原因的用法。"胡"问原因，但作状语。问目的、问原因都是采用专门的组合方式，如：缘何、何以、以何、为何、何为、为什么、作什摩。五代时期反问构式"V/Adj（个）什摩"问目的、原因我们认为是从目的超动构式承继而来。

  二是承继方式构式。先秦到现代一直都存在方式宾语、工具宾语、材料宾语，可以概括为"方式构式"。下四面例引自孙良明(1994：73)：

（8）父子<u>责善</u>，贼恩之大者。[父子相责以善……](《孟子·离娄下》)
（9）上通九天，<u>激厉至精</u>。[以精诚感之](《淮南子·览冥训》)
（10）西子<u>蒙不洁</u>，则人皆掩鼻而过之。[……以不洁汗巾帽而蒙其头面](《孟子·离娄下》)
（11）朝服衣冠，<u>窥镜</u>。[自窥视于镜也](《战国策·齐一》)

  反问构式D条件虚拟论元构式否定动作的条件，"什么"指代动作行为的方式、工具和材料。我们认为，反问条件虚拟论元构式与方式构式有承继关系。

  在多重承继路径的影响下反问述宾构式"V什么"承继系统是相互"缠结的"，但主要承继来源表现为：在句法结构上承继疑问句形式，属于非典型的单宾构式；韵律形式上受反问构式影响；意义上部分受单宾动本构式和超动构式影响，可以否定受事、目的/原因、条件、性质等语义；语用上承继了反问构式的非始发问属性以及反问构式的制止、劝阻、辩驳、怨责等语用功能。

# 第四章　反问构式"有什么 X（的）"

"有什么 X（的）"指"有什么"后接其他成分、间或后面跟着一个"的"煞尾的结构，其中的"什么"可以有虚指、任指、询问、反问等多种用法，如：

（1）<u>褚英正想听他的下面有什么话说，</u>只得催促道……（虚指）
（2）<u>家里有什么她就用什么，</u>东西破了就换掉，从不刻意节俭……（任指）
（3）总理先生，9月18日香港举行了选举，<u>你对此有什么看法？</u>（询问）
（4）<u>光投诉、光抱怨有什么用呢？</u>（反问；X 为名词）
（5）一个在民族敌人脚下屈膝低头、在祖国面前有罪的人，<u>还有什么可卖弄的呢？</u>（反问；X 为"的"字结构）
（6）<u>这有什么要紧（的）？</u>（反问；X 为形容词，"的"可以删除）

后面三例都以反问形式表达否定意义。我们认为它是一个构式，称之为"反问构式'有什么 X（的）'"。学界普遍认为"有什么 X（的）"反问构式表达否定，但在有些问题上还存在争议：（1）否定义的来源。赵元任（1979：287）、吕叔湘（1999：483-485）、邵敬敏（1996）等学者认为否定意义是由"什么"赋予的。李一平（1996）、黄雪斌（2013）、王一帆（2018）等学者认为其否定意义源于格式本身。（2）内部结构关系。赵元任（1979：288）认为"有什么要紧"是兼语结构。邵敬敏（1996）认为"什么 X"做动词"有"的宾语。（3）"的"的性质与功能。本章研究的问题："的"到底是什么词？其作用是什么？ X 有哪些类型？该构式的句法结构应该如何分析？该构式内部是否一致，是否存在几个不同的语义类型？一个构式是否可以拥有多个相互联系的意义、多个形式？该构式的起源、发展演变及承继关系如何？

## 第一节 反问构式"有什么 X（的）"共时解析

### 一、"的"的性质与功能

句末"的"的性质与功能较为复杂。这里我们需要稍微扩大一点范围，梳理一下学界有代表性的看法：结构助词、时体助词、语气词、后置介词。

1.结构助词；分类与确认功能；焦点确认功能

朱德熙（1978、1983）认为，在"NP＋是＋VP 的"一类格式中，分析形式"VP 的"表示类，指称形式 NP 和分析形式"VP 的"之间的关系跟逻辑上所谓的"成素与类"的关系相当。"小王是昨天晚上来的"可以解释为小王是"昨天晚上来的人"这个类里的一个成素。汉语里，凡是指称形式在前分析形式在后的判断句总是表示分类。结构助词"的"的句法功能是把一个动词性成分 VP 转变为名词性成分"VP 的"，是名词化标记；其语义功能是表示转指，指这种 VP 的施事，是转指标记。此类判断句在表达上表示分类或确认。杉村博文（1999）、袁毓林（2003）继承朱德熙句尾"的"仍是结构助词、名词化标记的看法，将其转指语义功能修正为自指，指这种 VP 所具有的某种属性或"指事"，是自指标记，是焦点标记。语用功能是表示确认语气，确认焦点。杉村博文（1999）认为确认语气是从谓语部分的分类性质派生出来的。事件原因解说型句子里的"的"字结构不是"指物"的转指性"的"字结构，而是"指事"的自指性"的"字结构。然而，按照目前对"的"字语义功能的认识，它同"指事"没有任何关系。因此，单就"指事"而言，在解说句里，"的"是一个羡余成分。因此，"的"字的语义功能便向表示语气的一方倾斜，俨然成了一个表示"确认"的语气助词。为什么是确认语气而不是别的语气？解说句是判断句，语用上看，解说句是用来对事情发生的原因进行分类的。分类就是将其对象归到"非此即彼"的类里去，是就是，不是就不是。从"分类"扩张到"确认"不是一段很远的路。

2.时体助词；已然义

宋玉柱（1981）认为，"你在哪儿学的蒸包子呀？""他昨天晚上什么时候回来的？"中的"的"跟"来着"一样，都是指明动作发生于过去的时间助词。马学良、史有为（1982）认为句中的"的"是"已然义"的载体。但对"面包会有的"中的"的"不能解释。

杉村博文（1999）对"已然"义的来源做了解释。他将"已然"的"是……的"句分成焦点指定型（如"是你给我们家打的电话吧？"）和事件原因解说型（"几片红东西从外边打在车窗上，是西红柿，看来是前边谁把剩饭扔出车被风刮回来的。"）两类。指定型"是……的"句能够传达已然义，是因为"述语＋的（＋宾语）"是先行句"述语＋了（＋宾语）"的承指形式。结构助词"的"位于动宾之间附着于动词，是为了形成理想的动宾承指形式。他不认为"的"是表示"动态"或"时""体—时"的助词，而认为"的"仍然是结构助词。事件原因解说型"是……的"句能够传达已然义，是因为此类句式总是说明一个已然事件发生的原因，在客观时间顺序上，事件先于说明而存在。

3. 语气词；确认语气

语气词说较早由李讷、安珊笛、张伯江（1998）提出并加以论证。他们将句子分为事件句和非事件句，认为句末"的"是传信标记，它所在的句子是无明显的时间界限的、非叙述性语体所偏爱的、及物性较低、背景化的、静态性的非事件句。但是不能解释传信标记"的"用到疑问句中的现象："他昨天晚上什么时候回来的？"袁毓林（2003）在此基础上将由动词性成分充当谓语核心的句子称为事件句，把带句尾"的"的句子称为事态句。事态句是一种有标记的焦点结构，如"他是昨天晚上回来的。"由于事态句中的焦点是认定焦点，具有〔＋对比性〕和〔＋排他性〕，因而事态句通常表示确认意义。当出现跟确认意义相冲突的"会、要、可以、应该"等助动词（如"面包会有的。"）或"谁、怎么"等疑问形式（如"他是怎么回来的？"）时，就需要根据助动词所提供的非现实性和意愿性的意义特征，把确认意义修正为确信——确实相信将会发生某件事情；或者根据疑问形式的询问功能，把确认意义修正为确询——希望得到明确的回答的询问。但是不能解释："她是生的男孩。""我是投的赞成票。"其焦点不是由"是……的"所标记的"生""投"，而是后面的 NP。

4. 后置介词；认知入场；提请注意

完权（2013；2015）比照英语介词"of"，将用于两个成分之间的"的"如"老师的房间"和事态句中的"的"统一处理为后置介词，认为它具有提高指别度的作用。他将事态句中的"的"的交际功能概括为：互动交际中，言者调动听者的注意力指向"的"前的事态，表达希望听者注意并重视这个事态的主观意向性。如"还有一个细节你也遗忘了或是没有注意到。他们是在你鼻子底下交换的钥匙。"在疑问句中，则是言者请听者注意自己的疑问，等于说"请注意啊，我有个疑问"，这个"的"用在言域上，即疑问这种言语行为上。他认为焦点位置在句子中是固定的，而注意系统却具有高度的灵活性和快速转换性，注意是流动的。在参照体-目标结构"X 的 Y"中，注意力从参照体流向目标体，所以，提高对参照体的注意强度能提高对目标体的注意强度，使目标体更为突显，这可以解释"她是生的男孩"中为什么焦点是"男孩"而不是"是……的"所圈定的"生"。

5. 我们的观点

由于不能解释"面包会有的"之类的句子，我们不赞成时体助词的说法；后置介词说与整个汉语介词系统龃龉，我们也不能认同。我们认为，位于句末的"的"有两个：结构助词或语气词；并且结构助词"的"在先，后发展出语气词用法；从结构助词到语气词是一个演变的过程，是一个连续统。穷尽地看，"有什么 X（的）"构式有无"的"一共有三种情况：一是不能出现"的"。当 X 为 NP 时后面不能出现"的"，如"有什么用（*的）？""有什么意义（*的）？"。二是强烈倾向出现"的"，如"这（指被学校开除的事）有什么好哭的？这有什么好保守秘密的？这有什么好垂头丧气的？……"这个"的"多用在表示"价值"义的助动词+动词结构的后面，形成"有什么好/可/值得 VP 的"格式，例子很多，如"有什么好看的/可看的/值得看的""有什么好说的/可说的/值得说的"。从语感上看，如果没有这个"的"，有些句子似乎也能说，如"有什么好看"，意思似乎有一点区别；但是实际语料中，不带"的"的用例确实比带"的"的少得多。如 CCL 现代汉语语料库中，反问构式"有什么可说"带"的"与不带"的"用例为：114∶17；"有什么好担心"带"的"与不带"的"之比是 13∶1；"有什么可做"二者之比是 9∶3。三是"的"可出现可不出现，这主要是在助动词或形容词后面，如："有什么不可以（的）？""有什么要紧（的）？""有什么了不起（的）？""有什么复杂（的）？""做傻瓜有什么难（的）？"

综上，"有什么 X（的）"构式中的"的"，只分布在动词、形容词后面，且在句子末尾。据此，我们认为这个"的"为结构助词。证据之一是可以补出中心语：

（7）志新：我说，咱俩聊聊吧？
　　莉达：唉，事到如今，我还有什么可聊的，洗洗睡吧！（《我爱我家》）
（8）女刑警：别害怕，我们就是来了解一下情况……

和平：这个，我害怕什么呀我……我有什么好害怕的，我一直呀就想为保卫咱们的社会治安做出点儿贡献。(《我爱我家》)

（9）A：你快看，那女的真漂亮！

B：一看就是整出来的，有什么漂亮的？

（10）绫子犹疑着说："我高考落榜了，所以人人看不起我"。这有什么了不起的？我也是考过两年才考上大学的。

"有什么可聊的"可以添加出中心语"话"或"事"，"有什么好害怕的"可以补出中心语"事"。"形容词+的"后面也可以补出中心语："有什么漂亮的（地方）""有什么了不起的（地方）"。更多的时候虽然不能轻易补出中心语，但是，我们能分明感觉到"好/可/值得VP的"表达做某件事的价值，如"有的牺牲了，有的伤残了，同他们相比，我们这些能活着回来的人还有什么可值得张扬自己、夸耀自己的呢？""我不会去投诉，有什么好投诉的？多麻烦，何况我也不清楚上哪去告。"作为结构助词的另一个证据是，如上文指出的，"有什么X（的）"构式中的"的"，只出现在谓词性成分后面，出现在体词性成分后面句子不合法。汉语语气词对它前面的成分并没有语类的强制限制，如语气词"了"："他同意了。""他同意这个方案了。"该构式中的"的"不能出现在体词性成分的后面，分析为语气词是不适当的。还有一个证据是这个"的"不能删除，如下面两句中括号处的"的"删除了句子可接受度大为降低："？？……还有什么可值得张扬自己、夸耀自己（　）呢？""？？找回来就好了，有什么好哭（　）呢。"例（9）（10）"的"删除后句子也能说，且并不影响命题意义。但是删除后句子结构发生变化："了不起的"是"的"字结构，指了不起的地方、方面，"什么"修饰这个"的"字结构，"什么了不起的"做"有"的宾语；"有什么了不起"按照赵元任的分析则是兼语结构，"什么"为兼语。结构不同，意义上也会有所区别。

## 二、"X"的语类与构语意义

我们在CCL现代汉语语料库中，检索"有什么"共得44876条结果。通过等距抽样，每隔10条抽取1条，删除重复的，获得4438条。经逐一甄别，获得有效语料941条。此外，课题组还从自制语料库（北京电视台节目《第三调解室》、电视剧《我爱我家》所转写的语料及小说集《王朔文集》《编辑部的故事》）中获得有效语料75条。

对这1016条语料逐条分析，发现充当"X"的成分是名词性成分、形容词性成分、动词性成分和其他成分，又可细化为12种主要形式，具体情况见表4-1。

表4-1 "X"分类及特征一览表

| | | |
|---|---|---|
| a. 具体名词短语[1]：30 | 人2[2]、草、豆、家、位置、工资、炼狱、诗、古董、艺术品、女人、圣火、钱、学历证明、阎罗王、群众、潜水艇、飞机、朋友、心上人、虎、贵族、丈夫、脸、眼睛、细菌、药、茶点社、小酒馆 | |
| b. 抽象名词短语：472 | **价值类（作用、意义、重要性、好处、功劳等）339**：价值13、关系73、用（"用处"义）68、用处26、意义43、好处28、益处5、呆头3[3]、当头、意思32、优越性9、劲7、功劳5、效果2、存在价值、存在感、作用、好结果、厉害之处、安全意义、出息2、乐趣13、拿得出手的东西、更好的指望、文化的发展、希望、要紧的事。**负面价值41**：错12、罪10、问题6、坏处3、过错、难处、罪过、害处、别的结局、丧气的、对付不了的事、办不到的事、做不到的事、不光彩的地方 **条件55**：办法40、根据、出路、权利、权、本事、力量、战斗力、责任、别的理由、补救办法、组织纪律性、面子2、准备、打算[4] **属性31**：区别23、分别、差别、味道、交情、联系、根本的利害冲突、可以相提并论之处、青春 **其他6**：选择、别的选择、辩驳的必要、约会、其他东西、意见 | |
| 动词短语+的：133 | c. 好/可/值得VP+的：112 | **可VP+的60**：可说的26、可怕的13、可犹豫的2、可讲的、可选择的、可喝的、可做的、可以商量的、可解释的、可假装的、可卖弄的、可吹牛的、可隐瞒的、可担心的、可炫耀的、可希望的、可玩的、可想的、可爱的、可操心的、可吃惊的、可大惊小怪的 **好VP+的44**：好说的12、好笑的9、好担心的7、不好说的2、不好明说的2、好宣扬的、好惧怕的、好怕的、好抱怨的、好吹的、好举报的、好指责的、好躲的、好吃的、好惶恐的、好高兴的、好津津乐道的； **值得VP+的8**：值得大惊小怪的2、值得炫耀的、值得夸耀的、值得骄傲的、值得害臊的、值得遗憾的、值得感动的 |
| | d. 能/肯/敢（VP）+的：17 | 不行的9、不能拆的2、不肯干的2、不能献出的2、不可以的、不敢承认的 |
| | e. V不C+的：1 | 弄不过来的 |
| | f. 其他动词短语+的：3 | 不败的2、舍不得的 |
| g. 助动词短语：50 | **肯定形式32**：可讲6、可说6、可怕4、可修2、可笑、可给、可批、可斗、可威胁、可卖钱、好看2、好笑2、好解释、好玩、值得计较、值得征服 **否定形式18**：不可以14、不能接受、不能给、不明白、不敢 | |
| h. 心理动词：54 | 留恋12、牵挂8、舍不得6、指望5、想念2、忍心、畏惧、心动、抱怨、怕、冤枉、感动、容忍、忘记、希求、相信、贪恋、知道、害怕、顾忌、在乎、生气、奢望、羡慕、疑虑、忧虑 | |

(续表)

| | |
|---|---|
| i.关联义动词：29 | 相干28、关联 |
| j.形容词短语：143 | 了不起31、奇怪14、不同13、好11、不对8、新巧3、难3、特别3、危险2、羞耻2、要紧2、打紧2、丑2、苦2、不好意思、过意不去、了不得、大不了、含糊、碍口、神圣、卑鄙、缺德、神秘、新鲜、愤慨、残忍、必要、稀奇、神秘、卖力、深奥、奇怪、委屈、难看、英明、欣喜、羞愧、热闹、遗憾、过火、清白、两样、执着、过分、好听、古怪、急、厄、高贵、美、荣耀、假、高明、绝、雅、复杂、远、纯 |
| k.形容词短语+的：63 | 不好的30、大不了的13、不妥当的2、不好意思的2、不满意的2、不安的2、敏感的、难的、复杂的、难理解的、掉价的、好的、诱惑自傲的、不对头的、不幸福的、不高兴的、不满的、好惨的 |
| l.NP（+VP）：42 | **条件24**：资格（参加全国的会议）、资格（侈谈香港的民主和人权）、资格（管我们的事）、资格（指导孩子们如何生活）、资格（说卖）、资格（对历史负责）、资格（看不起他们）、理由（轻视自己的同胞）、理由（要求经济理论有据一方）、理由（要嫉妒）、理由（没收我们的报纸）、证据（讲这些话）、力量（能够阻挡）、权利（捣毁她的世界）、权利（解读他们）、脸（躺在我的床上）、法（想）、脸面（做何家媳妇）、颜面（见潘伟烈）、面目（回家）、别的办法（救母亲）、前嫌宿怨（不可以捐弃）、顾虑（不可以丢掉）、送礼现象（存在）<br>**有某种价值的事18**：话（可说）5、形象（可言）、尊严（可言）、公正（可言）、神圣（可言）、绝对的客观公正（可言）、商谈的基础（可言）、好事（做）、地方（可以去）、对错（可言）、国法（可言）、前途（可面对）、东西（可卖）、别的路（可走） |

注：(1) 本文的"名词短语""动词短语""形容词短语"包括单个的名词、动词、形容词。
(2) 数字表示该词在1016条语料中出现的次数。
(3) "动词+头"表示施行动词所表示的动作的价值："呆头"即呆在某地的价值。
(4) 根据《现代汉语词典》第七版236页，"打算"有动词和名词两个义项。我们认为用在"有什么"后面应该是名词。下面的"希望、约会"也如此。下文的"准备、选择"是"名动词"，用在"有什么"后面也表现出较强的名词性。

根据上文对该构式中"的"的分析，结合语料，本文将c式后面的"的"看作结构助词，X是"的"字短语，"的"在X之内，X归入名词短语；d、e、f、k四式后面的"的"均看作语气词，"的"在X之外，X为动词短语或形容词短语。X为名词短语：a（30），b（472），c（112），l（42），计656条，占64.57%。X为动词短语：d（17），e（1），f（3），g（50），h（54），i（29），计154条，占15.16%。X为形容词短语：j（143），k（63），计206条，占20.27%。X为名词短语为绝对优势，其次是形容词短语，动词短语最少。

我们将每一种X语类与它进入构式所表达的意义对应起来，归纳为下表4-2。

表4-2 "X"语类类型与构语意义对应表

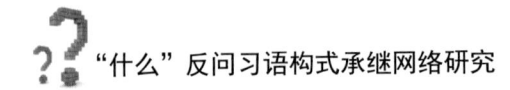

| X的构成 | 语例 | 构语意义 |
|---|---|---|
| a.具体名词短语 | 有什么草？ | 否定某地存在某个具体事物 |
| b.抽象名词短语 | 有什么关系？<br>有什么用？ | 否定做某事具有重要性、价值、用处、理由、方法、条件等 |
| c.好/可/值得 VP 的 | 有什么好/可/值得说的？ | 否定某个行为的价值 |
| d.能/肯/敢（VP）+的 | 有什么不能拆的？ | 对某事否定性条件（不许可、不愿意等）的否定 |
| e.V 不 C +的 | 弄不过来的 | 对某事否定性条件的否定 |
| f.其他动词短语+的 | 舍不得的 | 对某事否定性条件的否定 |
| g.助动词短语 | 有什么可说？<br>有什么不可以？ | 否定做某事的价值；<br>对某事否定性条件（不许可、不愿意等）的否定 |
| h.心理动词 | 有什么留恋？ | 否定做某事的条件，做某事的心理状态是做某事的条件 |
| i.关联义动词 | 有什么相干 | 否定联系、关系 |
| j.形容词短语 | 有什么了不起？ | 表示不具有某种属性 |
| k.形容词短语+的 | 有什么了不起的？ | 表示不具有某种属性 |
| l.NP（+VP） | 有什么脸回家？<br>有什么形象可言？ | 否定做某事的条件；<br>否定有价值的 NP 的存在 |

我们发现"有什么 X（的）"构式内部否定义并不一致，可概括为四个语义类型：

A. 否定某处存在某个具体事物，即上面的 a 式。计30条，占2.95%。

B. 否定做某事的价值，包括 c 式的全部112条。b 里面"X"是"V 一头"及价值义抽象名词"价值、用处、意义"时，构式义表示否定价值、重要性、用处，计380条。g 里面肯定形式，构式否定行为的价值，32条。l 式 X 后面接"可 VP"形式时，构式否定有价值的 NP 的存在，18条。合计542，占53.35%。

C. 否定做某事的条件，包括许可、理由、办法、心理状态、准备等，有 b(55)、d(17)、e(1)、f(3)、g(18)、h(54)、l(24) 七式，计172条，16.93%。b 式里面除"X"是价值义的名词之外，其余都是表示否定做某事得到许可、理由、办法等条件。g 里面当"X"是"不+助动词"时，构式表示对某事否定性条件(不许可、不愿意等)的否定。h 专门表示否定做某事的心理条件。l 式里面当"X"是"NP＋VP"时，构式表示否定某人具有做某事的条件；当"X"是"NP＋不＋VP"形式时，构式否定不具备 VP 条件的 NP 的存在。

D. 表示不具有某种属性，包括 b(31)、i(29)、j(143)、k(63)，计 266 条，占 26.18%。i 是对相关性的否定，相关性也归到属性中。

随着构式的使用，四个语义类型与相应形式匹配固化，成为四个中观构式，我们概括为价值否定构式(53.35%)、属性否定构式(26.18%)、条件否定构式(16.93%)、实体否定构式(2.95%)。

## 三、四种下位类型的构式义

下面我们将通过对四个中观构式的形式、句法、语义、语用等特征集进行的详细归纳，并结合反问句使用的四个条件，特别是它们的使用场合和言者使用该构式的目的，归纳四个中观构式的构式义。

**1. 价值否定构式**

形式上，价值否定构式中的"X"表现为"好/可/值得 VP 的""可 V""价值义抽象名词""NP＋(可 VP)"。例如：

(11) 孟朝阳：……那轿子那衣裳那道具全是真真的，不信您到时候看看！
傅老：还有什么好看的？我爸爸结婚时候就搞的这一套，我怎么没见过？（《我爱我家》）
(12) "多告诉我一些那个太阳的事。"月彩把我塞回被窝里，自己坐在地上，头靠在床缘问我。"有什么可说呢？我连他是人是鬼都不知道。"
(13) 反正是公司的钱，公司的商品拿来用，又有什么关系？
(14) 需求不稳定，"在高尔夫球场"指挥"无人工厂"的大批量生产，又有什么意义？

助动词"可、好、值得"等主要用于表示做某事的价值。抽象名词"关系"《现代汉语词典(第7版)》中释义③："对有关事物的影响或重要性；值得注意的地方(常跟'没有、有'连用)"，也可以概括为"价值"。其他抽象名词如"意义、用(作用)"直接表示价值。"有"表示领有。主语一般为空位，多为事体。

语义语用条件分析。胡德明(2009)提出使用反问句需要满足的四个语义语用条件：行为条件、关系条件、实质条件和语气条件。

（15）姐姐：人家出过的书的，都拿去评奖评职称了，你怎么不去？

弟弟：为什么要去评奖？出版书目的不是为了评奖，而是为了传播、普及知识，只要书的内容经得起实践的检验，对现世有用，<u>评不评奖又有什么关系呢？</u>

行为条件是姐姐建议弟弟把书拿去评奖评职称的言论，弟弟不同意，要反驳姐姐的建议，采用反问句，是引述性用法，引语源是前文中的"评奖"。使用反问句需要建构关系条件：弟弟认为如果拿书去评奖评职称有意义，他才拿书去评奖，如果没有意义，那么做便不合理，现在姐姐建议拿书去评奖评职称，那么前提 p 就是：拿书去评奖评职称有意义。构建 p 与 q 的反蕴涵关系：只有在拿奖去评职称是有意义的前提下，拿书去评奖评职称才是合理的。实质条件：对前提提问："评不评奖又有什么关系呢？"语气条件：在弟弟看来，出版书目的不是为了评奖，而是为了传播、普及知识。所以评不评奖都没关系。"拿书去评奖评职称没有意义"，这是弟弟这句话的字面意义，既然没有意义，那么姐姐的建议就是不合理的，所以拒绝姐姐的建议，这是这句话的语用意义。

至此，我们将该构式的构式义归纳为：有人提议做某事或正在做某事，言者不赞成，使用该构式对做此事的价值提出质疑，从而加以否定，构式义表示某人做某事没有价值，以此实现劝阻的语用功能。

### 2.属性否定构式

属性否定构式中的"X"由形容词短语、相关性意义的动词短语充当。有无"的"字对句子的命题意义不影响，"的"被看成语气词。动词"有"表示领有；主语多为表人名词；构式中形容词、动词短语表示属性，该属性为主语所表示的人或物所领有。例如：

（16）小凡：（挺身而出）嫂子，这话可没这么说的啊，我爸招你惹你了？

和平：（冷笑）小凡妹妹，我过门儿的时候你还没圆圆大，怎么，你也想教训我吗？不就上过个破大学嘛，<u>你有什么了不起呀？</u>不知天高地厚的，将来有你哭的！《我爱我家》

（17）要好看得懂得维护，平时不来人，蒙上个罩子，<u>有什么要紧？</u>

语义语用条件分析以（16）为例。行为条件是小凡帮爸爸教训和平的行为，和平不认可，想要否定，采用反问句，是描述性用法。建构关系条件：

和平认为如果你想教训我,那么你一定具有某种了不起的属性;如果没有,那么你就不能教训我。现在你教训我,前提 p 就是:你一定具有某种了不起的属性。构建 p 与 q 的反蕴涵关系:只有在你具有某种了不起的属性的前提下,你教训我的行为才是合理的。实质条件:对前提提问:"你有什么了不起呀?"语气条件:在和平看来,你不具某种了不起的属性,这是字面意义;既然你没有某种了不起的属性,那么你教训我就是不合理的。不要教训我,这是这句话的语用意义。

至此,我们将该构式的构式义归纳为:针对某人的行为或言论,言者不认可,使用该构式对某人的行为或言论的属性提出质疑,加以否定,构式义为主语所表示的人或事物不具有构式中形容词、助动词短语所标示的属性,以此达到祈使的语用功能。

**3. 条件否定构式**

做一件事情会涉及很多因素:得到许可、主观意愿、理由、方法、心理状态、准备,等等,这些因素都可以看作做某事的条件。形式上,条件否定构式中的"X"表现为:条件义抽象名词、心理动词、助动词短语、"NP(+VP)"形式。"有"表示领有。如:

(18)弟弟说道:"姐,你快走!"姐姐望着执拗的弟弟,忍不住哭了:"好,小明,我们走!"副连长见状发怒了:"九班长,你耍什么态度,姐姐来了,<u>住一宿有什么不可?</u>"
(19)连北大的一面墙不也是流着眼泪硬给拆了吗?<u>还有什么不能拆的呢?</u>
(20)现在他就这样儿盲目生产,<u>你有什么办法?</u>没用!
(21)既已决心不怕一死,<u>还有什么顾虑?</u>
(22)即使江东父老同情我,立我为王,<u>我还有什么脸再见他们呢?</u>

语义语用条件分析,以(18)为例。行为条件是九班长让其姐姐走,副连长不同意,想要制止,采用反问句,对九班长的言论进行反驳,是描述性用法。建构关系条件:副连长认为如果九班长不准其姐姐住一宿,那么一定存在不准姐姐住一宿的理由,如果不存在这个理由,则姐姐可以住一宿,现在九班长让其姐姐走,那么前提 p 就是:存在不许可姐姐住一宿的理由。构建 p 与 q 的反蕴涵关系:只有在存在不许可姐姐住一宿理由的前提下,姐姐必须走才是合理的。实质条件:对前提提问:"住一宿有什么不可?"语气条件:在副连长看来,不存在不许可姐姐住一宿的理由,"什么"在语境中为无指,其信息域为空域,即"姐姐可以住一宿",这是副连长这句话的字面意义。既然姐姐可以住一宿，那么九班长让其姐姐走的言论就是不合理的，这是这句话的语用意义。

至此，我们将该构式的构式义归纳为：有人提议做某事，言者不同意，使用该构式对做某物的条件提出质疑，从而加以否定，构式义表示做某事不存在某种条件，以此达到反驳的语用功能。

### 4.实体否定构式

实体否定中的"X"是具体名词。例如：

（23）"你为什么不愿？""你说啊你！""说就说！我已经有了心上人了，行不行？"紫烟心中又是一紧，而起轩显然也骇了一跳。"我不信！<u>你会有什么心上人？</u>刚才是你自己说的，你成天钻研药理，根本没空思索其他。

语义语用条件分析同上，不再赘述。我们将该构式的构式义归纳为：有人发表某种观点，言者不同意，使用该构式对某人观点的合理性提出质疑，从而加以否定，表示不存在构式中名词所表示的具体事物，以此达到反驳的语用功能。

## 四、余论

上文分析了"有什么X（的）"构式中X的构成，每种类型的X其构语所对应的构语意义，由此将"有什么X（的）"构式分为四个中观构式，归纳了每个中观构式的构式义。那么，宏观构式"有什么X（的）"有无共同的意义呢？有的，那就是：在互动交际中，对方正在实施或建议实施某个动作行为或持有某个观点，言者不同意，以"有什么X（的）"对该动作行为的施为要素或支持该观点的论据加以质疑，以表达不具备该动作行为的施为要素，或支持该观点的论据不成立，以实现劝阻、辩驳等语用功能。"施为要素"在价值否定构式中表现为某个动作行为的价值，在属性否定构式中表现为施行某动作行为的主体或客体应该具备某种属性，在条件否定构式中表现为施行某动作行为的方法、许可、理由、心理状态等，在实体否定构式中表现为某个动作行为或观点的成立条件是存在某个实体，否定了该实体的存在也就相应否定了该动作行为或观点成立的可能性。

既然"有什么X（的）"有四个不同的意义，那么它还是不是一个构式？是四个构式还是一个构式？每个中观构式X的形式也不是完全相同的，同一个意义由不同的形式来表达，它们还是不是一个构式？即构式是形义配对体这一定义与构式的多义性是否矛盾？我们的观点是：不矛盾。世界上没有绝对一致的事物。所谓的"同"都是相对的。构式是多义的，同一个构式包含的意义有细微差别，即大同小异。构式的形式不是绝对一致的，同一个构式其形式也有细微差别，也是大同小异。Goldberg（1995：31-38）明确提出并论证了构式的多义性，双及物构式有"施事成功地使得接受者收到受事"的中心意义，也有从中心意义引申出的多个意义，这些意义之间是大同小异；同样，汉语的双及物构式、把字句、"连……都/也……"构式也都有多个有联系的意义，也都是大同小异。

## 第二节 "有什么X（的）"构式化、构式变化及承继关系

  吕叔湘（1985：148）认为否定某种性状的反诘句"有什么……"句式是古代"何X之有"的变相，这代表了学界共识。孙良明（1994：120-121）指出：到东汉时代，否定句代词宾语前置、"是""之"复指的宾语前置这两种类型的宾语前置现象已从活的语言中消失……到东汉时代，人们对这种前置宾语句式相当陌生，不特别注明，难以理解原文意思。李先华（1999）分析了"何X之V"式的发展，认为大体经历了两个阶段，首先是改变语序，其次是改变疑问词语的形式。到了两汉，"何+名词"作宾语由前置变为后置，"何X之V"式演变为"V何X"式。这一演变与这一时期疑问代词宾语由前置变为后置大体同步，反映了汉语语序发展的总趋势。两汉以后，"V何X"式继续发展，疑问代词"何"发生变化，至近古，便出现了"V甚/什么X"的格式，这是"何X之V"式演变的第二阶段。从上古的"何X之V"式到中古的"V何X"式，再到近古的"V什么X"式，这就是"何X之V"式发展所走过的基本历程。

  孙、李两位学者分析的是"X之V"和"何X之V"的发展，反问句"何X之有"当然包括在内，但范围比"何X之有"要广，因而也更具一般性。我们关心的是："何X之有"的构式化是如何完成的？"何X之有"构式有哪些特点？由"何X之有"到"有何X"除语序不同外还发生了哪些变化，是否会带来其他方面的不同？"何X之有"是固定的反问构式，而一部分"有什么X"可以表示询问。表示询问的"有什么X"是否也来自反问构式

"何 X 之有"？"有什么 AP/VP 的"句式是什么时代出现的？为什么会添加一个"的"？那么，这个演变具体过程怎样？涉及哪些构式的变化与构式化现象？其动因和机制是什么？

# 一、"何 X 之有"的构式化及其特征

## （一）"何 X 之有"的构式化

### 1.甲骨文中的"唯宾动"并不是"何 X 之有"的前身

"何 X 之有"是宾语前置格式。《马氏文通》指出："凡止词先乎动字者，倒文也。如动字或有弗辞，或为疑辞者，率间'之'字；辞气确切者，间参'是'字。"（吕叔湘、王海棻2001：418）"倒文"是相对于"顺文"而言的，即汉语正常的动宾语序是VO。宾语前置可以追溯到甲骨文。马清华、李为政（2017）认为甲骨文动宾结构有动宾和宾动两式，宾语后置是基本语序倾向，主要有三方面证据：1.频次：宾语后置有2671例，占87%，宾语前置有399例，占13%，两者之比6.7∶1；2.标记：所有后置宾语都无标记，有标记的仅见于前置宾语；3.嵌套：甲骨文动宾式既可被主谓、状中、连谓等结构浅度嵌套，也可被定中结构深度嵌套，宾动式不能被深度嵌套，被浅度嵌套的也仅见1例。卜辞宾语不同的前置方式起于不同的动因，有标记前置归因于强调需要，无标记前置归因于原始语言较低的句法模式化水平。管燮初（1953：17）指出，甲骨文凡宾语在他动词之前，这个宾语前头一定有一个介词"叀"或"唯"字做标记。黄德宽（1988）区分了"叀"和"唯"的用法，认为甲骨文肯定句中宾语前置的标记是"叀"，"（S）叀 OV"是甲骨文宾语前置的固定格式，"叀"是构成宾语前置的基本条件。否定式宾语前置标记是"唯"，"（S）勿唯 OV"，"唯"是"叀"的语音变体。第五期卜辞中出现了以"唯"替代"叀"的例子，从而形成了甲骨文中"唯宾动"式。甲骨文"（S）叀 OV"句式消失的时间可能就是"（唯）O 是 V"起而更替的时间，大致为西周中期。唐钰明（1990）也认为甲骨文宾语前置的方式是"唯宾动"式。"唯宾动"式蜕变的途径："唯宾动"＋"宾是动"→"唯宾是动"。为了消除歧义和促进功能的完善，"宾是动"式与"唯宾动"式自然而然地结合起来，构成了新型的"唯宾是动"式。我们认为"唯宾动"式并不是"何 X 之有"的前身。理由有二：一是"唯"或"叀"为语气类情态标记，而"之"一般认为是助词或复指代词，二者性质不同；二是位置不同，"唯"位于前置的宾语前，而

"之"位于前置的宾语后动词前。马清华、李为政（2017）认为甲骨文存在以代词"其"为标记的宾语前置"O 其 V"式，如"父丁_{神灵名}其岁_{祭名}"（对父丁进行岁祭）。但是卜辞学界多不承认"其"的代词身份，我们也不予采信。

2."宾是动"的构式化

我们认为，与"何 X 之有"直接相关的句式是"宾助动"格式，因为这里的"之"性质是结构助词，其作用是将宾语提到动词前面。殷国光（1985）详尽考察了先秦汉语带语法标志的宾语前置句式，下文主要依据殷文的统计数据和观点进行分析、归纳。殷国光（1985）认为"宾助动"句式始见于西周金文，在西周末年东周初年有了较大发展，《诗经》中"宾助动"凡73例，助词有：是、之、于、来、斯、厥、云，如：

（1）<u>四方是维，天子是毗</u>，俾民不迷。(《诗经·小雅》)
（2）我田既减，<u>农夫之庆</u>。(《诗经·小雅》)（郑笺云：我田事已善则庆赏农夫）
（3）赫赫南仲，<u>玁狁于襄</u>。(《诗经·小雅》)
（4）征伐玁狁，<u>蛮荆来威</u>。(《诗经·小雅》)
（5）<u>弓矢斯张</u>，干戈戚扬，爰方启行。(《诗·大雅》)

从强调形式与意义匹配的构式与构式化的理论来看，此时的"宾助动"格式还没有形成为一个构式，因为其形式不固定，有多个助词；意义也不统一，有人认为表示对宾语的强调，有人认为是为了追求谐韵，是修辞的需要。（敖镜浩1983）我们认为，大约最晚在春秋初年，"宾是动"完成了构式化，成为一个形式与意义匹配的构式：

[[O 是 V] ⟷ [对 O 的强调][+典雅]]

因为，根据殷国光（1985）统计，"宾是动"句式独见于东周金文11例，而其他"宾助动"均未见1例；《诗经》中的《鲁颂》《商颂》中，"宾是动"15例，而其他"宾助动"均未见1例。铜器铭文多是记载文治武功以传示后世子孙的，《颂》则是用于祭祀祖先的隆重场合，因此，"宾是动"成为最规范、最通用的格式，并成为典雅之言。这一时期，"宾助动"有两大特点，一是形式简单：前置宾语一般不超过两个音节，由体词性成分充任；动词一般为单音节；在结构助词和动词之间一般不能插入其他成分；句末一般没有语气词。二是用的结构助词较多。

### 3. "宾之动"构式的发展与"何X之有"的构式化

殷国光（1985）详细阐述了春秋后战国初期"宾之动"的崛起与"宾是动""宾之动"的此消彼长。《左传》《国语》"宾是动"97例，"宾之动"达225例之多。在句子形式的复杂化上，"宾之动"也大大超过了"宾是动"；"宾是动"句式由于是典雅之言，独用于庄重场合，而发展受到限制，基本上处于停滞状态。由此，我们认为，春秋末期，"宾之动"构式已经成熟：

[[O之V] ⟷ [对O的强调]]

正如殷文所指出的，语义上，"宾之动"突破了"宾是动"[＋典雅]的语义特征，不再受到[典雅]特征的限制；形式上、使用频率上也都有重要发展：

一是宾语不限于体词性成分，不限于两个音节，并出现了由疑问词作修饰语的前置宾语：

（6）侨闻为国非<u>不能事大、字小之难</u>，<u>无礼以定其位之患</u>。（《左传·昭公十六年》）
（7）今执事有命曰：<u>女何与政令之有</u>？（《左传·襄公二十八年》）

二是结构助词后的谓语复杂化，动词可以受否定词、助动词、副词修饰。如：

（8）夫齐侯将施惠出责，是之<u>不果奉</u>，而暇晋是皇。（《国语·晋语二》）
（9）其何士之<u>能得</u>？（《左传·庄公三十二年》）
（10）何位之<u>敢择</u>？（《左传·昭公七年》）
（11）亡人何国之<u>与有</u>？（《国语·晋语二》）

三是出现了以"之"为语法标志的介词宾语前置句式"宾之介动"。如：

（12）至于庄、宣，<u>皆我之自立</u>。（《左传·襄公二十五年》）

四是战国中期以后，情况发生了急剧变化。在《论语》《孟子》《庄子》《墨子》《荀子》五部著作中，"宾是动"句式共出现13例，其中10例出现在《诗经》《尚书》的引文中，如果引文不计在内的话，"宾是动"句式仅有3例（《庄子》1例，《荀子》2例）。而"宾之动"共出现196例。以上数字表明，这一时期"宾是动"句式已成为一个时代用语的残迹，而"宾之动"句式仍活跃在当时的书面语言中。

随着"宾之动"突飞猛进的发展，特别是事物疑问代词出现在前置宾语中作修饰语,"何 X 之有"构式便应运而生。

[[何 X 之有] ⟷ [以反问表达否定] [-传疑] [+典雅]]

该构式与"何 X 之动('有'除外)"句式不同,后者既可反问亦可询问,如:

(13) 若有违质,教将不入,其何善之为!(《国语·晋语四》)(反问)
(14) 吾何德之务而有是臣也?(《国语·晋语九》)(询问)
(15) 齐宣王问卿。孟子曰:"王何卿之问也?"(《孟子·万章下》)(赵岐注:"王问何卿也?"问"哪一种卿相")(询问)

该构式先秦计有语例90条,其中《左传》40例,《国语》20例。这两部书学界多认为是春秋末期鲁国史官左丘明所撰。不见于《尚书》和《诗经》。所以,我们认为春秋末期该构式已经成熟。

4. "何 X 之有"的承继关系

综上所述,我们可以画出"何 X 之有"承继关系图,如图4-1所示。

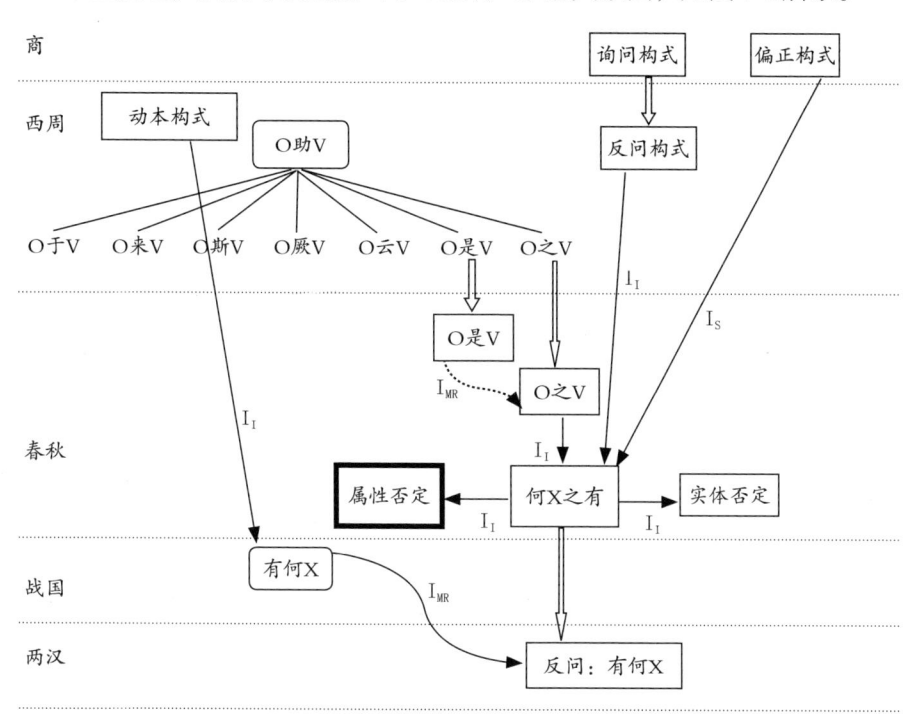

图4-1 "何 X 之有"承继关系图

上图"O 助 V"在圆角方框中，表示它尚未完成构式化，它只是一个格式而不是构式。"O 于 V""O 之 V"等没有加框，表示它们是一般格式或具体语句。"O 是 V"语句演变为"O 是 V"构式，"O 之 V"语句演变为"O 之 V"构式。春秋末年"O 是 V"构式又并入"O 之 V"构式而自行消亡。"何 X 之有"有三个承继来源："O 之 V"构式、反问构式、偏正构式。"何 X 之有"再向"有何 X"演变。

### （二）"何 X 之有"构式特征

形式上，"X"可以是具体名词短语、抽象名词短语、动词短语、形容词短语。例如：

（16）巴、濮、楚、邓，吾南土也；肃慎、燕、亳，吾北土也。<u>吾何迩封之有？</u>文、武、成、康之建母弟，以蕃屏周。（《左传·昭公九年》）（迩封：近处的封疆领土。具体名词短语）

（17）告王曰：晋侯其无后乎。王赐之命，而惰于受瑞，先自弃也已，<u>其何继之有？</u>礼，国之干也；敬，礼之舆也。（《左传·僖公十一年》）（继：继承人。具体名词）

（18）若适淫虐，楚将弃之，吾又谁与争？公曰：晋有三不殆，<u>其何敌之有？</u>国险而多马，齐、楚多难；有是三者，何乡而不济？（《左传·昭公四年》）（具体名词）

（19）荀息曰："吾闻事君者，竭力以役事，不闻违命。君立臣从，<u>何贰之有？</u>"丕郑曰："吾闻事君者，从其义，不阿其惑。（《国语·晋语四》）（贰：异心。抽象名词）

（20）公曰：姜氏欲之，焉辟害？对曰：<u>姜氏何厌之有？</u>不如早为之所，无使滋蔓！蔓，难图也。（《左传·隐公元年》）（形容词）

（21）"为能其德矣，是以贺。若不忧德之不建，而患货之不足，将吊不暇，<u>何贺之有？</u>"宣子拜，稽首焉。（《国语·晋语八》）（动词）

（22）而威使之苦生，而淫道又塞，以此遇敌，是以百石之弩射飘叶也，<u>何不陷之有哉？</u>（《商子·二十二》）（动词短语）

（23）亲易怨，实无礼以速寇，而未有其备，使群臣往遗之禽，以逞君心，<u>何不可之有？</u>王曰：不谷之过也，大夫无辱。厚为韩子礼。（《左传·昭公五年》）（助动词短语）

（24）皆恤国如是，则大不丧威，而小不见陵矣。若是道也果，可以教训，<u>何败国之有！</u>（《国语·晋语九十九》）（动宾短语）

表4-3 先秦"何X之有"X语类统计表

| 语类 | 具体名词短语 | 抽象名词短语 | 形容词短语 | 动词短语 | 空位 | 合计 |
|---|---|---|---|---|---|---|
| 数量 | 11 | 43 | 24 | 11 | 1 | 90 |
| % | 12.22 | 47.78 | 26.67 | 12.22 | 1.11 | 100 |

如表4-3所示，名词短语占比（12.22＋47.78=60）＞形容词短语＞动词短语，而尤以抽象名词短语为最。X为抽象名词是该构式的源型。

X能够允准名词，也可以允准形容词、动词；可以允准词，也可以允准短语，这说明该构式具有较高的能产性。"何""之""有"都是常项，变量只有一个即"X"。尽管X可以允准名动形三种语类的词或短语，具有一定的图式性；但是，考虑到先秦时期，汉语词类范畴界限并不十分明确，词类活用与词的多功能现象普遍存在，可据此认为，X的抽象性有限，即"何X之有"具有一定的图式性，但图式性不高。

句法上，主语一般不出现，出现时主语可以是人或物。"何X之有"的结构学术界有两种不同的分析。《马氏文通》、杨伯峻（1981：12）、王力（1984：280）、杨伯峻、何乐士（2001：804-809）、李先华（1999）将"何X"分析为"有"的前置宾语，"何"作定语修饰X；张儒（1994）、谢质彬（1995）、白平（1996）、张闻玉（1996）等将"何"分析为修饰"有"作状语。两种分析孰优孰劣，李先华（1999）有详细的分析讨论。我们赞同前一种分析。

语义上，当"X"是具体名词时，构式表示不存在构式中名词所表示的具体事物。动词"有"表示存在。但是该构式不是典型的存在构式。典型存在构式："某处所＋存在方式＋存在物"，主语要求是处所名词。而该构式主语往往表现为空位，有时候主语表现为指人的名词或代词，如（16）。典型的存在构式，存在物与主语表示的处所之间没有必然联系。而该构式中，主语所表示的人或事物与构式中的名词所表示的事物之间有领属关系或对立关系，如（17）"继"与主语晋侯之间有领属关系；（18）"敌"指晋国的敌人，不能说是领属关系，可以说是对立关系。当"X"是抽象名词时，动词"有"表示领有；构式义为主语名词表示的人或物不具有构式中抽象名词所表示的某种属性，如（19）"何贰之有"表示我没有异心的属性。当"X"是形容词短语时，动词"有"表示领有，主语多为表人名词，构式中形容词表示属性，该属性为主语所表示的人或物所领有，构式义为主语所表示的人或事物不具有构式中形容词所标示的属性，如（20）表示姜氏没有满足的属性。"X"是动词时，主语一般为空位，可以理解为一定的空间或时间；"有"表示存在，构式表示不存在动词所表示的动作行为，如(21)表示不存在"贺"这一行为的受事。综上，我们认为"有什么X(的)"有两个子构式：实体否定构式和属性否定构式，它们在春秋末期已经产生。

语用上，X大多是引述性成分，是引述性用法。下例中的"陋""盟"都是直接取自交际对方的话语，这种情况最为常见：

(25)子囊曰："新与晋盟而背之，无乃不可乎？"子反曰："敌利则进，<u>何盟之有？</u>"(《左传·成公十五年》)

(26)子欲居九夷。或曰："陋，如之何！"子曰："君子居之，<u>何陋之有？</u>"(《论语·子罕第九》)

X在对方话语中陈述一个命题，如(25)"新与晋盟"；或是对方的一个观点，暗含在对方话语的预设中，如(26)，"如之何"是对方要表达的焦点信息，而主语或话题"陋"，是作为一个背景信息而存在，是对方所持的观点。这个命题或观点，反问句说话人不同意，引发了他使用反问予以反驳，从而构成了使用反问句的行为条件。当构式为引述性否定时，构式主要表达反驳的语用功能。有时X不直接显露在对方话语中，而存在于言者根据现实状况推断的对方观念中。如：

(27)吾从北方，闻子为梯，将以攻宋。<u>宋何罪之有？</u>(《墨子》卷十三)

墨子根据公输班制作云梯准备攻宋的情况，推断在公输班看来宋一定是有罪的。X"罪"是从言者推断的公输班的观念的语言表述中引述出来的。有时，言者根据现实状况提出一个不寻常的观点，他料想听者不同意而加以反驳。此时，X并没有直接出现在对方的话语中，而是在假想的对方话语中出现了与X意义相近的词：

(28)十一年春，晋侯使以郤郑之乱来告。天王使召武公、内史过赐晋侯命。受玉惰。过归，告王曰："晋侯其无后乎！王赐之命，而惰于受瑞，先自弃也已，<u>其何继之有？</u>……"(《左传·僖公十一年》)

内史过看到晋惠公接受瑞玉时精神不振(受玉惰)，于是提出"晋侯的后代恐怕不能享有禄位了吧"(晋侯其无后乎)这一非同寻常的观点。他料想听者会不接受这一看法而当然认为"晋侯有后"，这就构成了使用反问句的行为条件。言者摆出事实：天子以荣宠赐给他，他反而懒散地接受瑞玉，这就是先自暴自弃了；再用构式加以反驳："其何继之有？""继"，指继承人，与言者假想的听者话语"晋侯有后"中的"后"意义相近。

也有少数描述性用法，如（20）"厌"是对姜氏一贯德行的概括，在上文没有出现过。

从上面的语义—语用分析可以看出，"何 X 之有"构式具有低组构性特点。组构性涉及构式的形义组合关系，即形式、意义以及形义联结的透明度的高低。"何 X 之有"构式中，"有"表示拥有或存在，"之"是结构助词，"何"是疑问词，修饰"X"，构式整体应该表示疑问，却表示否定义。构式的否定义与"何"的非疑问用法有关。随着语言的发展，"何"的部分疑问语义逐渐淡化，衍生出许多新的非疑问用法，但是"何"仍然依附于"X"前充当其形式上的修饰语，不具备实在的询问功能，整个结构表达否定功能。这样，形式与功能之间发生扭曲，降低了它的组构性。另外，"何"与 X 的关系细究起来也较复杂。除了关系明朗的"何敌之有"，当 X 为谓词性成分时，断定起来就颇费周折。"何不可之有"，"何"与"不可"是偏正还是主谓？"何贺之有"是偏正还是宾动？我们认为这里有构式压制，构式将进入其中的谓词性成分 X 压制为体词性成分，产生了语法功能的扭曲。这些都降低了其组构性。

## 二、"有何 X"的构式化及其特征

"何 X 之有"向"有何 X"演变，是在疑问代词宾语由动词前向动词后移动这一宏观语序演变的背景下发生的一种变化。我们的问题是，"有何 X"相对于"何 X 之有"，是不是仅仅是语序的改变？二者除了语序，其他方面是否等同？"有何 X"是不是一个独立的构式？

在"甚"系疑问代词出现的8世纪以前，用在"有何 X"格式中的事物疑问代词主要是"何"系疑问代词的"何"，"何所""何等"只有零星用例：CCL 语料库中"何所"两汉0，六朝1例；"何等"两汉3例，六朝3例；"何物"0；"云何"0。我们以"何"为代表记作"有何 X"格式。我们在 CCL 古代汉语语料库中，查得从春秋战国到六朝"有何 X"用例计124条，具体情况见表4-4。

表4-4　CCL 古代汉语语料库六朝以前"有何 X"用例统计表

|  |  |  | 例子 | 结构 | 春秋 | 战国 | 两汉 | 六朝 | 合计 |
|---|---|---|---|---|---|---|---|---|---|
| 询问14 |  |  |  |  |  |  |  | 14 | 14 |

(续表)

|  |  |  | 例子 | 结构 | 春秋 | 战国 | 两汉 | 六朝 | 合计 |
|---|---|---|---|---|---|---|---|---|---|
| 虚指9 |  |  |  |  |  |  | 1 | 8 | 9 |
| 反问101 | a | 有+何·具体N | 当有何神 | 述宾 |  |  | 4 | 6 | 10 |
|  | b | 有+何·抽象N | 吾有何功 | 述宾 |  |  | 5[1] | 17 | 22 |
|  | j | 有何A | 有何不乐 | 兼语;述宾 |  |  | 6 | 10 | 16 |
|  | m 有 何 V | 何是V的客体 | 有何道哉? | 述宾;兼语;连动 | 1 | 1 | 3 | 5 | 10 |
|  | n | 何是V的主体 | 有何失? | 述宾;兼语;连动 |  |  |  | 4 | 4 |
|  | g | V是助动词 | 有何不可 | 述宾;兼语;连动 |  |  | 1 | 5 | 6 |
|  | l | 有何N·(而)VP | 有何异才而应斯举? | 连动[2] |  | 7 | 5 | 21 | 33 |
| 合计 |  |  |  |  | 1 | 8 | 25 | 90 | 124 |

注：(1)"有何V"5例，有3例重复，都是引用老子的话：及吾无身，吾有何患。

(2)典型的连动结构连动的各项之间不能有停顿，不能插入连词。考虑到这类句子符合连动结构的主要特点：前后两个动词性成分连用，共同说明一个主语，其间具备条件关系，前一项由动词"有"带宾语构成，所以，我们将它归入连动。当然，不是典型连动。

从上表可知，"有何X"最早见于春秋时期：

(1)吾所以有大患者，为吾有身，及吾无身，<u>吾有何患？</u>(《老子》卷十三)

仅有1例，不足为凭。战国时期"有何X"有8例，且都是反问，我们可以说这是萌芽时期。两汉有25例，为发展时期。六朝90例，是成熟时期。

与先秦"何X之有"相比，"有何X"有哪些发展呢？

**1.X的音节延长。**

"何X之有"X90%以上为单音节；两个音节的少见，一般为带有否定副词，如"何不可之有？"；未见3音节的，4个音节只见到两例："又何反服之礼之有？""何大夫冠礼之有？"。"有何X"X1、2、3、4个音节的都有，还有超过4个音节的，似乎在音节方面没有什么特别限制：

(2)<u>我有何罪于天乎？</u>(《论衡·祸虚篇》)

(3)况乎明哲，业尚本异，<u>有何恋之当住其间哉？</u>(《抱朴子·明本》)

**2.结构复杂化**

"有何X"结构的复杂性表现在：

一是X本身复杂化。除了偏正结构外，还出现了连动结构(上面的例(3))、"者"字结构、述补结构、述宾结构：

（4）<u>有何不消灭者哉？</u>（《三国志·董二袁刘传》）
（5）我则劳于君，<u>君有何劳于我</u>！（《庄子·徐无鬼》）（劳，动词，慰劳。劳于我，述补结构）
（6）抽簪招燐，<u>有何为惊</u>！（《淮南子·说林训》）（为惊，述宾结构）

二是"有何 X"整体结构复杂化。整体结构除了述宾之外，还出现了兼语结构，如上表中的 j、n、g；出现了连动结构，如 l。这样，出现了一个句子可能有几种不同分析的歧义结构，如 j、m、n、g。此外，连动结构前项，特别是后项，动词开始复杂化：

（7）求死得死，<u>有何可冤哉？</u>（《太平经》卷九十）
（8）<u>有何面目复见寡人？</u>（《战国策·四国为一》）
（9）君吴、楚之士，亡国之余，<u>有何异才而应斯举？</u>（《世说新语·言语》）
（10）万石挠弱凡才，<u>有何严颜难犯</u>！（《世说新语·方正》）
（11）……死期将至，<u>亦有何乐而拾穗行歌乎？</u>（《列子·天瑞第一》）

以（10）为例，连动的前项就比较复杂：[ 有 [ 何 [ 严 [ 颜 ]]]。后项可以是状中（"可冤"）、述宾（"应斯举"）、连动（"拾穗行歌"），两项之间可以由连词"而"连接，如（9）（11）。

### 3.意义方面的发展

表现在：

一是除承继了"何 X 之有"的实体否定义、属性否定义之外，出现了条件否定义。连动结构"有何 N·（而）VP"就是典型的表示对 VP 实现条件的否定：

（12）兄虽可坐愁，<u>有何心处世？</u>（《全刘宋文》卷五十五）
（13）君吴、楚之士，亡国之余，<u>有何异才而应斯举？</u>（《世说新语·言语》）

例（12）言者认为处世是需要一定的条件的，具备某种精神状态才能处世。构式否定了他不具备处世所需要的精神状态，从而说明他无法处世。例（13）是说您不具备特殊才能，因而不能"应斯举"。有时，连动的几项中间有停顿，书面上有逗号：

（14）若<u>有何功德，教化五百弟子随从汝？</u>（东晋译经《乾隆大藏经·佛说呵雕阿那含经》）
（15）士风劲勇，所向无敌，<u>有何逼迫，而欲送质？</u>（《三国志·吴书·周瑜传》）

"什么"反问习语构式承继网络研究

条件否定构式可表述为：

> [[有何 N（而）VP] ⟷ [否定存在做某事的条件，以实现劝阻、反驳等语用功能]]

该构式在战国已经出现，两汉已经成熟，六朝时发展到巅峰，其用例已达33例，超过其他各种类型，达到最多。

另外，该条件构式还吸纳了名词作状语的"何 N·VP？"格式的来归。先秦有一种名词状语的反问格式"何 N·VP？"：

（16）夫粲，美之物也。众以美物归女，<u>而何德以堪之</u>，王犹不堪，况尔小丑乎？（《国语·周语上》）

（17）<u>吾又何暇治天下哉</u>！（《庄子·在宥》）

（18）门者刖跪请曰："足下无意赐之余沥乎？"夷射叱曰："去！刑余之人，<u>何事乃敢乞饮长者</u>！"刖跪走退。（《韩非子·内储说下六微》）

自两汉以降，多在"何 N"前添加动词"有"：

（19）<u>有何面目复见寡人</u>？（《战国策·四国为一》）

（20）<u>新人有何功德而夺我荣资与之邪</u>？（诸葛亮《黜来敏教》）

其语义与语用功能与条件否定构式皆相近。我们认为，随着名词作状语句法的式微，该句式并入了连动构式"有何 N·（而）VP"。

二是"有何 X"出现了"何 X 之有"所不具备的询问和虚指功能。如：

（21）即出语言，供设所有，极相娱乐，饮食已竟，因问之曰："<u>卿有何功德于世有此</u>？吾所事神，畏子而走。"客具说佛功德五戒十善，实犯酒戒，为亲所逐。尚余四戒，故为天神所见营护。卿神不敢当之。（支谦译经《佛说戒消灾经》）（询问）

（22）比丘白言："彼发意成就；因缘不成就者，<u>此二事有何差别</u>？"世尊告曰："比丘！发意成就，因缘不成就，此是濡根；发意成就，因缘成就，比丘！此是利根。"（西晋译经《阿阇世王问五逆经》）（询问）

（23）<u>有何人乘马</u>，当臣车前，收捕驱遣命去。（《全刘宋文》卷五十六）（虚指）

（24）吾穷疾之人，平生意志，弟实知之。端坐向窗，<u>有何慰适</u>，正赖弟耳。（《全刘宋文》卷十九）（虚指）

三是出现了价值否定义的萌芽。最早的价值义是由助动词"可"表示的，未见助动词"好"的用例：

(25)求死得死，有何可冤哉？（《太平经》卷九十）
(26)亮反覆不忠，奸贿彰暴，有何可论！妄相谈述，具以状对。（《梁书·王亮传》）
(27)发肤之恋，尚或可弃。外物之徒，有何可惜哉！（《全梁文》卷七十四）

此外，"有何X"吸纳了"（S）何N？"作谓语的名词谓语句的来归。先秦存在名词谓语句"（S）何N？"：

(28)何伤乎？亦各言其志也。（《论语·先进》）
(29)是何伤哉？彼身织屦，妻辟纑，以易之也。（《孟子·滕文公章句下》）
(30)彼近吾死而我不听，我则悍矣，彼何罪焉？（《庄子·大宗师》）

两汉以降，多在"何N？"前添加动词"有"：

(31)从使从来不相识，错相识认有何妨。（《敦煌变文集新书》）
(32)异日："我吴国忠臣，有何罪乎？"乃拉杀之。（《三国志·卷五十六·吴书十一》）

**4. 语用上，"有何X"也是引述用法和描述用法并存，以引述用法为主**

当X为引述性成分时，该格式主要表达反驳的语用功能；当X为描述性成分时，该格式主要表达劝阻、祈使的语用功能。

可以看出，"有何X"对"何X之有"在音节、组合层次、结构关系、意义表达等方面都有所突破，在形式和意义两个方面都突破了"何X之有"的某些限制，因此，不能简单地将"有何X"仅仅看作是对"何X之有"构式为适应整个汉语语序变化而做出的语序调整形式。另外，既然先秦汉语中已经存在"有何X"格式，且它也表反问，我们还能不能说中古反问构式"有何X"是由"何X之有"语序变化而来的呢？不能这么说。我们认为反问构式"有何X"是"何X之有"因为整个汉语的语序变化而导致的改变语序之后，与业已存在的表反问的"有何X"合并的结果。所以，吕叔湘的论断现代汉语的"有什么……？"是古代"何X之有"的变相，指出了二者的联系，但是并不十分准确。"有何X"不是构式化后的构式变化，而是构式网络中新的节点的产生。究其原因，"何X之有"，"何X"前置于动词，X嵌入"何""之"之间，在音节、结构层次、结构关系方面都受到较大限制。而宾语后置的"有何X"，由于X居于末尾，突破了上述限制，具有开放性，在形式、结构、意义方面都获得了极大的张力，具备了更多的表现力。这样，

# "什么"反问习语构式承继网络研究

我们认为产生了反问构式"有何 X":①

> [[有何 X] ⟷ [互动交际中,对方正在实施或建议实施某个动作行为或持有某个观点,言者以"有何 X"表达不具备该动作行为的施为要素,或支持该观点的论据不成立,以实现劝阻、辩驳等语用功能。] [+典雅]]

从语料来看,该构式萌芽于战国,发展于两汉,成熟于六朝。

如何理解"有何 X"的构式义?在条件否定构式中,"施为要素"体现为实施某个行为的条件。实体否定构式和属性否定构式中,具体名词所标识的实体、抽象名词和形容词标识的属性,也都被言者使用作支持对方正在实施或建议实施的某个动作行为的施为要素,否定这些实体、否定这些属性也都是对这些施为要素的否定。这些都是手段,而不是目的。言者的真正目的是通过否定对方行为的施为要素以现实劝阻、辩驳的功能。如:

(33) 不见所得磨,反见鲍鱼,泽中非人道路,怪之以为神,转相告语,治病求福,多有效验。因为立庙,众巫数十,帷帐钟鼓,方数百里皆来祷祀,号鲍鱼神。其后数年,鲍鱼主来曰:"此我鱼也,<u>当有何神</u>。"上堂取之,庙从此坏。傅曰:"物之所聚斯有神。"言人共奖成之耳。(《风俗通义》)

众人以为这个鲍鱼是个神,为它建立祀舍,向它祷告,治病求福。鲍鱼主所说的话"这不过是我的鱼,哪里有什么神?"否定它作为神的实体的存在;通过对这个神的实体的否定,以达到劝阻众人不要向它祷告、治病求福的目的。

(34) 或谓龙且曰。汉兵远战穷寇。其锋不可当。齐楚自居其地。兵易败散。不如深壁自守。命齐王使其信臣招所亡城。亡城闻王在。楚来救。必自叛汉。汉二千余里。客居其间。势无所得食。可无战而降也。龙且曰。救齐而降之。<u>吾有何功</u>。今战而胜之。齐之半可得而有。(《前汉纪•前汉高祖皇帝纪卷》)

有人劝说龙且不必迎击汉兵,应避其锋芒,深壁自守,可不战而胜。对此,龙且的回应是:不战而胜,我有什么功劳?只有战而胜之,我才能得到齐国的一半国土。龙且否定抽象的功劳,其目的是反驳对方的建议。

(35)"然人死者大剧事,当大冤之,叩胸心自投辫也,力尽长悲哀而已,此亦无

---

① "有何 X"意义庞杂,包括询问和虚指功能。但是,我们坚持认为询问、虚指功能与反问否定功能在重音、语调等形式上是有区别的,不属于同一个构式。

· 200 ·

伤生也。""当冤何等人哉？皆当冤之何也？"……"物生皆自有老终，而愚人不肯力学真道善方，何以小增其年，不死迟老者。反各自轻忽，不求奇方，而共笑贱真道。反日共作邪伪，以乱天道，共欺其上，争望死地名为冢，修之治之以待死，预作死约及凶服。求死得死，<u>有何可冤哉？</u>"（《太平经》卷九十）

冤：枉曲、冤屈。冤之，谓将其平生之不平得以申诉。有人认为所有人死亡时人们都应该为他大哭以将其平生之冤申诉出来。言者反驳，认为这些人在世时不学养生之"真道善方"，反而笑贱真道，修治坟墓以等死。求死得死，有什么冤屈值得申诉呢？此句"何"是及物动词"冤"的受事，可理解为"值得申诉的冤屈"。值得申诉的冤屈的存在是伸冤的施为要素，否定了这个施为要素，也就自然否定了"皆当冤之"的观点。

## 三、"有什摩X"的构式化及其特征

江蓝生（1995）认为："甚么"的前身是"是物""是勿""是没"，最早见于8世纪中叶的敦煌文献。"是物"连读音变为"甚"或"甚物""甚没"，见于9世纪的文献。"什"代替"甚"。"什摩"和"什么"分别见于10世纪中叶和后半叶。口语中，"何"系事物疑问代词逐渐退出，"甚"系和"什"系代词先后登上舞台。我们在CCL古代汉语两汉到五代的范围内，也在《大藏经》两汉到五代的范围内，以"什么"的各种书写形式为检索词，查找"有什么X"结构。下面这些"什么"的书写形式：有是勿、有底物、有若何、有莽、有阿莽、有是没、有拾没、有甚物、有甚没、有甚的、有甚底、有甚末、有甚摩、有甚么、有什没、有什么，均未查到"有什么X"的记录。我们将查到的记录制作成下表4-5。

表4-5 两汉-五代CCL及《大藏经》中所查得"有+事物疑问代词"记录的属性统计表

| | 数量 | 语例 | 出处 | 反问；X特征 | 询问 | 虚指 |
|---|---|---|---|---|---|---|
| 有是物 | 1 | 如世间法先无后有是物无常？ | 大藏经（北凉） | b | | |
| 有如何 | 1 | 汝在雪中立，有如何所求耶？ | 祖堂集 | | 1 | |
| 有没 | 2 | 和尚有没事由来？ | 敦煌变文选 | | 2 | |
| | | 先代有没家门？……不须隐匿，具实说看 | 敦煌变文集新书 | | | |

# "什么"反问习语构式承继网络研究

(续表)

| | 数量 | 语例 | 出处 | 反问;X 特征 | 询问 | 虚指 |
|---|---|---|---|---|---|---|
| 有阿没 | 1 | 更被枷禁不休,于身有阿没好处? | 敦煌变文集新书 | b | | |
| 有甚么 | 3 | 汝自是不解语,人有甚么堕负? | 唐·黄檗山断际禅师传心法要 | n | | |
| | | 有甚么得时? | | b | | |
| | | 佛法有甚么交涉? | | b | | |
| 有什么 | 5 | 和尚有什么事? | 唐·筠州洞山悟本禅师语录; | | 1 | |
| | | 更有什么? | 唐·镇州临济慧照禅师语录 | | 1 | |
| | | 这僧适来有什么言句? | 唐·镇州临济慧照禅师语录 | | 1 | |
| | | 这汉来来去去,有什么了期? | 唐·镇州临济慧照禅师语录 | b | | |
| | | 常须假物,有什么了时? | 唐·黄檗山断际禅师传心法要 | b | | |
| 有甚 | 14 | 还有甚人? | 敦煌变文2;大藏经1 | | 3 | |
| | | 不知有甚因依 | 敦煌变文 | | | 3 |
| | | 容纳尘埃有甚难? | 敦煌变文7;唐·镇州临济慧照禅师语录1 | b1、j5、m1、l1 | | |
| 有什摩 | 62 | 有什摩事?有什摩佛法因缘? | 祖堂集 | | 34 | |
| | | 有什摩利益分明说 | | | | 1 |
| | | 有什摩用处?有什摩难道?有什摩病敢出头? | | b21、j4、l2 | | |
| 合计 | 89 | | | 42 | 43 | 4 |

"有是物""有如何""有阿没"各1见,"有没"2见,"有甚么"3见,"有什么"5见,"有甚"14见,"有什摩"最多62见,因此,我们以"有什摩X"作为该格式的代表。这些用例中最早的是公元5世纪的北凉,出现在《大藏经》中:

(1) 先无有合后方合故。先无后有是无常法。是故不得说言虚空已合共合。<u>如世间法先无后有是物无常</u>。虚空若尔亦应无常。若言虚空在物如器中果。(北凉天竺三藏昙无谶译,大涅盘经卷三十七,迦叶菩萨品第十二之五)

其他所有语例都出自唐代佛语录,特别是晚唐五代《祖堂集》和《敦煌变文》中。

"有什摩X"与"有何X"相比，有如下变化：

### 1.X双音化

X基本都是双音节，单音节和多音节都比较少见，整个格式显得比较稳定。

### 2.X抽象名词化

各种反问句类型的比例发生较大变化。我们将两个构式的各反问句类型在反问句中的占比制成下表4-6，可以直观反映出变化。

表4-6 反问构式"有何X"与"有什摩X" X各种类型数量及占比（%）对比表

|  |  | a | b | j | m、n、g | l | 合计 |
|---|---|---|---|---|---|---|---|
| 有何X | 频数 | 10 | 22 | 16 | 20 | 33 | 101 |
|  | % | 10 | 22 | 16 | 20 | 32 | 100 |
| 有什摩X | 频数 | 0 | 28 | 9 | 2 | 3 | 42 |
|  | & | 0 | 67 | 21 | 5 | 7 | 100 |

a式X为具体名词，b式为抽象名词，l式也为抽象名词。"有何X"，X为名词的占比64%（10%＋22%＋32%）；"有什摩X"，X为名词的占比74%（0%＋67%＋7%），后者比前者高出10个百分点。名词中，具体名词数量急剧下降，抽象名词数量大幅上升。"有何X" X为具体名词占10%，而"有什摩X"具体名词为0。"有什摩X"抽象名词占比为74%（67%＋7%），"有何X"抽象名词54%（22%＋32%），前者比后者多出20个百分点。形容词在两构式中的占比由16%上升到21%。m、n、g各式，X表现为动词或动词短语。动词进入两构式的比例大幅下降，占比由20%降到5%。

### 3.句法关系比较确定

"有何X"由于X的语类性质不太确定，其句法关系也不太确定，有述宾、兼语、连动等多种关系。"有什摩X"随着X作为抽象名词的比重大幅升高，其句法关系也日益确定，大多只能分析为述宾关系。

### 4.语义上，随着抽象名词占比急剧上升，属性否定义代替条件否定义而成为主要的意义

"有什摩X"中动词进入该构式的比例大幅下降，特别是"有什摩N而VP"类没有发现用例，所以，连动结构大幅减少。而在"有什摩N而VP"连动结构中，"有什摩N"主要表示实现VP的条件，所以，条件否定义占比

急剧下降。另外，价值否定义也有缓慢的发展，出现了 X 为表示价值义的双音节抽象名词"好处""用处""利益"等。如：

（2）当时勤勤劝谏，拗戾不相容语。无事破锣啾唧，果见论官理府。更被枷禁不休，<u>于身有阿没好处？</u>乃是自招祸祟，不得怨他作诅。(《敦煌变文集·燕子赋》)

5. "有什摩X"口语性大大加强，失去了"有何X"构式的典雅风格

"甚"系和"什"系疑问代词都是依音选字；"何"是从上古传承下来的疑问代词，具有较强的文言色彩。文言色彩的连词"而"在"有何X"中较易见到，在"有什摩X"未见1例。

6. 描述性用法多于引述性用法

鉴于上面这些特点，我们不宜将"有什摩X"看作是"甚"系和"什"系疑问代词替换"有何X"中的"何"而形成的构式变化，而应该将它视为一个新构式。该构式产生于晚唐五代：

[[有什摩X] ⟷ [互动交际中，对方正在实施或建议实施某个动作行为或持有某个观点，言者以"有什摩X"表达不具备该动作行为的施为要素，或支持该观点的论据不成立，以实现劝阻、辩驳等语用功能。] [-典雅]]

## 四、"有甚……处"的构式化

两宋时期，事物疑问代词的词形主要有：甚、甚麼、甚么、甚底、甚的、什麼、什么、什摩。我们在 CCL 两宋部分一一检索，结果见下表4-7。

表4-7 CCL 两宋部分事物疑问代词各种形式出现频次

| 词形 | "甚"系 ||||||| "什"系 |||
|---|---|---|---|---|---|---|---|---|---|
| | 甚[1] | 甚麼 | 甚么 | 甚底 | 甚的 | 甚末 | 什麼 | 什么 | 什摩 |
| 频次 | 5117 | 1280 | 286 | 95 | 5 | 0 | 645 | 19 | 0 |

注：(1)"甚"的频次为14619，其中有一部分为程度副词。为了估算其中疑问代词用例的数量，我们抽检了南宋佛语录和话本中的"甚"，计得1685条。我们对第1101-1685条685条计998个"甚"的用例逐一分析，分布如下：疑问代词396，程度副词126，甚麼432，甚么33，甚底、则甚等其他11。疑问代词"甚"占比40%。我们以同样的方法截取CCL《朱子语类》前500条计643个"甚"的用例，逐一分析，分布如下：疑问代词176，程度副词342，甚麼么105，甚底20。疑问代词"甚"占比27%。取两者的平均数35%。这样，"甚"单独作为疑问代词的用例约为：14619×35%=5117。

"甚"占有绝对优势。"有什么X(的)"在两宋时期的典型形式是"有甚X"。观察表明,"有甚X"相对于"有什摩X"只是书写形式的变化,语音形式、意义、语用功能等均没有实质性变化,因此,这只是构式变化。

一个突出的构式变化是:X进一步抽象名词化。表现在以下三个方面:

**1.X为抽象名词的比例进一步升高**

我们检索了CCL语料库中下面这些口语性较强的两宋文献中该构式的用例:北宋佛语录、话本(不含太平广记梦溪笔谈)、南宋佛语录、话本、南宋古尊宿语录、朱子语类,共得280条,具体各反问句型分布见下表4-8。

表4-8 CCL两宋佛语录、朱子语类、部分话本"有甚X"X的语类统计表

|  | a 具体名词短语 | b 抽象名词短语 | j 形容词短语 | 动词短语 | h 连动 | 合计 |
| --- | --- | --- | --- | --- | --- | --- |
| 频次 | 11 | 197 | 36 | 23 | 13 | 280 |
| % | 3.9 | 70.4 | 12.9 | 8.2 | 4.6 | 100 |

X为抽象名词的b式比"有什摩X"增长了3.4个百分点。

**2.双音动词的抽象名词化**

部分双音节动词进入构式以后,其语义限制,使得整个格式的句法关系不能解读为兼语或连动,只能解读为述宾,这样,它与"甚"之间就是偏正关系,它也就被压制为抽象名词。试比较:

(1)师问灵云:"那里何似这里?"云云:"也只是桑梓,别无他故。"师曰:"何不道也要知?"云曰:"有什摩难道?"师云:"若实便请道!"(《祖堂集》卷十)

(2)兄弟,佛是尘,法是尘,终日驰求,有甚么休歇。(《五灯会元》卷四)

例(1)"难道",难以说,很难说。"有什摩难道"整个结构可以是兼语:"有什摩"是述宾,"什摩难道"是主谓,述宾套叠主谓,为兼语结构。也可以是连动结构:"有什摩"与"难道"两个动词性成分连用,共同陈述一个主语。也可以认为在构式压制之下,"什摩难道"成为一个偏正短语做"有"的宾语。可是,(2)就没有这么多的解释。"休歇",本为动词,按理说可以充当兼语或连动的第二个动词。但是因为"休歇"的词义限定了它只能陈述人等有生事物,不能说明无生事物,而疑问代词"甚么"一般指代无生事物,特别是不指人,所以,"甚么休歇"不能构成主谓关系。同时,"有甚么"也不是"休歇"的理由、条件、受事等语义成分,因此,也不能构成连动关系。这样,在构式的压制之下,它就只能解释为述宾关系:"甚么"修饰"休歇"

形成一个偏正短语做"有"的宾语。"休歇"接受事物疑问代词的修饰，其语义也发生变化，不再指谓一个过程，从而失去了时间性，转指一个事体，也即抽象名词化。下面的"有甚商量"也是如此：

（3）或问："某欲克己而患未能。"曰："此更无商量。人患不知耳，既已知之，便合下手做，<u>更有甚商量？</u>'为仁由己，而由人乎哉'！"（《朱子语类》卷一二一）

### 3.出现了一个新的子构式"有甚VP/AP处"

两宋时期，语素"-处"向词缀方向虚化，与动词、形容词组合，进入构式，充当X：

（4）不穿鼻孔底牛，<u>有甚御处？</u>（《五灯会元》卷六）
（5）一似坐个气球相似。<u>有甚安乐处。</u>（《古尊宿语录》卷三十二）

带"-处"的用例很多，高达68例，占整个"有甚X"构式的24.29%。"-处"可以加在一个词的后面，也可以加在一个短语的后面。如：

（6）<u>识得者泥人有甚用处。</u>（《古尊宿语录》卷十八）
（7）君举大奇之，<u>这有甚好处！</u>（《朱子语类》卷二十）
（8）关西子没头脑，拖一条布裙，作尿臭气，<u>有甚长处？</u>（《五灯会元》卷十七）
（9）樊迟问仁，孔子答以"爱人"；问知，答以"知人"。<u>有甚难晓处？</u>（《朱子语类》卷四十二）
（10）且如杨恽一书，<u>看得来有甚大段违法处？</u>（《朱子语类》卷七十九）
（11）似这般底，有人屈衲僧斋，也道得饭吃，<u>有甚堪共语处？</u>（《五灯会元》卷十五）

有些因为是两个音节，契合汉语双音步的特点，日益凝固，已经明显词汇化成为一个词，如"用处""好处""长处"。有些超出两个音节，明显是短语，但因为加了"-处"，具有了词的某些特点，比如结构凝固、不能扩展等。"处"本来是一个名词，处所之意，如"身首异处""所至之处"。后虚化为方位词，依附于另一个成分之后，指称方向位置，如"客处不堪别，异乡应共愁。"（唐崔署《送薛据之宋州》）。许少峰《近代汉语大词典》（2008：282）认为，近代汉语中"处"进一步虚化为词尾（后缀），[①] 有三个由实到虚的义项：

---

[①] 词尾，在普通语言学里，一般指变词语素或构形语素，如英语名词复数词尾"-s"，而非构词语素。汉语学界，有人将词尾理解为构词语素，即后缀。"用处""好处"中的"-处"是后缀或类后缀，而"有什麽出气处？"中的"处"则不宜看作词缀，我们把它看作语法标记，称之为"谓词的体词化标记"。这也可见词汇与语法没有截然的分界。

表示地点、时间、境况。例如：

（12）晓看红湿处，花重锦官城。（杜甫《春夜喜雨》）（地点）
（13）六宫送处皆垂泪，三殿辞时哭断肠。（《敦煌变文校注》）（时间）
（14）怒发冲冠，凭栏处，潇潇雨歇。（岳飞《满江红》）（时间）
（15）尽道有些堪恨处，无情。任是无情也动人。（秦观《南乡子》）（境况）
（16）王冕到了此处，盘费用尽了，只得……（《儒林外史》一回）

《汉语大词典》增加了"部分、方面"的义项。这样，近代汉语中出现了一个词汇构式：

[[V/A-处] ⟷ [名词短语，表示动作的地点、时间或具有某性状的部分、方面、境况]]

这个词汇构式进入反问构式"有甚X"充当其中的X。该构式中，"处"可以表示实在的地点：

（17）问："雨雪连天，为甚么孤峰露顶？"师曰："有甚遮掩处。"（《五灯会元》卷十五）

由处所、地点引申指部分、方面、某个点，意义较为虚灵：

（18）公读书，有甚大疑处？（《朱子语类》卷一二十）
（19）村草步头逢着一个，有甚么话处？（《五灯会元》卷五）

这样，我们认为，到两宋时期已经发展出"有甚X"的一个子构式：

[[有甚VP/AP处] ⟷ [以反问否定存在动作的地点或具有某性状的部分、方面]]

为什么词汇构式[V/A-处]大量进入反问构式"有甚X"，为什么它又能被后者所允准呢？事物疑问代词作为修饰语其基本功能是修饰体词，不能修饰谓词，所以"何人""甚意思""什摩话"都是无标记组配。当动词、形容词进入构式充当X时，疑问代词的语法功能与动词、形容词的语法功能产生组配扭曲，于是就有了多重句法分析的可能性。如：

（20）正使有之，将有何失？（《三国志（裴松之注）》）
（21）武王式商容之闾，席不暇暖。吾之礼贤，有何不可！（《世说新语·德行》）

(22)攸亡后十六年,锺繇乃卒,撰攸奇策,亦有何难?(《三国志(裴松之注)》)

"有何失"可以分析为兼语(有何+何失)、连动(有何+失)、述宾(有+何失(偏正)),"有何不可"与之类似。"有何难"可以分析为兼语、述宾。① 事物疑问代词修饰体词一般是问事物的性质,当谓词置于其后,就不好解释为问事物的性质,这就产生了意义搭配的扭曲。以例(20)来说,"何"要求问事物的性质,但"何失"又不能解释为质问什么性质的"失",就只好解释为被陈述与陈述的关系。这种龃龉之处在语言发展中不可能长期存在。"语法中有整齐划一的趋势和抗拒这种趋势的矛盾。前者是语法演变中经常起作用的力量,叫做'类推作用'。类推作用铲平语法中的坎坷,推广新规则的适用范围,起着调整整顿的作用,给语言带来更大的条理性。"(叶蜚声、徐通锵1997:241-242)为了解决这两种扭曲关系,语法系统需要将谓词性的 X 体词化。而词汇构式 [V/A-处] 的出现适应了这一需要,自然被"有甚 X"所允准,大量进入该构式。"-处"的语法功能是将谓词体词化,其语义功能是将动作或性状变为动作的地点或具有某性状的部分、方面。我们将"-处"看做是谓词体词化标记。六朝以前的"有何难?"到两宋多变为"有甚难处?",如:

(23)今要立宗,亦只在人,有甚难处?(《朱子语类》卷九十)

所以,"-处"的出现标志着汉语语法和语义发展日益精密化。词汇构式 [V/A-处] 大量进入反问构式"有甚 X",反过来强化了 X 句法位置的体词性,加强了该位置上的成分指称抽象概念的属性。

另外,两宋时期出现了个别由并列短语充当 X 的用例:

(24)恁地推广,援溺事却是大处。"嫂溺不援是豺狼",这处是当做,更有甚么出入!(《朱子语类》卷四十九)

(25)当时又那曾有某爻与某爻相应?那自是说这道理如此,又何曾有甚么人对甚么人说?有甚张三李四?(《朱子语类》卷六十六)

前一例"出"与"入"单独都是动词,二者连用则是一个名词,相当于"差距"。后一例的意思是说不曾有过某人与某人发生过什么交涉。

---

① 汉语学界一般不认为形容词可以充当连动结构的一个连动项,朱德熙(1982:160)是个例外。

## 五、价值否定构式"有什么可/好VP(的)"构式化

在"有什么X(的)"构式中,最早用来表达价值义的语言形式是助动词"可"用在实意动词前面,表达施行该动作行为的价值和意义所在,如东汉出现的第一例价值否定义用例"有何可冤哉"。此后每个时期都有用例,但是使用频率一直很低,发展缓慢。如:[①]

(1)外物之徒,<u>有何可惜哉</u>!(《全梁文》卷七十四)

(2)志诚言:请大师说不立如何?大师言:自性无非、无乱、无痴,念念般若观照,当离法相,<u>有何可立?</u>(《六祖坛经》)

(3)若根本不立,<u>又有何可点检处。</u>(《朱子语类》卷四十五)

唐代"甚"系疑问代词崛起以后,用例略有增加,但总体仍然偏少。CCL元代之前仅查得12例:《全宋词》《五灯会元》《古尊宿语录》各1见,其余9例均见于《大藏经》第八十一卷。

(4)<u>有甚闲愁可皱眉。</u>老怀无绪自伤悲。(《全宋词》)

(5)<u>如莲华开那时有甚生死可怖涅盘可求。</u>与刘铁磨尼总持之辈。(《大藏经第八十一卷·续诸宗部·永源寂室和尚语录上》)

(6)本无天堂可上。云归华岳。<u>有甚地狱可堕。</u>(《大藏经》卷八十一·续诸宗部·虎穴录序》))

(7)临行自己尚无,<u>有甚虚空可觅?</u>(《五灯会元》卷十九)

除"可"之外,助动词"好"用于该构式表示价值始见于南宋,仅1见:

(8)看史只如看人相打,<u>相打有甚好看处?</u>陈同父一生被史坏了。(《朱子语类》卷一二三)

"值得"用于该构式表示价值始于民国,仅2见:

(9)<u>哪有什么忧患值得人思虑伤怀呢?</u>(《古今情海》)

我们将该构式的各种形式在CCL古代汉语部分查得的有效例句制作成下表4-9。

---

[①] 不含否定形式"不可"进入该构式的用例。事实上,"不可"在该构式中用例很多,仅"有何不可"在CCL古代汉语中就有527条。这是因为"不可"在该构式中并不表示价值,而是表示禁止、不允许。

表4-9 "有什么X（的）"构式表价值的几种形式在CCL古代汉语部分例句统计表

|  | 有甚可VP | 有甚好VP | 有什么可VP（的） | 有什么好VP（的） | 有什么值得VP（的） | 合计 |
|---|---|---|---|---|---|---|
| 唐宋 | 12 | 1 |  |  |  | 13 |
| 元 | 1 | 5 |  |  |  | 6 |
| 明 | 2 | 9 |  |  |  | 11 |
| 清 | 10 | 15 | 22 | 12 |  | 49 |
| 民国 | 14 | 5 | 67 | 14 | 2 | 102 |
| 合计 | 39 | 35 | 89 | 26 | 2 | 181 |

从上表可以看出，在表价值的"有什么X（的）"构式的发展中，清朝是一个分水岭。从数量上看，此前的每个时代，其用例都不超过13条，而清代一下子达到49条，是其前的明朝4倍多；从格式上看，清朝该构式的四种主要形式都已经具备。从意义上看，这些格式都固定地表达对施行某个动作行为的价值的否定，从而否定该动作行为本身。因此，我们认为，价值否定构式"有什么可/好VP（的）"到清朝完成了构式化：

[[有什么可/好VP（的）] ⟷ [以反问否定动作行为的价值以实现劝阻或辩驳的目的]]

## 六、元明清"有什么X（的）"的变化及其特点

元明清该构式在书写形式、结构助词等等方面发生一系列重要变化。

1. 疑问代词字形的更替

元朝的"有什么"写作哪种形式，我们对CCL语料库《全元曲》作了统计分析（表4-10）。

表4-10 CCL《全元曲》"有什么"词形统计表

| 词形 | "甚"系 ||||  | "什"系 |||
|---|---|---|---|---|---|---|---|
|  | 有甚 | 有甚么 | 有甚麼 | 有甚摩 | 有甚末 | 有什么 | 有什摩 | 有什麼 |
| 频数 | 343 | 544 | 0 | 0 | 1 | 25 | 0 | 0 |

如表4-11所示，《全元曲》中"有什么"的主要书写形式是"有甚么"，其

频数是"有什么"的22倍。为什么不见"有甚麼"和"有什麽"？我们考虑很可能是语料库将繁体字"麼"显示为简化字"么"。"有甚"也有相当的数量。单独一个"甚"可能是疑问代词，也可能是程度副词。为了弄清楚其性质，我们逐一分析《朴通事》《老乞大新释》《老乞大谚解》中事物疑问代词的词形和用法。

表4-11　CCL《全元曲》"有什么"词形统计表

| 词形 | "甚"系有甚么 |  |  |  | "什"系 |  |  | 合计 |
|---|---|---|---|---|---|---|---|---|
| 词形 | 甚 | 甚么 | 甚摩 | 甚末 | 什么 | 什摩 | 什麽 |  |
| 词性 | 程度副词 | 疑问代词 | 疑问代词 |  |  |  |  |  |
| 频数 | 6 | 6 | 278 | 0 | 0 | 0 | 0 | 0 | 290 |

"有什么"的书写形式印证了我们前文的看法：元朝是"甚"系独领风骚的局面。明代仍以"有甚么"的"甚"系为主，但"有什么"的形式在快速发展。到清代"有什么"远超"有甚么"，遥遥领先，一统天下。

**2. 副词修饰语**

两宋时期构式前面修饰语很少，也很简单，主要是频度副词"更"，如：

（1）若长是易时，更有甚么险？他便不知险矣。若长是简时，更有甚么阻？他便不知阻矣。只是当忧患之际方见得。(《朱子语类》卷七十六)

元明时期构式前的修饰语也很少，"更"难得见到，常见的是反诘副词"那（哪）""那（哪）里""还"：

（2）我从小里文章不大古，年老也还有甚词赋？(《全元曲·温太真玉镜台》)
（3）出家人那里有什么盘缠？(《西游记》七十六回)
（4）还有甚长进的日子！(《金瓶梅》一回)
（5）你老人家说与小人罢，端的有甚么事？(《金瓶梅》十九回)

一直到清代，构式前的修饰语都挺简单，主要是"还""哪"等副词：

（6）你从小儿奶的儿子，你还有什么不知他那脾气的？(《红楼梦》十六回)
（7）宝玉道："大娘方才说有话说，不知是什么话？"邢夫人笑道："那里有什么话，不过是叫你等着……"(《红楼梦》二十四回)

**3. "的"与"处"此消彼长以及"的"的分化**

元朝沿袭两宋时期的"有甚VP/AP处"构式，用频达到高峰。在CCL

元代语料中检索"有甚么"得到557条,其中"有甚么……处"87条,占到16%。《朴通事》《老乞大新释》《老乞大谚解》三种元代文本中,"有甚么 X"计27见,其中"有甚么……处"11见,高达41%。有些地方的"处"今天明显地要说成"的":

(8) 又不是大买卖,<u>有甚么讨价钱处?</u>一百个钱短一个钱也不卖。(《朴通事》)

(9) (小旦云了)<u>这意有甚难见处那?</u>(唱)(《全元曲·闺怨佳人拜月亭》)

在全部元代语料中,只发现如下2例带"的"的,其中后一例"处"与"的"同现:

(10) 看你这村野去处,<u>有甚么整齐的?</u>(《全元曲·包待制智赚生金阁》)

(11) 主人家别怪。我们在这里打搅了。<u>有甚么打搅处的。</u>(《老乞大新释》)

是不是元朝结构助词"的"尚未发展出来呢?学界共识是,结构助词"的"来源于唐宋时期结构助词"底"。梅祖麟(2000:137)提出"的"字最早的用例恐怕是出现在1238年凤翔长春观公据碑……这时在华北一带"的"字逐渐代替"底"字。江南杭州一带,"的""底"发音迥然不同。江南一直到南宋灭亡(1279),只用"底"字;用"的"是宋亡之后北人带来的写法。刘敏芝(2008:66;102)指出,宋代由于语音演变,结构助词"底"之外又产生了"的"的写法,但一直到《朱子语类》中还是以"底"为主,"的"的用例超过"底"首先是在金代文献《古本董解元西厢记》中。元代用于体词性成分的结构助词绝大部分写作"的",中叶以后,结构助词全都写作"的"。(刘敏芝2008:102)吕叔湘(1984:130)也指出,《京本通俗小说》等书和元人剧曲里"底"字几全作"的"。CCL 元代语料查"的"得到11568条,下面这些例子随处可见:

(12) 你说都是好的,怎么没一个中使的?(《朴通事》)

(13) 那卖织金胸背段子的,将来我看。这的是真陕西地面里来的?(《朴通事》)

明代与元代类似,CCL 明代语料中用"处"的130见,用"的"仅3见:

(14) 既然如此,<u>有甚亏了我们处?</u>(《水浒传》八回)

(15) 贼馄饨虫!<u>有甚难见处?</u>(《金瓶梅》二回)

(16) 西门庆道:"如何干娘便猜得着?"婆子道:"<u>有甚难猜处!</u>"(《金瓶梅》二回)

(17) 我只是这等模样,<u>有甚吃得肥处?</u>(《金瓶梅》五回)

(18) 这是姐姐的喜事,<u>还有甚么大起这个的哩!</u>(《醒世姻缘传》五十九回)

吕叔湘(1985:148)指出:"早期有时候在后头加个'处'字,现代多加'的'字。"有人据此认为现代的"有什么X(的)"来自"有甚VP/AP处",是用"的"替换"处"的结果。从上面介绍的情况来看,元明时期并没有发生这种替换。这个说法如果是指后来的情况,特别是清代的情形,是对的;但如果是指早期的情况就值得商榷。据我们观察,元明时期该结构中的"处""的"有些不能互换,如:

(19)当初原为你儿子做亲借的,便和你儿子挪借来还,<u>有甚么不是处/*的?</u>
(《初刻拍案惊奇》卷十三)
(20)买二十个好肥羊,休买母的/\*处,都要羯的/\*处。(《朴通事》)

二者功能近似,语义不同:"处"的本义处所义在构式中有所遗留,沿处所义引申指部分、方面、点;结构助词"的"主要功能是转指动作主体或对象,故此不能互换。"的"还有自指功能,指动作的时间、地点、事由等外围环境成分,从而与"处"的语义相近。此时,二者表面上可以互换,不过语义仍有微妙区别,如:

(21)得了汪家重赏,<u>有甚不依他处/的?</u>(《二刻拍案惊奇》卷二十七)
(22)那猴子拿将过来,那里<u>有什么疼处/的</u>,特故意摸了一摸……(《西游记》三十一回)
(23)不过是个无赖的穷和尚,<u>有甚奇异处/的</u>,劳袁先生这般惊怪?(《续英烈传》三回)
(24)两个女人做对,<u>有甚好处/的?</u>(《喻世明言》一回)

细致体会,"有甚不依他处"指没有什么地方不依他,处处依他;"有甚不依他的"指事事依他。"疼处"与"疼的"也有明显区别。另外,二者可同现,"处"在前,"的"在后,如(11),也说明二者有不同的功能,不可互相代替。

清朝的情况发生了大逆转:带"的"的数量超过了带"处"的,二者分别为100和57。为何出现此消彼长?首先是因为"处"的语法功能的衰减。"处"显示出从语法成分向词汇成分发展的倾向。57例带"处"的分为三种情况:(i)"……之处","处"本身似乎是一个单词:为难之处、不妥之处、不到之处,等等,计7例。(ii)依构式临时产出的:辩处、稀罕处、瞒你处、亏负你处、隐瞒母亲处,等等,凡19例。(iii)"X处"为一个单词,"处"为类后缀:好处17,用处8,难处3,益处2,坏处1,计31例。"处"在(i)中是一个独立的词,(ii)中是语法成分,(iii)构词语素,类后缀。从使用频数

213

由(i)7例到(ii)19例,到(iii)31例,反映出"处"日益词素化,变为词内成分。语法性的"处"例频率越来越低,类频率也越来越低,日趋萎缩,到现代汉语中已很少见到它作为语法构式中的成分的用例。"处"从一个词汇成分演变为语法成分,再由语法成分变为词内成分,经历了语法化、词汇化的过程。这一演变历程,虽不完全符合语法化的单向性普遍路径,但是却符合汉语语法词或附着词的演变模式。

Hopper & Traugott(1993:7)在跨语言考察的基础上提出一条具有普遍意义的语法化斜坡:实义单位>语法词>附着词>屈折词缀。在形态发达的语言里,语法词或附着词往往会经历一个形态化过程而成为屈折词缀。吴福祥(2005)指出,汉语中,语法词或附着词通常不是进一步语法化为屈折词缀,而是跟毗邻的词项融合成新的词汇项,原来的语法词或附着词成为新词项的词内成分。汉语语法词或附着词的后续演变是词汇化,而不是形态化。其演化路径为:实义词>语法词/附着词>词内成分。吴福祥指出,汉语几乎所有类别的语法词或附着词都有这种词汇化倾向。如助动词"可">可X:可恶、可爱、可观;副词"只">只X:只有、只要、只顾、只好;连词"而">X而:反而、幸而、继而;介词"于">X于:由于、关于、至于;结构助词"之">之X:之后、之前、之上;所>所X:所有、所以、所谓;"的">X的:怎的、甚的、似的。这种模式也不是为汉语所独有,在壮侗语和苗瑶语中也存在。由此可见,"处"由语法词向词内成分演变也完全符合汉语的这一演变模式。

随着"处"的程序性功能的式微,"的"的程序性功能日益扩大。元明时期构式中的"的"仅限于提取动作或性状的主体或对象,如:

(25)只不见三个出来,只得自己慢慢走将进去,<u>那有甚么看门的【人】?</u>(《醒世姻缘传》二十二回)

到清朝该构式中的"的"增加了提取主体或对象中某一个部分的功能。之所以要提取该部分,是因为该部分是谓词所标识的动作或性状所涉及的核心所在,而让原来的主体或对象成为一个较大的范围,从而使得语言表达更加准确、精密。如:

(26)这是怎么说,<u>我的事情你在这里几个月还有什么不知道的。</u>(《红楼梦》十三回)

(27)陶子尧道:"……彼此相处这多少时候,<u>你还有什么不放心我的?</u>"新嫂嫂听了无甚说得,但说:"倪格碗断命饭也勿要吃哉。早舒齐一日,早定心一

日。"陶子尧道:"你的心,我还有什么不知道的。"(《官场现形记》十回)

(28)这有什么难的?到那里,不过像做先生的教训学生一样……(《文明小史》四十三回)

(29)只见宝玉泪痕满面,袭人便笑道:"这有什么伤心的,你果然留我,我自然不出去了。"(《红楼梦》十九回)

例(26)动词"有"是二价动词,"你"是它的主体论元,"什么"是其客体论元,配价要求得到满足。句中的"知道"也是二价动词,其主体"你"和对象"我的事情"都在句中出现,配价关系也已得到满足。"的"既不提取主体也不提取对象,因为它们都已经出现在句中;而是提取对象中的一部分即某些地方和方面。这样,全句解释为:我的事情你还有什么不知道的地方或方面?"我的事情"就变成了一个范围,"的"提取了其中的一个部分,而这个部分正是"你不知道的"。"什么"则修饰"不知道的地方或方面",将前后两个述谓联系起来。整个句子语义表达更加准确,结构复杂而精巧。"的"因这个功能而得到语言社会的青睐。"的"提取某个范围中的一个部分或方面,"处"表示部分或方面,二者在这方面功能相同,造成在某些句子中可以互换。当"的"字结构中出现了助动词"可""好""值得"时,"的"既可以提取受事而转指,也可以自指,指动作本身的价值。如(30)的"可说的"既可以理解为"可说的话",也可以理解为"说的价值":

(30)一面想,一面流泪问道:"你有什么说的,趁着没人告诉我。"晴雯呜咽道:"有什么可说的!不过挨一刻是一刻,挨一日是一日……"(《红楼梦》七十七回)

可见,由于"的"的功能强大而呈现出扩张趋势,吞并了"处"的语法功能。

其实,没有这个"的",句子也是合法的,如"有什么可说"。两汉到唐宋的 m 式很多,但是有日趋减少的强烈趋势。如:

(31)日愿君早请昌邑王为太子。太子若立,君有何忧哉。(《前汉纪卷十五·荀悦》)

(32)恐事发觉,杀而藏之,有何道哉?(支谦译经《佛说孛经钞》)

(33)有什么难辨。(《古尊宿语录》卷七)

既然是合法结构,为什么要在后面添加一个"的"呢?添加"的"的动因与"处"的产生动因是一样的:句法和语义的双重扭曲关系,在 X 抽象名词化的强大类推作用下发生的调整整顿。这里补充一个论据:事物疑问代词的替换也促使了这种变化的发生。"何"是古老的疑问代词,先秦时期,"何"在疑问句中作动词宾语其常规位置是动词前,虽然从两汉开始向动词后移动,但这一过程要到六朝才完成。"何"或多或少承继了前置宾语的特性。所以,上例中的"有何忧","何"可以被解释为"忧"的宾语。当"何"被"甚"系、"什"系疑问代词替换以后,"甚"系、"什"系疑问代词都产生于唐宋时期的口语,并没有作前置宾语的历史传承,故此,它们被分析为后面动词的前置宾语的可能性较小。这就发生了重新分析。"有什么难辨""什么"被分析为"难辨"的前置宾语几率很小,而在构式压制下分析为定语的可能性骤然上升,"难辨"的语义也相应被重新解释为"难辨之物"或"难辨之处"。事物疑问代词"什么"强烈要求将其后接受它修饰限制的谓词性成分压制为体词性成分,而"的"是谓词性成分体词化标记的最优选择。当这种重新分析和重新解释的结果被语言社会普遍接受而希望被固定下来的时候,谓词性成分体词化的标记"处"和"的"就自然地添加到谓词性成分后面。

"的"是作为结构助词被允准进入构式的,其功能是谓词性成分体词化。"的"被广泛运用之后,发生了分化:一部分"的"被重新分析为语气词。例如:

(34)别说乌里雅苏台呀,就是叫我照唐僧那么个模样儿,到西天五印度去求取大藏真经,我也去了,<u>这又有什么要紧的!</u>(《侠女奇缘》四十回)

为什么会被分析为语气词呢?"的"的句末位置是一个必要条件。"的"是为了谓词体词化而添加在动词或形容词后面的。在添加"的"之前,原来的句子也都是合法的,因此,删除"的",句子仍然合法。当"的"提取主体或对象中某一个部分,或者用于自指,指动作本身的价值的时候,由于认知转喻的作用,整体可以转喻整体中的一部分,"的"的指称作用就被弱化,而显得可有可无。由于它可有可无,并不改变句子结构,作用只在语气方面,所以它被语言社会重新分析为语气词。

### 4. 句法结构的重新分析:"有什么"的构式化

学界对"有什么X(的)"结构有不同认识。对于"有什么NP"大家看法一致:[有[什么[NP]]],述宾包孕偏正。对于"有什么A",如"那有什么稀奇?",赵元任(1979:288)明确指出是兼语结构。这可以解释绝大多数语例,但对前面的例句"有什摩休歇"不好解释。邵敬敏、赵秀凤(1989)认为"有什么不好"是动宾结构,即"什么"修饰"不好"。他们指出:"什么X"作宾语,X是动词性的,有"什么"修饰才可以作宾语。在他们看来,像"老太太还有什么不知道呢"(《红楼梦》)这样的句子,"什么"修饰动词短语"不知道"。这与我们的语感有点差距。

我们对"有什么 X(的)"这个宏观构式有创新分析。我们的观点是:[有什么[NP]],[有什么[VP]],[有什么[AP]],[有什么[VP 的<sub>结构助词</sub>]],[有什么[AP 的<sub>结构助词</sub>]],都是述宾结构;[[有什么[VP]]的<sub>语气词</sub>],[[有什么[AP]]的<sub>语气词</sub>],除开语气词"的"剩下的也是述宾结构。概括地说,[有什么[X(的<sub>结构助词</sub>)]],述宾结构,述语是"有什么",宾语是"X(的<sub>结构助词</sub>)";[[有什么[X]]的<sub>语气词</sub>],是语气词短语,除开语气词"的"剩下的也是述宾结构。这一分析方案与现有方案的本质区别在于:我们认为在清代该构式的结构已经发生了重新分析,"有什么"本身已经固化为一个构式,即发生了构式化,是一个凝固的单位,相当于一个否定动词,它本身可以带宾语,既可以带体词性宾语,如"有什么用处?"约等于没有用处;又可以带谓词性宾语,这样就无须说构式中的 VP 或 AP 发生了转喻。

[[有什么(……)?] ⟷ [以反问表达"没什么"]]

"有什么"已经构式化的理由:

一是"有什么避讳"如果分析为"什么避讳"做动词"有"的宾语,那么就会遇到如下困难:"什么避讳"不能单说;"什么"修饰"避讳"语义上也不好解释;"什么"也不像一般定语那样可以被删除。试比较:

(35)a. 有什么事→有事
　　b. 有什么避讳→*有避讳

二是清代"有什么"使用频率已经很高,且可以单独使用:

(36)王头儿接来一看,也是两个小元宝儿。王头儿道:"<u>这有什么呢</u>,又叫老爷费心。"连忙谢了。(《三侠五义》八十回)
(37)屈申作个揖道:"我是个走路儿的。因天万(晚)拉(咧),难以行走,故此惊动,借个休(宿)儿。明儿重礼相谢。"男子道:"原来如此。<u>这有什么呢</u>。请到家里坐。"(《三侠五义》二十四回)

三是"有什么避讳?""有什么要紧?",在这五个音节的组合中,每个音节之间都没有显著的停顿,但是在"有什么"与"避讳"之间可以有间歇:"有什么|避讳""有什么|要紧",而"有"与"什么"之间不允许有间歇。这说明"什么"在音段上更靠近"有"。

四是韵律对句法的改变。冯胜利(1996;1998)指出,汉语音步的基本规律是:两个音节组成一个独立的音步,是汉语最基本的"标准音步";三个音节也可以组成一个独立的音步,叫"超音步"。派生规则是:单音节形式不足以构成独立音步;汉语自然音步实现方向是由左向右。"超音步"的出现都是有条件的:在一个语串中,当标准音步的运作完成以后,如果还有剩余的单音节成分,那么这个/些单音节成分就要黏附在一个相邻的双音步上,构成三音步。"有什么避讳?""有什么要紧?"中,"什么"带全重音。汉语自然音步实现是右向的,从左向右第一个音节是"有"。"有"在此句中不带重音,作为一个单音节形式不足以构成独立音步。后面的"什么"是双音节词,又带全重音,自然成为一个独立的标准音步。这样,单音节的"有"就要黏附到双音步"什么"上面,构成三音步。如此,"有什么"就成为一个三音步韵律词。

从上面的论述可知,清代随着构式的例频率和类频率的同时大量增加,构式在形式和语义方面都与前面各个朝代有所区别,新的宏观构式"有什么X(的)"最终完成。

下面以一个具体的例子来说明构式在不同时期的演变情况。

(38)恶人者。人亦从而恶之。害人者。人亦从而害之。<u>此何难之有焉?</u>(《墨子》卷四)

(39)攸亡后十六年,锺繇乃卒,撰攸奇策,<u>亦有何难?</u>[《三国志》(裴松之注)]

(40)大人虽则年老,若有此心,<u>有什摩难?</u>(《祖堂集》卷十四)

(41)今要立宗,亦只在人,<u>有甚难处?</u>(《朱子语类》卷九十)

(42)王婆道:"<u>有甚么难处!</u>我帮你便了。"(《水浒传》二十四回)

(43)<u>这有什么难的呢</u>,一个人也不叫他们知道,扔崩一走,就完了事了。(《红楼梦》——九回)

上古汉语"有什么X(的)"的形式主要为"何X之有"。名动形等词性不是很确定,具有一定的模糊性。"难"一般是形容词,但在"何难之有"中可以作为名词使用,语义解释为"难做的事情"。主要是属性否定和实体否定构式。两汉与六朝时期,含有疑问的前置宾语开始向动词后移动,构式形式表现为"有何X",如(39)。X的音节不受什么限制,语类也更加开放,产生了条件否定子构式;吸收了名词状语句"何N+VP?"和名词谓语句"(S)何N?"的来归,因此,不能将"有何难?"简单地看作是先秦"何难之有?"的语序变化形式。晚唐五代,"甚"系和"什"系疑问代词崛起,构式表现为"有什摩X",如(40),口语性大大加强。宋代,随着X的抽象名词化程度的加强，构式表现为"有甚……处？"，如(41)。元明时代构式保持了宋代的形式，没有什么实质性发展，如(42)。清朝出现了价值否定构式，"的"替换了"处"，如"有什么难的？"。发生了重新分析：一部分"的"发展出语气词用法；伴随着"有什么(……)？"的构式化，其句法结构重新分析为：

[[有什么[要紧]]的语气词]

## 七、"有什么X(的)"构式家族承继关系网络

下面根据"有什么X(的)"构式特征集构拟构式家族承继关系网络。这之前需要确定构式原型。

### (一)"有什么X(的)"构式原型

在两千多年的漫长岁月中，"有什么X(的)"构式的四个子构式并不存在一枝独秀的现象，有出现早晚的差异，也有多寡强弱的不同，经历了此消彼长的复杂变化。

依据前文讨论的构式原型的四个判定标准，先秦"何X之有"的两个子构式中，属性否定构式是其构式原型。虽然尚无直接证据证明属性否定构式产生时间最早，但其用频远远高过实体否定构式是确定无疑的。抽象名词表示属性，形容词在该构式中表属性，据表4.3，两者之和占比达74.45%(47.78＋26.67)，为具体名词(12.22%)的6倍。言者使用该构式否定属性或实体都不是目的，其目的是通过否定属性或实体，以否定对方的观点，实现劝阻或辩驳。人们一般不会无缘无故做一件事，人们做事都有一定原因、理由，或者为获得某些利益、好处，达到自己的某种目的，或者行为本身具有某种价值，具有某种重要性或必要性。另外，做一件事还需要一定的条件。我们把这些跟做一件事相关的各种因素称为"施为要素"。言者要否定对方做某事的提议，通常都是通过否定"施为要素"来实现。例如墨子要劝阻公输班放弃攻宋，他是通过否定攻宋的理由来实现的："宋何罪之有？"，宋没有罪，你当然不能攻它。祭仲以"姜氏何厌之有？"(《左传·隐公元年》)来反驳庄公对姜氏的放纵，劝说庄公及早对付姜氏及其弟共叔段。"罪"抽象名词，"厌"形容词，都表属性。施为要素绝大多数都表现为属性。

战国时期表示条件否定的语例开始出现，两汉已经完成构式化，六朝时

发展到巅峰，其用例已达33例，成为用频最高的类型。我们认为，六朝时期，"有何X"构式的原型是条件否定构式。但六朝以后，X的抽象名词化程度大幅加强，动词进入构式大幅减少，连动结构大幅下跌，甚至没有发现"有什摩N，（而）VP"类的用例，这就导致条件否定构式的用例急速下降。随着进入构式的抽象名词日益增多，属性否定构式又重新成为该构式的原型。

"有什么X（的）"表达价值否定自东汉始，只有零星用例，一直发展缓慢。到清朝，出现了一个突变，异军突起，表达价值否定的用例超过其他各种类型，达到最高，实现了价值否定构式"有什么可/好VP（的）"的构式化。我们认为，自清朝以来，价值否定构式取代属性否定构式而成为该构式的原型。

综上所述，如果一个构式是从古代经历了漫长的演变发展到今天的面貌，我们不能笼统地说该构式的原型是什么。要考察它的原型，需要联系它所处的时代：在不同的时代，它的原型很可能是不同的。

本案例的启示：反问述宾构式"X什么"在长达千年的演变中，尽管有些变化，但其构式原型始终是惯常论元构式"Vt什么"；而"有什么X（的）"构式代表另外一种类型：构式原型不是一成不变的。

### （二）"有什么X（的）"构式家族承继关系网络

通过上文对"有什么X（的）"共时和历时的考察，结合"有什么X（的）"构式在各个时代的语音、句法、语义、语用特征，根据形义配对的原则，我们将"有什么X（的）"构式家族承继关系网络图绘制如下图4-2：[①]

---

[①] 图中的粗线方框代表构式原型。

第四章 反问构式"有什么X(的)"

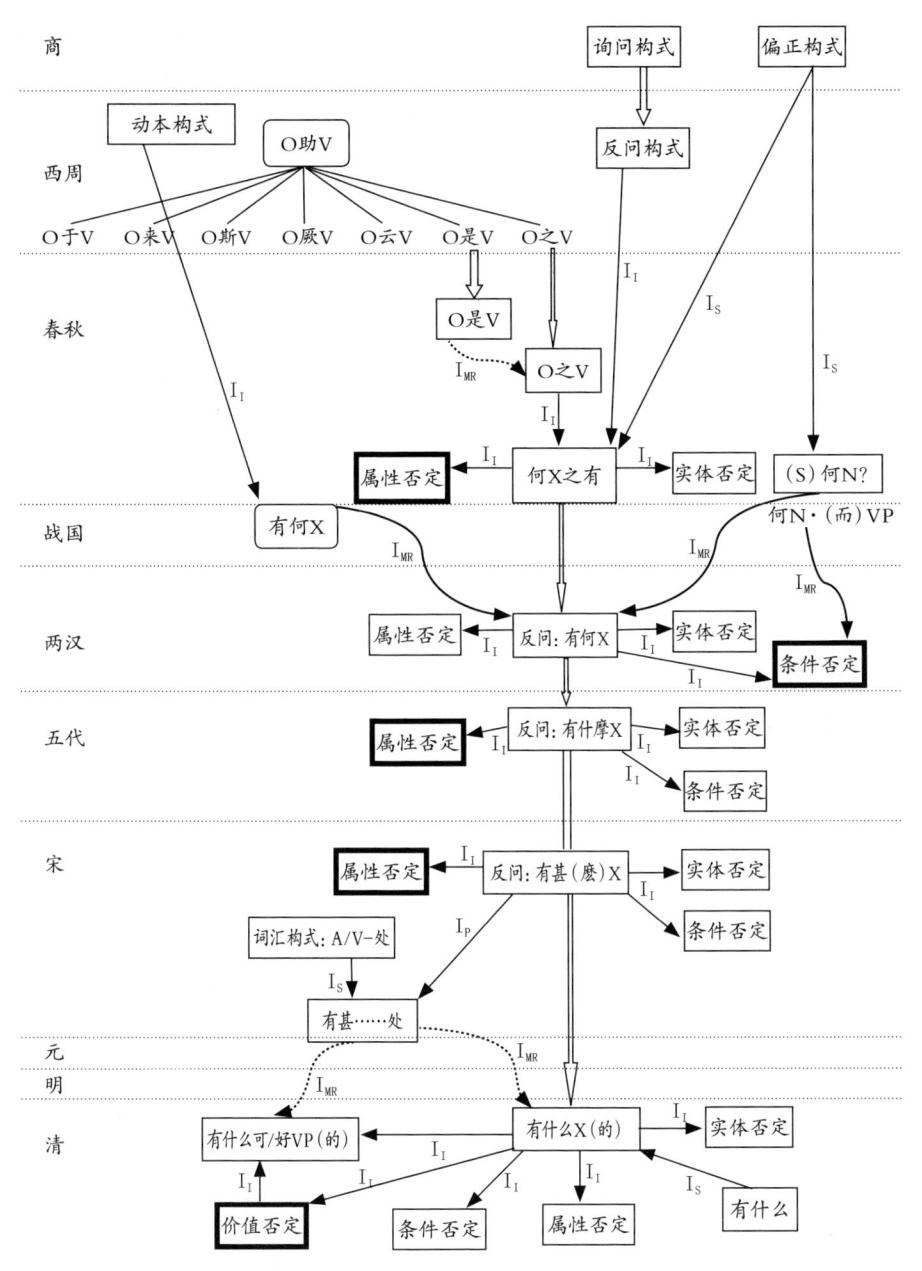

图4.2 "有什么X(的)"构式家族承继关系网络

# 第五章　反问离析构式"X 什么 Y"

## 第一节　反问离析构式"X 什么 Y"共时考察

### 一、引言[①]

反问离析构式"X 什么 Y"指词或短语"XY"被"什么"离析所形成的表达否定性语义的结构式。它固定地表达否定语义，我们认为它是一个构式。如：

(1) 韩：你也疯了，放着好好的日子不过结什么婚啊！(《新闻蜜时代》)
(2) 王：诶，等等等等。我正将他的军呢，你看。
    孩子：哎呀，还将什么军呢？还挺爱下。(《新闻蜜时代》)
(3) 圆圆：你走，你走，你倒是走啊！
    文良：我真走了，再见。
    圆圆：还再什么见！？走了以后永远别来见我！(《我爱我家》)
(4) 韩文静：你学过交通规则吗？国家明文规定市区内不许摁喇叭你不知道吗？你摁什么喇叭，就你有喇叭是吗？(《新闻蜜时代》)
(5) 周小北：可能是樊斌的什么朋友跟他开玩笑吧，回头我问问。
    樊斌妈：开玩笑，开什么玩笑啊，怎么能开这个玩笑啊？(《新闻蜜时代》)
(6) A：你一个上午都在看书吗？
    B：看什么书啊，我是发了一上午的呆。

例(1)-(3)中"XY"分别为"结婚""将军""再见"，都是复合词，例(4)-(6)中"XY"分别为"摁喇叭""开玩笑""看书"，都是短语形式，被"什么"离析后都表达劝阻对方不要实施"XY"所标识的行为。

---

[①] 本节内容曾以《口语中的"X 什么 Y"构式研究述评》为题，发表于《池州学院学报》2015 年第 1 期。此处有改动。

"X什么Y"这种结构在口语中非常活跃,是口语中常见的表达式,理应受到汉语学界的关注。就我们管窥之见,吕叔湘(1985)是最早对这类格式进行描述的,并且列举了近代汉语中的生动丰富的用例。八十年代后期,邵敬敏、赵秀凤(1989)对现代汉语中的"X什么Y"作过简要的描写。此后一段时间,学者们纷纷着眼于对"X什么X"的研究,而关于"X什么Y"的研究却并不多见。随着对"X什么X"研究的深入,这一句式才逐渐进入了学者们的研究视野。近年来,在构式语法理论的指导下,对该格式的研究也逐渐从传统的句法语义的角度转向了构式语块的角度。学者们对该构式的研究不管是从深度还是广度上都有所发展和突破。下面分别述之。

1. "X什么Y"结构的归属

有学者认为,"X什么Y""X什么"(如:好什么!一点儿都不好)、"什么X"(如:什么老字号啊!越老越不值钱)等结构统属于"X什么X"格式(如:笑什么笑!好什么好!)。魏霞(2012)提出"X什么Y""X+什么","什么+Y"等结构都是"X什么X"格式泛形化的结果。吴丹华(2011)认为"X什么X""什么X"和"X什么Y(XY)"这三种句式在结构性质方面一致,使用范围上互补(分别可以容纳不同类型的语言单位),可视为一类,将其统称为"X什么X"。艾哈迈德(2012)将"X什么Y"定义为"X什么X"构式最不典型的一类。朱姝(2006)将"X什么X"句式概括为如下两种:常式"X什么X"(X是单音节词或双音节词);变式"X什么YXY"(朱文写作"X什么OXO"),XY为动宾关系的双音节动词、离合词、惯用语、短语等,如"带什么头带头?""洗什么澡洗澡?""洗什么衣服洗衣服?"显然,她将"X什么Y"看成是"X什么X"的变式。

相反,另有学者将"X什么X"看成为"X什么Y"的小类。管志斌(2011)提出"X什么Y"有两种构成方式:一是"X"和"Y"为同一单音节行为动词,形成"V什么V"构式;二是由动宾式结构"VN"中间插入"什么"构成,形成"V什么N"构式。很显然,他将"X什么X"囊括进了"X什么Y"结构当中。

多数学者将"什么"前后附加两个形式不一样的成分的"X什么Y"结构单独列为一类,把"X什么Y""X什么X""什么X"看成不同的类别,这以邵敬敏、赵秀凤(1989)为代表。邵文指出,反诘性"什么"有三种格式:①"什么"直接充当宾语的"X什么"和前面的动词或形容词在"什么"之后再重复一次形成的"X什么X"格式;②"什么X"作宾语的格式。X是动词性的,有"什么"修饰才可以作宾语,如"人家都叫我大方,……大方有什么不好?"③"什么"插在动宾词组或支配式动词中间形成的"X什么Y"格式。此外,王海峰(2003)、肖任飞(2006)、崔少娟(2012)等也持类似的看法。我们也赞成这种观点。前两种观点将"X什么Y""X什么X""什么X"看成是相同的结构,抹杀了其间的不同性质的差异,也不利于此类格式研究的深入发展。

2."X什么Y"构式的形式特征

关于XY的词类性质,学界普遍认为,"XY"主要为述宾式动词或述宾短语。邵敬敏、赵秀凤(1989)认为"什么"插在动宾词组或支配式动词中间。管志斌(2011)也指出该构式是由动宾式结构"VN"中间插入"什么"构成,形成"V什么N"构式。肖任飞(2006)提及结构中的"X"一般为单音节词。王海峰(2003)将"X什么Y"限制为离合词的分离用法,是复合词离析化的一种形式。崔少娟(2012)从"什么"的离析功能出发,认为格式中的"XY"是一个被"什么"所离析的双音节离合词,这些离合词大部分都是最容易扩展的动宾式复合词。少数学者也注意到一些形容词、名词也能进入该构式。邵敬敏、赵秀凤(1989)指出,有时在口语中,个别形容词、名词仿造这种类型,词中间也插入"什么",如"我不在要什么紧?""他是'劳模',劳什么模!"应该说,这种眼光是十分敏锐的。

关于"X什么Y"的层次构造,学者们的看法不尽一致。朱姝(2006)认为,"X什么Y"是主谓结构,其中的"X"是"什么Y"的陈述判断对象,是主语,"什么Y"是谓语。如果句首有Np,则整个句子是主谓谓语句。吴丹华(2011)从逻辑角度提出该构式为"索引—否定"结构,即"X什么Y"应为"X什么YXY"形式,其中"XY"为索引部分,容纳动宾关系的词或词组,因其较长,所以常常被省略。但该文没有回答句法分析的问题。崔少娟(2012)认为格式中的"XY"是动宾式离合词,插入"什么"之后整个格式为动宾结构,少部分非动宾式复合词如"废话、研究、要紧"在中间插入"什么"后被该结构类化为动宾结构。因此,无论"X什么Y"中的离合词"XY"是哪一种构词法复合词,其离析结构"X什么Y"的句法特点都可以描述为"V什么O",即动宾结构。这一观点代表了大多数学者的看法。但是,作者借鉴赵金铭(1984)的观点认为,这些离析结构中插入的"什么"等形式,并不单独同离合词的后项成分Y发生联系,而是同整个离合词"XY"发生关系。这种说法似乎前后矛盾、混沌不清。既然说动宾式复合词插入

"什么"之后整个格式为动宾结构，那么，什么是动？什么是宾？我们的理解，X当然为动，"什么Y"自然为宾，可是作者又说"什么"与Y不单独发生联系，这就让人费解。

我们觉得造成崔文表述不清的根本原因是没有将句法和语义分开。朱德熙先生早就强调指出，在讲形式和意义结合之前，应该先将形式和意义分开，要明确哪些是形式，哪些是意义，然后才能寻求形式与意义之间的对应关系。从形式上讲，"X什么Y"，X是述语，"什么Y"是X的宾语。"什么Y"我们可以仿照朱德熙(1982:146-148)对离合结构"(我来)帮你的忙""开我的玩笑""打他的主意"的分析而将"什么"看成是Y的准定语。从语义上看，"什么"与Y没有直接的语义关系，而是整个结构XY的一个论元。

关于"X什么Y"的下位类型，邵敬敏、赵秀凤(1989)指出"什么"插在动宾词组或支配动词中间，有三种类型：①"X什么Y"，如"这儿有的是人，你占什么先……"；②"X的什么Y"，如"你捣的什么乱！嗯？交待你的问题！"③"X的是什么Y"，如"这办的是什么公？""到处都是臭虫咬的，这到底睡的是什么觉？"朱姝(2006)补充了一种类型："X什么YXY"。

### 3. "X什么Y"构式的意义

吕叔湘(1985:142-146)将"X什么Y"归在一般反诘句中，他敏锐地指出，含有"什么"的反诘句，有些是单纯的否定，意思是"不"或"没"。可是有很多例句不是单纯的"不"或"没"的意思，而是"何必"，问的不是"什么？"而是"做什么？"（例句转引自吕文）：

(7) 儿也，你只自奔你的前程，<u>顾甚我！</u>（《全元曲·杂剧·谢金吾诈拆清风府》）

(8) 他不饥，<u>吃甚么饭！</u>（《筠州洞山悟本禅师语录》）

(9) 我说有呢就有，没有就没有，<u>起什么誓呢？</u>（《红楼梦》二十八回）

按照吕先生的说法，"顾甚我！"意思是"顾我做什么！"不要顾我；"吃甚么饭！"意思是"吃饭做什么！"意即不必吃饭。这是很有见地的。下面的例子略有不同，原来问的不是"做什么？"而是"怎么样？"结果是一样的"不必"，可是前者是因为无须做，而后者是因为做不成：

(10) <u>尔向枯骨上觅什么汁？</u>（《镇州临济慧照禅师语录》）

(11) 没酒没浆，<u>做甚么道场！</u>（《水浒传》二十一回）

(12) 连我两个所知所能的，你还不知不能呢，<u>还去参什么禅呢？</u>（《红楼梦》二十二回）

邵敏敏、赵秀凤（1989）指出该构式表达了一种强烈而急切的语气，归纳为反诘意义。王海峰（2003）考察了120余万字的语料，得出42个复合词中间插入"什么"所形成的离析结构，认为复合词离析后不仅增加了信息量，而且产生了新的结构意义——评论。"X什么Y"构式是人们在言谈交际中为了表现主观性而采取的一种语法化的形式，这些结构均表示说话人的轻视、蔑视、强烈的不满以及否定等消极态度。肖任飞（2006）、朱姝（2006）、管志斌（2011）等也都提出了相似的观点，认为"X什么Y"构式是出于人们主观情感抒发的需要，具有强烈的感情倾向，并带有明显的自我印记。

目前，该构式主要表达"否定"义是大部分学者普遍认可的看法。此外，魏霞（2012）还针对不同性质的"X"，分析出了其所表达的不同的具体的意义，即分别表示言者对某种动作、行为或性质状态的主观否定。崔少娟（2012）在肯定该格式整体表示否定义的前提下指出，此格式主要是针对离合词所表动作义的否定，并且常常带有不满、反驳、消极等语气。当该格式出现在反问句中时，反映出说话人强烈的消极感情倾向和主观否定态度；当出现在否定陈述句中时，主要是表示主观量少、程度低。她还指出此格式不仅有表否定义的用法，也可以表疑问和任指。"X什么Y"表达说话人对某事或某行为的疑问，重在问"为什么XY？"主要是对"XY"所指事情或行为的疑问。如：

（13）"你要向她道歉？道什么歉？"何老太好奇地问。（岑凯伦《合家欢》）

作者认为，"道什么歉"由于语境中的提示词"好奇"而明显是表示"老太太对你的道歉行为的不解"。当"X什么Y"出现在肯定陈述句的话题位置时，表示"无论什么情况，结果都无一例外"。如：

（14）一个美丽的女人在男人面前，无论说什么话，男人通常都会觉得很有趣的。（《陆小凤传奇》）

管志斌（2011）在肯定"否定"为该构式的核心义以外，还提出其非核心义为"责备"和"提醒"。整个构式与前文语句形成一种"话题—情态"的拷贝关系。"X什么Y"构式跟上下文的关系是一种拷贝式话题结构，构式的成分"X"和"Y"要么回指前文，要么回指话语现场，具有篇章关联功能。然而，说话人无论是对自身的自责和抱怨还是对他人的指责和提醒，该构式都表达了对构式所指陈事件行为的否定。

### 4.存在的问题

从上面的介绍可以看出,这种句式的研究取得了相当丰富的成果,但不可否认,学术界在该句式的归属、句法结构的定性、结构意义的归纳等方面仍然存在不小的争议。首先,学界对该构式的性质和分类尚无明确定论。有人将其划入"X什么X"格式,有人又认为该格式包括"X什么X"格式。另外,崔少娟(2012)提出的表任指功能的"X什么Y",我们觉得,应该不属于本文所讨论的否定意义的"X什么Y"构式,因为两式中的代词"什么"的意义和性质并不相同,前者中的"什么"表示任指,后者中的"什么"表示否定或反诘,不能混为一谈。[①] 到目前为止,可以说还没有深入讨论"X什么X"和"X什么Y"的差异问题。我们认为"X什么Y"与"X什么X"有相同之处,但它们之间还有许多差异,二者应是并列关系,而不是包含关系。其次,目前尚未见到对该构式的原型及历时演变问题的全面考察。邵敬敏、赵秀凤(1989)所提出的"X的什么Y""X的是什么Y",朱姝(2006)补充的类型"X什么YXY"是不是该构式在发展过程中所出现的变体也需要在历时考察中进一步得到澄清,理清其关系。再次,就研究方法而言,现有的对构式中"X"的音节数量、词类、XY的语义特征等的研究大都建立在主观内省的基础之上,缺乏建立在大量真实文本语料基础上的量化统计研究。最后,目前对该构式语义特别是语用方面的研究缺乏理论观照和应有的深度。比如,该构式中XY对前文的回指、对行为的指称特点、不同词类成分进入该格式后对语境依赖程度的不同,等等,这些问题都还鲜有论及。本文尝试回答其中的一部分问题。

## 二、"X什么Y"构式解析

### (一)"XY"的特征

#### 1.结构类型

文献在讨论"X什么Y"结构时,大都集中在"XY"为动宾式复合词的那种类型,极少涉及甚至忽略了"XY"为非动宾式复合词的类型。我们的考察表明,该构式中"XY"的结构类型非常多样化,可以分为以下四种类型。

---

[①] 这里涉及到构式的同一性问题,详见本书绪论部分的讨论。

## "什么"反问习语构式承继网络研究

**A. 复合动词或动词短语**

这一类数量最多,尤以动宾式的最为常见,如:

(1)和平:<u>我说小张你跟这儿掺什么乱?</u>(《我爱我家》)
(2)韩:不是啊,<u>你操什么心啊,</u>这儿有的是女护士。《新闻蜜时代》
(3)这种事很正常,<u>你害什么羞啊?</u>①(《汉语常用离合词用法词典》)
(4)我差点没让水呛着,咽下一口水说:"<u>我害什么怕?</u>"

偏正式复合动词比较少见,如上一小节例(3)的"再什么见",再如:

(5)海藻的事情,我做姐姐的还没说话呢,<u>要你多什么嘴?</u>(《裸婚时代》)
(6)周小北:陪我上个洗手间。
　　韩文静:你干嘛呀,自己不会去啊?
　　周小北:<u>废什么话!</u>(《新闻蜜时代》)

"废话"《现代汉语词典》(第6版378页)列了两个义项:一个是名词,没有用的话;一个是动词,说废话。我们觉得,这里的"废话"应该是动词用法,"废什么话"相当于"说什么废话",叫对方不要说没用的话。

动补式复合动词这样使用的也很少见:

(7)和平:别动!人多嘴杂,要注意保密!
　　志国:<u>这这自己家的东西咱保什么密呀</u>……(《我爱我家》)

"保密"早期的意思是保守某事以不让它公开,因此是动补式复合词。

动词短语也是以动宾短语为最,如:

(8)童佳倩:"她妈又不是你妈,<u>你在这儿充什么孝子啊?</u>"(《裸婚时代》)
(9)周小北:可能是樊斌的什么朋友跟他开玩笑吧,回头我问问。
　　樊斌妈:开玩笑,<u>开什么玩笑啊,</u>怎么能开这个玩笑啊?(《新闻蜜时代》)
(10)志国:那也不能走那么深呢?反正再让我挖我可挖不了了,要不我上农村
　　　给你们请一打井队来吧。
　　傅老:<u>找什么打井队啊!</u>(《我爱我家》)

动补式短语用于该构式比较少见:

(11)大嘴:<u>你跟着添什么乱?</u>去!(《武林外传》)
(12)"你怎么吃这么少?<u>装什么秀气!</u>"她吃得少时我如此道。

---

① "害羞""害怕","害"的意思是"发生(不安的情绪)"。(《现代汉语词典》第7版510页)

**B. 形容词**

从结构关系看，XY 可以是动宾式形容词，如：

（13）周：你还有什么事儿能一口气全部告诉我么？

韩：你着什么急啊？！

（14）这孩子懂什么事啊，你还信他的？（《汉语常用离合词用法词典》）

偏正式形容词，如：

（15）十娘：不要客气，客什么气呢。就像到自己家里面一样的。（《武林外传》）

主谓式形容词，如：

（16）和平：我心什么虚呀我？我当妈的管孩子我心什么虚啊我？啊？明儿个接着查！（《我爱我家》）

从形容词类型上看，多是描写人的心理状态、性质特点的形容词。

**C. 名词**

从结构关系看，"XY"可以是联合式名词，如：

（17）爸爸：这是秘密。

妈妈：都说出来了，秘什么密啊？

（18）墨者：成何体统？

小七：体统是什么，体什么统？（《仙女湖》）

偏正式名词，如：

（19）李：你懂什么，人家这叫廉政。

余：廉什么政呀，也就在你身上廉政……一月给你多少钱？（《编辑部的故事》）

（20）白展堂：怪怪怪兽！

佟湘玉：怪怪怪，怪什么兽，大清早的胡说啥呢？（《武林外传》）

**D. 感叹词**

（21）志国：哎……哎什么呀……你平常出门儿在外，我想帮你也帮不上啊！（《我爱我家》）

例（21）"哎呀"是一个感叹词，被"什么"离析形成了"哎什么呀"的形式。这种现象目前笔者发现的例子还很有限，仅此一例。

表5-1 反问构式"X什么Y""XY"类型统计表

| 数量 | 类型 | 复合动词/动词短语 | | | 形容词 | | 名词 | | | 叹词 |
|---|---|---|---|---|---|---|---|---|---|---|
| | | 动宾 | 偏正 | 动补 | 动宾 | 主谓 | 偏正 | 主谓 | 联合 | 偏正 | |
| 频数 | | 185 | 11 | 26 | 16 | 2 | 1 | 1 | 1 | 2 | 1 |
| 合计 | | 222 | | | 19 | | | 4 | | | 1 |

从表5-1中可以看出，用例总数246，复合动词和动词短语类222，占比90.2%。从"XY"的结构类型上看，"XY"为动宾式结构有201例，占比81.7%；偏正式结构有14例，5.7%；动补式结构有26例，10.7%；主谓式结构有3例，1.2%；联合式结构仅1例，0.4%。显然，动宾式结构在"X什么Y"构式中占大部分。其中，动宾式复合动词或动宾式短语占有绝对优势。

2. 韵律特征

"XY"为复合动词、形容词、名词及叹词等形式时，多是双音节。"XY"为动词短语时，有三个音节的，如例（8）（9）（12）；还有四个音节、四个以上音节的：

（22）周小北：你又没做什么亏心事，怕什么鬼敲门啊。(《新闻蜜时代》)

（23）胡三：唉？贾志新，你跟我这儿装什么大尾巴鸟呀你，你真让郑燕红那丫头骗子给收了二房了？(《我爱我家》)

从"X"的音节看，"X"一般为单音节；也有少量双音节动词，如：

（24）傅老：我说呢，好端端地研究什么第三者嘛！(《我爱我家》)

"Y"的音节数也受到了限制，绝大多数单音节；少数为双音节，极少数是多音节（三个音节以上），如：

（25）小凡：什么好事儿啊你们这么争，噢，一个曾经当过，一个准备候补，够热闹的……我还到外面去搞什么社会调查呀！(《我爱我家》)

笔者考察了所搜集到的246条语料，对其中的"XY"的词类及音节数量进行了统计。表中"复合动词或短语"下位统计"1""2"表示"X"的音节数目。具体如下表5-2所示：

表5-2 反问构式"X什么Y""XY"音节数目统计表

| 音节\类型 | 复合动词或短语 1 | 2 | 形容词 | 名词 | 感叹词 | 总计 | % |
| --- | --- | --- | --- | --- | --- | --- | --- |
| 2 | 137 | 0 | 19 | 4 | 1 | 161 | 65.4 |
| 3 | 68 | 2 | 0 | 0 | 0 | 70 | 28.5 |
| 4 | 9 | 2 | 0 | 0 | 0 | 11 | 4.5 |
| 5 | 3 | 1 | 0 | 0 | 0 | 4 | 1.6 |
| 总计 | 217 | 5 | 19 | 4 | 1 | 246 | 100 |

从表5-2中可以看出,"XY"为两个音节的用例最多,161例,占比65.4%,然后依次递减,音节数目最多的可以有5个,仅有4例。复合动词或动词短语"XY"中,"X"是单音节的217例;双音节的,5例,两者之比为217:5,前者具有绝对优势。形容词类、名词类、感叹词类"XY"都仅见双音节用例,无超过2个音节的。

如果"XY"为一个四字结构或是俗语,那么该结构通常会被分割为两个部分,再分别被"什么"离析形成两个构例,如:

(26)兰生:他们是不是上山采药去了?
　　千殇:这里方圆百里寸草不生的,<u>他们上什么山,采什么药啊</u>!(《古剑奇谭》)

(27)郭芙蓉:这是为了引蛇出洞。
　　白展堂:<u>引什么蛇,出什么洞啊?</u>(《武林外传》)

或者"XY"只取该结构的最后某个部分,再被"什么"离析形成构式"X什么Y"。如:

(28)刘:那是画龙点睛。
　　余:<u>点什么睛啊,点什么睛?</u>我稿儿都没了,我往哪儿点呀?

以上分析可知,反问离析构式"X什么Y"中,"XY"为双音节词占绝对优势,且"X"以单音节为主。

3."XY"的语法特点

"X什么Y"构式的典型格式是动宾式。动词一般是可以带时体标记"着""了""过"的,但是该构式中X不能带这些时体成分:

(29)张伟:<u>这么晚吃什么冰激凌啊</u>,虽然吕子乔的确很可恶,但你也不至于自

残啊!(《爱情公寓》)

我们试着将这几个词带入构式中:

(29')这么晚吃着/了/过什么冰激凌啊?

言者想要表达对"吃冰激凌"这一行为的劝阻,但是带入"着""了""过"后,句子就变成一种疑问句,是一种有疑而问,需要对方做出回答。带"着"是对正在进行的动作表示询问,带"了"和"过"是在对过去已经发生过的动作表示询问。参考构式的同一性内容,这三个构式都应属于"X什么Y"$_2$,表疑问义。

其次,动词一般可以重叠,但是该构式中"X"不能重叠。例(29)不能说成"吃吃什么冰激凌"。

构式中"Y"作为名词,也不完全具备名词的特点。"Y"不可以受数量词修饰,试比较a、b:

(30)a.咦?贾志新,你跟我这儿装什么大尾巴鸟呀你……(《我爱我家》)
　　b.*咦?贾志新,你跟我这儿装什么一只鸟呀你?
(31)a.她继续嘟嘟哝哝地说:"摆什么臭架子,就你有情调?"
　　b.*她继续嘟嘟哝哝地说:"摆什么一副架子,就你有情调?"

当"XY"为名词时,名词的一般特征是:可以受数量词修饰,可以受形容词修饰。该构式中,"XY"不具备这些特征,试比较:

(32)a.妈妈:都说出来了,秘什么密啊?
　　b.*妈妈:都说出来了,一个秘什么密啊?
　　c.*妈妈:都说出来了,天大的秘什么密啊?

当"XY"为形容词时,一般是性质形容词,形容心理状态的形容词,如"高兴""着急""紧张"等。性质形容词大都可以重叠。但是该构式不允准形容词重叠,如"高什么兴""高高什么兴兴"都不能说。性质形容词还可以受程度副词修饰,而该构式不可以说"很/非常高什么兴"。

### (二) 构式的主语

"X什么Y"前面可以出现主语,也可以不出现主语。主语的类型可以是多种形式。

**1.主语不出现**

(33)李:诶,坐下,坐下,坐下。斗什么气儿?坐下。

（34）着什么急？今天刷不成，我就明天刷。你要看不下去你替我刷。

（35）老白：是你不让我们说的，说你需要的时候我们再说。

谢捕头：那还废什么话啊，赶紧传唤小米。

构式前不出现主语不代表该构式没有主语，主语只是省略或隐含了。例（33）省略了主语"你们"，例（34）省略了主语"我"。例（35）构式前出现了"那"，在这里是一个连词，起连接上下句的作用，不是主语。

### 2. 主语出现

主语为人称代词"你""我""他/她""您""咱"以及名词短语等，如：

（36）"你治什么气呀？"周瑾紧紧挽着关山平，不让他停步。

（37）志国：那我还看什么电视，咱现在就学去得了，早死早脱生。（《我爱我家》）

（38）他搞什么名堂！难道在外头有什么花样？"海萍气不打一处来。（《蜗居》

（39）咱坐车的着什么急？又不费咱力气，由他去，他还能跑出北京城去？

（40）秀才：（指大嘴）你一厨子凑什么热闹，赶紧送菜去。（《武林外传》）

主语中会出现指示代词"这"，如：

（41）你娶小老婆，你生女儿，可是你管不住她们！这象什么话呢。

（42）这事着什么急，登个记还不简单？

（43）这孩子懂什么事啊，你还信他的？（《汉语常用离合词用法词典》）

只发现了以"这"为主语，没有发现以"那"为主语的情况。这说明指示代词"这"和"那"在该构式中的使用是不对称的。为什么会出现这种不对称的现象？我们认为，该构式一般使用在交互式交际中，双方面对面，讨论眼前的事较多，所以用近指的"这"是常态。

主语也可以为动宾短语：

（44）周小北：打他管什么事？（《新闻蜜时代》）

### 3. 构式前出现主语，构式后复现主语

（45）田淑云：我消什么气啊我。这叫什么事啊？（《裸婚时代》）

（46）傅老：……干嘛呀？我一个人过的好好的，我娶什么后老伴我。（《我爱我家》）

（47）胡三：唉？贾志新，你跟我这儿装什么大尾巴鸟呀你。（同上）

构式前后是否出现主语，是出现一个主语还是出现主语复现现象，是由言者情感表达的需要决定的，体现了构式否定程度的不同。详见后文的

论述。

### （三）附加成分

**1.无附加成分**

"X什么Y"构式最典型的形式是前后无主语，也无附加成分，独立成为一个小句：

（48）"道什么歉？"我可不是敌方强，我方就弱的弹簧士人物。
（49）志国：开什么玩笑，我告诉你啊，这绝对不可能！（《我爱我家》）
（50）傅老：翻什么案？有错误就检查，有缺点就改正，这是我们家的一贯传统。
　　　（同上）
（51）掌柜：即使抓不到，我也会去报官的。
　　　小郭：报什么官！（《武林外传》）
（52）掌柜的：终于可以干活了。
　　　老白：胡说，这还弯着呢，干什么活。（同上）

除此之外，该构式的前后可以出现一些附加成分。

**2.构式前**

A.副词"还""又"，情态动词"能"，如：

（53）圆圆：还再什么见！？走了以后永远别来见我！（《我爱我家》）
（54）志国：还任什么命啊？哼，真让你给说着了。（同上）
（55）志国：喊，瞧你说的，你一勤杂工你能犯什么错误啊？（同上）
（56）秀才：人家好心好意帮你，你又发什么脾气啊？（《武林外传》）
（57）男人婆，我与你往日无冤，近日无仇，你又来找什么茬？（同上）

例（57）中副词"又"和构式之间还出现了趋向动词"来"。这种情况本文只收集到这一个例句，就不单独将其列出了。

B.形容词。

（58）江湖险恶风大浪急的，你说她一个女娃瞎凑什么热闹……（《武林外传》）
（59）扯什么淡呢！有本事我们送到香港去，在这儿瞎发什么愁！

"又""还""能""瞎"等成分主要是为了帮助表达否定义，详见下文。

C.短语结构：介宾短语。

（60）韩文静：你给我打什么电话？（《新闻蜜时代》）
（61）和平：我说小张你跟这儿掺什么乱？（《我爱我家》）

(62)和平：我用你做什么饭！——明天就走！（同上）
(63)圆圆：爸，人家是我请来的客人，咱得有点儿礼貌……
　　 志国：对不懂礼貌的人讲什么礼貌？轰他走！（同上）

3.构式后

有"啊""呀""呐""嘛""呵"等语气词，其中以"啊""呀"居多：

(64)邹月：回什么屋啊，就在这儿说。（电视剧《绝爱》）
(65)子乔："叹什么气啊？"（《爱情公寓》）
(66)和平：拍什么戏呀，胡编乱造糟蹋人，别拍了别照了……（《我爱我家》）
(67)掌柜：你想嘛，我都名花有主了，还相什么亲嘛？（《武林外传》）
(68)和平：捐什么款呐？那么点儿小孩儿去航什么海呀，这不胡弄么……（《我爱我家》）
(69)肖科平：不用，喝什么酒呵？

该构式所带的语气词大多是语气较为强烈的表示感叹的词，如"啊""呀""嘛"；也有语气稍弱的表示感叹的词，如"呵""呐"；没有表示疑问的语气词，如"呢""吗"等，这与构式所表达的否定义相符合，也说明该构式已经没有了询问语气。

4.构式中

构式中间可插入具有口语化色彩的"个"，如：

(70)李：你说，低个什么劲儿？啊？低个头儿有什么难的，又不是为敌人。
(71)王妻：你们凭怎么扣着我们老王不让回家？胖点犯了哪家王法？你想胖还怕胖不了哪。我当老婆的都不嫌，外人裹个什么乱哪？

上述几种情况在构式中可以同时出现，如：

(72)志国：我一大老爷们儿我喝什么奶啊？从今天开始，我断奶了……（《我爱我家》）

这些附加成分的出现可以在一定程度上帮助表达构式义，强化否定程度。

## （四）句法功能

"X什么Y"构式可以独立成句，可以充当复句中的小句，也可以充当谓语或谓语中心。

## "什么"反问习语构式承继网络研究

### 1. 独立成句

（73）还再什么见！？走了以后永远别来见我！（《我爱我家》）

（74）捐什么款呐？那么点儿小孩儿去航什么海呀，这不胡弄么……（同上）

（75）和平：违什么法呀？我揍我自个家喽，这是我自个儿亲闺女。（《我爱我家》）

（76）周小北：废什么话！（《新闻蜜时代》）

（77）还热什么饭呐？人都不知道丢到哪国去了，赶紧跟我找去吧你！（《我爱我家》）

以上例句中，该构式加上标点符号独立成句，直接回应了听者。对于此处的标点符号，一般为"？""。""！"，也可以同时使用"？！"。就该构式在言者话轮中的位置而言，一般位于首句，作为对前文的最直接的回应，也可以位于句中或句末。

### 2. 充当谓语

（78）你开什么玩笑，这不你们家原来那保姆小张么？（《我爱我家》）

（79）志国：你说……算了，你还说什么真话呀，你说假话吧。（同上）

（80）就跟大难不死，刚从索马里逃回来似的。没事你瞎跟我套什么近乎？（同上）

### 3. 充当复句的分句

（81）和平：嗨，我不是说了么，等箱子挖出来就直接把他们学校买下来，还上什么学呀！（《我爱我家》）

（82）和平：拍什么戏呀，胡编乱造糟蹋人，别拍了别照了……（同上）

（83）傅老：找什么领导啊，这个直接找我。（同上）

（84）和平：下什么馆子，现在也吃不下什么。（同上）

（85）志国：你做梦去吧你啊。

和平：做什么梦啊，咱这说话就梦想成真啦……（同上）

构式前面出现"大+时间词+的"结构：

（86）小郭：开门开门，大白天的关什么门啊？开门开门开门开门……（《武林外传》）

（87）秀才：大白天的洗什么脚啊？（同上）

（88）小郭：上学？大晚上的上什么学！（同上）

这在构式中也起到帮助表达构式义的作用。详见后文。

综上所述，"X什么Y"构式在句法上比较自由。

## 三、"X什么Y"的构式义与否定对象

### (一) 构式义

王海峰、王铁利(2003)通过对大量语料的考察发现离合词"不单纯是汉语'词'和'词组'这两级单位之间的一种过渡形式,其实质是说话人主观态度的一种载体"。我们认为这一说法对于"X什么Y"构式同样适用。"X什么Y"构式是一种主观性很强的构式。我们将其形义配对概括为:

> [[X什么Y] ⟷ [说话人根据自我对某个事态的理想化认知模型,通过否定XY所标识的行为的理由、目的或否定某种性质、状态,从而否定该行为、状态、认识的合理性,以实现指责、劝阻、禁止或否认的语用功能]]

这是一种双重否定。胡德明(2010:194-197)将第二重否定称为事理上的否定。第一重否定到第二重否定是通过转喻实现的。

**1. 否定行为实现的理由/目的→否定行为/状态的合理性**

吕叔湘(1985)指出,在类似"他不饥,吃甚么饭!"这类句子中,"什么"在形式上都是宾语或宾语的修饰语,但在意义上问的不是"什么"而是"做什么"。当"XY"表述一个主体可控的动作时,存在如下的变换关系:X什么Y → XY干什么。下面这些实例都可以作如此的变换:

(1)[马路上,车主们在等待绿灯通行;在韩文静后面的车主一直在摁喇叭催促行车]
韩文静:你学过交通规则吗?国家明文规定市区内不许摁喇叭你不知道吗?<u>你摁什么喇叭</u>,就你有喇叭是吗?(《新闻蜜时代》)

(2)小六:[拿茶壶]给你倒水。
谢捕头:<u>倒什么水</u>,把好大门,没有我的命令,不许任何人出去。(《武林外传》)

(3)[韩文静因为医院里无聊吵着要出院,突然看见一个帅哥医生,决定留下来追他]
周小北:你不出院啦?
韩文静:<u>我出什么院啊</u>,这儿有我喜欢的男生。(《新闻蜜时代》)

例(1)"摁什么喇叭"可以变换为"摁喇叭干什么"。在言者的原型理想

认知中，遇见红灯停车等待是正确的，后面的车主没有理由在这个时候一直摁喇叭。所以她认为摁喇叭这一行为是不合理的。言者通过否定摁喇叭的理由，进而否定摁喇叭这一行为的合理性，在情感上达到指责对方的目的。例（2），"倒什么水"可以变换为"倒水干什么"。言者需要的是不让人出去，听者应该去守好大门，而不是去倒水。言者通过否定听者倒水的理由进而否定倒水这一行为的合理性，最终达到劝阻、禁止行为的目的。例（3）"出什么院"可以变换为"出院干什么"。原来言者想要出院的理由是医院里太无聊，现在有了喜欢的男生，就没有理由出院了，就不应该出院了，这是对自我行为的一种否定。

上述三个例句都是典型的动宾式动词结构，下面我们再来看几个非动词结构的例句。

（4）[莫小贝说要闯荡江湖，佟湘玉因为担心找白展堂诉说]
　　白展堂：没叫她引入歧途，<u>你替她着什么急？</u>（《武林外传》）
（5）[清早，白展堂看见佟湘玉；佟湘玉彻夜未眠，脸色惨白，头发蓬乱]
　　白展堂：怪怪怪兽！
　　佟湘玉：怪怪怪，<u>怪什么兽</u>，大清早的胡说啥呢？（《武林外传》）

例（4）"着什么急"可以变换为"着急干什么"。在佟湘玉的理想化的认知模型中，江湖是险恶的，莫小贝小小年纪就要闯荡江湖是一件很危险的事。白展堂认为只要不误入歧途就没有着急的理由，因而不应该有着急这种状态。他通过否定这种状态存在的合理性最终达到劝说佟湘玉不要紧张的目的。例（5）"怪什么兽"可以认为隐含着言说动词"说"，可以还原成"说怪兽干什么"。言者认为怪兽是不存在的，大清早不应该说一些胡话。所以她通过否定说怪兽的理由进而否定了说怪兽这一行为的合理性，达到指责的目的。

**2.否定对事物性质、状态的认知→否定认知的合理性**

当"XY"不表述可控动作，而是对事物或事件的性质或状态表述时，"什么"更多地表现出一种修饰语作用，构式否定这种性状、状态的存在。"X什么Y"可以变换为"什么Y也不V"，由此否定对方这种认知的合理性。如：

（6）[刘慧芳和夏顺开在谈论夏青]
　　"不会不会，夏青懂事。"<u>"懂什么事呵！</u>一直生活在鲜花蜜糖中，只知道大灰狼是坏人，小兔羔子是好人，爱憎分明着呐。我这么小心注意着成天价，就因为实在不是个圣人,她还对我老大不满呢。"

(7)[和平在家楼下搂着圆圆,遇见了和平便放开了手]

志国:……也知道这么做违法是不是?

和平:<u>违什么法呀?</u>我搂我自个家搂,这是我自个儿亲闺女。

例(6)言者认为夏青生活在鲜花蜜糖中,分不出好坏。构式可以变换为"什么事也不懂"。她通过否定懂事这种状态的存在进而在事理上进行否定:持有夏青懂事的认识是不合理的。例(7)"违什么法"可以转换成"什么法也不违(背)",通过否定这一性质进而在事理上对对方的认知进行否定。

前一节描述了构式前后成分的几种情况。下面分析这些成分与构式义的关系。首先来看构式前的主语同位语。删除同位语句子仍然成立,但否定语义会减弱。前文的(7)这里引来重新编号:

(8)[夜晚刘顺明和白度坐着三轮车去八宝山,三轮车疯子似得冲上立交桥奔向通县,越走越远]"我这还是头一回让三轮给欺负了。"刘顺明悻悻地说。白度微微生笑,稳稳地坐在车座上:"<u>咱坐车的着什么急?</u>又不费咱力气,由他去,他还能跑出北京城去?"

言者的意思是骑三轮车的人骑了远路却又不能拿到更多的车费,他才应该着急。坐车的人又不费力气又不用多付钱,所以不用着急。如果把"坐车的"删除,句子也成立,但是就没有了"坐车的"与"拉车的"对照造成的较强的否定义的效果。再如"你一厨子凑什么热闹,赶紧送菜去"。同位语"厨子"也是这样。在人们普遍的理想化的认知模型中,"厨子"地位低,负责厨房事物,没有理由参和到大堂中的事。凑热闹的理由不存在了,那么这一行为自然就不合理了,这就更加强了别凑热闹的意思。可以这样归纳:根据ICM,"XY"所表述的动作或性质状态是否定的;构式前面的这些成分正是ICM中否定"XY"所表述的动作或性质状态的因素。

再来看其他成分对构式义表达的作用。如"这孩子懂什么事啊""女人插什么嘴""周末加什么班啊""大白天的洗什么脚""瞎凑什么热闹"等等。"孩子"给人的印象是幼稚的、顽皮的,在一定程度上帮助表达了"不懂事"的意思。"女人"在中国传统文化中就是相夫教子,在家从父出嫁从夫的,帮助表达了"不要插嘴"的意思。"周末"本来就是休息的,不上班的,很好地表达了"不要加班"的意思。"大白天的"显然能帮助说明不要洗脚。"瞎"在《现代汉语词典》中的解释是"没有根据地;没有效果地",否定了凑热闹的理由,所以也在一定程度上增强了构式否定的效果。

最后再来分析"又发什么神经""还任什么命""能犯什么错误"等情况。我们未发现该构式前有"也""却""真""并""就"等语气副词的现象，只发现副词"又""还"和情态动词"能"。因为这些语气副词往往表示强调或肯定事实。"能"表认知情态，体现了言者的主观认知行为。而"又""还"都有强调反问的功能。柴森（1999）认为，"又"的作用主要是强调对立；"还"表示状态持续或范围扩大、程度加深。当这种"持续""扩大""加深"的可能性与前提条件发生冲突时，它在反问句中就表现为否定这种可能性。

所以，构式前后出现的这些成分都在一定程度上帮助形成、加强构式的否定义。

## （二）引发语

构式的否定对象有三类：言语、现实行为和社会观念。其中对话中的言语是主要的否定对象，称为引发语（李宇凤2010）。该构式在使用过程可以通过两种方式对引发语进行否定，一种是直接引述引发语中的某一信息，即言者获取的信息焦点"XY"；另一种是对引发语进行概括性否定，即引发语中不出现"XY"。

### 1."XY"都出现

（9）英壮：哎，这位同志怎么回事，知道不知道这边拍戏呢拍戏呢，这……
　　和平：拍什么戏呀，胡编乱造糟蹋人，别拍了别照了……（《我爱我家》）

（10）和平：不是开会任命吗？
　　志国：还任什么命啊？哼，真让你给说着了。今天刚接到通知，马上精简机构了，嗯，所以干部任命，都暂时冻结。我这副处长啊，当不成了。（同上）

（11）志国：杨大夫，下班了？
　　杨大夫：哎？骂谁呢？骂谁呢，我根本就没上班，我下什么班啊。（同上）

（12）掌柜：即使抓不到，我也会去报官的。
　　小郭：报什么官？！（《武林外传》）

### 2.只出现"X"

（13）圆圆：那我就不起身送您了。
　　和平：那送什么劲儿啊，这孩子，赶紧睡啊，省着明天上学到时候又迟到。（《我爱我家》）

### 3.只出现"Y"

（14）和平：嗨，志国就把弄单位去了，说跟领导一块儿谈。

傅老：<u>找什么领导啊</u>，这个直接找我。(《我爱我家》)

(15) 志国：我估计呀，就是一圆圆的什么同学，家长在电视台，用公家的信封给……要说这也不对呀，公家的东西你随便拿家里用这……合适么？

和平：<u>要是同学天天见面还写什么信呐？</u>（同上）

**4. 不直接出现"XY"**

(16) 周：我告诉他我和李理上床了。

王：不是，<u>你开什么玩笑啊。</u>(《新闻蜜时代》)

(17) 戈：你还要换封面儿啊？

李：嗯。

戈：你不是上赶着给人拍过好几次的嘛？那特别红那歌星，不要了？

李：就为这个把我弄寒心了，<u>摆什么臭谱儿啊？</u>啊？不为工作我求她呀，我也看出来了，这人吧，也红不了几天。你说，我还登她干嘛？

(18) 小张：哎呦大哥，国家的事儿我都能作主，就别说你们家这点小事情啦！

和平：<u>我说小张你跟这儿掺什么乱？</u>(《我爱我家》)

(19) 胡三：唉？贾志新，<u>你跟我这儿装什么大尾巴鸟呀你，</u>你真让郑燕红那丫头骗子给收了二房了？（同上）

(20) 志国：我也要去海南。

志新：你说人家燕红去海南，人家是找着主儿了，<u>你跟着凑什么热闹啊？</u>（同上）

课题组所搜集到的246条语料中，引发语中出现信息焦点的情况（包括出现"XY"和只出现"X"或只出现"Y"的情况）共92条（37.4%），不直接出现焦点信息的情况共154条（62.6%）。有学者认为，"X什么Y"构式使用的必要前提是前文中出现离合词"XY"；"XY"承载了话语的主要信息，为了扩大信息量，插入一些必要的成分（在该构式中为"什么"）以满足交际需求。从上述数据来看，这一论断不完全准确。引发语中出现"XY"只是其中的一种情况，在数量上占有优势的是不直接出现"XY"的情况。

### (三) 否定对象的三域解读

参照概念三域（沈家煊2003），"X什么Y"构式的否定对象也有三个域：行域、知域和言域。

**1. 否定对象为行域引发语**

引发语是对现实动作行为的一种语言描述，如：

(21) 男兵激动地看着军官的脸，军官瞪着眼冲他吼。"<u>你瞪什么眼？</u>给我走，我就不信治不了你这号兵。"

（22）刘炎：[来找韩文静] 静静，我给你打了那么多的电话你怎么都不接呢？
韩文静：[一边推开刘炎一边拿起电话往外走] 你给我打什么电话？（《新闻蜜时代》）

例（21）男兵激动地看着军官的脸是一种现实行为。军官否定的对象是男兵的瞪眼行为，属于行域。例（22）否定对象不是刘炎本人，而是他给韩文静打电话这一行为，意思是刘炎不应该给韩文静打电话。

现实行为状态也可以不以言语描述的形式表现，而以实实在在的某种具体动作、状态、情态表现出来。此时构式的否定对象就是该具体的动作、状态或情态，也属于行域引发，如：

（23）[等待红绿灯时，排在韩文静后面的一位车主一直在摁喇叭]
韩文静：你学过交通规则吗？国家明文规定市区内不许摁喇叭你不知道吗？你摁什么喇叭，就你有喇叭是吗？（《新闻蜜时代》）

（24）周小北：[神色着急] 你还有什么事儿能一口气全部告诉我么？
韩文静：你着什么急啊？！（同上）

例（23）没有出现引发语，韩文静使用该构式否定回应的对象是另一位车主一直在她后面摁喇叭的具体行为。例（24）否定回应的对象不是周小北的说法或说的内容，而是她着急的一种状态。

**2. 否定对象为知域引发语**

引发语表示言者对某事物的主观理解（推测、判断），如：

（25）圆圆：让一个孩子在一个阳光明媚的下午，干重体力活，作孽呀。
傅老：作什么孽呀？这是培养你的劳动观点，上次我跟你讲的刘少奇爷爷的故事，他像你这么大的时候，早就帮着家里的人下地干活了。（《我爱我家》）

（26）志国：你也知道这么做违法是不是？
和平：违什么法呀？我搂我自个家楼，这是我自个儿亲闺女。（《我爱我家》）

例（25）中否定对象是圆圆认为"在阳光明媚的下午让一个孩子（即圆圆自己）干体力活是作孽的行为"这一认知。例（26）中否定对象是志国认为"和平搂着一个小女孩儿是违法的"这一认知。

**3. 否定对象为言域引发语**

否定的是引发语所表述的一种说法，而不是指"言说"。

(27)志国：爸您甭理她，她小人得志，穷人乍富她。

　　　和平：我乍什么富了我，我这不还没富呢我……（《我爱我家》）

(28)李：敢情他打小儿也是失足青年，台湾片儿净这些东西，你说，你看着他能学着他们做人吗？咱们虽然是一国吧，却是两制。他们所宣扬的也许正是咱们所批判的，别看了，啊，危险容易中毒……

　　　戈：诶诶诶，你干吗，你干吗？我中什么毒了？

例（27）"她小人得志，穷人乍富"是志国对和平的一种评说，和平使用该构式否定的对象是志国的这种说法，意思是志国不应该这样说。

否定回应的方式也可以选择不同的角度。但我们认为，"X什么Y"构式只存在知域否定：

(29)"赶快回信吧。"吴胖子把信扔我怀里，"我也不念了，下面那词儿我看着都害臊。""你害什么臊？"大家笑吴胖子，"跟你有什么关系？"

(30)"是啊。"大胖子摇着扇子转向我们，"你们也是胡闹，不认字当什么作家。"

例（29）听者的言行表现出一种害臊的状态，但言者认为这跟听者没有关系，听者不应该表现出害臊的状态。这是言者的主观想法，属于知域否定。例（30）言者认为作家都应该是认字的，不认字的人当然不能当作家。所以这也是言者的一种主观认识，也是知域否定。

## 四、"X什么Y"构式的情感宣泄功能

因为"X什么Y"构式是一种知域否定，所以，具有很强的主观性。该构式的主观性可以从其使用条件和话语功能中体现。

### （一）话语者的不对等关系及交际场合

"X什么Y"构式是一种使用频率较高的口语表达式，常在口语语体材料中出现，很少在一些叙述性强的文体中出现。本章的现代汉语语料也均来自电视剧台词和对话体材料。考察发现，该构式的话语者之间的关系存在不平等现象，交际场合也偏向于非正式场合。我们把话语者（言者—听者）之间的地位关系分成"平—平""上—下"和"下—上"三种，这三种地位关系在该构式的使用中都存在。

1.平—平

（1）童佳倩（对刘易阳说）："她妈又不是你妈，你在这儿充什么孝子啊？"（《裸婚时代》）

(2)韩文静:(樊斌)人呢,又跑啦?
周小北:跑什么呀,出去打包去了。
韩文静:打什么包啊,在家附近随便吃点不就得了。(《新闻蜜时代》)

童佳倩和刘易阳是一对年轻的小夫妻,韩文静和周小北是多年的好朋友、闺蜜,地位平等。

2. 上—下

(3)小贝:我还得做功课呐。
十娘:做什么功课啊,女子无才便是德,学的越多越受苦……(《武林外传》)
(4)"敬修,你发什么疯!"白琴冷眼瞪着自己的侄子怒道。(红茶《他不是天使》)

这两例交际双方是长辈对侄儿侄女的关系。

3. 下—上

地位较低者对地位较高者使用这一构式的情况一般仅在一些冲突性语境中,地位较低者为了表现自己的不满与抱怨;或者在一些假性冲突性语境中表达一种故意调侃的意味。如:

(5)童佳倩(对母亲):"怎么叫往外拐啊?那是我丈夫。说句不好听的,如今他是我的第一合法继承人,要是今天我上了天堂,我的财产都得让他继承着。我这儿过得快乐似神仙,您替我喊什么冤啊?"(《裸婚时代》)
(6)王:诶,等等等等。我正将他的军呢,你看。
孩子:哎呀,还将什么军呢?还挺爱下。(《婚姻保卫战》)

例(5)中对话人物关系为母女。母亲不看好女儿的丈夫,贬低女儿的丈夫,女儿却很爱自己的丈夫,二人在这一问题上发生了矛盾。在争辩中,女儿使用了该构式表现出自己的不满,属于冲突性语境。例(6)中对话人物关系为一对父子,而且是一位年长的父亲和已经具有一定社会地位的儿子。二人名为父子,实似朋友。儿子使用该构式表现的不是一种不满的情绪,而是对父亲"爱下棋"的故意调侃,属于假性冲突语境。

考察发现,话语者之间的地位不同,使用该构式的频率差距很大:"平-平"182例(74%)>"上—下"51例(20.7%)>"下—上"13例(5.3%)。平级关系用频占有绝对优势,"下—上"级关系用频最低。"下—上"关系使用该构式受到一定的条件限制:往往是在冲突性语境中。这些情况表明该构式礼貌等级较低,使用该构式是一种不礼貌的言语行为。

"X什么Y"构式的交际场合一般为非正式的、气氛较为轻松愉快、娱乐性强的场合,正式场合不太适用。如例(1)(2)(3)(5)对话都发生在言者家中，(4)在小公园，(6)在二人工作的小客栈。

## （二）情感宣泄功能

张旺熹（2012）从情感宣泄的话语功能角度对现代汉语人称代词的复用结构作过分析。他认为人称代词复用结构是汉语口语系统中一种言者用以宣泄负面情绪的话语结构。前文描写了"X什么Y"构式前可以隐含主语，可以出现主语或主语复现的几种形式。我们认为主语复现的现象，使得构式的否定程度达到最大化。从构式否定程度上看，存在如下等级：

S + "X什么Y" + S ＞ S + "X什么Y" ＞ "X什么Y"

试比较：

搞什么名堂　——　你搞什么名堂　——　你搞什么名堂你
消什么气　　——　我消什么气　　——　我消什么气我
添什么乱　　——　你添什么乱　　——　你添什么乱你

第一列是祈使语气表示对行为事件的否定。第二列加上主语后，不仅否定了行为事件，而且增加了对行为指向对象的不满或委屈。第三列出现主语复现现象，这种不满或委屈的情绪增强了，表现为强烈的指责和极度的委屈。

### 1. 情感类型

参考张旺熹（2012），我们将该构式表达的情感分为负面情感、假负面情感、中性情感及正面情感四类。

**A. 负面情感（消极情感）**

指言者在构式使用中所表达出的"愤怒、不满、委屈"等情感，如：

(7) 金长老：大敌当前你少说两句能憋死你啊。
　　银长老：我说什么啦，你自己没本事，<u>冲我发什么火啊</u>。（《武林外传》）
(8) 不料她气急地一拍桌子说：我堕胎又不是你堕胎，<u>你操什么心？</u> 我爱这么干，有什么办法？（迟子建《原野上的羊群》）

**B. 假负面情感**

指言者表达出的"调侃、嗔怪、假装生气（责问和批评）"等情感，如：

（9）掌柜的：终于可以干活了。
　　　老白：胡说，这还弯着呢，干什么活。（《武林外传》）
（10）掌柜：不要再哭了。放心好了，只要你愿意，我会带着你一起守寡的。
　　　小郭：守什么寡，你好歹都嫁了一回了，可我呢，我嫁给谁去？（同上）

**C. 中性情感**

指言者表达出的"劝谏、告诫、提醒"等，如：

（11）吕轻侯：为什么我得让着她呀，她凭什么不能让着我？
　　　白展堂：你不是个男人嘛，你跟人一个小姑娘置什么气呐？（同上）
（12）小郭：对不起，我们打烊了。
　　　邢捕头：大白天的，打什么烊啊，去，给我弄点吃的，啊。（同上）

**D. 正面情感**

指言者表达出的"关心、自谦、鼓励"等情感，如：

（13）吕轻侯：（拉住莫）哎哎，会不会太冒险啦？
　　　莫小贝：冒什么险？话是她说的吧？贴也是她吩咐的，放心吧，有我在，没错的。（同上）
（14）你要胖点！减什么肥呀！女为悦己者容！你多胖我都爱你，反正我已经悦了，你就不必减了！（红茶《原来他不是天使》）

## 2. 情感指向

该构式的情感指向可以分为：听者指向、言者指向和他者指向。听者指向是言者把听者当做话语情感的宣泄对象，言者指向是言者把自己当作话语情感所宣泄的对象，他者指向是言者把会话双方之外的共知的第三方当做话语情感宣泄对象。如：

（15）白大嫂子笑着招呼刘桂兰，叫她也过去，可是她不来，白大嫂子拉着她的手说道："来，害什么臊呀？"
（16）妈的老流氓！我虚张声势？我也不是不了解你，不就是六〇年饿跑的乡下佬吗，番薯屎还没拉干净，装什么大噱。
（17）我差点没让水呛了，咽下一口水说："我害什么怕？"
（18）双：师兄，你怎么不在跑堂啊？
　　　白：我跑什么堂啊，那人正在大堂激情燃烧呢，我躲还躲不及呢。（《武林外传》）
（19）"他搞什么名堂！难道在外头有什么花样？"海萍气不打一处来。"等明天我抓着他，非好好审他。"（《蜗居》）

(20)[刘慧芳和夏顺开在谈论夏青]"不会不会，夏青懂事。""懂什么事呵！一直生活在鲜花蜜糖中，只知道大灰狼是坏人，小兔羔子是好人，爱憎分明着呐。……"

例(15)(16)语义直接指向听者，情感宣泄对象是听者，表达自己对听者的否定。例(17)(18)语义指向言者自己，当他人对自己某种状态或行为表现出某看法或说法时，言者会使用该构式进行自我否定。例(19)(20)语义指向不在谈话现场的第三方。

3.情感宣泄系统

"X什么Y"构式由情感类型和情感指向共同组成一个复杂的情感宣泄系统，见下表5-3所示。

表5-3 反问构式"X什么Y"情感类型与情感指向交互列表

| 情感指向\情感类型 | 负面 | 假负面 | 中性 | 正面 | 总计 |
|---|---|---|---|---|---|
| 听者 | 74 | 43 | 51 | 3 | 171 |
| 言者 | 33 | 11 | 2 | 5 | 51 |
| 他者 | 8 | 9 | 4 | 3 | 24 |
| 总计 | 115 | 64 | 57 | 10 | 246 |

考察表4.1可知，从情感类型上看，负面情感占了46.7%，假负面情感占了26%，中性情感占了23.2%，正面情感仅占4.1%；从情感指向来看，听者指向占了70%，言者指向占了20.7%，他者指向占了9.8%。我们可以认为听者指向的负面情感是该构式表达的最基本的类型，因此负面情感宣泄功能就是该构式的基本语用功能。具体分析如下：

**A. 负面情感**

从听者指向的负面情感来看，当听者的某种行为、认知或言语引发了言者的回应时，言者使用该构式来表达自己的感情并通过移情作用将这种感情转移到听者身上，主要表达出愤怒、不满、不解等情感。如：

(21)王媛：韩文静，你怎么能是这样的人呢？
    韩文静：你生什么气呵？！(《新闻蜜时代》)
(22)韩：你给我打什么电话？(同上)

从言者指向的负面情感来看，言者主要想要表达的是一种不悦、不满、委屈的情感。如：

(23)淑云：我消什么气啊我？这叫什么事啊？(《裸婚时代》)
(24)志国：爸您甭理她，她小人得志，穷人乍富她。
和平：我乍什么富了我，我这不还没富呢我……(《我爱我家》)

表面上言者在指陈自己，实则间接移情到听者身上。

从他者指向的负面情感来看，言者是将自己的愤怒和不满的情感移情至第三者身上，这类情况较少：

(25)和平：嘿嘿嘿她还摆什么谱啊？让她起来吃。(《我爱我家》)

**B. 假负面情感**

如果对话双方关系密切、友好，但又因为某种观念或具体观点的不同而发生冲突，那么，这种冲突往往以打趣或调侃的方式呈现，即假性负面情感宣泄。它主要表现为调侃、嗔怪、假装生气等。如：

(26)王：诶，等等等等。我正将他的军呢，你看。
孩子：哎呀，还将什么军呢？还挺爱下。(《新闻蜜时代》)
(27)志新：赚什么钱呀，咱俩这关系，就是赔钱我也帮你这忙啊。(《我爱我家》)

上述两例是发生在关系密切的父子、朋友之间的对话，表达言者假装不满和嗔怪的情感。

**C. 中性情感**

中性情感是言者对听者比较冷静的劝说、告诫和提醒等。如：

(28)李：诶，坐下，坐下，坐下。斗什么气儿？坐下。
(29)江湖险恶风大浪急的，你说她一个女娃瞎凑什么热闹……(《武林外传》)

语料统计表明，听者指向占89.4%，言者指向占3.5%，他者指向占7.1%。可见，在构式表达劝诫或提醒义时，大都是直接向听者指出的。

**D. 正面情感**

此类用例相对较少，只涉及听者指向和言者指向，主要表达言者对听者的安慰、鼓励和言者的自夸和自谦。如：

(30)志国：你做梦去吧你啊
和平：做什么梦啊，咱这说话就梦想成真啦……
(31)这种事很正常，你害什么羞啊？

（26）刘慧芳："我看小雨挺好的，挺懂事。"
夏顺开："懂什么事呵？不过还算懂道理，只要你道理摆出来说服人，她还是听的，不是那种蛮不讲理的孩子。

例（30）构式使用的对象指向听者和言者双方，和平传递的是对听者的安慰和鼓励，同时也是对自我的一种激励。例（31）表达的是言者对听者的一种安慰和鼓励。例（32）交谈双方评价的是第三方小雨，而小雨是言者夏顺开的女儿，在夏顺开看来，夸小雨懂事就等于在夸自己，所以该构式在使用中表达的是一种自谦的态度。

综上所述，"X什么Y"的情感宣泄功能是一个非常复杂的系统。在这一系统中，言者使用该构式主要表达一种负面情感（包括假负面情感），也有少数构例表达了正面情感（包括中性情感）。情感类型和情感强度主要取决于交际双方的地位、关系密切程度、认知差异程度和当时的会话环境。

## 五、"X什么Y"构式压制

### （一）构式对词项的压制

构式压制是协调构式与词项不兼容的有效手段。构式对词项的压制作用表现为构式对词项的统治力或取舍作用。我们认为，"X什么Y"构式中，"什么"表现出语义模糊和功能淡化的趋势，"XY"从动宾结构式扩展到越来越多的形式，如形容词、名词等，是被构式强制赋予否定义的结果。

我们认为"X什么Y"构式的原型是动宾式短语，即"X"为动词，"Y"为名词，"X"支配"什么Y"，如：看什么书。所以，动宾短语进入该构式是没有受到压制的。而非动宾短语一旦进入该构式，就要受到构式压制，被强制赋予与构式对应的语法意义。动宾式复合词进入构式也发生压制，如"结什么婚"，因为"结"本来只是一个动词性语素，不能当动词用；进入构式后，它原本的语义和用法与构式不相兼容，受到构式的压制，构式赋予它动词的特性，使它带上了宾语。同样"婚"也只是一个语素，没有词的资格，不能单用，但在构式中它却做了宾语中心语，这是构式赋予其词的资格的结果。同理，只要不是述宾式动词短语，包括非述宾式复合词、形容词或叹词，进入该构式都受到了压制。

### （二）压制作用力大小

动宾短语可以大量进入该构式而其他语类的"XY"则受到限制，说明了

## "什么"反问习语构式承继网络研究

构式压制存在一个压力大小的问题。不同形式的"XY"进入构式后受到构式压制的程度不同。我们认为"XY"的语义和用法与构式不相兼容程度越高，所受到的构式压制的压力就越大。

动宾式复合动词被压制的程度较小。如"发什么呆"，"发"原来就是动词，可带宾语，在构式中并未受到压制作用。"呆"可作为不及物动词，也可作为形容词，在该构式中词性受到压制，被赋予名词性质，作为"发"的中心宾语。非动宾式复合动词被压制的程度高于动宾式复合动词。如"废什么话"[1]，"话"原义即为名词，可以作为宾语中心语。构式赋予形容词性语素"废"以动词的特性，让它陈述主语，带上宾语。构式强制性地给它添加了两个论元，把一个形容词性语素压制成二元动词。形容词被压制的程度大于动词，但形容词内部也有差异：结构方式不同，受到构式压制的程度不同。动宾式形容词较容易进入该构式，如"着什么急"。"着"是动词性语素，本身可以带宾语，如"着火"；形容词"急"也可作为宾语，所以"着急"进入构式受到的压制作用较小。而联合式形容词"紧张"[2]必须经过较大的压制作用才能进入该构式形成"紧什么张"。"紧"和"张"都是语素，不能独立使用。进入构式后，构式赋予"紧"动词特性，使它带上了宾语；同样，构式赋予"张"名词特性，使它配合构式成为中心宾语。名词被压制的程度又高于形容词，如：怪什么兽。"怪"是形容词性语素，受到构式压制，被赋予及物动词属性，带上宾语；词义也相应发生变化，变得缺乏透明性而不可解释。名词性语素"兽"与构式中Y的语类吻合，但是也受到压制，从一个不能独立运用的语素到独立使用的名词。叹词受到压制的程度最高，如：哎什么呀。"哎呀"作为一个感叹词是一个单纯词，其中的"哎"和"呀"都不是语素，没有语义，也缺乏语法关系。构式强制地分配它们角色，赋予它们意义，创建句法关系。

综上，"X什么Y"构式中，受到构式压制的作用力大小从低到高依次为：

> 动宾式短语 < 动宾式复合词 < 非动宾式复合动词 < 形容词 < 名词 < 叹词。

---

[1]《现代汉语词典》（第六版378页）"废话"有两个义项：1.名词，没有用的话。2.动词，说废话。
[2] "紧张"中"紧"的意思是"密切合拢，与'松'相对"，"张"的意思是"拉紧"（据《汉语大词典》13273页和5189页），据此判定为联合式复合词。

## 第二节 "X 什么 Y"的构式化及"V 你的 O"的来源

## 一、引言

上节我们对离析构式"X 什么 Y"的形式特征、语义功能、语用场景等问题进行了分析。该构式是怎么产生的，形成过程如何，产生机制是什么，又是如何演变的，特别是该构式的形成机制，学者们看法不尽一致，形成了以下主要观点。

1. 插入说

邵敬敏、赵秀凤（1989）在分析反诘性"什么"时指出，起加重反诘语气、强化否定性质作用的"什么"插在动宾词组或支配式动词中间形成"X 什么 Y"。袁毓林、刘彬（2016）认为"什么"可以插入动宾结构所表示的否定对象中间，构成"V（+的）+什么+O"形式，可称为"插入式"。学界普遍认为"X 什么 Y"构式是由离合词或动宾式结构"XY"中间插入"什么"离析而成。（张理明1982，王海峰2002、2003，李宗江2006，管志斌2011，崔少娟2012，徐思思2014，郑伟娜2015，袁毓林2018，等等）至于其离析动因，各家看法不尽一致。张理明（1982）认为离合词离散是为了使表义更加具体明确。李宗江（2006）认为是单音动词类化促使离合词内部分离。王海峰（2002）认为汉语词法与句法的共通性是产生离析现象的基础。郑伟娜（2015）指出，"插入定语、插入补语、插入宾语"等离散形式中，语法是促使离合词选择该离散形式的主要动因。袁毓林（2018）认为离合结构是借用离合词作为粘合式述宾短语，再进行扩展和易位而形成的。

插入说是主流观点，影响甚大，接受者众多。插入说有一定的合理性：比较符合人们的语感和直觉，朴实，解释了"什么"与 X，特别是与 Y 在语义上缺乏联系的现象。主要问题是循环论证：在论证离合词时，会说：因为它的中间可以插入"什么"，所以，它是离合词；在论证它为什么会允许插入时，会说：因为它是离合词，所以它允许中间插入。更大的问题是，缺乏构式的观点和视角，缺乏历时的理念。

### 2. 轻动词说

黄正德(2008)认为离合词结构如"你静你的坐、我示我的威"与汉语的另一个句式"你教你的英文、我看我的报纸"一样，他采用了轻动词加动名词短语的分析方法，动词"教"通过移位至轻动词ＤＯ的位置，形成"你教你的英文"句式。汪国胜、王俊(2011)提出，轻动词是决定离合词合并或游离的关键。其认为"我伤了她的心"是表层结构，它的深层结构为"我CAUSE了[她的][伤心]"，其中"CAUSE"为轻动词，表"致使"义。"CAUSE"通过吸引核心动词"伤"上移，不仅使自己占据的空语法位置得到填补，还使"伤心"内部发生分离。有些学者基于生成语法理论提出离合词的"离"是一种假象，其认为复合词的两个音节从未分开过。潘海华、叶狂(2015)提到离合词的"离"不是构词语素的分离，而是双音节不及物动词带其他成分形成的同源宾语结构。郭锐(2017)认为分离的操作与句法层无关，而是语音层同音删略的结果。他指出动词通过复制，然后与轻动词结合，再经过同音(形)删略，最终生成离合词结构。如：你DO[你的睡觉]→你睡觉[你的睡觉]→你睡[你的觉]。按照轻动词说，"我生她的气"是表层结构，它的深层结构应该是"我CAUSE[她的][生气]"，"CAUSE"吸引核心动词"生"上移，就变成了表层结构"我生她的气"。"我CAUSE[她的][生气]"语义如何解释？应该是"我致使她生气"，但是，"我生她的气"并不是"我致使她生气"的意思，恰恰相反，是"她致使我生气"。

### 3. 韵律说

赵元任(1980：221)、冯胜利(1997：62)均指出前轻后重的韵律格式是离合词之所以能离散的重要动因。黄梅、庄会彬、冯胜利(2017)提出离合词的离析经历了双音词到双音短语再到扩展的短语的过程，离合词的离析是由核心重音促发的重新分析。

### 4. 中古动补结构类化说

王俊(2015)提出上古汉语从"VO＋补"结构到中古以后的"V＋补＋O"结构的发展成熟及其类化作用为离合词的产生发展起到了重要作用。陈树(2015)指出中古以后白话中动补句法结构的发展成熟是复合词离用的外部诱因，支配式双音词语义结构特点及上古汉语奠定的单音语素占主体的词汇格局是复合词离用的潜在内因。

5.仿动宾式说

吕叔湘(1984:32),于根元(1987:276-273),王大新(1988),力量、晁瑞(2007)均认为这种"假动宾"现象是动宾结构的类化作用。曹贤文(2016)提出非动宾式结构分离的这种现象是基于 VO 复合动词的压制套用。方绪军(2020)指出双音词仿 VO 分离使用是一种动态的现象,一部分经重新分析实现了构式化,成为普通动宾式离合词,有一部分处于从修辞构式向语法构式演化过程中,另有大部分是基于一定语境的仿 VO 分离使用的修辞构式。

为什么对这一语言现象有这么多不同的认识?为什么每一种观点都只能解释一部分现象,不能解释大部分事实,所以,也都不能令人信服?这启示我们该结构是不是从上古时期历经几千年的历史慢慢演变过来的,因此共时解释不能奏效?而上面的各种观点普遍把"X 什么 Y"构式局限于离合词或动宾式结构的离析使用,不同之处仅在于各家从不同的角度解释其离析使用的动因,并没有从整个汉语发展演变的历史长河中考察该结构的历史渊源。我们感兴趣的问题是:"X 什么 Y"构式的源头是什么?它是在什么条件下经过怎样的发展才演变为今天我们所看到的这个形式?带着这样的认识,我们另辟蹊径,从历时的角度,从构式演变的角度,探寻该构式的源头,考察其生成和演化,对该构式的来源作出理论上的解释。

## 二、先秦"何"做定语的反问构式

"X 什么 Y"构式由常量"什么"和变量"XY"构成,除了个别学者(如肖任飞2006:21)将其中的"什么"分析为助词,绝大多数学者(如赵元任1979:163,邵敬敏、赵秀凤1989等)以及学界的主流看法都将"什么"看作疑问代词,分析为定语。我们的初步看法是,"X 什么 Y"构式不是突然出现的,不是凭空产生的,它是汉语动宾结构和汉语反问句长期发展的结果,是语言演变的结果,是在构式化和构式变化的演变中逐渐形成的。为此,我们需要考察"X 什么 Y"构式的源头及其构式化过程,要考察该构式中唯一的常项疑问代词"什么"在历史上做定语的反问构式及其发展演变过程。

前文已经阐述,先秦由"何"充任定语形成的反问构式有三个:"彼何人哉""是何言也"和"何 X 之有"。前两个为实体构式,构式意义固定。下面以低图式性构式"何 X 之有"为例,分析其表意特点。"何 X 之有"中"X"

可以为名词短语，如：

(1) 吾从北方。闻子为梯。将以攻宋。<u>宋何罪之有</u>。(《墨子·公输》)（名词）

例(1)表面意思是墨子问鲁班宋国有什么罪，语用含义是否定"宋有罪"而劝阻鲁班，表达楚不应该攻宋之意，语用义并不十分透明。但它的句法语义具有较高的组构性。在"宋何罪之有"中，"宋"为主语，偏正短语"何罪"是宾语，"有"是表存在的谓语动词，此处疑问词"何"做定语修饰名词"罪"，"何"在形式上是"罪"的定语，在语义上有修饰关系，表示"什么罪、何种罪"，形义匹配，透明度较高。但是，该构式中的 X 还可以由形容词短语、动词短语充当。当 X 为形容词短语、动词短语时，其句法关系、语义关系的组构性和透明度则大为降低：

(2) 公曰：姜氏欲之，焉辟害？对曰：<u>姜氏何厌之有？</u>(《左传·隐公元年》)
(3) 楚将北师，子囊曰：新与晋盟而背之，无乃不可乎？子反曰：敌利则进，<u>何盟之有？</u>(《左传·成公十五年》)

例(2)，面对武姜的得寸进尺和郑庄公的有求必应，大夫祭仲认为对方的行为已经偏离了他基于 ICM 的看法。表面看是在问姜氏有什么满足的，实则是否定姜氏满足的属性。一般情况下，事物疑问代词"何"只修饰名词，但此处的"何"却是形容词"厌"形式上的定语，出现了句法不匹配。在语义上，"何"修饰"厌"的"何厌"意义不明朗：什么满足？什么样的满足？何种类型的满足？这些解释似乎都不够贴切，所以在语义上也出现了不匹配。例(3)楚晋新近结盟，子反却背信弃义要攻打晋国，子囊加以劝阻。面对子囊的劝阻，子反使用"何盟之有"进行反驳。子反表面上像是在问有什么盟约，实则语用意义是否定子囊的提议。"何盟之有"中的"盟"为动词"结盟"。一般来说，事物疑问代词"何"不能修饰动词，但在此处"何"修饰动词"盟"，做动词"盟"的定语，造成句法上的不匹配。语义上，"何盟"也不好解释：什么结盟、什么样的结盟、什么类型的结盟？似乎都不够贴切，出现了语义上的不匹配。我们认为造成这种现象的原因是构式压制的作用，构式将进入该构式的谓词性成分 X 压制为体词性成分，产生了句法和语义功能的扭曲。

综上所述，先秦反问构式"彼何人哉""是何言也"，"何"做定语修饰名词"人""言"是符合句法规则的，"何人""何言"语义上也具有可解释性，具有透明的一面。但是，该构式的真实含义并不是像其表面所显示的问对方是"什么人"、说的是"什么话"。其含义是对方"够不上自己心目中的人",对方所说的话是"不正确的",语用功能是否定对方所做的事(行为不对)和所说的话。从问对方"什么人"到表达对方"够不上自己心目中的人"的语用含义则是不透明的,再到否定对方的行为的语用功能则更是不透明的。"何人"这种比较典型的定中关系对应"什么人"这样的语义解释是透明的,但是"何人"定中关系与语用含义和否定对方行为的语用功能的对应则是完全不透明的。"何 X 之有"的情况更为复杂:当 X 由名词短语充任时,情况与"彼何人哉""是何言也"类似,定中关系、语义解释都有较高的组构性,但是语用含义和语用功能不透明。当 X 由形容词短语和动词短语充任时,定中关系、语义解释、语用含义、语用功能均不透明,表现出形式与形式、语义与语义、语义与语用、形式与意义功能的匹配的扭曲。此为"X 什么 Y"构式否定义的来源,也是其发展演变的第一阶段。

## 三、六朝:"V 何 O"

两汉以后,随着词汇双音化的发展,口语中在"何"的基础上发展出一批"何"系双音节疑问代词"何等""何物""何所""云何""如何"等。[①] 疑问句的语序也发生重大变化。李先华(1999)分析了"何 X 之 V"式的发展,认为大体经历了两个阶段,首先是改变语序,其次是改变疑问词语的形式。两汉"何+名词"作宾语可以出现在动词之后,"何 X 之 V"式开始逐渐向"V 何 O"式演变。太田辰夫(1991:20-22)指出,"何"在中古经常单独按照上古汉语的语序使用。"何+名词"作他动词的宾语时,在中古为现代汉语的语序。像"问何卿"这种由疑问词作定语的名词当宾语的疑问句大概成立于中古。高育花(1998)观察到《论衡》中"何+名词"作他动词的宾语有两种形式:一是"何 N 之 V",这是上古的常见形式;一是"V 何 N"。她指出,"疑问代词'何'+名词"作宾语后置的形式在《论衡》中已有萌芽,到了魏晋南北朝时,这种形式已比较多见。例如:

(1)平问:"墓在何处?"邻人引往墓所。(《搜神记·王道平》)
(2)谢中郎经曲阿后湖,问左右:"此是何水?"(《世说新语·言语》)
(3)今此世间,作何事业,可得多财用之难尽?(《贤愚经》卷八)

---

[①] 这些双音疑问代词有多种形式,但其使用频率都不及"何","何"仍是最主要的形式,所以,下文仍以"何"为代表,把这些双音节形式看作是"何"的变体,需要的时候记作"V 何 O"而不写作"V 何等 O""V 何物 O",除非特别说明。

# "什么"反问习语构式承继网络研究

为了弄清楚"V何O"在中古的产生、发展情况,特别是反问构式"V何O"是否已经构式化,我们调查了中古前期的《论衡》和中古后期的《世说新语》、南北朝刘宋、北凉、北魏、西秦译经(下文简称"中古译经")中的"何"的用法(如表5-4)。

表5-4 东汉至六朝几种专书中"何"作定语统计表

| | | | 论衡 | 世说新语 | 中古译经 |
|---|---|---|---|---|---|
| 单用 | "何"作定语 | 何X之V | 18 | 3 | 0 |
| | | "何N"作状语 | 2 | 21 | 28 |
| | | "何N"作主语 | 6 | 2 | 1 |
| | | 判断句:S+何N | 25 | 5 | 3 |
| | | 判断句:S+是+何N | 0 | 4 | 0 |
| | | 隐含"有":S+[有]N | 35 | 3 | 0 |
| | | 有何X[(1)] | 3 | 10 | 4 |
| | | V何O | 20 | 3 | 13 |
| | | 介+何O | 1 | 0 | 20 |
| | | 合计 | 110 | 51 | 69 |
| | 非定语 | | 425 | 104 | 29 |
| 复用 | | | 691 | 276 | 219 |
| 合计 | | | 1226 | 431 | 318 |

注:(1)"有何X"构式萌芽于战国,发展于两汉,成熟于六朝,它与"V何O"不同,所以,分开统计。详见我们的另一篇文章《"有什么X"的构式化与构式变化》(待出)。

我们在《论衡》中查得疑问代词"何"有效用例1226条。其中复用如"何以270[①],何则95,何故69,何为60,如何54,何能38,何其29,何谓27,何必13,奈何9"等计691条;单用535条,占44%。[②] 偏正短语"何X"作动词宾语在《论衡》中有三种格式:"何X之V""有何X""V何X",用例分别为:18,3,20,合计41。作宾语的"何X"位于动词前18例,占44%;位于动词后23例,占56%:后置已经优势于前置。前置的18例中,有14例都是固定格式"何X之有"的构例,如:"何愁之有""何愧之有""何不胜之

---
① 数字为在《论衡》中出现的次数,下同。
② "何等""何物""云何""何所"看作是单用形式,"何以""何则""何故""何为"等看作是复用,因为前者的意义与作用都相当于疑问代词"什么",后者如"何以"是疑问代词"何"与介词"以"的组合,其意义与用法与单纯的"什么"并不相同。

有"等等。如果将构式"何 X 之有"除开，则前置用例仅4例，占15%，后置优势更为明显。从表意来看，前置的18均表反问，后置的"有何 X"3例均表反问，如：

（4）子皙在郑，<u>与伯有何异？死与伯有何殊？</u>俱以无道为国所杀。(《论衡·死伪篇》)

（5）襄王赐白起剑，白起伏剑将自刎，曰："<u>我有何罪於天乎？</u>"(《论衡·祸虚篇》)

后置的动词除"有"之外的"V 何 O"20条用例情况比较复杂：询问8条，虚指6条，剩余6条既不是完全的询问，也不是完全的反问，而是询问兼有反问语气，询问、反问参半：

（6）夫头赤则谓武吏，头黑则谓文吏所致也。时或头赤身白，头黑身黄，或头身皆黄，或头身皆青，或皆白若鱼肉之虫，<u>应何官吏？</u>(《论衡·商虫篇》)

（7）陆田之中时有鼠，水田之中时有鱼，虾蟹之类，皆为谷害，或时希出而暂为害，或常有而为灾，等类众多，<u>应何官吏？</u>(《论衡·商虫篇》)

（8）蝗时至，蔽天如雨，集地食物，不择谷草。察其头身，<u>象类何吏？</u>变复之家，谓蝗何应？(《论衡·商虫篇》)

以（6）为例，作为反问，其行为条件是下面的言论：有人说虫子吃谷物是地方官吏侵夺人民造成的。身黑头赤的虫为灾，就称是武官造成的；头黑身赤的虫为灾，就称是文官造成的。假使惩办虫子所象征的官吏，那么虫子就会消失。言者不认同这一说法，质问道：如果上面的说法是正确的，那么，有时为灾的虫或头赤身白，或头黑身黄，或头身都黄，或头身都青，或头身都白得像鱼、肉上生的蛆一样，它们对应哪一类官吏呢？这是在问对方，下文还有明确的质问"变复之家，谓蝗何应？"（专门为消灾而祈祷的人，你们说蝗虫对应着什么样的官吏？）之语。这些句子都是可以回答的。但是，言者的心中具有明确的否定答案。

由此可见，东汉时期，偏正短语"何 X"作动词宾语表示反问，优势位置是在动词前；表示询问、虚指，优势位置是在动词后。可以肯定的是：偏正短语"何 X"作动词宾语后置于动词的格式在东汉时期已经出现并得到发展，而不是萌芽于中古。

但是，东汉时期的"V 何 O"结构处于萌芽阶段，这是因为：

第1，用频很低。《论衡》中"V 何 O"在整个单用的"何"的用例中的占比是3.7%（20/(110＋425))，占整个"何"作定语的用法是18%（20/110)。

第2，第二，《论衡》中"V何O"没有纯粹的反问用例，反问仍然需要采用前置构式：

（9）韩信寄食於南昌亭长，<u>何财之割？</u>颜渊箪食瓢饮，<u>何财之让？</u>（《论衡·定贤篇》）

（10）夫虎，毛虫；人，倮虫。毛虫饥，食倮虫，<u>何变之有？</u>（《论衡·遭虎篇》）

语料显示，战国时期表示反问的"有何X"业已出现，但是《论衡》中"何X之有"与"有何X"的比例悬殊：14：3。

第三，"V何O"格式中动词的类型有限。《论衡》中该格式中出现的动词主要是认知动词"知、审"和言说动词"谓"，如：

（11）<u>不知何一男子，</u>自谓秦始皇，上我之堂，踞我之床，颠倒我衣裳，至沙丘而亡。（《论衡·实知篇》）

（12）<u>後不审何年，</u>高渐丽以筑击始皇不中，诸渐丽。（《论衡·书虚篇》）

（13）<u>夫气谓何气也？</u>（《论衡·道虚篇》）

细致观察会发现，这些句中的认知动词带的宾语往往是内容宾语，其形式为省略了主语和动词（多为判断动词）的小句，"何X"其实不是认知动词的宾语，而是内容小句中的宾语。其他有关系动词"应"（对应义）、获得义动词"受、获"等。"受"还可以带双宾语：

（14）且虎所食，非独人也，含血之禽，有形之兽，虎皆食之。[食]人谓应功曹之奸，<u>食他禽兽应何官吏？</u>（《论衡·遭虎篇》）

（15）汉国自儒生之家也，从高祖至今朝几世？历年记今几载？<u>初受何命？复获何瑞？</u>得天下难易孰与殷、周？（《论衡·谢短篇》）

（16）食五谷，吏受钱谷也，其食他草，<u>受人何物？</u>（《论衡·商虫篇》）

还有一般的动作动词：

（17）人生百岁而终，物生一岁而死，物死谓阴气杀之，<u>人终触何气而亡？</u>论者犹或谓鬼丧之。（《论衡·偶会篇》）

第四，《论衡》中宾语前置的格式"何+V"对于宾语后置的格式"V何"占有绝对优势，二者之比为9：1（据高育花1998）。"何+V"大量存在，如"何食而肥？""复何怨苦，为涛不止，欲何求索？""今蛇何在？""君何忧也"。

到《世说新语》时，"有何X"有所发展，第一次超过了"何X之有"，二者用例之比为：10∶3。但是，"V何O"的用频还是很低，仅3例。"何＋V"格式在《世说新语》中仍然占据绝对优势，用例比比皆是："欲何言？""此复何忧！""欲何齐邪？"

"中古译经"中有长足发展。"何X之V"已经消失，"V何O"的用频在整个单用的"何"的用例中的占比13.3%（13/（69＋29））虽然不高，但高出《论衡》中的对应数据3.7%数倍。尤其值得注意的是，"介＋何X"用例多达20条。考虑到汉语介词多源于动词，如果将"介＋何X"纳入进来，"V何O"在整个单用的"何"的用例中的占比达到33.7%（（13＋20）/（69＋29）），在"何"作定语的用例中的比例则高达47.8%（33/69）。另外，动词类型比较多，有获得义动词、表示位置的动词、其他实意动词：

（18）我今未知扫佛塔地，所有善根得何福报？（北魏译经《无垢优婆夷问经》）
（19）我於今者当坐何处。（北凉译经《大悲莲华经》）
（20）我宿何罪，生此恶子？（刘宋译经《佛说观无量寿佛经》）
（21）随意欲求何等佛土。（北凉译经《大悲莲华经》）

综上所述，我们认为南北朝后期"V何O"格式已经渐趋成熟。但"V何O"格式的反问用法处于萌芽阶段。"中古译经"中"V何O"反问与询问之比为4∶9。4例反问中有2例带有较多询问的意味：

（22）在地处空充满侧塞。其间无有空缺之处。若我等往当住何处。（北凉译经《大悲莲华经》）
（23）学书得何义利？汝等何须学此书为，汝等但应发阿耨多罗三藐三菩提心。（北魏译经《银色女经》）

为了弄清"V何O"反问句六朝时期是否已经发生构式化，我们扩大搜索范围，将选择的4类译经扩大到CCL古代汉语整个中古的译经；另外，将"S＋是＋何X"反问判断句和反问构式"有何X"都纳入"V何O"中统计，搜得有效用例总共仅25条。其中动词语义可分为以下几类：

一是得失义动词"有"，12例。

（24）时韦提希见佛世尊，自绝璎珞，举身投地，号泣向佛，白言世尊！我宿何罪，生此恶子？世尊复有何等因缘，与提婆达多，共为眷属？（刘宋译经《佛说观无量寿佛经》）

二是判断动词，9例。大约在西汉末年东汉初年，先秦指示代词"是"发展为判断动词。（王力1980：353-354）五世纪以后的汉语判断句一定要求一

个判断词连接主语宾语。(石毓智、李讷2001:13)六朝时期出现了"(S)＋是＋何/何物＋NP"反问用例,如:

(25) 玉台子妇,宣武弟桓豁女也,徒跣求进。阍禁不内。女厉声曰:"<u>是何小人</u>！我伯父门,不听我前！"(《世说新语·贤媛》)

(26) 王中郎与林公绝不相得。王谓林公诡辩,林公道王云:"着腻颜恰,渝布单衣,挟《左传》,逐郑康成车后。<u>问是何物尘垢囊</u>！"(《世说新语·轻诋》)

中心语常为贬义身份名词,整个构式否定中心名词"好"的属性。
三是言说动词,2例。

(27) 孙绰作列仙商丘子赞曰:"所牧何物？殆非真猪。倘遇风云,为我龙摅。"时人多以为能。王蓝田语人云:"近见孙家儿作文,<u>道何物真猪也</u>。"(《世说新语·轻诋》)

例(27)意思是"说什么真猪",表达不应该这样说话,否定言语行为。
四是认知动词,1例。

(28) 婆罗门长者共集论处。遥见佛来咸作是言。<u>剃发道人知何等法。</u>佛闻其言即告之曰。汝婆罗门。有知法者不知法者。(后秦失译《别译杂阿含经》卷五,《大正藏》2-p0407a20)

例(28)意思是"剃发道人不知法",否定剃发道人的知识状态。
五是实义动词"坐",1例。

(29) 睒谓王言。象坐牙死。犀坐其角。翠为毛故。麞鹿为皮肉故。今我无角无牙无毛。皮肉不可啖。<u>我今坐何等罪死耶。</u>(梁·宝唱《经律异相》卷十,《大正藏》3-p0437a07)

例(29)意思是"我现在犯了什么死罪？"。否定动宾短语所表示的事件的发生,意为没有发生动宾短语所表示的事件。

动词的语义类型集中在领有动词和判断动词。而"有何X"六朝时期构式化已经成熟,反问判断句"S＋是＋何N"正在构式化过程中。其他动词都仅有零星用例,因此,我们认为六朝时期并没有形成"V何O"反问构式。

## 四、隋唐五代:"V什摩O"的构式化

江蓝生(1995)指出:"甚"或"甚物""甚没"见于9世纪的文献;其后

"什"代替"甚",10世纪中叶和后半叶出现了"什摩"和"什麽"。疑问代词"甚麽"确立后,在口语中替代了此前最为通用的"何",形成了新的疑问代词体系。隋唐五代时期,随着"甚"系和"什"系疑问代词的崛起,"V 何 O"格式经疑问代词替换,在形式上演变为"V 甚麽/什麽/什摩 O"。如:

(1)师托开云,<u>无位真人是什麽乾屎橛。</u>(《镇州临济慧照禅师语录》)
(2)祖曰,将甚麽吃饭。僧无对。师代曰,他不饥,<u>吃甚麽饭。</u>(《筠州洞山悟本禅师语录》)
(3)普化云,瞎汉。<u>佛法说什麽麤细。</u>(《镇州临济慧照禅师语录》)(麤细,即粗细)
(4)师却拈锹子截作两段,谓隐峰曰:"生死尚未过得,<u>学什摩佛法。</u>"(《祖堂集》卷四)
(5)大错。瞎屡生,尔向枯骨上,<u>觅什麽汁。</u>(《镇州临济慧照禅师语录》)
(6)师问张拙秀才:"汝名什摩?"对曰:"张拙。"师云"世间文字有什摩限!<u>名什摩拙!</u>"(《祖堂集》卷六)
(7)师云:"为伊惜命。"龙花拈问僧:"<u>惜个什摩命?</u>"(《祖堂集》卷十八)

其中的疑问代词还可以是"阿没""阿莽",如:

(8)无事破啰(锣)啾唧,果见论官理府。更被枷禁不休,<u>於身有阿没好处?</u>(《敦煌变文集·燕子赋》)
(9)燕子唱快,喜慰不已:夺我宅舍,捉我巴毁,将作你吉达到头,何期天还报你。<u>如今及阿莽次第,</u>五下乃是调子。(《敦煌变文集·燕子赋》)

事物疑问代词的这些不同的形式有年代的差别,可能还有语体方面的差异,但对该结构的语义没有什么影响。其中用例较多的是通行于《祖堂集》中的"什摩",我们以"什摩"为代表,其他形式看作是变体。将该格式记作"V 什摩 O"。

我们在 CCL 语料库隋唐五代部分共搜集到"V 什摩 O"反问句124例,详见下表5-5。

表5-5 CCL 语料库隋唐五代部分"V 什摩 O"反问句分布统计表

| | 有什摩 O | S＋是＋什摩 O | 其他动词＋什摩 O | 合计 |
| --- | --- | --- | --- | --- |
| 频数 | 41 | 39 | 44 | 124 |
| % | 33.1 | 31.5 | 35.4 | 100 |

语料显示,隋唐五代反问句"V 什摩 O"中变量成分"VO"均为动宾短

语。该结构中的动词形成三分天下的局面。

一是得失义动词"有"。形成"有什摩 X"构式。如例（6）的"世间文字有什摩限"，意思是世间文字无限，否定动词短语"有限"。这一构式在五代时期已经成熟。

二是判断动词"是"。五代时期形成"（S）＋是＋什摩 O"构式。如例（1）的"无位真人是什麽乾屎橛"，语义上否定中心名词"好"的属性。

三是其他动词。主要有下面几类：言说动词"道""说""名""传""问"等。如例（3）"佛法说什麽麤细"，表示不应该这样说话，否定言说行为。动作行为动词"吃""打""锁""学""觅""求"等。如例（2）（4）（5），表示不必或不应该做某事，否定整个动词短语标识的行为的合理性。心理动词"惜"，如（7）的"惜个什摩命"，表达不必惜命。

我们以第二章第二节确立的判定构式化完成的"频率标准"和"意义的不可完全推导性标准"来衡量"V什摩O"反问句。除去已经构式化了的"有什摩O"和正在构式化的"S＋是＋什摩O"，剩下的"V什摩O"反问句，较之于六朝时的"V何O"格式，动作行为动词允许进入"V什摩O"反问句，即"V什摩O"反问句基本取消了"V何O"格式对动作行为动词准入的限制条件。动作动词可以比较自由进入格式。"其他动词＋什摩O"构成的反问句用例隋唐五代已达44条，说明其类频率较高。如：

（10）<u>枯骨上觅什麽汁</u>。(《镇州临济慧照禅师语录》)
（11）云："皮也无，<u>打什摩鼓！</u>"师云："骨也无，<u>打什摩皮？</u>"(《祖堂集》卷五)
（12）心外无法，内亦不可得，<u>求什么物</u>。(《镇州临济慧照禅师语录》)

这些句子里面的动宾短语"VO"都是对方正在进行的动作行为或是对方意欲或提议实施的动作行为，句子否定该动作行为的合理性。例（10），"枯骨"当然是没有汁液的，"觅什么汁"表示对对方"觅汁"行为合理性的否定，劝阻对方不要在枯骨上觅汁。但是，这种否定义并不能直接从构成成分中推导出来，动词"觅"、宾语"汁"、疑问代词"什么"都不直接表达对动作合理性的否定。按照语法规则，事物疑问代词"什么"修饰名词"汁"构成偏正短语作动词"觅"的宾语，整个句子是疑问句，意在询问"寻找什么样的汁液？"但是说话人真正要表达的意思是否定"觅汁"的合理性。可见，形义关系具有一定程度的扭曲。另外，在语用上，这些句子都具有强口语性特征，使用在较为随意的非正式场合，具有[俚俗]的特点，这些附加的色彩意义也是不能从组成成分中推导出来的。由此可见，隋唐五代时期的"V什摩O"反问句无论从哪个标准看都已经完成了构式化：

> [[V什摩O] ⟷ [否定VO所表示的动作行为的合理性，以制止、劝阻对方实施或意欲实施此动作行为] + [口语] [非正式] [俚俗]]

## 五、两宋：由"V甚O"到"X甚Y"

我们检索了CCL和朱氏语料库宋代的部分语料，[①] 查得宋代口语事物疑问代词在宾语中作定语的用例444例，具体见下表5-6。

表5-6　CCL和朱氏语料库宋代口语事物疑问代词在宾语中作定语表反问不完全统计表

|   | 何如 | 何等 | 何所 | 甚 | 甚么 | 什麽 | 合计 |
|---|---|---|---|---|---|---|---|
| 频数 | 1 | 2 | 12 | 285 | 35 | 109 | 444 |
| % | 0.2 | 0.5 | 2.7 | 64.2 | 7.9 | 24.5 | 100 |

"甚"用频最高，下面我们以"甚"为代表，其他形式看作是"甚"的变体，于是，事物疑问代词在宾语中作定语的述宾反问构式记作"V甚O"。晚唐五代的反问构式"V什摩O"到宋代发展为"V甚O"。我们对"V甚O"中的动词的语义类型做了统计，见下表5-7。

表5-7　两宋反问构式"V甚O"动词语义类型及频数统计表

|   | 行为动词 | 状态动词 | 关系动词 | 能愿动词 | 得失动词 | 心理动词 | 言说动词 | 泛义动词 | 介词 | 名词 | 合计 |
|---|---|---|---|---|---|---|---|---|---|---|---|
| 个数 | 28 | 7 | 3 | 0 | 2 | 5 | 4 | 2 | 3 | 1 | 55 |
| 频数 | 92 | 28 | 84 | 0 | 189 | 8 | 26 | 9 | 7 | 1 | 444 |

表中的动词分类依据张猛（2003：24）做了稍微调整。上表显示，"V甚O"构式中，除了能愿动词以外，各种语义类型的动词都可以进入。行为动词进入该构式的多达28个，状态动词也有7个，如表示所处位置的"在"，

---

[①] 检索的CCL语料库的范围：《禅林僧宝转》、北宋"话本"（不含太平记梦溪笔谈）、《朱子语类》《五灯会元》（其中"甚"太多，截取了最后462条（第2428-2889条））《古尊宿语录》（其中"什麽"较多，只截取了前854条）《无门关》，话本《碾玉观音》《错斩崔宁》《简帖和尚》《快嘴李翠莲记》《宋四公大闹禁魂张》《万秀娘仇报山亭儿》。检索的朱氏语料库范围：《大唐三藏取经诗话》《三朝北盟会编》《乙卯入国奏请》《张协状元》《刘知远诸宫调》《西厢记诸宫调》。

表示距离的"离",表示状况的"穷",表示相关性的"干"("干你甚事"),等等。关系动词此前只有一个判断动词"是",两宋发展出"成"("成甚事")和"像"("像甚样")。得失动词除"有"之外新增与"有"近义的"具"。心理动词有5个：晓、怕、识、看到、明(明白义)。言说动词有：说、问、叫、白(说话义)。"说"的用例多达22例。泛义动词有：做、作。介词：向、把、在。这些情况表明,"V 甚 O"构式已经完全取消了对动词的准入条件限制,其中的动词已经呈现辐射状向外扩展,说明该构式类频率已经达到很高的程度。

"V 甚 O"构式的第二个特点是宾语的结构开始复杂化。宾语中心前面有多层定语修饰,"甚"可以位于内层,也可以位于外层：

(1)若悔了,第二番又做,是自不能立志,又干别人甚事?(《朱子语类》卷三十四)

(2)管是文字忙,诗赋多,做甚闲功课。(《西厢记诸宫调》卷四)

"干 X 甚事"用例多到18例, X 多为指人名词,我们认为它们已经发展成为一个具有较高实体性的构式：

(3)纵理会得,干己甚事!(《朱子语类》卷十三)

(4)如褰裳,自是男女相答之辞,却干忽与突争国甚事?(《朱子语类》卷八十一)

(5)师云我唤浙东人。干浙西人什麼事。(《古尊宿语录》卷六)

(6)问："孔门学者,如子张全然外,不知他如何地学却如此。"曰："也干他学甚事?他在圣门,亦岂不晓得为学之要?……"(《朱子语类》卷九十三)

经过"关"对"干""什么"对"甚"的词汇替换,就产生了现代汉语的"关你什么事"：

(7)西门庆见了他,回嗔作喜道："媳妇儿,关你甚事?你起来。"(《金瓶梅》二十六回)

(8)叔宝那里容得,喝道："关你甚么事?"(《隋唐演义》七回)

(9)他拿报纸关你什么事?(《人民日报》1996)

宾语中心也可以是一个联合短语或其他短语：

(10)师云。无心即便是行此道。更说什麼得与不得。(《古尊宿语录》卷三)

(11)问如何是玄中玄。师云。说什麼玄中玄。(《古尊宿语录》卷十三)

(12)张兄病体汪羸,已成消瘦,不久将亡。都因我一个,而今也怎奈何?我寻

思，顾甚清白救才郎！(《西厢记诸宫调》卷五)

第三，语义上"甚"与宾语中心的联系变得日益模糊而缺乏透明性，出现了不可解释的现象。如下例"甚"修饰"坐与卧"明显缺乏语义联系，变得难以解释：

（13）置笔顾简堂曰："某坐去好，卧去好？"堂曰："相公去便了，理会甚坐与卧耶？"(《五灯会元》卷二十)

当宾语中心为名词，"甚"修饰名词，问性质或种类，语义明朗；当宾语中心为形容词、动词短语时，语义变得模糊；若此时 V 由言说动词充当时，语义便不可解释。试比较：

（14）虽然如是，据个什麼道理，便与么。(《禅林僧宝传》卷二)

（15）问"意既诚矣"一段。曰："不诚是虚伪无实之人，更理会甚正！"(《朱子语类》卷十八)

（16）若事事穷得尽道理，事事占得第一义，做甚么刚方正大！(《朱子语类》卷十五)

（17）故佛断二愚。一者微细所知愚。二者极微细所知愚。佛既如是。更说什麼等妙二觉来。(《古尊宿语录》卷三)

（18）曰离三身外何法是真佛。师曰。遮汉共八九十老人相骂向你道了也。更问什麼离不离。(《古尊宿语录》卷十二)

言说动词充当 V 的"V 甚 O"中的"甚"与"O"之间语义的不可解释性，日益渗透、扩散到其他类型的"V 甚 O"构式，如例（13）；"甚"在该构式中逐渐失去了询问事物种类或性质的功能。那"甚"的语义功能是什么呢？由于"甚"的语义与 O 的联系日益模糊、松散而渐趋于无，其语义辖域由 O 逐渐扩展到整个动宾短语"VO"。其询问功能弱化，反问否定功能日益得到强化。这样，"甚"语义上作用于整个"VO"结构，帮助其形成否定语义。整个构式询问的意味越来越弱，而固定地表达否定的功能越来越强。这样，疑问代词"甚"形式上是 O 的定语，语义上与 O 没有什么联系，它帮助整个构式表达对动宾短语所标识的动作、行为、事件的否定。证据是，上面的语义变化完成之后，当"V 甚 O"构式中"甚 O"是一个名词短语，"甚"修饰名词 O，语义关系明朗，完全可以解释的时候，听说双方毫不理会这种明朗的语义关系，而仍然将它解读为对整个动宾短语合理性的否定。如：

（19）说那先生撒帐未完，只见翠莲跳起身来，摸着一条面杖，将先生夹腰两面

## "什么"反问习语构式承继网络研究

杖，便骂道："你娘的臭屁！你家老婆便是河东狮子！"一顿直赶出房门外去，道："撒甚帐？撒甚帐？东边撒了西边样。"(《快嘴李翠莲记》)

"甚"修饰"帐"语义是透明的、可以解释的，但交际双方并不理会。

第四，"V 甚 O"构式中的"VO"由动宾短语扩展到部分双音复合词"XY"。主要有"着急""着力"和"济事"，例如：

(20) 会即便会，不会着什么死急！(《景德传灯录》卷十一)

(21) 师云。多少众。云七十余人。师云。时中将何示徒。峰拈起柑子。师云。着甚死急。(《古尊宿语录》卷六)

(22) 师曰。正好着力①。石霜曰。遮里针劄不入着什么力。(《景德传灯录》卷十五)

(23) 如专利于上，急征横敛，民不得以自养，我这里虽能兴起其善心，济甚事！(《朱子语类》卷十六)

"济事"的这种用法高达42例，应该是一个实体性构式：

(24) 若只是略绰看过，心下似有似无，济得甚事！(《朱子语类》卷十一)

(25) 只如借得人家事一般，少间被人取将去，又济自家甚事！(《朱子语类》卷十八)

两宋时期它们都是双音复合词，是作为单词使用的，如：

(26) 然上之人曾不思量，时文一件，学子自是着急，何用更要你教！(《朱子语类》卷一九〇)

(27) 我辛苦寻觅不得，见却并不济事②，我非人，即鬼也。(《洛阳搢绅旧闻记·洛阳染工见冤鬼》)

"X 甚 Y"这种用法的产生条件是：构式中"甚"与 Y 之间没有直接的语义关系而仅有形式上的偏正关系，否则"甚"就很难插入复合词的两个语素之间。"甚"在语义上并不与"O"发生直接的显性关系而满足了这一条件。另外，还应该注意到，汉语的复合词往往都是在漫长的历史长河中由短语凝缩而成。复合词在成词之前基本上都是短语。短语词汇化为复合词是一个漫长的渐变过程，其间很长时间既可作短语使用，亦可作复合词使用。如：

(28) 且于切近处加功。升卿。着一些急不得。方子。(《朱子语类》卷八)

(29) 诸友只有个学之意，都散漫，不恁地勇猛，恐废了日子。须着火急痛切意

---

① 许少锋主编《近代汉语大词典》下册第2453页将"着力"收录为词。
② 许少锋主编的《近代汉语大词典》上册第855页将"济事"列为词，意思是"中用，顶用"。

思。严了期限，趱了工夫，办几个月日气力去攻破一过，便就里面旋旋涵养。(《朱子语类》卷一二一)

（30）骁骑高明仁爱，识量多奇，固足以<u>济大事</u>……(《十六国春秋别本》卷六)

（31）尤是贫人，请量三两户，共给牛一头，以<u>济农事</u>。(《册府元龟》卷一〇六)

这种情况造成了即使到今天，有一些结构究竟是短语还是复合词仍然说不清。由于这些复合词来自短语，或者当时正处于词汇化的过程中，所以，"V甚O"构式对它们进行范畴化，将它们纳入到构式中形成"X甚Y"也不足为怪。

据此，我们认为两宋时，"着急""济事"等结构正在由短语向复合词演化的词汇化过程中，已经完成词汇化的双音词"XY"可以重新分析为双音短语再到扩展的短语，可进行句法操作。在"V甚O"构式的范畴化作用下，最终类推出"X甚Y"反问构式。其形义配对：

[[X甚Y] ⟷ [否定XY所表示的对方当前行为、状态或认识的合理性]]

语料中还有1例名词用于该构式，显示出构式范畴化的强大类推力量：

（32）义刚曰："他也是相承那江浙间一种史学，故恁地。"曰："<u>史甚么学</u>？只是见得浅。"(《朱子语类》卷一二二)

## 六、余论

本文从历时演变的视角分析了"X什么Y"否定构式的历史来源及其构式演变过程。此构式的否定义来源于先秦"何"作定语的反问构式"彼何人哉""何X之有"和"是何言也"，否定义在构式发展过程中语义化为构式义，从而使得整个构式具有了否定语义。形式方面，先秦反问构式"何X之有""是何言也"和"有何X"，经动词泛化和"何"系代词的演变，在六朝时发展出"V何O"格式，之后经代词替换在隋唐五代时演变为"V什摩O"构式，完成了构式化。两宋时，反问构式"V甚O"类推扩展到复合词"XY"，形成"X甚Y"构式。

# "什么"反问习语构式承继网络研究

现代口语中,[①]有一种"V＋人称代词＋的＋O"结构,如:"帮我的忙""生你的气""打他的主意",其中的"我的""你的""他的"跟中心语之间不构成真正的修饰关系。赵元任(1979:163)称之为"领格宾语",朱德熙(1982:145-146)称之为"准定语",赵金铭(1984)称其是整个动名结构的对象关系。其后学界的许多学者都将这类结构视为离合词的离析用法。由于"你的"用频较高,我们把这个格式称为"V你的O"构式。我们发现"V你的O"与"V什么O"之间存在许多共同点:1)"VO"都是动宾短语或动宾式复合词。2)"你的""什么"形式上都是后面O的定语,但语义上又都与O没有关系。如"我并不生你的气","你的"并不领有"气"。3)中间成分的语义辖域是整个动宾结构VO。"你"是整个动宾结构"生气"关涉的一个对象;"着什么急","什么"的语义辖域不是"急"而是整个结构"着急",否定"着急"的行为或状态的合理性。4)整个格式的语义透明度低,需要"特设的"(ad hoc)解释。5)中间成分都是代词。据此,我们认为,"V你的O"构式的产生受到了"V什么O"构式的较大影响,前者承继了后者句法结构形式,是在后者的基础上由人称代词替换事物疑问代词而产生的一个新构式。这一分析的困难是两种构式意义差别较大:前者没有否定意义,后者有反问产生的否定义。但是,这并不构成句法形式承继的根本障碍。由此,我们认为离合词"V你的O"结构并不是句法插入的结果,而是构式演变的结果。

上面的论述可以概括为下面的"X什么Y"构式家族承继关系网络。如图5-1所示。

---

[①] 离合词构式"V你的O"清代就有用例:"好好! 你趁早把你老婆接出去罢,不要在家里再生我的气。"(清《济公全传》)

第五章 反问离析构式"X什么Y"

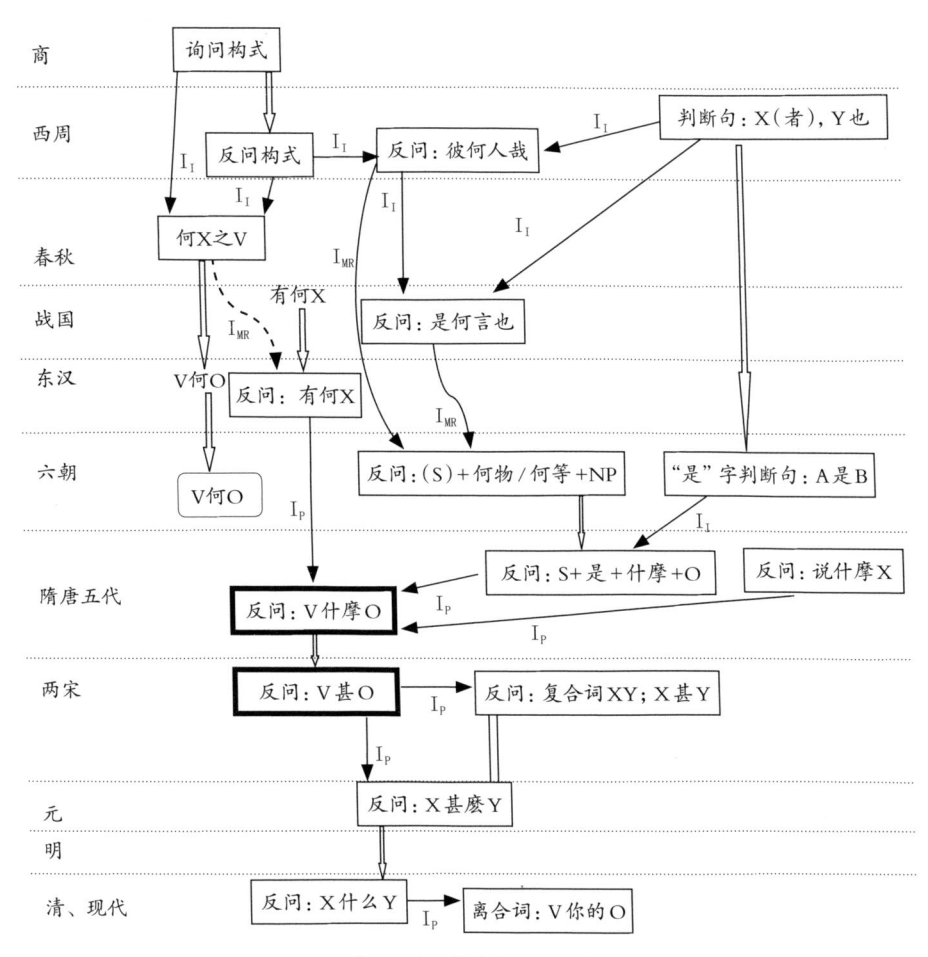

图5-1 "X什么Y"构式家族承继关系网络

# 第六章 "担子构式""X什么X"

## 第一节 担子构式"X什么X"解析

### 一、引言

#### （一）研究对象

担子构式"X什么X"是汉语口语中常见的半图式性反问习语构式，该构式由常项"什么"和两端的变项"X"组成。"X"在交际中有些是引述性的，言者引述听者此前话语中的某一部分，可以是词，也可以是语素；有些是非引述性的，表现为言者对听者的行为、意向或状态的概括。如：

(1)"你疯啦？我怎么留？这是一个孩子哎！我把他藏哪里啊？""<u>藏什么藏？</u>他是我宋思明的孩子，大大方方满地跑。"

(2)"空气，空气很好呀！"舅妈咯咯地笑，她根本没有考虑过这一类的问题。"<u>好什么好</u>，尾气排出大量的碳氢和CO……"

(3)胖胖大大的钱康从车上喝道而下："<u>挤什么挤？</u>先下后上！"

例（1），言者引述对方话语中的"藏"，以"藏什么藏"否定对方话语方式的适宜性。例（2），言者引述"舅妈"话语中的"好"，以"好什么好"构式对空气"好"这一命题作真值否定。例（3），言者直接以"挤什么挤"构式禁止挤着上公交这一行为，属于动作行为否定。构式中的"X"以动词、形容词为常，但是在现代汉语中已经类推扩展到其他语类，故本文记作"X什么X"构式。例如：

(4)白展堂：李大嘴你咋能干这事呢啊？
李大嘴：我……我……
白展堂：<u>我什么我！</u>做人图啥呦？不就图个心安理得吗？啊？还不认罪！

(《武林外传》)

（5）"可是……"他看着隐在衣服下的两个大久保想起了桃树……"瞅你那样儿，可是什么可是？"（魏润身《挠攘》）

（6）秋香：也没别的办法了。快，你快点帮我磨墨。

　　唐伯虎：啊？

　　秋香：啊什么啊呀！你快帮我磨啊……（电影《唐伯虎点秋香》）

以上例句中，形式上都没有否定词，但整体上都表示否定意义（也有学者将它们归入"什么"的否定用法），其否定语义无法从其组构成分中和已有构式推导出来，符合 Goldberg（1995）对构式的定义。本章在前人研究的基础上，对反问习语构式"X 什么 X"作进一步分析，主要从以下三个方面进行探究：一、构式本身的句法形式、语义及语用特征；二、构式的演化过程、生成机制及动因；三、构式之间的联系，即如何承继构式家族上位成员的句法、语义、语用信息，建构"X 什么 X"反问习语构式网络。

### （二）现有成果

孟琮（1982）在分析汉语中的"重复"现象时最早对该构式进行了分析[①]，指出"X +'什么'+ X"是一种固定格式，X 必须是动词或形容词，以单音节词为主，整个格式表示否定的意思。邵敬敏、赵秀凤（1989）在分析表反诘性的"什么"时指出，"什么"直接做宾语，"'什么'前面的动词或形容词可以再重复一次，如'笑什么笑''好什么好'，原意不变，但语气更为强烈而急切"。

关于"X 什么 X"构式的语义研究，大体可以分为两类：第一类，侧重"什么"的非疑问用法研究，主要有吕叔湘（1985），邵敬敏、赵秀凤（1989），寿永明（2002），刘禀诚（2003），王海峰、王铁利（2003），张尹琼（2005），姜炜、石毓智（2008），袁毓林、刘彬（2016），等等。他们认为，结构的否定义源于"什么"，即该结构为"什么"的"否定用法"。如刘禀诚（2003）对"什么"在不同词类的"X"中间时的否定义进行了分别的阐释，如在相同名词之间时"什么"否定与前面强调的事物有关的活动或行为，在相同动词之间的"什么"否定该动词所表示的动作或行为，等等。同时，刘文指出，前"X"侧重于客观陈述，后"X"侧重主观抒发。虽然刘文对"什么"的否定义进行了详尽的分类，但根据构式语法理论的观念，构式本身具有独立的意义，"什么"的否定义也不是单纯的从前后"X"的词性获得。第

---

[①] 赵冉（2012：6）、吴怀成（2014）等说是史有为（1991）最早注意到这一现象，不确。

二类，以构式为整体的研究。随着构式理论在国内的发展，"构式"这一提法逐渐为学界所接受，对"X什么X"格式的研究也逐渐从传统结构分析转向构式理论角度，不少学者开始运用构式语法理论分析该结构，出现了大量的研究。不论是在"X什么X"构式结构形式，如"X"的词类性质、层次构造，还是构式义的归纳，都取得了新的发展和突破。如：朱军、盛新华（2002），刘禀诚（2003），晏宗杰（2004），朱锡明（2005），朱姝（2006），高宁（2009），吴丹华（2010、2011），艾哈迈德（2012），朱军（2014），吴怀成（2014），夏雪、詹卫东（2015），董成如（2017），张弛（2017），等等。他们通过归纳构式义或者跟类似构式"X什么""X什么Y"等进行比较，对"X什么X"的否定特性进行了探讨，但对构式否定义内部未做进一步细分。

关于"X什么X"与相关结构的关系，目前主要存在三种看法：朱姝（2006）、吴丹华（2011）、艾哈迈德（2012）将"X什么Y""X什么""什么X"等结构归属于"X什么X"结构；管志斌（2011）认为"X什么X"归属"X什么Y"；邵敬敏、赵秀凤（1989）、王海峰（2003）、肖任飞（2006）、崔少娟（2012）则提出"X什么X""X什么Y""X什么""什么X"看作不同的类别。朱军（2010）将"X什么X"同"V什么V""V什么O""X什么""什么X""没有什么X""有什么X"构式进行比较，从形式、意义、语篇功能几个方面说明，这些构式在使用范围、表义方式和语气上都存在明显差异。根据Goldberg（1995）对于"构式"的定义，每个句法格式本身表示某种独立的意义，不同的句法格式有不同的句式意义。因此，我们赞同将"X什么X""X什么Y""X什么""什么X"等结构看作不同类别。

### （三）存在的问题

首先，关于"X什么X"结构的句法层次划分，有学者（朱军、盛新华2002，朱姝2006）认为从"什么"前进行切分，有学者（晏宗杰2004，朱锡明2005，艾哈迈德2012，吴怀成2014）认为从"什么"后进行切分，还有学者（吴丹华2011）认为同时存在以上两种切分方式。另外，"X什么X"不同词类成分进入该格式的研究也不够细致，不同学者出现相互矛盾的观点。

其次，语义分析方面主要存在两个问题：一是多以疑问代词"什么"为中心而缺乏构式整体观念，认为构式义是"什么"单独贡献，造成实体项"什么"和图式性"什么"类否定构式研究混同；二是执着于归纳抽象语义，忽视了构式的多义性，并未将构式理论进一步应用到该构式中，对其内部语义系统及其同上位概念系统的联接缺乏进一步的解释，即该构式内部是否一致，分为几个类型？构式义分别是什么？都缺乏研究。语义结构是对语言规约特征的概念化，语义分析需要对概念结构进行明晰的描写（Langacker 1987：99）。目前学界对该构式构式义大多归纳为对对方行为、语言的否定，这一概括基本是正确的，但是没有进行细致的语义刻画，显得有点笼统。

最后，历时研究尚未完全开展。目前仅有崔山佳（1995）和徐复岭（1995）追溯到该构式最早出现于明末清初的《醒世姻缘传》。关于该构式的形成与发展，有待从构式化与构式变化的角度研究，以厘清该构式的来龙去脉以及与相关构式的关系。

## 二、形式特征

关于"X"的词类性质，其归属存在争议。史有为（1991）认为"X"一般为动词，且大多是不及物动词。从意义看，有一部分是表示心理感觉的动词。朱军、盛新华（2002）提出"X"为动词时，应该看做及物动词；如果V是不及物动词，便不应该看作是"V什么V"式，而应将不及物动词中的离合动词的后一语素宾语化，构成如"睡什么觉""打什么架"这样的用法。我们认为这种用法应该是"X什么Y"构式。刘禀诚（2003）提出名词、动词、形容词、代词、副词、数词、量词、叹词、拟声词、助词都可以进入该构式。吴怀成（2014）也对"X"的词性进行了相关论证，指出动词、形容词以及名词、拟声词都可以进入该构式。观察发现，"X"能否进入该构式，不仅由"X"本身的词类性质决定，而且取决于"X什么X"构式本身所处的话语环境。当"X什么X"构式中的"X"在交际过程中首次出现，"X"一般为动词或形容词。如：

（1）一个小孩从花园跑过，看到我们一群人个个眼睛红红的、悲怆地肩并肩走，好奇地停下，张大嘴怔怔地呆望。<u>看什么看！</u>我怒吼一声，朝小孩踢了一脚，他连滚带爬地跑了。

（2）小翠：我还告你拐带人口呢！
小郭：你告去告去告去！看你个小人得志的样子！
湘玉（从楼上走下来）：<u>吵什么吵</u>，大清早的，吵得人家客人都不敢来了。（《武林外传》）

（3）她是想自己多干一点，使我少受苦和累。妻子总是很歉疚，认为这全是因为她。她的自责使我羞愧不已，我哪能节约自己的一点可怜的体力呢？酷热见鬼去吧，口渴见鬼去吧，劳累见鬼去吧……不料老泰山远远地吆喝："<u>你们急

# "什么"反问习语构式承继网络研究

什么急！就不能割慢一点！"

语料中我们没有发现描述性用法中 X 还有其他词类。当"X"为引述交际对方已经使用过的语言单位时，"X"的词类则极为丰富，可以是及物动词、不及物动词、形容词、名词、代词、连词、拟声词、叹词，如：

（4）"我觉得她这肯定是假的！今天过来的时候神气得很，活蹦乱跳！要不要让她到我们指定的医院去查一下？"总经理指着报告单说："还<u>查什么查</u>？这是华山医院的！……"

（5）"妈，我这不是想陪陪你吗？一忙一天的，都没时间跟你唠嗑儿。""<u>唠什么唠</u>？不唠！"

（6）邻居一位年轻妈妈一次随随便便地说："啊！你家小妹妹真可爱，真乖，不像我们家乐乐吵吵闹闹，只会淘气，让人心烦。"在一旁的乐乐瞪大了眼睛怯生生地说："妈妈我乖。"不料妈妈却大声说："<u>乖什么乖</u>，就知道淘气烦人，一边去！"

（7）突然看到一个面目狰狞的鬼，翠色面皮，牙齿长而尖利，像锯子一样，正张开血盆大口……该男子见后大骇，"鬼……鬼……""<u>鬼什么鬼</u>！我是小翠，你的小三呀！

（8）白：不是，你这孩子？（无双拔刀）你干啥呀，还敢砍我是不是？

双：我我我……

白：<u>你你你什么你</u>？来来，往这砍，往脖子上砍，砍？……（《武林外传》）

（9）"可是……"他看着隐在衣服下的两个大久保想起了桃树，从老丫头那一脸桃红又想起曾经听过的《刘巧儿》，内蒙古草原一望无际，人家不是唱"树上的小鸟儿唧唧喳喳"吗？"瞅你那样儿，<u>可是什么可是</u>？"

（10）李大爷把老娘惹毛了，拼命道歉，占了快车道，时速20，后面的车喇叭按个没完，大爷怒吼：<u>嘀什么嘀</u>，没见我在跟我老婆谈恋爱吗？！嘀你妹啊！！……把老娘笑抽了，虽然生气，但爷您实在太有派了！！（BCC）

（11）清早八早的一群大妈大爷瞬间把公交车变成旅游车，还不停的叽叽喳喳。我好不容易挤到后面，一大妈还哎呀哎呀的，意思是我挤她了。我也不顾什么尊老了，<u>你哎呀什么哎呀啊</u>，嫌挤自己去打的撒，哼。

下面两例的"X"是词内成分语素：

（12）"那是喜事儿啊！""<u>喜什么喜</u>？""她想生！生就生呗，你喜欢断子绝孙啊？"

（13）等他出来以后，你亲自去请他，让他回来上班，千万别把他放跑了……就调他到技术部当科长……<u>还副什么副啊</u>！直接当……现在这个调个部门。就这样！"

274

为什么引述用法 X 的语类如此丰富？我们认为，这里的 X 凸显的是发声行为、发语行为，不一定是表意行为。构式中的 X 已经实现了去范畴化过程，如下面（14）中的"Hi"已经隐去了英语中的含意：

(14) 中国是美国最大的债权国，持有8000亿美国国债，穷人借钱给富人，所以大家马路上看到美国人跟你挥手打招呼"Hi"的时候，跟他说"Hi 什么 Hi、还钱还钱！"

关于"X 什么 X"的层次构造，详见本章第二节。

## 三、构式义

史有为（1991）指出该格式具有禁止、否定的意义。吴丹华（2010）以发话者是否引述受话者此前话语或话语中的某一部分为判断依据，将"X 什么 X"否定类型大致分为两种："引述性否定"和"非引述性否定"。其中，"引述性否定"又分"描写否定"和"元语否定"两种。西村英希（2016）提出以"构式"解说该构式内部结构关系，认为"X 什么 X"构式的语义内涵是"引述性否定"。夏雪、詹卫东（2015）将其阐述为"言语行为否定"与"命题真值否定"。关于"X 什么 X"构式义，相关研究中多有归纳，列举如下：艾哈迈德（2012）：构式义涉及知域和言域，说话人基于对他人行为、观点的主观性否定，通过移情转化为在言语行为上对对方的行为、观点实施否定性祈使。王怡妲（2013）：说话人对状态、行为或会话的预设进行主观否定。吴怀成（2014）：说话人认为他人不该做 X 或不该认为 X。张弛（2017）：由于某种触发物超出了说话人的预期，使得某种情感或见解介入，造成了具有强烈主观色彩的否定。以上学者大多将"X 什么 X"的构式义分为说话人对他人行为否定和认识否定。"X 什么 X"构式在互动交际中，存在直接针对他人行为作出反问和基于引述他人话语作出反问两大类用法。因此，上述学者对"X 什么 X"构式义归纳基本符合该构式的使用环境。但对构式语义内部细微差异有所忽略。例如：

（1）（饭厅，和平拿两盘包子上，傅老、圆圆在）
和平：哎哟，赶紧赶紧，趁热吃个新鲜。
傅老：<u>新鲜什么新鲜</u>，都吃了一整天了。（《我爱我家》）
（2）白：那我就去了啊，那捕头姓邢是吧？
佟：对呀，你就跟他说我备了女儿红，日夜等着他呢，啊。（把信给白）来，把这个捎给他吧。

双：(抢过信撕了)捎什么捎啊？师兄，你出来，出来呀！(拽白)(《武林外传》)

（3）方唐镜：大……

包龙星：大什么大？

方唐镜：我叫大人而已。

包龙星：人什么人？(电影《九品芝麻官》)

以上例句"X"都是说话人引用他人先前话语中的语言单位进行否定，按照之前学者的观点，当归为"说话人认为他人不该认为X"。例（1）可以理解为"傅老"认为"和平"不该认为新鲜，但（2）（3）也这样分析是不合适的。例（2）倾向于对言语行为的否定，"双"不同意"佟"让"白"捎信。例（3）倾向于对言说行为的否定，是"包龙星"对"方唐镜"说话行为的否定，说话内容已不重要。因此，"X什么X"的构式义还需要进一步细分。

现代汉语中，带有疑问代词"什么"的反问习语构式，如"X什么""X什么Y""什么X"等，往往存在询问、否定（反问）、任指等多种用法。以"X什么"为例：

（4）询问：今晚我们吃什么？（自拟）

反问：没工作，没收入，我们吃什么？（自拟）

任指：我吃什么都可以。（自拟）

……

但"X什么X"只有一种用法：表示否定。例如：

（5）乙：吃吧。甲：吃什么吃？没钱！乙：没钱就别吃了。

（6）别人打招呼："黑小，吃了？"路黑小说："吃什么吃，吃到一半，事找到头上了，得给人家去说理，得找人烙饼！"

例（5）（6）中"吃什么吃"只存在表示否定义这一种解读，语义明晰。但是其否定的具体语义是什么，用于什么场合，细究起来也很复杂。

按照"X"是不是引语源，我们将"X什么X"构式分成两大类："X"没有引语源，不是引语，代表的是一种动作行为或状态，故为描述性用法；"X"都是对引语源某个成分的引用，具有或多或少的引述性，为引述性用法。如下所示：

描述性用法：[[X什么X] ⟷ [否定对方的行为、状态]]

## 第六章 "担子构式""X什么X"

**引述性用法：[[X什么X] ⟷ [否定对方的话语]]**

而"X什么X"构式这两种用法的内部也存在差异，因此我们基于"反问句的产生机制假设"（胡德明2010：134），对这两类上位构式的内部语义进行分析，对其构式义作进一步细分。

### 1. 描述性"X什么X"内部语义

言者使用"X什么X"构式进行反问表达时，首先要满足"行为条件"。行为q是反问句所要否定的言论或行为。行为q的存在，是使用反问句的必要条件之一。在行为q内部，可以分为对方的言论、行为、状态、神情，己方过去的行为，第三方当前的言论，等等。"X什么X"构式基本都用于交际现场的参与对话的双方之间，所以，行为q基本不涉及己方过去的行为和第三方当前的言论。根据观察，描述性"X什么X"构式针对三种情况：对方的行为动作；对方的神情状态；对方的话语行为。首先我们先看前两种情况，例如：

（7）奶奶对围观的众人大声说："<u>还看什么看？</u>都睡觉去！文秀，你快去看看靖萱丫头，别真的想不开，我给雨杭说得心里犯嘀咕！"

（8）（潘明达急冲冲进入柯远生的办公室）
柯远生：<u>慌什么慌？</u>
潘明达：普溪的刁民把鸿兴公司都围起来了！

例（7）中的动作行为是"众人围观"，而"奶奶"认为行为q不对。在奶奶看来，语境中不存在值得看的东西，"什么"在语境中为无指，其信息域为空域，即"没有可以看的"，这是奶奶的字面意义。既然没有可以看的，那众人围观是不合理的、没必要的，"你们不应该看，你们别看"，这是其语用含义。这种情况下的动词一般为动作动词，如"搞、敲、哭、笑、挤、看、扫、找、跑、躲"等。与（7）不同的是，（8）的行为q并不是对方的行为，而是对方的神情状态——"慌"。这时的"X"一般由形容词充当，如"傲、贱、骚、懒"等。描述性用法不仅是描述对方的行为、神态，也描述对方的话语。因为"说话"本身也是一种行为，特别是在对方用语言表达请求、建议、观点、主张的时候。例如：

（9）旁边的老黑见劫匪一跑，就扯开嗓门对李大麻子喊："团长，开枪！快开枪！"李大麻子不愿意了，把眼一瞪，骂道："你奶奶的熊！这小子还没跑出

## "什么"反问习语构式承继网络研究

　　30米呢，老子在50米内不是一打一个准，嚷什么嚷！"
（10）站着的：哥们，让我看看你几排？
　　　坐着的：你搞什么搞，凭什么要看我几排？

　　行为 q 是对方话语表达了某个观点，言者不同意，用反问语气对 q 的前提 p 即"说话"这一行为提问，以否定 p。例（9）中对对方"嚷"这一行为进行反问否定。这种情况下的动词主要是描述话语行为的动词"嚷、吼、吵、叫、凶、唱、问、喊、骂"等。行为 q 也可以是对方的言语行为，如（10）"哥们，让我看看你几排？"是对方的话语，其语用功能是言语行为请求，说话人以"搞什么搞"否定该言语行为。此时"X"不是引述对方的话语，而是言者为描述对方言语行为而选择的一个恰当言辞，以构成"X什么X"构式进行反问否定。由此，我们以行为 q 为区分依据，将描述性"X什么X"构式义归纳为：言者认为交际对方不该施行 X，X 为对方的动作行为、神情状态、话语行为，言者意欲劝阻或禁止这三种情况，宣泄了其不满情绪。

　　2. 引述性"X什么X"内部语义

　　关于"元语言否定"，国内外学者都进行了大量的研究。这些研究将"元语言否定"大致分为"否定预设""否定规约隐含、会话含义""否定视角""否定风格、语体色彩""否定语音、语法、形态等语音形式"，也存在"否定真值条件语义"的情况（赵旻燕2010）。吴丹华（2010）直接将其与"X什么X"构式的否定特性结合，认为"X什么X"构式作"元语否定"时也具有这些功能。这些否定分类针对所有"元语言否定"，将"X什么X"构式完全代入以上否定功能，未必合适。一方面，"X什么X"构式对 X 具有构式压制作用，对 X 的语法类型具有选择性（高宁2009）；另一方面，引述性"X什么X"构式属于句子层面的言语单位，具有临时性、动态性，不能随意转化（张谊生2013）。赵旻燕（2010）提出元语言否定涉及图形/背景的扭转，本质上是对原来处于背景中的内容的否定。因此，我们需要从"X什么X"构式使用的语言环境和情景语境出发，对其否定功能作进一步分析。

　　在引述性"X什么X"构式中，行为 q 的表现形式是对方的话语。交际对方对某个事物或事件提出某种言论，言者不赞成对方言论。言者引用对方话语中的言辞，采用"X什么X"构式进行反问。我们将引述性"X什么X"构式义归纳为：言者摘引对方言论中的某个言语片段构成该构式以否定对方话语所表达的观点、言语行为，或否定对方言说行为本身，或否定方式适宜性，以此实现反驳的语用功能。具体来说有四种情况：

一是观点否定。作为"X什么X"构式的核心用法,"观点否定"主要存在两种情况:一是引语源"X"表示对某个事件或事物的评价,多由形容词充当,如例(11)(12);一是交际对方以问候的语气或征询问句的方式表达观点,征求言者意见,而言者通过"X什么X"构式进行否定性回答,如(13)(14)。

(11)女生说了句那狗好可爱!旁边的男生说:<u>可爱什么可爱</u>,土狗小时候都可爱!

(12)傅老:是啊,这不越说越远了么?

和平:我觉得也是。

志国:<u>是什么是</u>,现在说的就是圆圆,圆圆,你自己先说说,你这两天,从昨天到现在,你想好自己的缺点没有啊?(《我爱我家》)

(13)和平:(用力半天不果,傅老打个大哈欠上)爸您睡的好啊?

傅老:<u>好什么好,</u>简直就是一场恶梦,我居然梦见一个老太婆拿着一块抹布在我脸上来回地擦……(《我爱我家》)

(14)街上走过:别人打招呼:"黑小,吃了?"路黑小说:"<u>吃什么吃</u>,吃到一半,事找到头上了,得给人家去说理,得找人烙饼!"

二是言语行为否定。条件是"X"由动词充当,表现为对方的请求、建议等言语行为。如:

(15)"留个位置给柏芝,她还要签。""<u>留什么留,</u>让她自己找吧。"(新浪微博)

例(15)是对对方的提议、请求进行否定。

三是言说行为否定。条件是"X"可以是任意的发声行为或发语行为,表现为对方刚刚发出的声音。例如:

(16)"妈妈,给我两块钱。""<u>钱什么钱,</u>一天到晚就知道要钱!"

(17)甲:哼!乙:<u>我说你哼什么哼呢?</u>(微博语料)

(18)"可是……"他看着隐在衣服下的两个大久保想起了桃树……"瞅你那样儿,<u>可是什么可是?</u>"

(19)"啊?楚国来了?咱们怎么办呀?""是呀,大王千岁,您赶快定夺啊!""唉,<u>我夺什么夺啊</u>……传话出去,准备降书顺表咱们把这城给人家咱们跑了得了。"

言说行为否定中"X"的种类极为丰富,可以是名词、叹词、连词等,如(16)(17)(18);也可以是语素,如(19)。此时"X"本身的意义不重要,构式的功能体现为在话轮的接替中否定对方的说话行为本身。

四是方式适宜性否定。条件是"X"为对方话语中提出的动作方式。如：

(20)"太好了太好了，兄弟借我200块钱怎么样？我的房租该交了，正愁呢！"我随手甩出几百块钱，得意地说："借什么借，这些钱送你，不用还了。今晚我请客，咱们去找点乐子去！"

当"X什么X"否定方式适宜性时，言者一般会有后续句，给出适宜的方式，如(20)言者认为对方说"借"不适宜，提出更适宜的行为方式"送"。

吴丹华(2010)提到，"X什么X"的否定特性跟语境有着很大的关系，有时会存在三种否定类型交叉的情况。如下例"跑什么跑"，在不同语境中显示出不同的否定类型：

(21)a.他跑得可真慢啊。——跑什么跑啊，他明明是在"走"嘛！(转引自吴文)
　　b.我们去跑步吧？——跑什么跑，不去，我要在家看电视。(自拟)
　　c.黄兴安慌忙跟了上去……陈皓若转过身，看见是黄兴安，很不耐烦地说："你怎么还不回去？跑什么跑。"

例(21a)吴文认为是否定预设"他在跑"。我们认为言者并没有否定"他在跑"这一事实。言者认同"跑得慢"，只是认为用"跑"来描述是不对的，应该用"走"。因此，我们认为这是"方式适宜性否定"。(21b)对方提议去跑步，言者对此进行否定，当是言语行为否定。例(21c)"跑什么跑"属于描述性否定，是对对方当前"跑"这一动作的否定。

## 四、"X什么X"和"X什么"比较

对于表示否定(反问)的两个构式"X什么X"和"X什么"之间的差别，有的学者从"X"的成分、语气强度等方面进行了比较分析。语气强度上，有学者(晏宗杰2004)认为后者强于前者，有学者(史有为1991，刘禀诚2003，朱锡明2005，高宁2009，节彦举2019)认为前者强于后者。高宁(2009)认为"V什么"格式单向蕴涵"V什么V"格式，"V什么"信息量大于"V什么V"格式，"V什么"格式表示言者对动作行为或存在、状态所关涉内容的主观否定；"V什么V"格式表示言者对动作行为或存在、状态的直接否定。

但在表意方面，大多认为没有什么实质性差别，在许多情况下二者可以互换，如"看什么！看什么！有什么好看的！"，说成"看什么看！看什么看！有什么好看的！"未尝不可。但实际情况并非这么简单，表现在二者在有些场合不能互换，比如下面这些例子"X什么"都不能转换为"X什么X"：

(1) a. 一旦他们把这笔钱花光了，<u>他们吃什么？喝什么？</u>谁来承担这种责任？
　　b.* 一旦他们把这笔钱花光了，<u>他们吃什么吃？喝什么喝？</u>……
(2) a. 吕秀才：我不就是个百无一用的书呆子吗？我除了会背两句子曾经曰过，<u>还会什么呀</u>……（《武林外传》）
　　b.* ……我除了会背两句子曾经曰过，<u>还会什么会呀</u>……
(3) a. <u>你懂什么？</u>我的任务，就是率领大家重整旗鼓、还我河山。（《武林外传》）
　　b.* <u>你懂什么懂？</u>我的任务，就是率领大家重整旗鼓、还我河山。

在某些语言环境下，"X什么X"转换为"X什么"可接受度较低，如表示较为强烈的斥责语气，或者受交际双方身份地位的影响：

(4) a.（傅老一摔遥控器，起身走）
　　志国：唉，爸您不看啦？
　　傅老：<u>看什么看！</u>（《我爱我家》）
　　b.？？傅老：<u>看什么！</u>
(5) a. 傅老：叛徒！就为了两顿饭，为什么不带我一起去？！
　　志新：您也想去吃啊，没关系，我这就给人打电话联系……
　　傅老：<u>我去什么去，</u>我是去法院告他们去，这个把我们家这点儿事，都拿到电视上去瞎抖落，这就分明是侵犯那个那个什么权……（同上）
　　b.？傅老：<u>我去什么，</u>我是去法院告他们去……

这些现象学界鲜有注意。为什么二者不能互相转换？主要是因为二者表意侧重点不同。第三章第一节列举了否定构式"X什么"的8项意义，其中1-5项"X什么X"构式也可以表达，但6-8三项意义"X什么X"构式不能表达。为便于阅读，将这三项意义抄录于下：

> 6）对指责的否认。条件是"X"由动词充当，对方指责言者曾经做过"X"所表示的动作行为，言者否认这一指责。如下例中"三妹"对"挑房子"这一指责进行否认：

(6) 主持人：这么你们这感情就有点隔阂了。
　　小弟：所以，底下这个，我底下这个三妹给挑。
　　三妹：哎说清楚了，我什么时候挑？杨斌生你自己要对着良心说话。我挑有什么意义呀我？<u>我挑什么呀？</u>
　　侄女：编吧编吧。您让他、让他表演，编吧。

281

三妹：自己要说话有根据。（《第三调解室》转写语料）

7）动作对象、内容的否定。条件是"X"是及物动词Vt。如：

（7）西北没有了文物，<u>人家还来看什么？</u>你还有什么旅游资源可言？
（8）贵福……指着满地刑具："你不要敬酒不吃吃罚酒，免得皮肉受苦！"
　　秋瑾冷笑一声：<u>"要我招什么呢？"</u>你是大通校董，谁是革命党，还不最清楚？"

8）动作的原因、目的、条件等的否定。"X"涉及动作的背景题元，根据言者的需要，得以凸显，"X"可以是及物动词，也可以是不及物动词。如：

（9）父亲工作忙……他老同学来要去民族园，我提出跟他们一起去。父亲说，<u>我们同学聚会你去什么？</u>门票还是他们自己买的。（1995年《人民日报》）
（10）就坐在地上大声哭起来，我对家珍说：<u>"哭什么，哭什么。"</u>这么一说，我也呜呜地哭了。我总算回到了家里，看到家珍和一双儿女都活得好好的，我的心放下了。

第6-8项意义有什么特点呢？意义6是"对指责的否认"，"X"是对方认为说话人曾经做过的或已经完成的动作行为，不是现场的动作行为。因此，"X什么X"与"X什么"的区别之一在于："X什么X"不能表示对过去行为的否认，更具有现场性。意义7动作对象否定是通过说话人主观上认定宾语"什么"的所指是个空集而实现的（徐盛桓，1999；胡德明，2010）。例（7）（8）"看什么？""招什么？"意思是说没有东西可看，没有东西可招。这里，宾语"什么"所指代的对象就是所看的和所招的，这一空集是动词Vt的受事，意义较为实在。整个构式所表达的否定不是对动作的否定，而是对动作对象存在的否定。意义8宾语"什么"意义也是挺实在的，不是指代动作的对象而是指代动作的原因、目的等。而"X什么X"中的疑问代词"什么"的宾语地位十分模糊，特别是其意义已经进一步虚化，很难说得上它指代什么成分，更不能明确说它指代动作对象或动作的原因、理由，因此它就不能表达意义7和8。

上文主要从句法、语义、语用三个角度对"X什么X"构式的形式特征、构式义以及与反问构式"X什么"的不同进行探究。"X什么X"构式形式十分独特，属于典型的"非常规句法结构"，涉及跨层结构对的构式化。为弄清楚其真面目,需要探究其历史渊源。

## 第二节 担子构式"X什么X"的形成机制

现代汉语中"X什么"(如"看什么""吃什么"等)、"X什么Y"(如"看什么书""吃什么饭"等)和"什么X"(如"什么老师""什么记性"),既可以表示询问和任指,还可以以反问的形式表达否定。而担子构式"X什么X"中虽然有疑问代词"什么",但该构式已经没有询问和任指的功能,作为反问习语,其主要功能是表达语义-语用否定。语义-语用否定构式"X什么X"其构造十分特殊,属于现存句法结构中的哪一种?主谓、动宾、述补、偏正、联合、连谓等,似乎都难以归入。这种奇特的结构是如何形成的,其形成过程是否符合汉语语法规则?这些问题也无定论。本文从构式演变的角度,拟测该构式的生成和演化,对该构式的来源作出解释。

### 一、学界对"X什么X"构式形成机制的探讨

学界就"X什么X"构式的构式义、否定特性和"X"的词性等问题进行了探讨。但是在该构式的构造,后一"X"的形式功能特征,特别是其形成机制等方面,学者们看法不一。

1."追补"说

史有为(1991)在分析"吵什么吵"时,认为第二个"吵"是"追补成分",具有"追补概念和强调语气双重作用",类似于口语中"你在哪儿你?"中的第二个"你"。"什么"是虚宾语,只起到表示整个格式是禁止、否定的意思。此前,史有为(1985)在探究"追补"现象时指出,"通常后一子结构的语音长度小于前一子结构,只是次要的追补,起着语气的作用,因此总是轻读的。"例如:

(1)你怎么啦,你?|这是谁说话呀这是?|都给你裁好了都。|晒得跟黑人似的晒得。(转引自史有为1985)
(2)你喊什么你呀!(同上)

此外,"追补"所解释的现象一般是"X≠V"下的"$X_iY·X_i$"现象,且

第一个"$X_i$"往往可以省略。我们认为,"X什么X"构式不符合"追补"现象的特征。首先,构式中后一"X"并不一定轻读,语音长度上前后两个"X"并无明显区别,如"看什么看!""去什么去!""挤什么挤!"后一个"看、去、挤"并不轻读。其次,构式中"X"一般情况下为动词性成分,即使"X"不是动词性成分,"X"在语言环境中也具有陈述性。最后,构式中的第一个"X"不能省略,如"看什么看!"不能说成"什么看!"。因此,"追补"说这一解释不能用于"X什么X"构式,应另寻出路。

张金圈(2020)提出"X什么X"构式和刘探宙(2018)提出的情态性重置句具有统一性,认为该构式是在"X什么"反问句的基础上重置句首的"X"而产生的。然而,刘探宙(2018)所探究的两种句式"情态性重置句",如"你疯了你!",和"重申性再现句",如"刚才那两块钱是谁丢的刚才那两块钱?",仍然是"X≠V"下的"$X_iY·X_i$"现象。因此,我们在这里仍将张金圈(2020)的观点归入"追补"说。

2."主谓"说

朱军、盛新华(2002)、朱姝(2006)认为"X什么X"句式中的前"X"是后面"什么X"的陈述判断对象,它们之间构成主谓结构。根据朱德熙(1982:109)对主谓结构的分析,我们不同意将"X什么X"构式看作主谓结构。从结构上看,"X"和"什么X"之间的结合程度非常紧密,中间不能停顿,前一项"X"后也不能插入"啊、呢、吧、呀"等语气词。此外,在"X什么X"结构中,前一项"X"往往不能省略,反而是后一项"X"可以省略。而且,将"什么X"看作谓语,很难进一步解释后一"X"作何成分。

3."索引"说

吴丹华(2011)以"索引+否定"和"否定+索引"两种内部结构关系对"X什么X"构式进行划分。吴文提出,"索引"是指"发话者组织语言时,从受话者此前的众多行为、状态或话语中搜寻出一个信息代表",余下包含否定标记"什么"的部分称作"否定"部分。吴文提出,"X什么X"构式中的"索引"是可以省略的,当"X"是非引述性成分时,后"X"是"索引",省略后"X",得到"X什么",句式依然成立;当"X"是引述性成分时,前一"X"是索引,省略前一个引述性的同质"X"即得到"什么X"。

我们认为,通过引入"索引"概念并不能解决该结构的句法问题,"X什么X"之所以省略其中一个"X"仍然成立,跟"X"是否为引述性成分并无绝对关系。代丽丽(2016)也提出质疑,认为"并非所有的'什么X'都是如此省略而来，且二者的语义与功能不完全等同；从历时角度来看，'什么＋X'的出现先于同质 X 的'X 什么 X'。"同理，"X 什么"也非"X 什么 X"省略而来，且"X 什么"的出现也先于同质的"X 什么 X"。

4."重叠"说

艾哈迈德（2012）认为"X 什么 X"是"X 什么"的重叠形式"X 什么 X 什么"在语言"经济性"原则和"强调"功能的推动下简单化为"X 什么 X"的结果，即后面的"什么"省略了。我们不同意这种说法，理由如下：一，反复是一种临时性的修辞现象，一般不能随意而轻松地演变为一条语法规则。二，反复的语用目的是为了强调，强调的规律是：不能减损语言形式，反而要增加语言形式。"重叠"说，一方面说为了强调而反复，一方面又说省略了"什么"，这种说法是矛盾的。三，实际语料中见不到动宾结构反复形式省略宾语的用例，如"各位，吃饭吃饭，举杯举杯""在哪里在哪里？"不会省略为"吃饭吃，举杯举""在哪里在"。

5."糅合类推"说

吴怀成（2014）认为"X 什么 X"构式是从动宾结构"VO"的反问形式"V 什么 O"糅合类推而来，其过程为：

a.VO    b.V 什么 O
x.VV    y.(一)←xb V 什么 V

并且认为"X 什么 X"和"X 什么"都属于反问否定范畴，它们之间没有承继关系，"X 什么 X"构式并非是"X 什么"加上"X"构成。吴文对该结构的糅合分析不符合叶建军（2013）提出的句式糅合的语义相近原则。语义相近原则要求参与糅合的源句式 A 与 B 在语义上必须相同或相近。具体到这里，参与糅合的源句式"VV"与源句式"V 什么 O"语义并非相近：动词重叠的"VV"表示短时或尝试态，是肯定义，而"V 什么 O"在这里表达否定义。

6."语气"说

西村英希（2016）则将"X 什么 X"构式的演化图构拟为"①跑什么呀＋跑→②跑什么（呀）＋跑→③跑什么＋跑→④跑什么跑→⑤抽象结构'X 什么 X'（X 在扩展）"。他从语音和信息特征的角度分析"X 什么 X"构式时指出，其内部结构关系可以统一分析为"引用＋什么＋语气"，认为后一

X"相对来说是倾向于轻读的,并承担着一定的情态或者说语气功能,在此意义上说,其特征和作用更接近语气词。"

该演化过程看似具有一定的道理,但是,读者将在后文看到,它并不符合语言事实。同时,我们认为后一"X"同样存在重读的情况,这取决于言者当时的情绪状况。例如:

(3)男:老婆,那个我刚练完鼓,然后刚要回家,但是客户给我打电话,让我去吃饭,你看……

女:<u>我看什么看</u>,滚吧你,今天晚上你就别死回家了,搁外边吧。(电视剧《怪事屋》)

例(3)中,"女生"在电话里非常生气,带有斥责语气,后一"看"带有重音。再者,语气词是一个封闭的范畴,其成员是有限的几个,而这里的"X"是一个开放的类,显然不能归入语气词范畴。

前贤的研究给我们以很大的启发,但他们对于该构式的形成机制多是基于共时材料的拟测,较难得出具有说服力的结论。因为该构式是在汉语漫长的历史进程中形成的,为了弄清楚该构式的形成过程和机制,我们另辟蹊径,考察它的历时发展与演变。

## 二、构式溯源

崔山佳(1995)和徐复岭(1995)较早考察了"X什么X"构式的起源,指出该构式出现的时间是明末清初。我们在元代语料古本《老乞大》中发现了疑似1例:

(1)索多少价钱?这段子价钱谁不识?<u>索甚麼索价钱?</u>若索呵索六定,老实价钱五定,捡钞来便是。

后一"X"是"VP"的形式,且仅有1例,不足为凭。因此,可以说,目前查得的"X什么X"构式最早用例是崔山佳(1995)和徐复岭(1995)发现的下面5例:

(2)晁老道:"你女人晓得甚么!大官儿说得是。"晁夫人道:"狗!<u>是什么是</u>!我只说是爷儿们不看长!"(明・西周生《醒世姻缘传》十五回)

(3)陈柳说:"我怎么昧心?我只问声狄大叔,他说该与你,我就与你去了。我待要你的哩!"李九强说:"疢杭杭子的腔!罢!<u>你问甚问</u>,你可倒那布

袋还我。"(同上,四十八回)

(4)魏三封道:"我也不合他到官,我只拿出小科子来叫列位看看明白……"众人道:"老程,你那主意成不的。魏大哥,你听俺众人一言,<u>看甚么看?</u>想他这娘儿两个也羞不着他甚么……"(同上,七十二回)

(5)惠希仁合单完齐道:"混话!甚底根菜壶酒合你做朋友哩!拿出锁来,先把这刘芳名锁起来,<u>合他顽甚么顽!</u>进去拴出童氏来!"(同上,八十回)

(6)驿丞道:"……拿下去,使大板子着实打!"吕祥道:"老爷且别打,迟了甚么来?"驿丞道:"快些打了罢!我性子急,<u>慢甚么慢!</u>"(同上,八十八回)

其形式、语义、语用功能与现代汉语的用例并无二致,其中(2)(6)的"X"并不是动词而是形容词"是""慢"。艾哈迈德(2012)认为,"X"体现为动词是其原型用法。这些情况说明,在明末清初该构式已经发展得很成熟。那它的早期形式是什么呢?在哪个朝代呢?又是怎么发展演变的呢?我们觉得,要搞清楚这些问题,必须考察该构式中唯一的常项事物疑问代词"什么"的来龙去脉。

事物疑问代词在不同朝代的语言形式、不同形式之间的演变关系等,众多学者作了大量考释(参看太田辰夫2003〔1958〕:121-122;王力1980:288-294;志村良治1995:42-43;吕叔湘1985:123-130;江蓝生1995;吴福祥1996:81-88;贝罗贝、吴福祥2000;蒋绍愚、曹广顺2005:59;蒋绍愚2017:154-155,等等)。综合各家看法,可以认为,上古后期的问事物疑问代词主要有"何""孰""奚""曷""胡""安""何所""何等"八个,用频最高的是"何"。"孰""曷""胡""奚"均只见零星用例,后代不用。汉以后主要有:何、等、何等、何所、何等物、底、底物、何物、何者、如何、若何、没、莽、阿没、阿莽、是没、是物、是勿、拾没、甚物、甚没、什没、什摩、什麼、甚的、甚底、甚麼、甚摩、甚、什么、甚么、甚末、甚么儿、什摩物、甚么物、甚物。它们可以分为"何"系、"甚"系和"什"系。"甚"系和"什"系只是书写形式不同,意义和用法并无本质差别,我们以"什么"作为代表。我们的调查表明,进入"X什么X"构式的最早的事物疑问代词是"何"系的"何所",最早出现在南北朝时期。例如:

(7)记云,乐以迎来,哀以送往。神既无矣,<u>迎何所迎</u>,神既无矣,<u>送何所送</u>。迎来而乐,斯假欣於孔貌,送往而哀,又虚泪於丘体……(梁·曹思文《全梁文·难范缜神灭论》卷五十四)[①]

---

[①] 曹思文《难范缜神灭论》,清·严可均辑《全梁文》、梁·僧佑撰《弘明集》卷九《大正藏》第五十二册,均有收录。为避免重复统计,我们将其归入《全梁文》。

# "什么"反问习语构式承继网络研究

(8) 佛言。善男子。若本有者。何须了因。若本无性。<u>了何所了</u>。((北凉·昙无谶译《大般涅槃经》卷二十八,《大正藏》12-p0252a02)[①]

(9) 神已去此,馆何用存? 速朽得理也。神已适彼,<u>祭何所祭</u>? 祭则失理。而姬、孔之教不然者,其有以乎!(梁·刘歊《全梁文·革终论》卷五十七)

我们只在《全梁文》和《大正藏》中发现"X何所X",共计43例,剔除完全重复的,还剩41例:《全梁文》3例((7)有2例),《大正藏》38例。其中南北朝总计16例,隋朝9例,唐朝9例,宋朝5例,年份不详1例。[②] "X"为动词34例,名词7例。其中,"X"为名词时分别是"中何所中""空何所空""因何所因""苦何所苦""宗何所宗""名何所名(2例)",这里的"X"皆是佛经专门术语。比如在《佛学大辞典》(2015:1269;1564)中,"苦","逼恼身心之谓也。""空"解释为"因缘所生之法究竟而无实体曰空。"例如:

(10) 有身者必有诸苦。若无身者,<u>苦何所苦</u>。(失译人名附秦录《无明罗刹集》卷中,《大正藏》16-p0853c08)

(11) 遣有故言空。非谓有是空。有若是有。何由可空。有若非有。<u>空何所空</u>。(隋·智顗《维摩经疏》卷第三,《大正藏》85-p0389c26)

作为名词的后一个"X"用在结构助词"所"的后面,应视为动词。此外,"何所"一般作前置宾语,因此其后的成分记作"V"也更为合适。因此,该构式应该记作"V何所V"。也就是说,"V何所V"作为历史上最早出现的成员,且用例频率高,具有原发性。

上面用例中的"何所"是不是事物疑问代词,学界有不同看法。何乐士等(1985),柳士镇(1992),董志翘、蔡镜浩(1994),冯春田(2000)等均未收录"何所"。王海棻(2015)和中国社会科学院语言研究所古代汉语研究室编《古代汉语虚词词典》(1999)只收录了作处所解的偏正词组"何所"。太田辰夫(1991:69)提出"中古的'何所'应该是一个词,意义跟'何'一样,'所'已经词尾化了。"贝罗贝、吴福祥(2000)认为东汉时期"何所"很可能已是一个口语化程度较高的事物疑问代词。张幼军(2004)则论证了东汉时期"何所"为事物疑问代词,可作主语、宾语、定语、状语。

综合学术界已有成果,"何所"主要有三种用法:

一是何+所V:"所V"是主语,"何"是疑问代词做谓语,前置,"何所"为非直接成分。通行于先秦两汉时期,后世多有沿用。(王海棻,2015:39;

---

[①] 本节所引佛教类典籍均出自CBETA电子佛典集成2016版,本文引用《大正藏》时,标明引文所在册数、页码(p)、栏次(abc)。
[②] 年份不详例为"忍何所忍",出自《法句经疏》,《大正藏》85-p1444a02。

《古代汉语虚词词典》,1999：195)例如：

(12)我之大贤舆,<u>於人何所不容。</u>(《论语·子张》)
(13)<u>问女何所思？问女何所忆？</u>(《梁诗·木兰诗》卷二十九)
(14)<u>卖炭得钱何所营？</u>(唐·白居易《全唐诗·卖炭翁》卷四百二十七)
(15)卿在山中,<u>何所啖食？</u>(《南北朝杂记》)

二是"何+所"发生了跨层结构词汇化,二者凝固为一个新的事物疑问代词"何所",相当于"什么"。具体情况见下文。

三是偏正词组：相当于"什么地方"。(王海棻,2015：125；《古代汉语虚词词典》,1999：208)最早出现于先秦文献中,中古时期开始多见。例如：

(16)桓公为司徒,甚得周众与东土之人,问于史伯曰："王室多故,余惧及焉,<u>其何所可以逃死？</u>"(《国语·郑语》卷十六)
(17)极星在上之北,若盖之保矣；其下之南,有若盖之茎者,<u>正何所乎？</u>(《论衡·说日》卷十一)

以此观照例(7),我们认为"迎何所迎"有三重歧义：第一,主谓谓语句,第一个"迎"作大主语,引自前面的话"记云,乐以迎来,哀以送往",是引述性成分,是话题；后面"何所迎"是述题。"何所迎"中"所迎"是小句主语,"何"是小句谓语,主谓倒置。语义解读为："迎,所迎者,何？"语用含义——反问之后表示言语行为否定：本来所迎的是神,神既然没有了,还迎什么呢？既然没有迎的对象,说迎也就没有意义,因此,别迎。第二,主谓句,第一个"迎"是主语,后面是动宾短语做谓语。"何所"凝固成疑问代词,相当于"什么",做第二个"迎"的前置宾语,整个句子是"主宾动"句。语义解读："迎,迎什么？"语用含义也是反问之后表示言语行为否定。第三,"何所"凝固成疑问代词,相当于"什么",但不做第二个"迎"的前置宾语,整个结构是一个凝固的动词短语,充当谓语,相当于今天的"V什么V"。语义解读：固定地表示否定。语用含义表示言语行为否定。例(7)中"送何所送"以及例(8)(9)也应作如上解读。

"V何所V"多重歧义与疑问代词"何所"的性质有关。一方面,如上所说,"何所"本身有多种解释的可能性；另一方面,"何"系疑问代词来自上古汉语,具有历史传承性。"何"在上古作宾语前置于动词,前置用法自然传承给"何所"。两汉以后,"何所"又发展出作宾语置于动词后的新用法(张幼军2004),这就使得"V何所V"可以作出多种解释。但是,当"V何所V"中的"何所"被"什(甚)"系疑问代词替换以后,因为"什(甚)"系疑问代词来自唐代口语，与"何"系代词没有承继关系，因此，它不能用作前置宾语，就只能解读为第三种用法，这就形成了"V 什么 V"构式。

据此，我们推测，明末清初的"X 什么 X"构式的源头是"V 何所 V"结构，南北朝时期的用例就是三歧的过渡性用例。

## 三、构式化的过程与机制

### （一）构式化过程

首先，"何所"发生了词汇化。跨层结构"何+所 V"演变为"何所+V"，即跨层结构"何+所"演变为事物疑问代词"何所"，这是一个词汇化过程（参看太田辰夫 1991：69；俞理明 1993：145；高育花 1998；贝罗贝、吴福祥 2000；张幼军 2004）。他们认为到了汉代，上古汉语中"何+所 V"这一主谓倒装结构中"何所"二字因长期连用已经凝固成词。"所"由标志名词性词组的结构助词逐渐词缀化，语义磨损，只起调节音节作用。"何所"的意义相当于"何"。太田辰夫（1991：69）提出的证据是：中古时期，"所"的前面可以有能愿动词和副词，如果仍然按照主谓结构来解读，将"何+所 V"解读为"所 V+何"，则不成句，比如："将何所作 ⟶ *将所作何""欲何所说 ⟶ *欲所说何"。另外，如果"何"是被倒置而提前的成分，那么"何"与"所 V"的结合就不坚固，二者之间会有插入别的词语的情况。比方说"何所为"应有"何哉所为""何客所为"之类的说法，但是实际上没有。词汇化后的"何所"继承上古汉语的语序：放在动词之前，没有见到放在动词后的例子。张幼军提出东汉支娄迦谶所译《道行般若经》中"何所是般若波罗蜜"句"何所"解作疑问代词"什么"，能在同经异译吴支谦《大明度经卷第一》中找到支持："又菩萨大士行明度无极当以观此何等是智慧，何所为明度，何以明诸法无所从得。"译文中"何等是智慧，何所为明度"是两句意思相差不多的话，对应着"何所是般若波罗蜜"。"何等""何所"都应理解为"什么"。张文举出的例证"……欲取何所？释提桓因言：'宁取般若波罗蜜。'"（《道行般若经》）说明事物疑问代词"何所"作宾语也可以置于动词后，这对太田辰夫的观察是一个补充。

事物疑问代词"何所"最早出现于两汉，魏晋南北朝时期通行，此后各朝均有所用。如：

（1）尝君问传舍长曰："客何所为？"（《史记·孟尝君列传》卷七十五）

（2）定伯复言："我新死，不知鬼悉何所畏忌？"（《古小说钩沉·列异传》）

（3）佛何雠而诬之至此？佛何所负而疾之若雠乎？（唐·李师政《全唐文·辨惑一》卷一百五十七）

（4）曰："不知所读何书？"曰："尚书语孟。"曰："不知又何所思？"曰："只是於文义道理致思尔。"（《朱子语类》卷一百一十九）

（5）问："古人道，见色便见心，诸法无形，将何所见？"师曰："一家有事百家忙。"（宋·普济《五灯会元·首山省念禅师》卷十一）

（6）初修、再修时，杨文贞俱为纂修官，则前后三史，皆曾握管。是非何所取裁？真是厚颜。（明·沈德符《万历野获编》卷一）

（7）曰："儿一人宁字两姓耶？"父曰："吾小家，何所忌？"（清·余金《熙朝新语》）

其次，"何所"被"什么（甚麼、什摩等）"替代。这是在整个汉语事物疑问代词发展过程中出现的现象，是一种词汇兴替，"是功能相同的疑问代词之间的历时替换"（贝罗贝、吴福祥，2000）。关于"何"系疑问代词同"什（甚）"系疑问代词之间的具体关系，目前学界还未得出完全一致的看法。王力（1980：292）认为现代汉语里的"什么（甚么）"和"何"之间不存在演变关系，既不是从"何"字演变来的，也不是从"底"字演变来的。吕叔湘（1985：128-130）明确提出"什么"同"何"有演变关系："什么"始见于唐代文献，来源于"何"。"何"魏晋时期发展为双音词"何物"。"何物"已融为一体，只有"何"字之用。因为经常在疑问代词前面添加动词"是"而成为"是何物"，整体相当于"什么"。到唐代，"是何物"中间的"何"脱落而成"是物"。疑问代词"什么"则是从"是物（勿）"而来。但文献里没有发现"是何物"的用例。蒋绍愚（2017：154-155）比较了各家说法以后，倾向于志村良治（1995：42-43）的看法："是"是一个由"等"—"底"—"是"发展下来的疑问词，"底"和"是"有音变关系。"是物/是勿/是没"和"何物""底物"应属于同一系列，甚至可以把"是物"看作"底物"的音变形式。不管二者是否具有演变关系，也不管具体演变的细节如何，下面的历史事实是公认的：唐代以降，"何"系疑问代词逐渐退出口语，"什（甚）"系疑问代词逐渐占领口语。在这个大的背景下，发生了"V何所V"替换为"V甚麼（什摩）V"的变化，从而出现了"V什么V"构式。

## (二) 构式化机制

在构式化过程中，发生了多次重新分析。[①] 首先，在"〔S〕何所V"句式中，跨层结构"何+所"分析为事物疑问代词"何所"，"何"失去了作为独立疑问代词的地位，成了词内成分；"所"也失去了作为一个独立助词的地位，成了类似于词缀的成分。后面的动词V本来跟"所"发生联系，现在与"何所"构成直接成分。整个结构由主谓谓语句分析为主宾动结构。其次，事物疑问代词"何所"句法地位发生了重新分析：既作第二个动词的前置宾语也被分析为第一个动词的宾语。由于"何所"前后两个动词相同，因此"何所"作第二个动词的前置宾语与作第一个动词的宾语，其语义解释并无区别。加上两汉以降，宾语前置现象式微，"动词+疑问代词宾语"的语序日益取代"疑问代词宾语+动词"的语序而成为汉语的主流语序，所以，位于相同的两个动词之间的"何所"在"动词+疑问代词宾语"语序的强势类推之下，很容易被第一个动词所吸引，从而也被分析为第一个动词的宾语，成了一个与两边动词保持相同距离的中间成分。最后，当"何所"被"什(甚)"系疑问代词替换之后，由于后者不作前置宾语，因此，只能被重新分析为第一个动词的宾语，而不再做第二个动词的宾语。

为什么会发生重新分析？主要有以下两方面的原因：

### 1. 韵律作用

汉语音步双音化，带来词汇双音化，加上"何"的焦点重读要求，促动在线性次序上相邻的"何"与"所"发生重组；双音化导致的词缀产生，促使结构助词"所"词缀化，这些因素共同作用合力催生了双音词"何所"的产生。春秋战国时期汉语复音词发展迅速，东汉开始加快步伐，而此时正是"何所"词汇化的关键时期。冯胜利(1996)提出汉语中两个音节构成一个标准的音步。"何"与"所"虽不在同一句法层次上，但在线性顺序上相邻接，这为它们结成一个标准的音步提供了条件。但正如董秀芳(2011)所说，双音节是汉语里一个形式成词的必要条件，但不是充分条件，哪些双音节形式可以成词，需要从历时角度进行探究。现代语言学的重音理论认为，句重音是句子焦点的重要表达手段，焦点成分都带有重音。主谓句无标记的情况下，谓语是句子焦点，重音在句子的谓语；疑问句中疑问代词是疑问焦点，带重音。就"何+所V？"结构来说，"何"既是句子的谓语，又是疑问代词，

---

[①] 我们将这里的重新分析理解为线性的、横向组合的、局部的重新组织以及规则的变化(Hopper & Traugott, 1993: 61; 文旭2001)。

自然加倍要求重读。但是"何"只有一个音节,而"所V"是两个音节构成的音步。重音是比较而言的,一个音节没有两个音节重,"何"自然没有"所V"重,不能满足焦点的重音要求。为了获得重音,"何"吸引虚词"所"向自己靠拢,形成两个音节的音步"何所"韵律词,从而获得对"V"的重音优势。"何"的疑问代词意义为新词"何所"所承继,"所"的意义日益虚化、磨损,成为词缀,这样,新词"何所"便产生了。

### 2. 动宾语序变化

疑问代词宾语由动词前向动词后的转移。王力(1980:357)推测:在原始时代的汉语里,代词作宾语正常的位置本来就在动词的前面(就像法语一样)。俞敏(1981)也指出:原始汉语跟藏语都保留汉藏母语的特点:止词在前,动字在后;中心词在前,修饰词在后。汉人入中土以后,也不知道为什么(受被征服的民族影响?),词序演变得颠倒过来了。就是说,远古时期,汉语经历了由 SOV 语序向 SVO 语序转变的过程。冯利(1994)论证了汉语 SOV 向 SVO 演变中,会出现如下的次序:实词>代词>否定+代词>疑问代词,疑问代词是最后由动词前移到动词后的。王力(1980:367-368)明确指出,到了汉代,疑问代词宾语后置的结构逐渐发展出来了,南北朝时期,疑问代词宾语后置在口语中基本完成。此后,凡是在书面语言里运用先秦时代那种代词宾语前置的结构的(如古文作家),那只是仿古,并不反应口语。孙良明(1994:119)也认为东汉时代,疑问代词宾语前置开始变后置,是这种宾语后置的萌芽时期。随着疑问代词宾语后置的趋势逐渐上升,"V 何所 V"构式中,由于前后两个动词相同,"何所"就既可以理解为后一个动词的前置宾语,也可以理解为前一个动词的宾语。唐五代"什(甚)"系疑问代词出现以后,"V 何所 V"构式中的"何所"被"什(甚)"系疑问代词所替换。但"什(甚)"系疑问代词不能作前置宾语,因此,句法结构再次发生重新分析,"什(甚)"系疑问代词只能解读为前一个动词的宾语,而不能解读为后一个动词的宾语,这样就导致了该构式透明度的大幅降低,从而形成可分析性较低的不符合语法规则的独特的"V 什么 V"构式。这种不符合语法规则的结构"V 什么 V"在千年的历史长河中为什么没有被淘汰呢?后面的"V"为什么没有脱落呢?缘于其独特的表达价值:它只表语义—语用否定;而与之近似的"V 什么"则除了语义—语用否定之外,还可以有询问、任指等多种用法。当其中的"V"扩展到形容词、代词、叹词等成分时,导致透明度的再次降低,从而产生"X 什么 X"构式。

"X什么X"构式特殊的形成过程和机制造成其独特的构造，不能分析为现存任何一种句法结构，导致"重叠"说、"追补"说、"糅合"说等各种从共时角度所作的解释的无效。这说明，对于特殊的句法结构，必须从历时角度放到汉语历史演变的大背景下方能厘清。学界一般认为，构式的产生多是由语义或语用因素所促动。从本案例来看，"V何所V"的构式化主要并不是由语义或语用因素所促动的，该构式是由汉语史上的音步双音化、焦点重音、词汇化、语序演变和疑问代词系统性替换所致，是语音、词汇、句法、焦点表达等多种因素合力作用的结果，受到整个语言系统及各个子系统的演变规律的制约。构式化之后的构式变化则主要是由语义-语用因素所促动，例如，当"V什么V"构式形成之后，语言使用者将其中的"V"扩展到形容词，再进一步扩展到其他各种语类，则是为了满足现场意义表达对该构式的创新使用。当这种创新被语言社会所接受并得到推广，便产生了"X什么X"构式。

## 第三节 "X什么X"构式层级网络构拟[①]

本节主要讨论"X什么X"构式语义系统的图式层级（schematic hierarchy）及联接（links）方式，以便构拟一个从语义到语用的连续统；基于使用的构式观，以在心智中的较高的固化度和较大的区别度来确立基本层次构式。

### 一、"X什么X"构式的图式层级

彭睿（2019）指出每个图式性构式都有一种独特的语义诠释方式（抽象意义），这一语义诠释方式为所有构例所共享。因此我们首先需要对"X什么X"构式的语义类型多元性（semantic diversity）进行划分，才能进一步对构式层级（constructional hierarchy）及构式内部成员之间的原型效应进行探究。

Traugott（2007）提出了一个具体的四分构式层级，包括：宏观构式、中

---

[①] 本节内容曾经以《"X什么X"构式语义类型及原型》为题，发表在《宁波大学学报》2022年第5期。有改动。

观构式、微观构式、构例（construct）。四个层级的图式性由高到低，宏观层面具有完全图式性，构例层面则具有完全实体性。Traugott & Trousdale（2013：13）在讨论构式的图式性（schematicity）时，将其划分为图式、次图式（sub-schema）和微观构式，其实质仍然是基于四分构式层级。在此我们采取四分构式性层级，该构式层级适用于一切图式性构式。构式网络内部又可根据抽象程度的不同，从抽象构式图式到具体语式可分析出很多层次，形成一个连续ом；每种语言的构式都具有分类分层性，形成了有组织的、有理据的网络系统，这种层级关系基于概括性和抽象性加工而成。陈满华（2009）认为构式语法提出的构式语义网络体系是客观存在的。

我们根据上文对"X什么X"构式义的归纳，从语义语用角度出发，结合"X"的句法形式，将"X什么X"内部的构式层级图示如下图6-1：

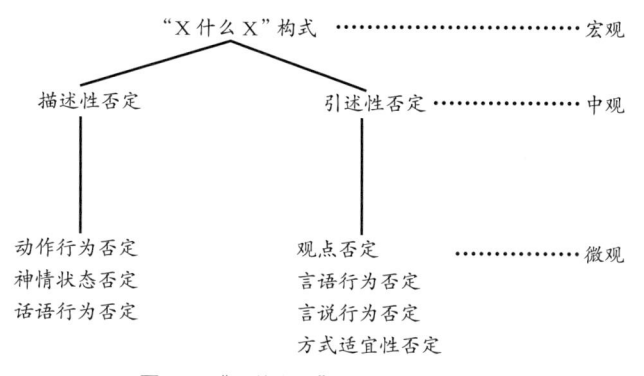

```
              "X什么X"构式 ·············· 宏观
                /        \
           描述性否定    引述性否定 ············ 中观
              |             |
          动作行为否定    观点否定
          神情状态否定    言语行为否定 ············ 微观
          话语行为否定    言说行为否定
                        方式适宜性否定
```

图6-1 "X什么X"构式层级关系网络

其中，中观层级"引述性否定"和"描述性否定"内部有各自的原型用法。究竟哪一种为原型，下文将作进一步讨论。

## 二、构式原型

Goldberg（1995：72）提出"为了表述理据性之间的关系，我们假定语义上和句法上相连的构式之间存在非对称的承继联接关系"，并"允许层级中的某个特定构式从多个统制构式（dominant construction）承继信息"，即允许多重承继。Trousdale（2013）进一步解释道，在语言网络中，承继关系被用来描述关于一种语言的共时事实，具体的集合成员从更普遍的集合继承属性，在多重继承的情况下，具体构式从多个构式类型中承继属性。Goldberg（1995：75）指出"多义联接"描述构式的某个特定意义（中心意义）和该意的扩展之间的语义关系的性质。句法规定的中心意义被扩展意义所承继,因此,我们不需要描述每个扩展意义的句法实现。"X什么X"构式的中心意义在构式网络中体现为基本层次,因此,需要我们确立该构式的原型成员。我们判断构式原型的标准是:历时条件变化等历史证据、频率、语义-语用功能、稳固性。[①]描述性用法与引述性用法哪个是原型?

### 1.历时条件变化等历史证据

迄今查得的最早的构例都是引述性用法,如上一节的例(7)(8)(9)"迎何所迎""送何所送""了何所了""祭何所祭?",第一个动词"迎""送""了""祭"都是上文出现的言辞,是言者谈论的话题。这显然不是偶然的现象。

### 2.固化程度

关于"X什么X"构式的稳固性,艾哈迈德(2012)认为"X什么X"构式中的"X"为谓词时,构式义对语境的依赖性低、构式成熟度高。一方面,"X"为谓词时,频率最高,构式受高频使用的影响得以固化;另一方面,构式的稳固性也与其语义功能相关。Langacker(2008:248)提出"环境引发的语义扩展",将一个构式运用到一个新的语境中,新的情景语境会对构式里的构件成分以及整个构式的语义解释发生偏离。这种偏离得到语言社会认可,伴随使用频率的升高而固化,则会推动构式语义扩展出新的构式子类。作为口语交际中经常使用的构式,"X什么X"更容易在引述性否定中扩展出新用法。X为名词、代词、叹词、语素等都出现在引述性用法中,如:

(1)突然看到一个面目狰狞的鬼,翠色面皮,牙齿长而尖利,像锯子一样,正张开血盆大口……该男子见后大骇,"鬼……鬼……""鬼什么鬼!我是小翠,你的小三呀!"(新浪微博)

(2)李大嘴:我……我……
白展堂:我什么我!(说着使劲冲大嘴眨眼)做人图啥啊?不就图个心安理得吗?啊?还不认罪!(《武林外传》)

(3)李子维:就算莫俊杰没出手,我也会教训那些家伙。
众人:喔。
教官:喔什么喔,哪一班的,看什么看,离开啊。(电视剧《想见你》)

(4)"那是喜事儿啊!""喜什么喜?""她想生!生就生呗,你喜欢断子绝孙啊?"

---

① 关于构式原型判定标准的讨论详见第一章第四节。

描述性用法中，构式中的X很受限制，只能是描述行为动作、神情状态的动词、形容词。而引述性用法中的X几乎不受范畴特征限制。在交际环境下，不论什么词性，理论上都可以作为引语源。像名词、代词、叹词等，不表示行为动作、神情状态，所以只能作为引语源才能进入"X什么X"构式。因此，引述性用法的"X什么X"比描述性用法具有更加强大的扩展能力，固化程度更高，也更具有原型性。

根据以上两个标准可以判定引述性用法是该构式的原型。引述性用法中有几个微观构式，哪一个是原型呢？这要看频率和语义－语用功能。

**3.频率**

关于频率在语言中究竟起多大作用，当代语言学对此仍然存在分歧（Bybee & Hopper 2001：10-12；杨黎黎、汪国胜2018）。但基于使用（usage-based）的语言观视角下，频率对语言的的作用不容忽视。我们通过对北京大学中国语言学研究中心（CCL）现代汉语语料库、电视剧《我爱我家》《武林外传》台词的转写语料进行分析统计，"X什么X"构式的类频率和例频率使用情况如下表6-1所示。

表6-1 "X什么X"构式语义功能类频率和例频率统计表

| 名称 | | 类频数 | 类频率 | 例频数 | 例频率 |
| --- | --- | --- | --- | --- | --- |
| 描述性否定 | 神情状态否定 | 3 | 2.8% | 4 | 1.9% |
| | 动作行为否定 | 21 | 19.6% | 79 | 37.6% |
| | 话语行为否定 | 19 | 17.8% | 41 | 19.5% |
| 引述性否定 | 观点否定 | 24 | 22.4% | 38 | 18.1% |
| | 言语行为否定 | 19 | 17.8% | 26 | 12.4% |
| | 言说行为否定 | 16 | 14.9% | 16 | 7.6% |
| | 方式适宜性否定 | 5 | 4.7% | 6 | 2.9% |
| 总计 | | | 107 | | 210 |

相比之下，"动作行为否定"在描述性用法中例频率和类频率最高；引述性用法中的"观点否定"比重最高。

关于类频率与例频率与构式原型的关系，Traugott & Trousdale（2013：18）认为类频率等同于构式频率，例频率等同于构式实例的频率。我们可以理解为，某一构式实例有着较高的例频率，使得底层构式更加固定，而在上层构式中，具有较高类频率的语义功能，更有可能作为原型，使得构式的扩展得以实现。描述性用法中,"动作行为否定"具有较高的例频率,主要是因为存在如"看什么看""搞什么搞"等具有较高的用例频率的构式实例。此外,话语行为本身作为一种行为方式,与动作行为密不可分,其中言语动词作为X的主要构成成分,实际上也可以看做一种动作行为。引述性用法中,观点否定既可以对事物或事件评价的否定,也可以对问话人询问的回答,其用例频率最高。其构式原型性我们将从语义功能和固化程度角度作进一步解释。

### 4.语义—语用功能

江蓝生(2016)指出,"非形态语言的汉语在通过变换同一表层结构式中的语义关系而达到表达尽可能多的语义功能方面显得尤其能为"。一般情况下,"什么"反问句否定的对象取决于动词所涉及的背景题元,如受事、目的、条件、原因等。然而在"X什么X"构式中,疑问代词"什么"的宾语地位十分模糊,特别是其意义已经进一步虚化,很难说得上它指代什么成分。因此,0"X什么X"构式在交际会话中,经过整合,作为引述性否定用法主要表示对言者观点的否定,言语行为否定、言说行为否定、方式适宜性否定都是其扩展用法,它们之间存在着内部承继。因为引述性否定"X什么X"构式本身是基于"X什么X"与"说X-P"之间的关联,"X-P"指包含焦点信息X在内的一段话。说话人在用"X什么X"进行否定时,"X"作为转述的对方话语中的言辞,必须以对方说"X-P"这一行为的先行发生为前提。言者基于语言经济性原则,没有再将"说X-P"言说出来,而是摘取其中的焦点成分X,直接采用引述性"X什么X"构式表达否定。而"说X"与观点否定联接最为直接。换句话说,言者之所以引述对方的言辞X,是因为对方所说的话包含的观点言者不能认同。如:

(5)和平:你还好吧志国?
　　志国:<u>我好什么好啊我?</u>我的麻烦事儿比你们都多!(下)(《我爱我家》)
(6)和平:去吧,睡去吧,志国,你说今咱做的是不是有点儿过呀,你瞅你爸那样儿。
　　志国:<u>过什么过,</u>一点都不过,过犹不及,我告诉你,就这样,还不一定放不放咱走呢。(《我爱我家》)
(7)孟朝阳:您改名叫贾圆圆了?
　　和平:对呀……<u>对什么对呀,</u>我我瞅这样呀,八成就得出事。(《我爱我家》)

几乎所有形容词充当X的构例都是表达言者不同意对方的评价。上文说到，有些动词性成分充当 X，也表示对对方评价的不认同，如：

(8)志国：就是，人好几百年以前犯的错误，现在还不许人改嘛。
小凡：就是……
傅老：改什么改，他改的了嘛，这个北京人在纽约，不还是一样嘛。(《我爱我家》)

(9)这种迷茫的态度反倒叫夏琳不知说些什么好了，她望向关鹏："可学时装设计当然是法国好了。"陆涛笑道："我学盖房的都懒得出国学，你一个做衣服的跑法国学什么学啊，回家买台缝纫机想做什么就做什么呗！"夏琳笑了。

"言语行为否定""方式适宜性否定"实质是观点否定的引申和精细化。如：

(10)我说想看日出，你说看什么看，有什么好看的，我们永远没机会了
(11)不久就有风言风语传到梁大牙和大队几个主要负责人的耳朵眼里，宋副大队长和东方闻音都严肃地提出来，要梁大队长找朱预道认真谈一次。不料梁大牙很不以为然，振振有词地反问宋副大队长："谈什么谈？第一，说朱预道搞女人查无实据。……"

例(10)"我想看日出"可以是一个提议，也可以是一个愿望，当然也可以看作是一个观点。(11)"谈什么谈"否定了对方的提议，也否定了对方要求谈的主张。

(12)方唐镜：大……
包龙星：大什么大？
方唐镜：我叫大人而已。
包龙星：人什么人？

例(12)"大什么大""人什么人"否定称谓方式"大人"的适宜性，是因为"大人"这个称谓中所包含的观念言者不认同。所以，我们认为，"言语行为否定""方式适宜性否定"的形成，是原型的扩展。

综上所述，引述性用法中的观点否定是"X 什么 X"构式的原型。其他用法都是在原型基础上引申扩展而成。

# 结　语

本书以认知语言学、构式语法、构式化与构式变化等语法理论为基础，阐明现代汉语共时层面"什么"反问习语构式的句法、语义、语用特征和相关构式的层级关系；系统梳理了从殷商到现代"什么"反问习语构式起源、发展与演变，阐述了数十个相关构式的构式化与构式变化，概括了多个构式的韵律特征、句法语义语用信息，X 的允准条件；理清了发展演变脉络和承继关系，构拟了庞大的"什么"反问习语构式家族承继关系网络；探讨了构式化与构式演变的动因、机制等问题，提出了一系列富有新意的观点。

## 一、"什么"反问习语构式家族承继关系网络

本书前面各章的研究，构拟出"什么"反问习语构式家族承继关系网络。下面以时间顺序，按照主要朝代先后描述"什么"反问习语构式的发展演变关系。

殷商时代，汉语中存在少数几个古老而简单的构式、格式：询问构式、偏正构式、动本格式等。询问构式，形式包括疑问词、疑问格式（如宾语前置），上升的语调；意义表达询问；功能是索取未知信息。动本格式到西周发展为动本构式。询问构式至西周发展出表达否定意义的反问构式。在此基础上，西周发展出实体性"彼何人哉"等反问构式。反问构式"彼何人哉"从产生于西周时期的判断构式承继判断语义和句法信息，成为判断句的一个实例，二者之间构成实例联结；从偏正构式承继修饰关系的句法语义信息，后者参与到该构式中成为它的一个部分，二者构成子部分联结；从反问构式中承继反问构式的韵律、句法、语义、语用信息，成为反问构式的一个实例，同时反过来丰富和发展了反问构式。

春秋时期产生了由动本构式演变来的超动构式和半图式性反问构式

"何宾＋Vt"。"何宾＋Vt"从动本构式承继句法语义信息，从反问构式承继韵律特征、宾语前置的句法特征和否定语义以及针对引发的辩驳、劝阻、斥责等语用信息。春秋末期产生了"O之V"构式、"何X之有"构式、"何X之为"构式以及"何X之V"格式。属于反问的是"何X之有"和"何X之为"。"何X之有"承继"O之V"构式的宾语前置特征，其中"何X"承继偏正构式的修饰关系；从反问构式以及反问述宾构式"何宾＋Vt"承继韵律特征、句法语义信息和针对引发的辩驳、劝阻、斥责等语用信息。"何X之V"承继询问构式的询问形式和功能，承继"O之V"的宾语前置特征，同时也承继反问构式的韵律、句法、语义、语用信息，还承继了反问构式"何X之有"的特征，后者成为它的一个部分，这样"何X之V"既可以表示询问，也可以表示反问，二者也没有明显的分化，我们认为它还不是一个构式，只能算是一个格式。两汉之后，随着"何X"移到动词后，出现了"V何O"格式。"何X之V"格式中有一个"为"字判断句，它承继了"何X之V"的反问部分的特征，形成了早期反问判断构式"何X之为"。该构式虽然为反问判断构式，但因其宾语前置，动词"为"又不是纯粹的判断动词，且战国以后日趋萎缩而消亡，对后世的判断构式影响不大。

战国时期出现的与"什么"反问习语相关的构式是反问实体构式"是何言也"。它承继西周时期的反问实体构式"彼何人哉"的句法语义语用信息，在后者的基础上类推而来，二者之间是多义联结关系。同时，还承继反问构式的特点，成为后者的实例，二者是实例联结关系。在"何X之有"之外，战国时期还出现了正在构式化过程中的"有何X"格式，它承继动本构式的句法语义信息，承继反问构式的特征，最终并入两汉时期的"有何X"构式。

两汉时期的"有何X"反问构式一部分是由"何X之有"演变而来，一部分是接纳了"有何X"格式和名词短语做状语的反问格式"何N状语＋VP"的来归。两汉时期在西周的"彼何人哉"和战国时期的"是何言也"两实体性构式基础上类推出反问身份褒义构式"（S）＋何等＋NP身份褒义"和事体反问构式"此何NP事体"。它们共同抽象出六朝时期半图式性反问判断构式"（S）＋何等/何物＋NP"。

春秋时期的反问构式"何宾＋Vt"到六朝时期演变为"何所宾＋V"，事物疑问代词"何所"替换了"何"；前者构式中的动词为及物动词，后者扩展至不及物动词。话题句"V何所V"的前一个V是交际对方所说的话语中的核心动词。言者对对方的观点、建议不认同，于是引述该动词作为自己话语的话题，以反问句"何所V"作为述题，来反驳对方的观点，这样就产生了

## "什么"反问习语构式承继网络研究

"V何所V"话题句。伴随着"何所"的词汇化和疑问代词前置现象的式微，经过多次重新分析，在反问构式"何_宾＋Vt"的促动之下，产生了"V何所V"构式。该构式再经过疑问代词替换、动词向其他语类的扩展最后演变为明末清初的"X什么X"构式。六朝时期在"彼何人哉""是何言也"（S）＋何等＋NP_身份褒义""此何NP_事体"（S）＋何物＋NP_身份贬义"来归的基础上，共同抽象、整合出图式性更强的反问构式"（S）＋何物＋NP"。另外，六朝时期"是"字判断句开始成熟。

　　唐代在"是"字判断句的基础上出现了道理构式"S是何道理"，它承继了言语构式"是何言也"和"（S）＋何物＋NP"的韵律特点和句法语义语用信息。

　　五代是近代汉语的开端，新产生的"什摩"反问习语构式最多。六朝时期的反问判断构式"（S）＋何等／何物＋NP"在承继"是"字判断句和"S是何道理"构式的基础上到五代时期演变为图式性较高的反问判断构式"S＋是＋什摩＋O"。六朝时期的反问构式"何所_宾＋V"经过疑问代词替换和前置宾语后移演变为五代的反问述宾构式"V（个）什摩"，其原型是在动本构式和反问构式"何所_宾＋V"的基础上发展出的惯常论元构式"Vt（个）什摩"（A）。由A发展出目的构式"VP＋作什摩"：否定动作行为目的／原因以否定动作行为本身。由A类推扩展出三个虚拟论元构式：B性质虚拟论元构式、C目的虚拟论元构式、D条件虚拟论元构式。它们又共同并入反问述宾构式，抽象出一个更具图式性的反问述宾构式"V（个）什摩"。到两宋反问述宾构式发展出E受事虚拟论元构式"VP/AP（个）甚么"：将谓词性成分虚拟为及物动词，"甚么"虚拟为其受事论元，反问否定该论元的存在，以否定对方的行为或所持的观点。反问述宾构式"V（个）什摩"其中的动词经历了由及物动词向形容词、不及物动词、名词、叹词、拟声词的扩展，发展到现代已经演变为高图式性的"X什么"反问构式。两汉时期的反问构式"有何X"到五代演变为反问构式"有什摩X"。五代时期产生的反问离析构式"V什摩O"并非由"V何O"格式演变而来。反问构式"有何X"、反问判断构式"S＋是＋什摩＋O"以及反问构式"说什摩X"共同促成了较高图式性的反问离析构式"V什摩O"的诞生。另外，五代还产生了"说什摩X""说什摩XZYZ"反问构式。

　　两宋时期，反问构式"有甚（麼）X"在词汇构式"A/N-处"的帮助下发展出"有甚……处"。随着"处"与助词"的"的此消彼长，"甚（麼）"被"什么"替换，反问构式"有甚（麼）X"到清代演变为"有什么X（的）"。反问构

## 结 语

式"V什摩O"到宋代演变为"V甚O","V甚O"扩展到复合词"XY"发展出反问构式"X甚Y"。随着疑问代词"甚"被"甚麽""什么"替换,XY的扩展,到清代演变出"X什么Y"反问构式。再由"你的"对"什么"替换,发展出"V你的O"之类的离合词构式。在五代反问构式"说什摩X""说什摩XZYZ"的基础上,宋代产生反问构式"说甚麽X与¬X",它又演变为"说甚麽X不X"构式。

反问构式"S是甚麽O""说什摩X"元朝演变为反问构式"甚麽X:G、F、A、C"。"S是甚麽O"元代扩展出反问构式"S算甚麽O"。

明代在"有甚(麽)X"和"说甚麽X不X"的基础上发展出反问构式"有甚么X不X"。从宋代的"S是甚麽O"扩展出"S叫什么O"反问构式。从宋代的"说甚麽X不X"类推出"管甚么X不X"。从五代的反问构式"说什摩XZYZ"到明代类推出"管甚么XZYZ"和"分甚么XZYZ"反问构式。元代的反问偏正构式"甚麽X:G、F、A、C"到明代扩展为反问偏正构式"甚麽X:I、F、G、A、C、H、D",由"管甚么X不X"脱落动词"管"而形成的"甚么X不X:G"也归并到反问偏正构式。"说甚麽X不X"省略动词"说"演变为"甚麽X不X:I、F、G"。五代的"说什摩XZYZ"省略动词"说"演变为明代的反问构式"甚么XZYZ:I、F"。

清代,明代的反问偏正构式"甚么X""甚么X不X""甚么XZYZ"整体演变为"什么X""什么X不X(的)""什么XZYZ(的)"。由明代的"有甚么X不X"演变来的"什么X不X:H"归并入"什么X不X(的)"反问构式。承继明代的"管甚么XZYZ"和"分甚么XZYZ"反问构式而产生的"知道什么XZYZ"反问构式在清代演变为反问构式"什么XZYZ:J",归并入"什么XZYZ(的)"。由"管甚么XZYZ"和"分甚么XZYZ"分别演变而来的"什么XZYZ:G"和"什么XZYZ:K"都同时并入"什么XZYZ(的)"。反问判断构式"S是甚麽O"在"S算甚麽O"和"S叫什么O"并入以后清代形成了一个更具图式性的反问构式"S+Vj+什么+O"。

下面以"什么"反问构式为纲,扼要勾勒出主要构式的产生、发展演变脉络。

在殷商询问构式、偏正构式、动本格式等基础上,西周产生了反问构式、实体性反问构式"彼何人哉"、动本构式、判断构式、"O助动"格式等。在此基础上,春秋产生了半图式性反问构式"何$_{宾}$+Vt""O是V""O之V"构式、超动构式,在"O之V""何$_{宾}$+Vt"和偏正构式的基础上春秋末年出现了"何X之有""何X之为"反问构式以及"何X之V"格式。"何X之有"

· 303 ·

承继产生于战国的"有何X"的特征到两汉演变为反问构式"有何X",五代而为口语性的"有什摩X"。两宋在词汇构式"A/N-处"的帮助下发展出"有甚……处"构式,随着"处"与助词"的"的消长,演变为清代的"有什么X(的)"反问构式。明代在反问构式"有甚(麽)X"和"说甚麽X不X"的基础上发展出反问构式"有甚么X不X"。

战国时期由"彼何人哉"类推出"是何言也"反问构式,二者在两汉类推出"(S)+何等+NP$_{身份褒义}$""此何NP$_{事体}$"两个反问构式。这些实体半实体构式抽象扩展出六朝时期半图式性反问判断构式"(S)+何等/何物+NP"。在承继"是"字判断句和"S是何道理"的基础上到五代演变为图式性较高的反问判断构式"S+是+什摩+O",在元代"S算甚麽O"和清代"S叫什么O"的基础上抽象出图式性更高的"S+Vj+什么+O"。

春秋的反问构式"何$_宾$+Vt"到六朝时期演变为反问构式"何所$_宾$+V"。当V成为话题就发展出"V何所V"构式,再经过疑问代词替换、动词向其他语类扩展演变为明末清初的"X什么X"构式。

六朝时期的反问构式"何所$_宾$+V"经过疑问代词替换和宾语后移演变为五代的反问述宾构式"V(个)什摩",其原型是在动本构式和反问构式"何所$_宾$+V"的基础上发展出的惯常论元构式"Vt(个)什摩",其中包括目的构式"VP+作什摩"。"Vt(个)什摩"承继超动构式类推扩展出性质、目的、条件、受事四个虚拟论元构式。其动词由及物动词向形容词、不及物动词、名词等扩展演变为现代的半图式性反问构式"X什么"。

"有何X""S+是+什摩+O""说什摩X"三构式共同促成了五代时期较高图式性的反问离析构式"V什摩O",宋代扩展到复合词"XY"发展出反问构式"X甚Y",再由"你的"对"什么"替换,发展出现代的"V你的O"之类的离合词构式。

在五代"说什摩X""说什摩XZYZ"的基础上,宋代产生反问构式"说甚麽X与¬X",后者又演变为"说甚麽X不X"构式,它又类推出明代的"管甚么X不X"。在它们的基础上明代类推出"管甚么XZYZ"和"分甚么XZYZ",清代"知道什么X不X"。这些构式中的动词脱落,疑问代词替换,演变为清代反问构式"什么X""什么X不X(的)""什么XZYZ(的)"。

以上"什么"反问习语构式演化显示构式发展的基本趋势是:从无到有,从少到多,从简单到复杂,从不完备到完备。整个过程可以用下面的图来表示(为避免过于复杂,一些枝节和细节被简化):

## 二、本书的主要结论

除了上面的"什么"反问习语构式承继关系网络，本项研究还得出以下重要结论。

各类反问构式共时描写方面，我们区分描述性（否定）用法与引述性（否定）用法。描述性用法时，"什么X""X什么""X什么X""有什么X（的）"中的X只能是句法成分而非话语成分；引述性用法时，X是话语成分而非句法成分。"什么X不X（的）""什么XZYZ（的）""有/说/管/分/知道+什么X不X（的）""有/说/管/分/知道+什么XZYZ（的）"都只有引述性用法而没有描述性用法，其中的X都是话语成分而非句法成分。两种用法的来源也不同。引述性否定又分为引述性判断否定和引述性祈使否定，分类标准为引语"X"展示的对象：当引语"X"展示语言内因素即形式或意义时，构式表现为引述性判断否定；当引语"X"展示非语言因素如言说行为时，构式表现为引述性祈使否定。

关于构式中"的"的性质及其来源，课题组提出"有什么X（的）"中"的"有两个：结构助词和语气词。从结构助词到语气词是一个演变的过程。作为结构助词的证据有三：可以补出中心语；只出现在谓词性成分后面，出现在体词性成分后面句子不合法；不能删除。"有什么X的"构式中可以被删除的"的"是语气词，表示提请注意的语气。"什么X不X（的）""什么XZYZ（的）"中的"的"也是语气词。这个"的"是怎么来的呢？我们不认为现代的"有什么X（的）"来自宋元"有甚VP/AP处"，是用"的"替换"处"的结果。二者功能近似，语义不同："处"的本义处所义在构式中有所遗留，沿处所义引申指部分、方面、点；结构助词"的"主要功能是转指动作主体或对象，故此元明时期该结构中的"处""的"有些不能互换。"的"还有自指功能，指动作的时间、地点、事由等外围环境成分，从而与"处"的语义相近。此时，二者表面上可以互换，不过语义仍有微妙区别，如"有甚不依他处"指没有什么地方不依他，处处依他；"有甚不依他的"指事事依他。清朝的情况发生了大逆转：带"的"的数量超过了带"处"的。为何出现此消彼长？"处"从语法成分向词汇成分"逆语法化"发展，日益词素化，变为词内成分，这是一个词汇化过程。"的"的程序性功能却日益扩大。元明时期构式中的"的"仅限于提取动作或性状的主体或对象，到清朝该构式中的

"的"增加了提取主体或对象中某一个部分的功能。之所以要提取该部分，是因为该部分是谓词所标识的动作或性状所涉及的核心所在，而让原来的主体或对象成为一个较大的范围，从而使得语言表达更加准确、精密。"的"因这个功能而得到语言社会的青睐。"的"提取某个范围中的一个部分或方面，"处"表示部分或方面，二者在这方面重合，造成在某些句子中可以互换。当"的"字结构中出现了助动词"可""好""值得"时，"的"既可以提取受事而转指，也可以自指，指动作本身的价值。如"有什么可说的！"(《红楼梦》七十七回)"可说的"既可以理解为"可说的话"，也可以理解为"说的价值"。可见，由于"的"的功能强大而呈现出扩张趋势，吞并了"处"的语法功能。其实，没有这个"的"，句子也是合法的，如"有什么可说"。(这也促使"的"向语气词演变)既然是合法结构，为什么要在后面添加一个"的"呢？添加"的"的动因与"处"的产生动因是一样的：句法和语义的双重扭曲关系，促使语法系统自身在 X 抽象名词化的强大类推作用下发生调整整顿。

　　关于构式的产生和发展，课题组认为构式有生有灭。构式的生死都不是突变的，而是渐变的。构式死亡主要表现为并入其他构式中。"归并"或"并入"是本项研究对 Goldberg 提出的构式之间四种联结方式的补充。如春秋初的"O 是 V"构式归并春秋末年的"O 之 V"而消亡；宋元时期反问构式"有甚……处"并入清代的"有什么 X 的"而逐渐消亡；六朝时期，"何 N·(而) VP？"并入"有何 X"而消亡。更多的构式归并后自身并不消亡，如元代的"S 算甚麽 O"并入清代"S＋Vj＋什么＋O"构式，自身仍然存在。构式有变化性的一面也有稳固性的一面。明清时代，口语中早已是"甚"系和"什"系疑问代词一统天下的局面，但是明代"何物＋X 指人，VP"竟多达 12 例，清代更是高达 21 例。构式形式的某些方面的变化具有一定的滞后性。"是何言也""是何道理""何 X 之有"虽然早已并入其他构式，但是它们在后世仍然有所使用。图式性构式来源于对实体性微观构式或半图式性构式的并入和抽象概括。高图式性反问判断构式"S＋Vj＋什么＋O"是对宋代"S＋是＋甚(麽)＋O"、元代"S＋算＋甚麽＋O"和清代"S＋叫＋什么＋O"三种构式并入、概括而成。五代时期半图式性反问判断构式"S＋是＋什摩＋O"是南北朝时期反问构式"S＋何物＋NP"在唐代"是"字判断构式成熟的基础上，承继道理实体性构式"(S)是何道理"而来。而半图式性反问构式"S＋何物＋NP"是对稍具概括性的"(S)＋何等＋NP$_{身份褒义}$""此何 NP$_{事体}$"以及六朝时期产生的"(S)＋何物＋NP$_{身份贬义}$"等构式抽象而来，而它们又是在西周的"彼何人哉"和战国末期的"是何言也"等实体构式基础上类推扩展而来。

关于构式化与构式演变的动因：

韵律对句法的改变。"有什么要紧？""什么"带全重音。"有"不带重音，作为一个单音节形式不足以构成独立音步。后面的"什么"是双音节词，又带全重音，自然成为一个独立的标准音步。这样，单音节的"有"就要粘附到双音步"什么"上面，构成三音步。如此，"有什么"就成为一个三音步韵律词。"V 何所 V"发生重新分析也是韵律作用的结果。汉语音步双音化，带来词汇双音化，加上"何"的焦点重读要求，促动在线性次序上相邻的"何"与"所"发生重组；双音化导致词缀产生，促使结构助词"所"词缀化，这些因素共同作用合力催生了双音词"何所"。

疑问代词的词汇替换引发重新分析。"何"或多或少承继了前置宾语的特性，"有何忧"，"何"可以被解释为"忧"的宾语。当"何"被"甚"系疑问代词替换以后，"甚"系疑问代词都产生于唐宋时期的口语，并没有作前置宾语的历史传承，故此，它们被分析为后面动词的前置宾语的可能性较小。这就发生了重新分析。如"有什么难辨""什么"被分析为"难辨"的前置宾语几率很小，而在构式压制下分析为定语的可能性骤然上升，其语义也相应被重新解释为"难辨之物"或"难辨之处"。当这种重新分析的结果被语言社会普遍接受而希望被固定下来的时候，谓词性成分体词化的标记"处"和"的"就应运而生。再如"V 何所 V"构式中的"何所"被"什（甚）"系疑问代词替换后就不能再解读为后一个动词的宾语，这样就导致了该构式透明度大幅降低，从而形成可分析性极低的不符合语法规则的独特的"V 什么 V"构式。

减缩与扩展。南宋的"说甚么 X 与一 X"格式，如"说什麽吃与未吃"（《古尊宿语录》卷十八），其结构应该是：[ 说什么吃 ][ 说什么未吃 ]。并列结构经过相同成分的提取和合并操作变成了"说什么吃与未吃"，再减缩为"说什么 X 不 X"。元代该构式中的动词开始扩展到言说动词的"问"，然后扩展到动词"有"。这些动词进入构式，促使构式意义发生变化。"有"不具有动作性，不能用于表达祈使意义，它促使构式表达对以 X 为标准的评价维度的否定。从而推动构式义的发展。"说甚么 X 不 X""管甚么 X 不 X""知道什么 X 不 X"构式中的动词脱落就减缩为"甚么/什么 X 不 X"构式。

构件成分语义特征推动构式句法语义的发展。如五代时期的"有什摩难道"（《祖堂集》卷十）可以是兼语、连动、述宾，宋代的"有甚么休歇"（《五灯会元》卷四）就没有这么多的解释。"休歇"，本为动词，按理说可以充当兼语或连动的第二个动词，但是因为"休歇"的词义限定了它只能陈述人等有生事物，而疑问代词"甚么"一般指代无生事物，所以，"甚么休歇"不能构成主谓关系。"有甚么"也不是"休歇"的理由、条件、受事等语义成分，因此，也不能构成连动关系。这样，它就只能解释为述宾关系："甚么"修饰"休歇"形成一个偏正短语做"有"的宾语。"休歇"接受事物疑问代词的修饰，其语义也发生变化，不再指谓一个过程，从而失去了时间性，转指一个事体而抽象名词化。这样，整个构式的句法关系和语义关系都发生了变化。再如，动词"管""分""知道"对"说什摩 XZYZ"构式中的动词"说"替换，在明代类推出"管甚么 XZYZ"和"分甚么 XZYZ"两构式，清代类推出"知道什么 XZYZ"构式，这些构式省略前面的动词就形成了清代"什么 XZYZ（的）"构式 G、K、J 三式。

　　语法系统自身的调整。两宋时期出现了"有甚 VP/AP 处"构式，使用频率极高。为什么词汇构式 [V/A-处] 大量进入反问构式"有甚 X"，为什么它能被后者所允准呢？这是语法系统为解决"有甚 X"构式形式和意义两方面的扭曲关系而自发采取的调整措施。事物疑问代词作为修饰语其基本功能是修饰体词，不能修饰谓词。当动词、形容词进入构式充当 X 时，疑问代词的语法功能与动词、形容词的语法功能产生组配扭曲，于是就有兼语、连动、述宾多重句法分析的可能性。事物疑问代词修饰体词一般是问事物的性质，当谓词置于其后，就不好解释为问事物的性质，这就产生了意义搭配的扭曲。为了解决这两种扭曲关系，语法系统需要将谓词性的 X 体词化。而词汇构式 [V/A-处] 的出现适应了这一需要，自然被"有甚 X"所允准，大量进入该构式。"-处"的语法功能是将谓词体词化，其语义功能是将动作或性状变为动作的地点或具有某性状的部分、方面。我们将"-处"看做是谓词体词化标记。所以，"-处"的出现标志着汉语语法和语义发展日益精密化。词汇构式 [V/A-处] 大量进入反问构式"有甚 X"，反过来强化了 X 句法位置的体词性，加强了该位置上的成分指称抽象概念的属性。

　　多种因素共同作用。"X 什么 X"构式构造奇特，难以归入现代汉语结构类型中。课题组认为其特殊性是在汉语两千年历时演化中由多种因素合力促成的，共时解释难以奏效。本书提出"X 什么 X"构式跟事物疑问代词发展演变紧密相关，由南北朝时期的"V 何所 V"演变而来。汉语史上音步双音化、焦点重音、词汇化、语序演变，使得"V 何所 V"发生多次重新分析，后经过"什（甚）"系疑问代词对"何所"的词汇替换，再经由"V"向其他语类扩展，最终形成"X什么X"构式。这说明"V何所V"的构式化主要不是由语义或语用因素所促动的。

关于构式化与构式演变的机制：重新分析、类推与转喻：

我们认为清代"有什么X（的）"结构已经发生了重新分析：[ 有什么 [X（的<sub>结构助词</sub>）]]，述宾结构，述语是"有什么"，宾语是"X（的<sub>结构助词</sub>）"；[[ 有什么 [X]] 的<sub>语气词</sub>]，是语气词短语，除开语气词"的"剩下的也是述宾结构。这一分析方案与现有方案的本质区别在于：我们认为"有什么"本身已经固化为一个构式，即发生了构式化，是一个凝固的单位，相当于一个否定动词，它本身既可以带体词性宾语，也可以带谓词性宾语。

"X什么X"在构式化过程中，发生了多次重新分析。首先，在"[S]何所V"句式中，跨层结构"何+所"分析为事物疑问代词"何所"，"何"失去了作为独立疑问代词的地位，成了词内成分；"所"也失去了作为一个独立助词的地位，成了类似于词缀的成分。整个结构由主谓谓语句分析为主宾动结构。其次，事物疑问代词"何所"句法地位发生了重新分析：既作第二个动词的前置宾语也被分析为第一个动词的宾语。最后，当"何所"被"什（甚）"系疑问代词替换之后，由于后者不作前置宾语，只能被重新分析为第一个动词的宾语，而不再做第二个动词的宾语。

两宋"V甚O"扩展到复合词"XY"发展出"X甚Y"构式是类推的结果。两宋时期"V甚O"构式已经完全取消了对动词的准入条件限制，其中的动词呈现辐射状向外扩展。语义上"甚"与宾语中心的联系变得日益模糊而缺乏透明性。"甚"的语义辖域由O逐渐扩展到整个动宾短语"VO"，帮助其形成否定语义。整个构式询问的意味越来越弱，而固定地表达否定的功能越来越强。还应注意到，汉语短语词汇化为复合词是一个漫长的渐变过程，其间很长时间既可作复合词使用，亦可作短语使用。两宋时，"着急""济事"等结构正在由短语向复合词演化的词汇化过程中，已经完成词汇化的双音词"XY"可以重新分析为双音短语再到扩展的短语，可进行句法操作。在类比推理下，词汇化过程中的述宾式双音结构"XY"很容易被看作述宾短语"VO"，从而将X看作V，将Y看作O，由"V甚O"构式类推出"X甚Y"构式。另外，我们认为，晚清以来的口语中，"帮我的忙""生你的气"之类的"V你的O"构式也是在"V什么O"构式基础上，由人称代词替换其中事物疑问代词类推出来的。

评价义形容词受到构式压制而进入反问构式"V什么"是转喻作用的结果。形容词特性被压制，构式促使其以结果转喻动作，即以描述/评价的结果转喻描述/评价动作行为。在整合过程中，形容词从结果凸显到动作行为凸显，通过否定结果来否定动作行为，言者通过构式表达对对方评价行为的否定，即"不能说A"。

对语法研究的启示：

首先，本项研究深化了学界对反问句性质的认识。一直有学者认为反问与询问只是用法的不同，在疑问句的形式方面并没有什么区别，一切的疑问句都可以作反问用。本项研究说明，汉语自古以来就有一些反问句是不能做询问用的，如"何X之有""彼何人哉""是何言也""说甚麽X与¬X""说甚麽XZYZ""有什么X不X（的）"等等。本书绪论部分已经指出，有些形式表面上看并不一定表示反问，如"Vt什么""X什么Y"，但是深入观察会发现，表反问和表询问的格式在语调、重音、语气等方面存在一系列差别，因此两者并不相同。典型的反问与典型的询问是很明确的。但是，反问由询问发展而来，中间有模糊地带。从询问到反问是一个连续统，反问习语的习语性也存在一个连续统：X什么X＞"什么X¬X（的）""什么X不X（的）"＞有什么可/好/值得V的＞有什么X（的）＞X什么Y＞V什么。

其次，不能被表面现象所迷惑。看似有承继关系的构式之间实际却未必有承继关系。元代的反问句"甚麽X"描述性否定用法与唐代的"何物＋X_{指人}"构式看起来相似，但实际上没有关系。唐代"何物＋X_{指人}"用在"（竟/敢）VP"前面形成反问偏正构式：[[何物＋X_{指人}，（竟/敢）VP]←→[否定、贬低对方人品][俚俗]]。VP所标识的动作行为与X所标识的事体之间具有转折关系，VP中常带有情态动词"敢"。X也多表现为贬义指人名词或詈骂语。元代的"甚么X"没有与X构成转折关系的后续句VP；X也不是指人名词，用例频率较低，且意义不稳定；加之整个两宋都未见"甚麽X"描述性否定用例，我们认为元代这些用法尚未构式化。我们推断：从意义上看，它们应该是宋代判断反问构式"S＋是＋甚麽＋O"的减缩形式。再如，不能简单地将汉代"有何X"看作是先秦"何X之有"的变相。"有何X"对"何X之有"在音节、组合层次、结构关系、意义表达等方面都有所突破，在形式和意义两个方面都突破了"何X之有"的某些限制。另外，先秦已经存在"有何X"格式。我们认为反问构式"有何X"是"何X之有"因为整个汉语的语序变化而导致的改变语序之后，与业已存在的表反问的"有何X"合并的结果。"有何X"不是构式化后的构式变化，而是构式网络中新的节点的产生。究其原因，"何X之有"，"何X"前置于动词，X嵌入"何""之"之间，在音节、结构层次、结构关系方面都受到较大限制。而宾语后置的"有何 X",由于 X 居于末尾,突破了上述限制,具有开放性,在形式、结构、意义方面都获得了极大的张力,具备了更多的表现力。

最后,共时平面的假设未必能得到历时上的印证,因此,需要将共时与历时结合起来研究。第一章第二节基于共时数据,就"什么 X""什么 X 不 X(的)""什么 XZYZ(的)"三构式之间的关系提出假设:"什么 X 不 X(的)""什么 XZYZ(的)"两构式是在"什么 X"构式基础上产生的,前两者承继后者的句法语义语用特点。历时演变考察表明,这种承继关系并不存在。三构式都有其独立的来源。反问构式"什么 X"的描述性与引述性用法来源就不相同。描述性反问构式"什么 X"有两个来源:一个是宋代判断反问构式"S+是+甚麽+O",该构式经过减缩形成元代的反问句"甚麽 X";一个是唐代的"何物+X$_{指人}$,(竟/敢)VP"构式,明代将指人名词扩展到指物名词且将 VP 前面的停顿取消,发展为"甚么 X(,)(竟/敢)VP"。清代两股来源的构式合流:一方面越来越多的用例"什么 X"脱离 VP 而独立,另一方面,"什么 X"与 VP 之间也不再有主谓关系,逐渐融合。引述性反问构式"什么 X"除了一小部分来自五代时期的反问判断构式"S+是+什摩+O"外,主体部分来自五代的述宾构式"说什摩 X"。"说什摩 X"省去动词"说"就变成了元代的"甚麽 X"。"什么 XZYZ(的)"构式来源于五代的"说什摩 XZYZ"以及由它类推出的"管甚么 XZYZ""分甚么 XZYZ""知道什么 XZYZ"等构式,动词脱落就形成了偏正反问构式"甚么 XZYZ"。"什么 X 不 X(的)"构式来源于南宋"说甚么 X 与﹁X"以及在此基础上类推出的"有甚么 X 不 X""管甚么 X 不 X"构式,动词脱落就变成了清代"甚么 X 不 X(的)"构式。我们根据判定构式原型的标准:历时条件变化等历史证据、频率、语义-语用功能、稳固性,在共时层面将三者中的"什么 X"判断为原型,那么,按照 Goldberg(1995:37-38;75-76)原型意义为中心意义,其他意义由中心意义"多义扩展"而来。按说"什么 X 不 X(的)""什么 XZYZ(的)"两构式应该由原型"什么 X"多义扩展而来。但是,如上所述,历史上"什么 X 不 X(的)""什么 XZYZ(的)"两构式并非由"什么 X"多义扩展而来,恰恰相反,原型的某些次范畴倒是由"管甚么 X 不 X""有甚么 X 不 X""说什摩 XZYZ""管甚么 XZYZ""分甚么 XZYZ""知道什么 XZYZ"等构式脱落动词形成"什么 X 不 X(的)""什么 XZYZ(的)"构式,再由"什么 X 不 X(的)""什么 XZYZ(的)"构式并入"什么 X"而来。对此该如何解释,尚待进一步研究。

# 附录一　反问判断构式宾语的性质和语义类型统计表

| O 的语义类型 | | | 例词及出现频次 |
|---|---|---|---|
| 指人名词短语 286 33.5%[1] | 中性 92 | 关系 20 | 夫妻2、朋友2、王家的子孙、黄振兴的儿子、相声搭档、好兄弟、女朋友、孩子、"功友"、师母、哥哥、妈妈、父亲、病人、顾客、党外、主人、当家子 |
| | | 官职 16 | 官2、政治参谋长、支书、将、政委、纪检干部、总书记、党的干部、人大代表、村委会主任、军师、万骑长、司令官、皇帝明君、侯爵夫人 |
| | | 职业 31 | 医生3、大夫2、诗人2、作曲家、作家、专业作家、艺术家、旅行家、哲学家、革命家、批评家、医务工作者、社会主义的新闻工作者、政治工作者、作者、记者、律师、监制、厨子、人民警察、老师、职业球员、军警特、师傅、共产党的法官、内掌柜的、带案的 |
| | | 性别 12 | 男人9、女孩子、女人、小伙子 |
| | | 其他 13 | 资产阶级、少数民族、吃饭的、贫下中农、苗家人、工人阶级、农民、庄稼人、百万富翁、特使、富贵人、马路红、席勒 |
| | 褒义 92 | 敬称 92 | 共产党员15、英雄7、好汉6、男子汉大丈夫5、党员4、共产党4、男子汉4、英雄好汉4、好人2、人物2、先知2、先生2、战士2、偶像2、行家、贵客、女易牙、豪杰、名人、诸葛孔明、革命劳模、布尔什维克、全心全意为人民服务的党、预备党员、突击队员、时代的佼佼者、顶天立地的男子汉、无产阶级革命派、专家、标兵（硬骨头战士）、老兵、公仆、抗日好汉、战士、权威、好工人、大腕儿、血性男子、优等生、人才、汉子、活神仙、大干部、人民的领袖、领导人 |
| | 贬义 102 | 恶称 102 | 东西[2]79、玩意儿（玩艺儿）11、反叛、"造反派"、鸟男人、赌徒、第三者、货色、嘴脸、狗屁红案、狗屁医生、狗屁的帝国调查局特务、大牙、军头 |
| 事物名词短语 505 59.2% | 抽象名词 403 47.2% | 知识领域 36 | 社会主义5、艺术5、主权2、马克思主义、单边主义、产权、知识、文化、教育、政治、文艺、高科技、小说、诗3、新诗、哲学、医学、文字语言、词儿、戏词、成语、字、义务教育、阶级斗争、百家争鸣 |
| | | 言语消息 201 | 话80、实话、可人疼的话、事（事儿）69、难事2、恶事、大事2、大不了的事情2、搁不下的紧事、稀罕事2、大事件、一回事、好事情、公事、消息、好消息、新问题、问题5、回答2、答复、思想、军事思想、主意、理由、辩解的理由、道理4、理、真理、规矩3、理论、训话、常识、谜、故事、任务、命令、条件、称呼、新闻 |
| | | 策略方法 26 | 先进经验、宋河的七条建议、发明、计策、计划、考虑、规则、辙2、婚姻制度、办法3、技艺、武功、神功、枪法、高明的枪法、证据、军法、阶级分析、王法2、天理、世道2 |

（续表）

| O的语义类型 | | 例词及出现频次 |
|---|---|---|
| 事物名词短语 505 59.2% | 抽象名词 403 47.2% | 程度 96 | 损失、出息、进步、学问3、风情、理想、功绩、觉悟、机会、气派、成绩、境界、品行、人性2、派头、规律、本事14、本领、能耐3、力量、打击、了不起的贡献、考验、才、伤、能耐、交情、意思7、社会主义优越性2、名堂、鬼名堂、逻辑6、错误2、错、谬误、缺点、困难、样子23 |
| | | 情感态度 16 | 亲密记忆、目的2、恋爱2、工作态度、服务态度、态度4、立场、爱情3、幸福 |
| | | 其他 28 | 日子5、生活6、行为2、社会风气、世界2、作风2、服务、人生、支柱、组织生活、人世间、伟大事业、苦行、苦2、圈套 |
| | 具体名词 102 12.0% | 日常事物 54 | 饭3、大餐、人9、人头儿、饼、船闸、豆汁儿、豪华套间、拖鞋、"百步神拳"、"一条线"、"国优""绝对儿"(3)、偏方、毒草、"中国魔水""不战决议"、绿色长廊、赌注、礼、礼物、眼神、衣服、手、花、密码、准产证、高速路、画、咸鸭蛋、武器、广告、唱机、晚宴、科技开发导报、城、样板戏、鬼电影、陪嫁、钱、黄岩蜜桔、中国领土、中国的领土、验状(4) |
| | | 机构名称 31 | 敬老院（幸福院）、粮油店、医院、车间、学校、新闻机构、合作社、影视公司、码头、模范治安小区、公司、社会主义企业、企业、皇室、军队2、部队、先进中队、赤卫队、主力部队、红色娘子军、家庭、家3、牢房（审讯室）、监狱、卫生之家、自由港、改革试验区、巨人集团 |
| | | 人类活动 17 | 鸟工作、工作2、戏2、足球比赛、世界比赛、世界足球大赛、比赛、战役、相声、教育革命、游戏、仗2、买主生意、文革 |
| 动词短语 38；4.5% | | | 清理、集资、卖国、成亲、改革4、观碑(5)、放炮、让步、心系天下、热爱艺术、冒犯、露富、失态、竞争、拜访、结合、流通、破旧立新、联系实际、题字、发配、流浪、全心全意为人民服务、照顾、出名、羞辱、引进、掩蔽、革命4、起义、胜利、审问 |
| 形容词短语 24；2.81% | | | "能""真、善、忍"、万全、专业、老、好2、苦2、深刻、有钱、能干、时髦、杰出、民主4、成功、稀奇、仁义、高明、新鲜、礼貌 |

注：(1) 数字是出现频次及占总数的百分比。
(2) 有些名词如"东西""玩意儿"字面不是指人的，但是在语境中确是对人的恶称，也看作指人名词。我们根据词在语境中的实际语义来分类。
(3) 指绝好的对联，引自《中国传统相声大全》："甲：（无可奈何）我完啦。乙：就这个呀，这叫什么绝对儿哪？满都是对子本儿上的。"
(4) 验状是宋代验尸官报告检验结果的正式文件。《大宋提刑官》："啪！验状被重重地拍在案桌上。"这算什么验状？检验尸体伤情只填了皮破出血利器所伤……"
(5) 观看石碑之义。

## 附录二  反问述宾构式"X 什么"X 语类统计表

| 语类 | 例子 |
|---|---|
| 动词 | 逃、去、挑(tiāo)、挑(tiǎo)、逗、砍、立、唱、念、待、用、觅、飞、抢、会、平、动、渴、掏、劝、说、求、值、恨、聊、怪、搞、赚、排、演、像、爱、烧、管、听、有、穿、拱、照、搬、等、忙、躲、补、赖、看、查、走、气、吹、哭、批、带、扣、想、讲、告、忧、闹、笑、跑、考、交、喊、拖、吵、缺、愣、叫₁、叫₂、买、试、侃、熬、怕、比、烫、写、嚷、弹、喝、忍、谋、嚷、懂、少、挤、抖、谢、算、辩、多、缝、学、过、晒、防、图、谈、扫、瞅、挖、修、争、热、活、找、切、种、卖、审、成、要、赌、反、抽、顾、打、坐、问、销、端、玩、接、射、瞄、收、吃、闪、抓、招、撞、报、诳、睡、病、签、跳、踢、秤、得、逼、饶、陪、换、戒、堵、顶、当、取、嗝、停、咳、乱、拿、治、装、烦、疼、整、吓、存、拉、花、守、握、画、抱、流、够、教、耗、追、省、记、上、推、翻、火、困、吼、修行、啰嗦、解决、宣传、交流、研究、信赖、请示、揭发、吃惊、说明、见到、着急、苛求、咋唬、加入、学习、丰收、叫唤、改变、要求、登记、琢磨、寻思、剩下、带来、磨蹭、重视、心虚、打扮、糊弄、掺和、准备、吵吵、胡说、嚷嚷、咕哝、注意、晃悠、保佑、报答、搜集、等待、领导、考虑、吆喝、奢求、偷看、见过、声明、解释、回答、企求、批评、讨论、抽查、权衡、批判、热闹、念叨、欣赏、惧怕、钻营、保证、建议、奉献、心疼、争论、追查、掩盖、期待、庆祝、忧虑、坦白、怨恨、采访、留恋、激动、结合、后悔、支持、闹哄、梦想、交代、担心、抱怨、坚持、在乎、承认、贪图、知道、误会、缺少、笑话、观照、隐瞒、偷着、保护、感动、同意、考察、代表、搅和、犹豫、需要、参谋、折腾、安排、犹疑、打中、演说、胡诌、祝贺、迟疑、感谢、完成、嘟囔、嘀咕、嫌弃、叨登、唠叨、总结、希冀、显配、了解、恭喜、推辞、失去、瞎扯、计较、分别、决定、指望、担保、哆嗦、顾虑、收拾、议论、出溜、换到、凑合、反对、领会、鼓捣、违犯、打扰、检讨、教育、商量、闹腾、牵制、翻腾、证明、分担、休息、愣怔、纠缠、顾忌、鬼混、打听、报告、炫耀、操心、嘟哝、跟着、回避、分润、遗憾、狡辩、伤心、不忿、分辨、抱歉、闲晃、应酬、拖延、小心、自首、开导、妒忌、落下、贪污、抢救、感叹、埋怨、阻拦、斗气、巴陵、对峙、游逛、警备、讲究、忌讳、多嘴、调查、辩解、照顾、选择、转悠、搅乎、乞求、检查 |
| 形容词 | 慌、累、急、好、对、晚、傻、恶、狂、火、穷、强、乐、美、愁、白、牛、凶、冤、傲、冷、热、肥、羞、臊、错、倔、凉、紧张、客气、狼狈、神气、难过、牛气、手贱、得意、稀奇、高兴、讨厌、可惜、正确、厉害、庄重、难受、骄傲、幸福、牛逼、倔强、清高、高级、自信、夸张、浪漫、臭美、诙谐、太平、正规、得瑟、为难、好说、猴急、漂亮、欢喜、勤快、痛苦、拘束、凉快、肉麻、好看、无耻、矜持、贪心、讲究、委屈、谦虚 |
| 动词词组 | 怕他、怪你、咒他、奖我、帮你、改过(guo)、欠了你、告诉你、带头闹、怕你们、帮助我、照顾我、指责他们、算得了、管得了、苛求他、指望别人、责怪阿加西、埋怨他、要她帮助、继承我、希罕她、占人家、胡乱编排、亏了你、配去献、差得了、说明、给过您、相信你、假关心、空喜欢、想占人家、给我、给了我们、侵犯了你 |
| 熟语 | 瞎汪汪、瞎咧咧、胡思乱想、吞吞吐吐、胡说八道、瞎说八道、大惊小怪、自作多情、胡勒勒、假惺惺 |
| 叹词 | 嘘、啊、嗯、哼、哧、嗬、噢、嗯哪 |
| 名词 | 心情、吹的、念的、演的、我们室、近乎 |
| 其他 | 吗、这、我、不过、否则、都、反正、NG、连 |

# 参考文献

艾哈迈德.2012."X什么X"及其相关构式研究.上海师范大学硕士学位论文.

敖镜浩.1983.略论先秦时期"O/是/V"句式的演变.中国语文(5).

白 平.1996.谈＜左传＞中的三种"何……之……"式.中国语文(2).

贝罗贝,吴福祥.2000.上古汉语疑问代词的发展与演变.中国语文(4).

毕 晋.2015.反问构式"X的什么Y"研究.浙江师范大学硕士学位论文.

毕光伟.2011."S＋Vj＋什么＋O"构式研究.南京师范大学硕士学位论文.

曹贤文.2016.汉语VO复合动词与构式框架的"套合"研究.语言科学(2).

曹秀玲,李冰心.2023.汉语"X数分""X数成"的功能与演化.汉语学报(1).

曹秀玲等.2022.汉语语篇连贯的句法机制研究.上海教育出版社.

柴 森.1999.谈强调反问的"又"和"还".世界汉语教学(3).

常玉钟.1989.口语习用语略析.语言教学与研究(2).

常玉钟.1993.口语习用语功能词典.北京语言学院出版社.

陈 树.2015.汉语"离合词"性质及成因再探.山西师大学报(2).

陈 颖.2014.双强调的"A就A在P"构式.语言研究(2).

陈宝勤.1999.系词"是"字判断句的产生与发展.沈阳大学学报(1).

陈昌来.1993.从"有疑而问"到"无疑而问"——疑问句语法手段浅探.烟台师范大学学报(1).

陈昌来.2002.现代汉语动词的句法语义属性研究.学林出版社.

陈昌来.2003.现代汉语语义平面问题研究.学林出版社.

陈昌来.2021.汉语"X来"式双音词词汇化及语法化研究.商务印书馆.

陈昌来，陈红燕.2022."有失X"的构式演化与"有失"的词汇化及语法化.上海师范大学学报(3).

陈昌来，张田田.2023.表弱否定评价的立场标记"不至于".汉语学报(2).

陈昌来，张长永.2010."由来"的词汇化历程及其相关问题.世界汉语教学(2).

陈红燕，陈昌来.2023."调教"的语义演化和"NP受调教"的构式化——兼论当代汉语构式演化的"异态"性.安徽师范大学学报(2).

陈满华.2009.关于构式语法理论的几个问题.外语教学与研究(5).

陈青松.2012.现代汉语形容词与形名粘合结构.中国社会科学出版社.

崔杰英.2019.构式化与构式变化视角下"说什么"共时与历时考察.浙江师范大学硕士学位论文.

崔山佳.1995.<醒世姻缘传>中已有"X什么X"句式.汉语学习(3).

崔少娟.2012.离合词的离析结构"X什么Y"探析.四川教育学院学报(9).

崔希亮.2002.认知语言学：研究范围和研究方法.语言教学与研究(5).

崔永华.1990.汉语形容词分类的现状和问题.语言教学与研究(3).

代丽丽.2016.表否定的构式"什么+X"分析.语言研究(1).

丁　萍.2012."V什么V"构式的研究.国际汉语学报(2).

丁　喆.2016.表贬斥的"什么X"构式考察.浙江师范大学硕士学位论文.

丁加勇，谢　樱.2010.表程度的"A得C"构式分析.汉语学习(2).

丁声树等.1961.现代汉语语法讲话.商务印书馆.

丁雪欢.2007."什么X不X(的)"格式的否定意义及功能.北方论丛(3).

董成如.2017."什么"在反问句中的性质及相关问题.语言研究(3).

董德志.1994.<世说新语>中的判断句研究.许昌师专学报(1).

董希谦.1985.古汉语系词"是"的产生和发展.河南大学学报(2).

董秀芳.2011.词汇化：汉语双音词的衍生和发展(修订本).商务印书馆.

董志翘，蔡镜浩.1994.中古虚词语法释例.吉林教育出版社.

范　晓.1996.关于动词配价研究的几个问题.三明职业大学学报(1).

范　晓.1998.汉语的句子类型.书海出版社.

范妍南.2003.魏晋六朝时期小说中的判断句.陕西教育学院学报(3).

方　梅.2002.指示词"这"和"那"在北京话中的语法化.中国语文(4).

方　梅.2016.单音指示词与双音指示词的功能差异——"这"与"这

个""那"与"那个".世界汉语教学（2）．

方　梅，乐　耀．2017.规约化与立场表达．北京大学出版社．

方秋香．2014."有这么X吗？"构式研究．浙江师范大学硕士学位论文．

方绪军．2020.从构式化角度看双音词仿VO分离使用现象．上海师范大学学报（2）．

冯　利．1994.论上古汉语的重音转移与宾语后置．语言研究（1）．

冯春田．2000.近代汉语语法研究．山东教育出版社．

冯江鸿．2004.反问句的语用研究．上海财经大学出版社．

冯胜利．1996.论汉语的"韵律词"．中国社会科学（1）．

冯胜利．1997.汉语的韵律、词法与句法．北京大学出版社．

冯胜利．1998.论汉语的"自然音步"．中国语文（1）．

冯胜利，汪维辉．2003.古汉语判断句中的系词．古汉语研究（1）．

佛陀教育基金会．1990.大正新修大藏经．佛陀教育基金会出版社．

傅惠钧．2011.明清汉语疑问句研究．商务印书馆．

傅雨贤．1988.现代汉语语法学（增订本）．广东高等教育出版社．

高　宁．2009."V什么V"格式研究．吉林大学硕士学位论文．

高逢亮，宗守云．2023.道义情态构式"放A点"及其构式化历程．语言教学与研究（3）．

高育花．1998.<论衡>中的疑问代词．渭南师专学报（4）．

顾鸣镝．2012.关于构式承继及其理据的可探究性研究．北京交通大学学报（2）．

管燮初．1953.殷墟甲骨刻辞的语法研究．中国科学院出版社．

管志斌．2011."X什么Y"构式分析．玉溪师范学院学报（6）．

郭　锐．2012.概念空间和语义地图：语言变异和演变的限制和路径．商务印书馆，对外汉语研究（7）．

郭　锐．2017.同形删略和离合词、不完整词形成机制—兼论准定语的形成机制．语言科学（3）．

郭继懋．1997.反问句的语义语用特点．中国语文（2）．

郭绍虞．1938.中国语词之弹性作用．燕京学报（24）．

郭锡良．1990.关于系词"是"产生时代和来源争论的几点认识．王力先生纪念论文集．商务印书馆．

郭锡良．1999.古代汉语（修订本）．商务印书馆．

何乐士．2004.<左传>虚词研究．商务印书馆．

何乐士，敖镜浩，王克仲等．1985．古代汉语虚词通释．北京出版社．

何亚南．2004．试论有判断词句产生的原因及发展的层级性——兼论判断词成熟的鉴别标准．古汉语研究（3）．

洪　波．2000．先秦判断句的几个问题．南开学报（5）．

胡　亚．2018．"连XP都/也VP"构式的分类层级和原型效应．语言教学与研究（4）．

胡承佼，王叡垚．2023．话语重复的互动表现及其形成原因与机制．汉语学习（4）．

胡德明．2008．从反问句生成机制看"不是"的性质和语义．安徽师范大学学报（3）．

胡德明．2009．"谁让"问句研究．世界汉语教学（2）．

胡德明．2010．现代汉语反问句研究．安徽人民出版社．

胡德明，徐思思．2015．口语中的"什么"构式研究述评．池州学院学报（1）．

皇甫素飞．2015．"爱X不X"类紧缩构式群的承继系统及其语用动因．当代修辞学（6）．

黄　梅，庄会彬，冯胜利．2017．韵律促发下的重新分析——论离合词的产生机制．语言科学（2）．

黄伯荣．1957．陈述句、疑问句、祈使句、感叹句．新知识出版社．

黄德宽．1988．甲骨文"（S）叀OV"句式探踪．语言研究（1）．

黄雪斌．2013．"有什么X（的）？"构式研究．浙江师范大学硕士学位论文．

黄正德．2008．从"他的老师当得好"谈起．语言科学（3）．

江蓝生．1995．说"么"与"们"同源．中国语文（3）．

江蓝生．2016．超常组合与语义羡余——汉语语法化诱因新探．中国语文（5）．

姜　炜，石毓智．2008．"什么"的否定功用．语言科学（3）．

蒋绍愚．2017．近代汉语研究概要（修订本）．北京大学出版社．

蒋绍愚，曹广顺．2005．近代汉语语法史研究综述．商务印书馆。

节彦举．2019．反问构式"X什么"及相关构式的扩展承继考察．浙江师范大学硕士学位论文．

金　倩．2019．异形词"干吗"与"干嘛"共时历时研究．浙江师范大学硕士学位论文．

孔令达．1994．影响汉语句子自足的语言形式．中国语文（6）．

李　讷，安珊笛，张伯江．1998．从话语角度论证语气词"的"．中国语文（2）．

李　泉．2006．试论现代汉语完句范畴．语言文字应用（1）．

李　泉．2014．单音形容词原型特征模式研究．商务印书馆．

李　悦．2020．"S＋Vj＋什么＋O"构式及其与相关构式的承继研究．浙江师范大学硕士学位论文．

李　韵，杨文全．2007．对外汉语教学中动词"算"的用法补议．四川教育学院学报（10）．

李临定．1990．现代汉语动词．中国社会科学出版社．

李美妍．2010．先秦两汉特指式反问句研究．吉林大学博士学位论文．

李萌萌．2019．反问判断构式"S＋Vj＋什么＋O"考察．浙江师范大学硕士学位论文．

李先华．1999．论"何……之V"式句．语言研究（1）．

李秀明．2006．汉语元话语标记研究．上海复旦大学博士学位论文．

李彦凤．2007．"什么"的否定对象考察．广东海洋大学学报（2）．

李艳芝．2015．汉语中的构式化现象与构式宾语研究．浙江大学博士论文．

李一平．1996．"什么"表否定和贬斥的用法．河南大学学报（3）．

李宇凤．2010．反问的回应类型与否定意义．中国语文（2）．

李宇明．1990．反问句的构成及其理解．殷都学刊（3）．

李宇明．1997．疑问标记的复用及标记功能的衰变．中国语文（2）．

李宗江．2006．"结婚"和"洗澡"由词返语．语言研究（4）．

力　量，晁　瑞．2007．离合词形成的历史及成因分析．河北学刊（5）．

梁晓玲．2005．从构式语法的角度看"读宾"格式中宾语的多样化．佳木斯大学社会科学学报（2）．

林祥楣．1958．汉语知识讲话 代词．新知识出版社．

林序达．1979．判断词"是"的形成和发展——兼与洪心衡等先生商榷．西南师范大学学报（2）．

刘　虹．2004．会话结构分析．北京大学出版社．

刘　琦．2014．认知构式语法视域中的汉语单宾语句．浙江大学出版社．

刘禀诚．2003．"A什么A"刍议．阅读与写作（5）．

刘丹青．2009．实词的拟声化重叠及其相关构式．中国语文（1）．

刘干先．1992．关于"为"作判断词的商榷．古汉语研究（2）．

刘红妮．2016．跨层词汇化中语义的来源、获得与变化．世界汉语教学（2）．

刘红妮.2023.汉语跨层结构词汇化模式和路径研究.学林出版社.

刘敏芝.2008.汉语结构助词"的"的历史演变研究.语文出版社.

刘睿研.2006."什么"的否定用法及其使用条件.吉林大学硕士学位论文.

刘探宙.2018.句末的情态性重置和重申性再现.世界汉语教学(1).

刘娅琼.2014.现代汉语会话中的反问句研究——以否定反问句和特指反问句为例.学林出版社.

柳春燕,郑宗.2006.习用化的"V什么(X)"及其疑问功能的偏离.现代语文(4).

柳士镇.1992.魏晋南北朝历史语法.南京大学出版社.

卢惠惠.2012.列举义构式"什么X"与"X什么的"来源考察.语言研究集刊(第九辑).上海辞书出版社.

鲁川.1994.动词大词典.中国物资出版社.

陆俭明.2009.构式与意象图式.北京大学学报(3).

陆俭明.2010.汉语语法语义研究新探索.商务印书馆.

吕叔湘.1982〔1944〕.中国文法要略.商务印书馆.

吕叔湘.1984.汉语语法论文集(增订本).商务印书馆.

吕叔湘.1999.现代汉语八百词(增订本).商务印书馆.

吕叔湘著.江蓝生补.1985.近代汉语指代词.学林出版社.

马洪海,胡德明.2018.从引语的性质看反问构式"什么NP".复旦学报(5).

马清华,李为政.2017.论从甲骨文到今文尚书的动宾结构模式化及其发展.华东师范大学学报(5).

马伟忠.2023.论汉语构式网络的构建.齐齐哈尔大学学报(9).

马学良,史有为.1982.说"哪儿上的"及其"的".语言研究(1).

梅祖麟.2000.词尾"底""的"的来源.梅祖麟语言学论文集.商务印书馆.

孟琮.1982.口语里的一种重复——兼谈"易位".中国语文(3).

孟琮,郑怀德,孟庆海等.1999.汉语动词用法词典.商务印书馆.

木村英树.2018.汉语语法的语义和形式.商务印书馆.

牛保义.2011.构式语法理论研究.上海外语教育出版社.

潘海华,叶狂.2015.离合词和同源宾语结构.当代语言学(3).

潘晓军.2016.从新兴虚词到话语标记——"事实上"与"实际上"的固化历程探微.阜阳师范学院学报(2).

庞加光. 2014. 论"NP 了"格式：构式的视角. 语言教学与研究（2）.

彭　睿. 2016. 语法化·历时构式语法·构式化——历时形态句法理论方法的演进. 语言教学与研究（2）.

彭　睿. 2019. 关于图式性构式历时扩展的理论思考. 语言教学与研究（2）.

彭　睿. 2022. 汉语估评句的产生方式——兼谈图式性构式的来源和形成机制. 汉语学报（2）.

齐沪扬. 2002. 语气词与语气系统. 安徽教育出版社.

齐沪扬. 2014. 现代汉语现实空间的认知研究. 商务印书馆.

钱　穆. 2012. 论语新解. 生活·读书·新知三联书店.

钱宗武, 刘彦杰. 1999. 今文＜尚书＞判断句研究. 湖南师范大学社会科学学报（6）.

乔　莉. 2022. 反问构式"X 什么 Y"的构式化及其承继关系研究. 浙江师范大学硕士学位论文.

冉永平, 方晓国. 2008. 语言顺应论视角下反问句的人际语用功能研究. 现代外语（4）.

饶宏泉. 2017. 话语互动中"V 过"的功能研究. 世界汉语教学（3）.

桑玲瑶. 2017. 互动交际背景下"什么 X 不 X（的）"研究. 浙江师范大学硕士学位论文.

杉村博文. 1999. "的"字结构、承指与分类. 见江蓝生, 侯精一. 汉语现状与历史的研究. 中国社会科学出版社.

邵敬敏. 1996. 现代汉语疑问句研究. 华东师范大学出版社.

邵敬敏, 赵秀凤. 1989. "什么"非疑问用法研究. 语言教学与研究（1）.

沈家煊. 1993. "语用否定"考察. 中国语文（5）.

沈家煊. 1999. "在"字句和"给"字. 中国语文（2）.

沈家煊. 2003. 复句三域"行、知、言". 中国语文（3）.

施春宏. 2012. 从构式压制看语法和修辞的互动关系. 当代修辞学（1）.

施春宏. 2018. 形式和意义互动的句式系统研究：互动构式语法探索. 商务印书馆.

施春宏. 2021. 构式三观：构式语法的基本理念. 东北师大学报（4）.

施春宏, 蔡淑美. 2022. 构式语法研究的理论问题论析. 外语教学与研究（5）.

石毓智, 李　讷. 2001. 汉语语法化的历程——形态句法发展的动因和机制. 北京大学出版社.

史有为．1985．一种口语句子模式的再探讨———"倒装""易位""重复""追补"合议．语文论集（一）．外语教学与研究出版社．

史有为．1991．语野问答（四）．汉语学习（4）．

寿永明．2002．疑问代词的否定用法．上海师范大学学报（2）．

宋金兰．1999．古汉语判断句词序的历史演变——兼论"也"的性质．语文研究（4）．

宋玉柱．1981．关于时间助词"的"和"来着"．中国语文（4）．

宋玉柱．1984．关于"象"的词性问题．中国民航学院学报（1）．

孙良明．1994．古代汉语语法变化研究．语文出版社．

太田辰夫著．江蓝生，白维国译．1991．汉语史通考．重庆出版社．

太田辰夫著．蒋绍愚，徐昌华译．2003〔1958〕．中国语历史文法（修订译本）．北京大学出版社．

唐钰明．1990．甲骨文"唯宾动"式及其蜕变．中山大学学报（3）．

唐钰明．1992．中古"是"字判断句述要．中国语文（5）．

唐钰明．1993．上古判断句辨析．古汉语研究（4）．

唐钰明．2009．近代汉语的判断动词"系"及其流变．中山大学学报（3）．

完　权．2012．超越区别与描写之争："的"的认知入场作用．世界汉语教学（2）．

完　权．2013．事态句中的"的"．中国语文（1）．

完　权．2015．作为后置介词的"的"．当代语言学（1）．

汪国胜，王　俊．2011．从轻动词角度看现代汉语离合词．华中师范大学学报（2）．

汪维辉．1998．系词"是"发展成熟的时代．中国语文（2）．

王　珏．2001．现代汉语名词研究．华东师范大学出版社．

王　俊．2015．从古代汉语动补结构的衍化看离合词的成因．汉语学报（4）．

王　力．1937．中国文法里的系词．清华学报（12）．

王　力．1980．汉语史稿．中华书局．

王　力．1984．王力文集第一卷·中国语法理论．山东教育出版社．

王　力．1985〔1943〕．中国现代语法．商务印书馆．

王　晓．2009．"X什么X"结构式研究述评．淮北煤炭师范学院学报（6）．

王　寅．2006．认知语言学．上海外语教育出版社．

王爱华．2007．引语的不确定性——语言哲学研究系列之三．外语学刊（6）．

王灿龙．2017．"总是"与"老是"比较研究补说．世界汉语教学（2）．

王大新.1988.V‐O式动词的类推作用和规范化.语文建设（5）.

王海棻.2015.古汉语范畴词典·疑问卷.社会科学文献出版社.

王海峰.2002.现代汉语离合词离析动因刍议.语文研究（3）.

王海峰.2003."A什么B"结构式初探.四川大学学报（3）.

王海峰.2008.现代汉语离合词离析形式功能研究.北京语言大学博士学位论文.

王海峰，王铁利.2003.自然口语中"什么"的话语分析.汉语学习（2）.

王鲁振.2020."有什么X（的）"构式化、构式变化及承继关系研究.浙江师范大学硕士学位论文.

王晓辉，池昌海.2014.程度评价构式"X就不用说了"研究.世界汉语教学（2）.

王一帆.2018."有什么X"构式考察.浙江师范大学硕士学位论文.

魏　霞.2012.现代汉语"X什么X"格式的语义分析.大观周刊（10）.

文　旭.2001.语法化暨有关问题的讨论.外国语言文学研究（2）.

邬晓杨.2020.否定义"什么X"类构式的构式化及其承继关系考察.浙江师范大学硕士学位论文.

吴丹华.2010."X什么X"的否定特性研究.梧州学院学报（2）.

吴丹华.2011."X什么X"的结构性质新探.中南大学学报（2）.

吴福祥.1996.敦煌变文语法研究.岳麓书社.

吴福祥.2004.试说"X不比Y·Z"的语用功能.中国语文（3）.

吴福祥.2005.汉语语法化演变的几个类型学特征.中国语文（6）.

吴怀成.2014."X什么X"构式及其产生机制研究.海外华文教育（2）.

吴甜甜.2018."X什么"构式研究.浙江师范大学硕士学位论文.

吴为善.2016.构式语法与汉语构式.学林出版社.

吴为善，夏芳芳.2011."A不到哪里去"的构式解析、话语功能及其成因.中国语文（4）.

西村英希.2016."X什么X"构式的语义内涵及语用功能.语法研究和探索（十八）.商务印书馆.

郗长震.2021."X什么X"构式演变及联接网络研究.浙江师范大学硕士学位论文.

夏　雪，詹卫东.2015."X什么"类否定义构式探析.中文信息报（5）.

相业伟.2014."V什么V"构式探析.渤海大学学报（5）.

向　熹.1986.诗经词典.四川人民出版社.

肖任飞.2006.非疑问用法的"什么"及其相关格式.华中师范大学硕士学位论文.

萧　红.1999.<洛阳伽蓝记>的五种判断句式.安徽师范大学学报（1）.

谢晓明,肖任飞.2008.表无条件让步的"说·什么"紧缩句.语言研究（2）.

解植永.2011.中古汉语判断句研究.巴蜀书社.

谢质彬.1995.关于几种古汉语句型的句法结构.中国语言学报（6）.

熊学亮.2009.增效构式与非增效构式——从Goldberg的两个定义说起.外语教学与研究（5）.

熊仲儒.2007."是""的"的构件分析.中国语文（4）.

徐　杰.1999.疑问范畴与疑问句式.语言研究（2）.

徐复岭.1995."X什么X"句式溯源补说.汉语学习（5）.

徐赳赳.2010.现代汉语篇章语言学.商务印书馆.

徐盛桓.1994.新格赖斯会话含意理论和含意否定.外语教学与研究（4）.

徐盛桓.1998.疑问句的语用性嬗变.外语教学与研究（4）.

徐盛桓.1999.疑问句探询功能的迁移.中国语文（1）.

徐思思.2014."X什么Y"构式考察.浙江师范大学硕士学位论文.

许少峰.2008.近代汉语大词典.中华书局.

晏宗杰.2004.从"V＋什么＋V"看汉语表达的礼貌级别.汉语学习（5）.

杨　子,王雪明.2013."好不AP"的构式新解——兼谈词汇压制下的构式稳定性.外语与外语教学（4）.

杨伯峻.1981.春秋左传注.中华书局.

杨伯峻.2015.论语译注（大字本）.中华书局.

杨伯峻,何乐士.2001.古汉语语法及其发展（修订本第二版）.语文出版社.

杨逢彬.2011.<论语>"何有于我"解——兼论所谓"不难之词".武汉大学学报（1）.

杨黎黎,汪国胜.2018.基于使用的语言观下频率对图式构式的建构作用.语言教学与研究（4）.

杨树达.1984.高等国文法.商务印书馆.

姚双云.2015.连词与口语语篇的互动性.中国语文（4）.

姚水英.2006.从"构式语法"看现代汉语重动句.上海外国语大学硕士学位论文.

野田宽达.2015."shenme"跨语言分析——基于语义地图.李小凡,张敏,郭锐等.汉语多功能语法形式的语义地图研究.商务印书馆.

叶蜚声,徐通锵.1997.语言学纲要.北京大学出版社.

叶建军.2010.<祖堂集>疑问句研究.中华书局.

叶建军.2013."X胜似Y"的来源、"胜似"的词汇化及相关问题.语言科学(3).

殷国光.1985.先秦汉语带语法标志的宾语前置句式初探.语言研究(2).

殷树林.2009.现代汉语反问句研究.黑龙江大学出版社.

尹海良.2014.强势指令义构式"给我＋VP"探析.汉语学习(1).

于根元.1984.反问句的性质和作用.中国语文(6).

于根元.1987.动宾式短语的类化作用.中国社会科学院语言研究所现代汉语研究室.句型和动词.语文出版社.

俞　敏.1981.倒句探源.语言研究(1).

俞光中,植田均.1999.近代汉语语法研究.学林出版社.

俞理明.1993.佛经文献语言.巴蜀书社.

俞理明.2014.从汉魏六朝佛经材料看判断句的发展.汉语史学报(14).

袁　宾.1990.禅宗著作词语汇释.江苏古籍出版社.

袁毓林.2003.从焦点理论看句尾"的"的句法语义功能.中国语文(1).

袁毓林.2004.论元结构和句式结构互动的动因、机制和条件——表达精细化对动词配价和句式构造的影响.语言研究(4).

袁毓林.2013.基于生成词库论和论元结构理论的语义知识体系研究.中文信息学报(6).

袁毓林.2018.从形式转喻看离合词分开使用的句法性质.当代语言学(4).

袁毓林,刘　彬.2016."什么"句否定意义的形成与识解机制.世界汉语教学(3).

詹绪左,周　正.2017.禅籍疑难词语考四则.古汉语研究(2).

张　弛.2017.关于"X什么X"的构式认知探索.2017对外汉语博士生论坛暨第十届北京地区对外汉语教学研究生学术论坛论文集.北京大学对外汉语教育学院.

张　猛.2003.<左传>谓语动词研究.语文出版社.

张　敏.1998.认知语言学与汉语名词短语.中国社会科学出版社.

张　儒.1994."何……之有"解.语文研究(2).

张爱民,张秀松.2014.现代汉语中"什么N不N(的)"格式.庆祝<中

国语文 > 创刊五十周年学术论文集 . 商务印书馆 .

张伯江 . 1996. 否定的强化 . 汉语学习（1）.

张伯江 . 1997. 疑问句功能琐议 . 中国语文（2）.

张伯江 . 1999. 现代汉语的双及物结构式 . 中国语文（3）.

张伯江 . 2000. 论"把"字句的句式语义语言研究 . 语言研究（1）.

张国宪 . 2006. 现代汉语形容词功能与认知研究 . 商务印书馆 .

张建理 . 2012. 论动词本原构式 . 浙江大学学报（6）.

张金圈 . 2020. 从在线话语到句法构式："X什么X"构式来源再谈 . 语言教育（3）.

张理明 . 1982. 论短语动词 . 语文研究（1）.

张美兰 . 2003. <祖堂集>语法研究 . 商务印书馆 .

张鹏丽 . 2014. 唐宋禅宗语録疑问句研究 . 浙江大学出版社 .

张全真 . 2005. 动词"算"的语义、语用及语法偏误分析 . 第八届国际汉语教学讨论会论文 .

张旺熹 . 1999. 汉语特殊句法的语义研究 . 北京语言文化大学出版社 .

张旺熹 . 2012. 汉语人称代词复用结构的情感表达功能——基于电视剧 <裸婚时代> 台词的分析 . 当代修辞学（3）.

张闻玉 . 1996. 试论何有·何P之有 . 古汉语研究（3）.

张谊生 . 2013. 句法层面的语序与句子层面的语序——兼论一价谓词带宾语与副词状语表程度 . 语言研究（3）.

张谊生 . 2017. 现代汉语副词阐释 . 上海三联书店 .

张谊生 . 2018. 助词的功用、演化及其构式 . 商务印书馆 .

张谊生 . 2023. 试论汉语副词再演化的模式、动因与功用 . 语言教学与研究（4）.

张尹琼 . 2005. 疑问代词的非疑问用法 . 复旦大学博士学位论文 .

张幼军 . 2004. <道行般若经>中"何所"的用法 . 古汉语研究（3）.

赵　冉 . 2012. "X什么X"构式的认知研究 . 燕山大学硕士学位论文 .

赵金铭 . 1984. 能扩展的"V＋N"格式的讨论 . 语言教学与研究（2）.

赵金铭 . 1993. 同义句式说略 . 世界汉语教学（1）.

赵旻燕 . 2010. 元语言否定的认知语用研究 . 浙江大学博士学位论文 .

赵元任著 . 丁邦新译 . 1980. 中国话的文法（增订本）. 香港中文大学出版社 .

赵元任著 . 吕叔湘译 . 1979. 汉语口语语法 . 商务印书馆 .

郑娟曼．2012．从引述回应式看汉语习语构式的贬抑倾向．浙江师范大学学报（3）．

郑伟娜．2015．离合词不同离散形式的韵律－语法动因．汉语学习（6）．

志村良治著．江蓝生，白维国译．1995．中国中世语法史研究．中华书局．

中国社会科学院语言研究所古代汉语研究室．1999．古代汉语虚词词典．商务印书馆．

周振甫译注．徐名翚选编．2005．诗经选译．中华书局．

朱　军．2010．汉语构式语法研究．中国社会科学出版社．

朱　军．2013．反问格式"有什么X"的否定模式与否定等级——互动交际模式中的语用否定个案分析．中国语文（6）．

朱　军．2014．反问格式"X什么X"的立场表达功能考察．汉语学习（3）．

朱　军，盛新华．2002．"V什么V"式的句法、语义、语用分析．延安大学学报（4）．

朱　培．2015．"什么X不X（的）"构式研究．扬州大学硕士学位论文．

朱　姝．2006．浅析现代汉语口语中的"X什么X"句式．福建教育学院学报（10）．

朱德熙．1978．"的"字结构和判断句．中国语文（1）（2）．

朱德熙．1982．语法讲义．商务印书馆．

朱德熙．1983．自指和转指．方言（1）．

朱明来．2005．论古汉语判断句的辨别．广西社会科学（12）．

朱声琦．1986．"是"作判断词始于何时．山西师大学报（3）．

朱锡明．2005．口语中的"X什么"与"X什么X"句式．广西社会科学（5）．

宗守云．2023．作为离范畴动词和反叙实动词的"说是"．世界汉语教学（4）．

左娜娜．2011．"什么X不X（的）"格式研究．上海师范大学硕士学位论文．

Alexander Bergs & Gabriele Diewald（eds.）2008 *Constructions and Language Change*. Beilin：Mouton de Gruyter.

Austin, J. L. 1975[1962] *How to Do Things with Words*. 2nd ed. Oxford：Clarendon Press.

Bybee Joan & Paul Hopper（eds.）2001 *Frequency and the Emergence of Linguistics Structure*. Amsterdam：John Benjamins Publishing Company.

Bybee Joan L. 2003 Mechanisms of change in grammaticalization：the role of frequence. In Joseph, Brian D. and Richard D.Janda, eds.*The Handbook of

*Historical Linguistics*. Oxford：Blackwell.

Bybee Joan L. 2010 *Language, Usage and Cognition*. Cambridge：Cambridge University Press.

Carston Robyn 1996 Metalinguistic Negation and Echoic Use. *Journal of Pragmatics*, 25：309-330.

Clark H. & Gerrig, R. J. 1990 Quotations as Demonstrations. *Language* 66（4）：764–805.

De Swart, H. 1998 Aspect Shift and Coercion. *Natural Language and Linguistic Theory*, 16（2）：347-385.

Diessel, H. 2023 *The Construction：Taxonomies and Networks*. Cambridge：Cambridge University Press.

Evie Coussé, Peter Andersson & Joel Olofsson（eds.）. 2018 *Grammaticalization Meets Construction Grammar*. Amsterdam/Philadelphia：John Benjamins.

F. Ungereer & H.J. Schmid. 1996 *An Introduction to Cognitive Linguistics*. Addison Wesley Longman Limited.《认知语言学入门》陈治安、文旭导读，外语教学与研究出版社，2001

Fillmore, C., P. Kay & M. O'Connor 1988 Regularity and idiomaticity in grammatical constructions：The case of let alone. *Language* 64（3）：501-538.

Goldberg Adele E. 1995 *Constructions：A Construction Grammar Approach to Argument Structure*, Chicago：The University of Chicago Press.

Goldberg Adele E. 2003 Consrructions：A new theoretical approach to language. *Trends in Cognitive Sciences* 7：219-224.

Goldberg Adele E. 2006 *Constructions at Work：The Nature of Generalization in Language*. Oxford：Oxford University Press.

Goldberg Adele E. 2013 Constructionist Approaches. In Hoffmann and Trousdale（eds.），15-31.

Himmelmann, Nikolaus. 2004 Lexicalization and Grammaticalization：Opposite or Orthogonal? In Bisang, Himmelman & Wiemer, eds., *What Makes Grammaticalization——A Look from its Fringes and its Components*：21-42. Berlin & New York：Mouton de Gruyter.

Hoffmann, Thomas and Graene Trousdale（eds.）2013 *The Oxford Handbook of Construction Grammar*. New York：Oxford university Press.

Hopper Paul J.& Elizabeth Closs Traugott 1993 *Grammaticalization*. Cambridge：Cambridge University Press.

Horn Laurence R. 1985 Metalinguistic negation and pragmatic ambiguity. *Language* 61：121–175.

Horn Laurence R. 1989 *Natural History of Negation*. Chicago：The University of Chicago Press.

Kay Paul & Fillmore Charles 1999 Grammatical constructions and linguistic generalizations：The *What's X doing Y?* Construction.*Language* 75：1–34.

Lakoff George 1987 *Women，Fire and Dangerous Things：What Categories Reveal about the Mind*，Chicago：The University of Chicago Press.

Langacker Ronald W. 1987 *Foundations of Cognitive Grammar，Vol. I：Theoretical Prerequisites*.Stanford：Stanford University Press.

Langacker Ronald W. 1991 *Foundations of Cognitive Grammar，Vol. II：Descriptive Application*. Stanford：Stanford University Press.

Langacker Ronald W. 2008 *Cognitive Grammar：A Basic Introduction*，New York：Oxford University.

Lyons John 1975 Deixis as the source of reference. in E. L. Keenan(ed.)，*Formal Semantics of Natural Language*. Cambridge：Cambridge University Press.

Peng Rui 2013 A diachronic construction grammar account of the Chinese cause-complement pivotalconstruction.*Language Sciences* 40：53–79.

Peng Rui 2016 Chinese descriptive pivotal construction：Taxonomy and prototypicality. *Language and Linguistics* 17(4)：529–573.

Schmid Hans-& Franziska Günther 2016 Towards a unified socio-cognitive framework for salience in langueag. *Frontiers in Psychology* 7：1110.

Schmid，H. 2020 *The Dynamics of the Linguistic System：Usage，Conventionalization，and Entrenchment*. Oxford：Oxford University Press.

Sommerer，L. & E. Smirnova(eds.). 2020 *Nodes and Networks in Diachronic Construction Grammar*.Amsterdam & Philadelphia：John Benjamins.

Sperber Dan & Wilson Deirdre 1995 *Relevance：Communication and Cognition*，Oxford：Blackwell.

Stefanie Wulff 2013 Words and Idioms. In Hoffmann and Trousdale(eds.).

Taylor John 2002 *Cognitive Grammar*，Oxford：Oxford University Press.

Traugott Elizabeth 2003 Constructions in Grammaticalization.. In Joseph,

Brian D. and Richard D.Janda, eds.*The Handbook of Historical Linguistics*. Oxford: Blackwell, 624-647.

Traugott Elizabeth 2007 The concepts of constructional mismatch and type-shifting from the perspective of grammaticalization. *Cognitive Linguistics* 18(4): 523-557.

Traugott Elizabeth & Trousdale Graeme 2013 *Constructionalization and Constructional Changes*. Oxford: Oxford University Press.

Trousdale Graeme 2013 Multipie inheritanceand constructional change. *Studies in language* 37(3): 491–514.

# 后　记

　　2002年在安徽省语言学会的一次会议上，我报告了一篇小论文，提出了下面这个问题："谁叫我是你的爸爸呢？"不能按正常的反问句理解为"谁都不叫我是你的爸爸"或"没有人叫我是你的爸爸"。那么，它是不是反问句？为什么会出现反问句的现有定义罩不住这个句子的情况？说出一个反问句满足哪些语义语用条件？文献中没有找到答案，这些问题一直困扰着我。2005年我有幸考入上海师范大学对外汉语学院读博，师从陈昌来教授。博士论文选题阶段，我就将自己对这个问题的思考提出来与陈老师讨论。陈老师给予了肯定、鼓励和指导，让我小有信心。我的博士论文的选题就是"现代汉语反问句生成机制及相关问题研究"。开题会议上得到委员会的一致肯定。此后，我又以"反问句的生成机制及相关问题研究"为题，申报2006年教育部人文社科项目，竟然获得立项，这样让我信心倍增。项目完成后，我对反问句课题一直有兴趣，没有放弃思考。当年，构式语法开始在国内大行其道。徐思益（1986）、李宇明（1990）等提出了反问特有的句法结构的概念，指仅能用来反问而不能用来询问的句法结构，也称反问特有格式、"唯反问格式""唯反问结构"或"习用化的反问句"。这一概念很有价值。从构式语法的角度，我认为此类格式应该看作构式，于是，我提出了"反问构式"的概念。初步选定以下反问构式加以考察：

　　A. 谁说＋X？（X为引述成分，下文X′表示与X相反相对的成分）

　　B. 什么XX′（的）；什么X不X（的）

　　C. X什么X？

　　D. V（的）（是）什么O？（VO是离合词或惯用语）

　　E. 碍/妨碍/有/关（着）＋人称代词＋什么……？

　　F. 有什么＋（可/好/值得）AP（不AP）（的）？

　　G. 有（＋人称代词）＋这么/那么VP/AP的＋吗？

# "什么"反问习语构式承继网络研究

以"反问构式的共时与历时研究"为题,申报了2012年度教育部人文社科项目,并获得成功。项目完成后,我觉得,语言是一个系统,这些构式都不是孤立存在的,它们应该是处于层级关系网络中。此时,语法学界开始关注构式的承继关系、构式网络、构式化与构式变化等问题。于是,我就开始思考跟疑问代词"什么"有关的构式的网络和承继关系、构式发展演变等问题。2015年,以"互动交际中'什么'反问习语构式网络研究"为题,申报国家社会科学基金项目,并获得立项。经过与几届研究生的共同努力,2021年该项目顺利结项,鉴定等级为"良好"。本书是在该项目的结项报告的基础上修改完成的。

先后参加该课题研究的我指导的研究生同学有:黄雪斌、毕晋、方秋香、徐思思、桑玲瑶、吴甜甜、王一帆、丁喆、节彦举、李萌萌、崔杰英、李悦、邬晓杨、王鲁振、郗长震、乔莉等。有些同学以该项目的子课题作为硕士学位论文的选题。其中,黄雪斌、节彦举、李悦、邬晓杨、王鲁振、郗长震、乔莉等同学的硕士学位论文成为本书部分章节的基础。部分内容曾经公开发表过。

第一章在邬晓杨同学的硕士学位论文基础上参考桑玲瑶、丁喆等同学的硕士学位论文修改而成。

第二章在李悦同学的硕士学位论文基础上参考李萌萌等同学的硕士学位论文修改而成。

第三章在节彦举、吴甜甜等同学的硕士学位论文的基础上改写而成。

第四章在王鲁振同学的硕士学位论文的基础上参考黄雪斌、王一帆、方秋香等同学的硕士学位论文改写而成。

第五章在乔莉同学的硕士学位论文基础上参考徐思思、毕晋等同学的硕士学位论文修改而成。

第六章在郗长震同学的硕士学位论文基础上修改完成。

上述同学为该课题付出了艰辛的努力。没有他们的奉献,该项目不可能按期、按质完成。对他们的辛勤劳动,在此深表谢意!另外,汪钰淇、金倩、潘瑶、王丹阳、刘景、冯亚飞、张玉琪、刘智慧、张颖、王荣敏、吕晓芳、谢奇铭、阮冰冰、陈雅妮、江肖玲、祁晓笑、汪啊敏、苏侃、李婉莹、钟丽文、林君君等等研究生同学,以及我指导其本科毕业论文的同学张雨嫣、褚晓琪、范玮、马欣怡、王婷婷、邹懿、谭彩云等等,都帮助搜集、整理研究资料,在此一并表示感谢。其他章节和全书的结构、体例与内容的修改,以及全书的统稿均由本人完成。书中出现的疏漏、错误以及其他不妥之处，概由我个人负责。

本书的出版得到浙江师范大学出版基金（Publishing Foundation of Zhejiang Normal University）资助。在此一并谨致谢忱。

本书最后定稿付梓之时2023年只剩年末几天。过去几年，新冠病毒肆虐神州大地，搅动五洲四海，人人遭受其害。2023又是极不寻常、极不平凡的一年，俄乌硝烟未散，中东战火又起。这几天，浓重的雾霾笼罩大江南北。多事之秋的2023即将过去，新的一年马上到来。随着新年的到来，希望过去的阴霾一扫而光，迎来一个光明的、清澈澄明的、生机勃勃的新世界！

胡德明
2023年12月29日
芜湖万春

杭州科达书社 / 出版统筹　设计制作